L'Afrique répond à Sarkozy

Contre le discours de Dakar

Sous la direction de

Makhily Gassama

L'Afrique répond à Sarkozy

Contre le discours de Dakar

Philippe Rey

Le texte du discours du président Nicolas Sarkozy à l'université Cheikh Anta Diop de Dakar, le 26 juillet 2007, est consultable, à l'heure où ce livre est imprimé, sur le site de la présidence de la République à l'adresse suivante : www.elysee.fr

Il faut toutefois préciser que ce discours a fait l'objet de plusieurs retouches. Par exemple, la phrase « Ce sont des Africains qui ont vendu aux négriers d'autres Africains », qui a fait couler beaucoup d'encre, figurait bien dans la version écrite distribuée à la presse par les services de communication de la présidence de la République, même si Nicolas Sarkozy ne l'a pas prononcée oralement. Ce texte primordial, que le quotidien sénégalais *Le Soleil* a intégralement reproduit dans son numéro du 27 juillet 2007, est consultable sur le site : afrikara.com

Cet ouvrage a paru, dans sa première édition, en février 2008.

15, rue de la Banque - 75002 Paris

www.philippe-rey.fr

À Cheikh Anta Diop
Frantz Fanon
Mongo Beti
Amadou Hampâté Bâ
Joseph Ki-Zerbo

Écoutez le monde blanc
horriblement las de son effort immense
ses articulations rebelles craquer sous les étoiles dures
ses raideurs d'acier bleu transperçant la chair mystique
écoute ses victoires proditoires trompeter ses défaites
écoute aux alibis grandioses son piètre trébuchement

Pitié pour nos vainqueurs omniscients et naïfs !

Aimé Césaire,
Cahier d'un retour au pays natal

Avant-propos

par Makhily Gassama

L'idée de consacrer un important ouvrage collectif au discours que le tout nouveau président de la République française a prononcé à Dakar le 26 juillet 2007, dans un amphithéâtre de l'université Cheikh Anta Diop, a germé comme spontanément dans mon esprit alors que j'écoutais le tribun de la nouvelle droite française, la droite dite « décomplexée ».

Il a fallu passer par plusieurs étapes pour créer et mettre en place le projet car les contributeurs ne devaient être que des intellectuels soucieux du devenir du continent africain, des patriotes sincères qui savent que dans la vie d'une nation, d'une communauté humaine, aucun danger n'est à écarter, que tout s'inscrit dans l'ordre du possible pour le meilleur et pour le pire. Ils savent qu'en ces temps modernes, chaque détour de l'Histoire a réservé des surprises, des surprises injustes et atroces à l'Afrique, même si ses enfants ont été des agents qui ont su se distinguer dans le rétablissement de l'ordre, un ordre juste, digne de l'humanité, comme au cours des deux grandes guerres du siècle dernier, « siècle lâche et débraillé », pour parler comme Aimé Césaire.

J'ai donc passé plus d'un mois à consulter des amis sur la faisabilité du projet. Quand il s'agit de tenter de protéger la dignité de tout un continent, il n'y a pas d'empressement possible : toute agitation est alors vaine et ridicule, voire nuisible à l'action. Nous avons donc pris du temps à réagir aux propos du chef de l'État français, à son *important* discours qui, assurément, sera versé dans les archives de la décolonisation ; notre modeste ambition est de faire accompagner ce *précieux* document, le discours de Dakar, dans son voyage dans le temps et dans l'espace, par l'ouvrage collectif que voici.

Ce n'est pas un volume comportant une collection de communications sur un thème générique précis et des sous-thèmes académiquement élaborés. Il ne s'agit pas des actes d'un colloque. Je n'ai rien imposé aux auteurs qui ont tous de fortes personnalités ; je me suis contenté de les inviter à réagir au discours du président de la République française, persuadé qu'il y aurait des rencontres, donc des répétitions dans le choix des thèmes, mais persuadé également que ces thèmes ne seraient jamais abordés de la même façon. Car même s'il y a similitude dans la pensée, les moules varient considérablement d'un auteur à l'autre. Nous avons pris le parti de reproduire chaque texte dans son intégralité, quitte à retrouver parfois, d'une contribution à l'autre, les mêmes citations du discours de Dakar, ou les mêmes arguments pour le réfuter.

Le meilleur exemple réside dans la citation de cette phrase étonnante par de nombreux auteurs : « Ce sont des Africains qui ont vendu aux négriers d'autres Africains », une phrase contenue dans la toute première version officielle du discours, publiée par le quotidien national du Sénégal, *Le Soleil*, dans sa livraison du 27 juillet 2007 et qui a disparu, comme par enchantement, de la version lue par le Président et de celle publiée sur le site de l'Élysée ; elle a suscité beaucoup de commentaires, différents les uns des autres, révélateurs de la puissante subjectivité des auteurs.

Pourquoi, spontanément, sans condition, ces intellectuels, surchargés de travail, ont-ils accepté de répondre à mon appel ? C'est qu'ils savent qu'il y a là un enjeu qui ne souffre pas d'équivoque : ce discours de quelques pages mérite bien que des volumes entiers lui soient consacrés, et cela pour de multiples raisons.

Certes nous ne sommes pas innocents dans les souffrances intolérables que continuent d'endurer nos populations : guerres fratricides, violences génocidaires, dictatures, corruptions, gaspillage et pillage de nos ressources, malgouvernance, persistance du pacte colonial, etc. Nous ne sommes pas innocents dans les désastres causés par la Françafrique, même si ces maux sont souvent suscités, provoqués et entretenus par des forces extérieures, par des individus et des groupes d'intérêts étrangers, prêts à tous les crimes pour consolider, élargir et sauver les privilèges – que nos gouvernants leur ont sciemment accordés – au détriment du développement de nos pays.

Cependant, il est difficile de laisser passer des accusations, des propos d'une violence inattendue, adressés non aux tyrans d'Afrique, à ceux qui ont réduit l'Afrique à la mendicité, mais à l'« homme africain », à l'« homme noir », à la race. Nous acceptons et exigeons des critiques justes et lucides pour éclairer notre voie, pour nous construire, mais nous combattrons sans appel ceux qui se trompent volontairement de cibles pour créer la confusion. Car c'est bien cette confusion que nous dénonçons et condamnons.

Ce qui fait frissonner d'horreur en écoutant le chef de l'État français à la sortie du XXe siècle, siècle de toutes les violences et des graves atteintes aux droits de l'homme, c'est que les propos incriminés ne viennent ni d'un historien ou d'un intellectuel obscur ni d'un citoyen lambda – nous n'aurions certainement pas réagi –, mais du chef de l'État d'un pays respecté pour ses valeurs intellectuelles et morales – qu'importe si ses enfants ne s'en souviennent plus ! Cependant, nous savons que ce pays, malgré sa réputation, n'est pas pour rien dans les souffrances actuelles des peuples d'Afrique dont certains étaient sous sa domination impériale durant des siècles.

Il me reste à remercier les auteurs de cet ouvrage, à m'incliner devant leur humilité – signe distinctif des grands hommes –, leurs compétences, leur dévouement à l'Afrique, leur détermination, où qu'ils soient dans le monde, à relever les nombreux défis qui assaillent notre continent. Je les remercie d'avoir compris que l'action individuelle est certes importante, nécessaire, surtout dans le domaine qui est le leur, mais que l'action collective est déterminante dans certaines circonstances.

Je les remercie d'avoir accepté avec joie, à l'unanimité, ma proposition d'attribuer l'intégralité des droits d'auteur du présent ouvrage à la bibliothèque de l'université Cheikh Anta Diop de Dakar.

Paix à vous, chers lecteurs et chères lectrices ! Paix à vos foyers ! Paix à nos pays !

Le Piège infernal

Makhily Gassama

Makhily Gassama est professeur de lettres, certifié de classe exceptionnelle.

Il a successivement occupé les fonctions suivantes au Sénégal : directeur des Lettres et de la Propriété intellectuelle, directeur du Centre d'études des civilisations, conseiller culturel du président de le République Léopold Sédar Senghor, directeur général d'*Éthiopiques* (revue socialiste de culture négro-africaine, fondée par le président Senghor), ministre de la Culture. Il a également été ambassadeur de son pays

À Paris, il a été directeur général de la culture à l'Agence de coopération culturelle et technique (ACCT) devenue Agence intergouvernementale de la francophonie (AIF), président de la Conférence générale extraordinaire de l'ACCT (1986).

Autres activités : membre de plusieurs jurys littéraires, animateur de l'émission « Un livre par semaine » de Radio Sénégal (1979-1982), créateur et animateur de l'émission littéraire « Regards » de la Télévision nationale du Sénégal, nombreuses conférences sur le dialogue des cultures en Afrique, en Europe et en Amérique.

Ses principales œuvres sont *Kuma / Interrogation sur la littérature nègre de langue française*, essai-anthologie, Les Nouvelles Éditions africaines, Dakar, Abidjan, Lomé, 1978 et *La Langue d'Ahmadou Kourouma ou le français sous le soleil d'Afrique*, Paris, Karthala, 1995.

Il importe de *ressasser* le passé puisque nous tenons à être maîtres de notre destin, à maîtriser le présent et à construire l'avenir, puisque les signes avant-coureurs d'une recolonisation de l'Afrique sont manifestes dans nos rapports actuels avec l'Europe. La marche de plus en plus accélérée du monde l'exige ; notre situation, en ce début du XXIe siècle, de sociétés arriérées et traumatisées par les comportements de nos gouvernants et par la faillite des politiques qu'ils ont menées depuis bientôt cinq décennies, l'imposent ; l'impatience et la lucidité de la nouvelle génération l'appellent ; les menaces que la mondialisation et ses prédateurs font planer sur nos fragiles économies le recommandent. Le passé est à *ressasser*, car l'homme n'est pas une goutte d'eau tombée du ciel ; il faut protéger la racine pour que les fleurs soient belles, les fruits abondants[1]. L'histoire de France, elle est *ressassée* tous les jours, dans les discours politiques, dans les médias, dans les écoles, dans les productions cinématographiques, dans les œuvres écrites, même quand elles sont d'imagination. Elle constitue, à tort ou à raison, l'orgueil des élites françaises ; elle seule fonde, chez elles, cette arrogance que rien ne justifie de nos jours, arrogance qui surprend et dérange toujours l'interlocuteur ou le partenaire.

De siècle en siècle, de millénaire en millénaire, l'Afrique marche, tantôt vaillamment comme au temps des grands empires, quand le peuple mandé comparait l'empereur Soudjata Keita, au XIIIe siècle, à Alexandre le Grand à propos de leurs vastes projets de domination universelle[2] ;

tantôt elle marche, l'échine courbée, comme au temps de la sauvage et honteuse traite négrière, qui a saigné l'Afrique à blanc en dépit de notre farouche résistance – qu'importe l'immense effort accompli par ceux qui ont consacré leur vie à la falsification de notre histoire et à l'illustration de nos prétendues faiblesses congénitales ! – et la fumeuse conscience de l'égoïste Europe qui s'abreuvait alors dans les Écritures saintes[3] ; tantôt l'Afrique marche la tête tristement basse, titubant de honte aux « soleils des indépendances[4] », car nos gouvernants ont trahi leurs peuples ; par incompétence, par cupidité, par couardise ou par insouciance, ils bradent nos ressources et nous affament ; ils tremblent encore devant l'ancienne puissance coloniale, qui n'a rien perdu de sa superbe et de son hégémonie, alors que, par ailleurs, ils broient, quotidiennement, la fragile dignité de leur peuple.

Notre responsabilité est grande dans la balkanisation du continent et dans les guerres barbares qui retardent son développement, car nous n'avons pas su écouter et protéger les plus vaillants de nos hommes politiques. Kwame Nkrumah, le panafricaniste intransigeant, a été chassé de son pays comme un bandit de grand chemin ; Patrice Lumumba a été immolé comme un agneau de sacrifice pour le bien-être de la nation colonisatrice de son pays. Il était farouchement patriote, le jeune et vaillant Congolais ; si seulement il avait eu le soutien des nations, des prétendues « patries des droits de l'homme », des organisations internationales, pour empêcher le colonisateur de « souiller l'indépendance » de sa patrie ! Soutien des nations ? Que non ! Ce n'était qu'un Africain, un nègre, un sous-homme, un colonisé – le méritait-il ? Le téméraire Thomas Sankara a payé par le sang son amour pour son pays et son continent ;

ainsi que sa haine implacable envers l'œuvre destructrice de ses aînés. Il n'était pas tendre, le jeune Burkinabé, devant l'insouciance des « pères de la nation » ; si seulement on lui avait laissé la chance de « pédaler jusqu'au sommet de la montagne », belle et virile image qu'il adorait[5]… Les exemples abondent et l'on rencontrera d'autres grandes figures du continent à travers les pages de cet ouvrage collectif. Ces martyrs ont été piégés tout comme leurs peuples, qui vont de surprises en surprises, devant les gestes irresponsables de ceux qui les dirigent depuis « les soleils des indépendances maléfiques » qui, « comme une nuée de sauterelles, tombèrent sur l'Afrique[6] ». Il faut *ressasser* le passé pour sauver notre dignité. Le passé, levain du présent, truelle pour bâtir l'avenir ! Pourtant, c'est précisément au moment où le nouveau président de France, sous les menaces de la mondialisation, angoissé par les fractures les plus insidieuses qui fragilisent sa vieille société, au moment où il ne cesse d'évoquer la mémoire des grandes figures de la politique française pour tenter un sursaut national, au moment où il cherche à imposer la lecture de la lettre du jeune résistant français, Guy Môquet, dans toutes les écoles de la République, c'est bien à ce moment-là qu'il nous invite à cesser de *ressasser* notre histoire !

Un lyrisme de mauvais goût

Le discours tenu à Dakar par le président français, le 26 juillet 2007, nous a donc surpris, a surpris le monde, même si l'on connaissait le tempérament, les idées générales, le goût incorrigiblement iconoclaste et le style à la fois direct et lyrique de Nicolas Sarkozy. Arrêtons-nous quelques instants sur ce lyrisme qui, dans les médias, fait tant de bruit au propre comme au figuré. Le lyrisme, on le sait, se nourrit souvent des détours, caresse plus qu'il ne décrit, exprime davantage par l'image que par le mot, suggère plus qu'il ne dit ; il se fixe, par contre, quand il se veut noble, des cibles précises et claires et, par ces vertus qui ont caractérisé le génie d'un Corneille, d'un Racine, d'un Mirabeau, d'un Hugo, d'un Lamartine, d'un Vigny, d'un Césaire, d'un Jacques Duclos, d'un Charles de Gaulle, d'un Malraux, ce lyrisme cultive l'excellence là où l'on ne l'attend pas, ennoblit ce qui est injustement honni. Il exalte les grandes valeurs de l'homme, venge le peuple opprimé, révèle l'éclat du divin, essuie les larmes de l'orphelin, rétablit la justice. Il monte, il ne rase pas les murs. Le lyrisme de l'autre versant, qui, souvent, patauge dans la fange, parvient avec efficacité, quand il se met au service de la dictature, des mauvaises causes, à faire accepter l'inacceptable, à valoriser ce qui n'a aucune valeur, à fouiner dans les profondeurs des instincts de l'homme ; ses cibles sont souvent dans la pénombre, c'est volontaire, et elles sont presque toujours atteintes à force d'artifices. Ce lyrisme entretient ainsi un flou qui ne le rend pas moins efficace.

Le lyrisme est donc ou au service du bien ou au service du mal ; il boude la raison, il s'adresse davantage au cœur : il déchaîne les passions, et c'est en cela qu'il peut être dangereux quand il ose opposer des éléments d'un même corps. Il sait déclencher les émotions les plus nobles, comme il a toujours été la première et redoutable arme des dictateurs.

Le lyrisme des discours de notre hôte, lyrisme dont ses compatriotes parlent avec engouement, souvent avec admiration – même la gauche le lui envie ! –, ce lyrisme-là ne cherche pas à apaiser, à rassembler, à susciter des passions saines, constructives : il est, de manière forcenée, à la recherche de l'émotion ou, mieux, à « la recherche de la mobilisation émotionnelle[7] » ; il crée volontairement le désordre, parce qu'il divise au lieu de rassembler et, à la limite, il est dangereux, comme est souvent dangereuse la manipulation de l'émotion collective ; elle peut à tout moment, telle une bombe, éclater entre nos mains.

On comprend que certains Africains, parfois de bonne foi, aient applaudi au discours de Nicolas Sarkozy, car ce discours, soucieux d'entretenir l'audimat, attentif à l'applaudimètre, s'adresse, en même temps, à plusieurs cibles, souvent opposées, d'où des contradictions insupportables dans le texte[8] ! Tout en ne parlant que de nous, en nous disséquant au vitriol, ou, plus exactement, tout en ne parlant que de l'« homme africain », de l'« homme noir », de l'« âme africaine », de la race noire telle que se la représentaient les XVIIe, XVIIIe et XIXe siècles européens, ou telle que les diverses élites européennes, particulièrement françaises, continuent de l'imposer à leurs populations, le discours de Dakar s'adresse en partie, en même temps, en France, à une catégorie de l'électorat, subtilisée au nationaliste Jean-Marie Le Pen. Oui, ce lyrisme-là, abrupt et direct, bousculant tout sentiment de pudeur, qui a fait sourire les étudiants et leurs professeurs à Dakar, que seul l'esprit de la *téranga*[9] a pu retenir dans leurs fauteuils, a surpris, même nous, Africains, nous dont les langues – langues agglutinantes – ont un pouvoir d'expressivité poétique incontestable, une capacité de suggestion étonnante, donc une force lyrique insoupçonnée. Pourtant nous sommes surpris, car piégés, comme nous l'avons été, avec constance, à travers l'Histoire, depuis Noé[10]. Ne nous attendions-nous pas, à l'origine, à un cours magistral à l'université Cheikh

Anta Diop, un cours obéissant à une certaine rigueur scientifique ? Il a été transformé à la surprise générale en un procès émaillé de contradictions flagrantes, de citations maladroites puisque mal à propos, non pas contre ceux qui ont détruit l'Afrique avec la complicité des maîtres d'hier et d'aujourd'hui, mais un procès contre l'« homme africain », donc contre une race ? Contre mon père, contre ma pauvre mère, contre mes aïeux ! Pas contre tel ou tel tyran africain, installé sur le « trône » grâce à la volonté ou avec l'efficace complicité de l'ancienne puissance coloniale. Procès ignoble : les victimes étaient sans défense ! Le lieu de ce procès injuste et suranné a été mal choisi.

Un sanctuaire profané

L'université de Dakar nous est chère comme un sanctuaire parce qu'elle constitue notre œuvre, notre fierté, un des rares symboles de réussite de l'Afrique des indépendances. Avec talent, avec ténacité, avec amour, dans d'énormes difficultés matérielles et financières, en dépit du nombre impressionnant d'étudiants, qui s'accroît d'année en année, ce sont des enfants du continent qui ont fait rayonner cette institution à travers le monde en la hissant au niveau des grands temples du savoir. Que d'abnégation ! Que de sacrifices ! Cet immense effort, consommé avec hardiesse, qui crève les yeux, n'a pas retenu l'attention de notre hôte, le chef de l'État français, dont la politique pourtant doit tout au volontarisme. L'université de Dakar nous est chère, si chère que nous la confiâmes à la mémoire de Cheikh Anta Diop, cet illustre enfant du pays, qui a sacrifié sa vie à lutter, avec une témérité rare, contre des siècles de calomnies, de falsifications de l'histoire de l'humanité, contre notre exclusion de la grande œuvre civilisatrice des ouvriers de la Terre. Vaste et laborieuse tâche. Ce grand Africain a su, nous dit Théophile Obenga, un autre grand érudit du continent, établir « de façon définitive les fondements historiques et culturels de la Conscience africaine contemporaine, pour la restauration et la renaissance des peuples africains. C'est l'orientation décisive de *Nations nègres et Culture*[11] », le livre « le plus audacieux, nous dit Aimé Césaire, qu'un nègre ait jusqu'ici écrit et qui comptera, à n'en pas douter, dans le réveil de l'Afrique[12] ».

Ni ces braves et talentueux enseignants de l'université de Dakar ni ce grand bâtisseur, aux dimensions exceptionnelles pour tous les temps, que fut Cheikh Anta Diop, n'ont eu droit à l' « amitié » de Nicolas Sarkozy. Ne nous a-t-il pas conseillé de jeter aux orties les œuvres du savant africain, celles de Théophile Obenga, d'Amadou Hampâté Bâ, de Joseph Ki-Zerbo, de Mongo Beti, de Cheikh Hamidou Kane, de Djibril Tamsir Niane, de Birago Diop, d'Ousmane Sembène et de leurs semblables, nombreux sur le continent, puisque ces œuvres parlent d'un âge d'or qui n'a jamais existé ou de la colonisation dont Nicolas Sarkozy a osé saluer, les yeux dans nos yeux, les performances des acteurs « avec respect » ? Oui, saluer « avec respect » l'œuvre coloniale ! La saluer « avec respect », « sur nos terres », comme dit non sans indignation Doumbi-Fakoly, écrivain sénégalo-malien ! Saluer l'œuvre coloniale « avec respect », comme si le massacre de Thiaroye n'avait jamais existé[13] ! Le chef de l'État français parlait… parlait… parlait… en juge suprême, infaillible, omnipotent, omniscient, à quelques pas du laboratoire de datation par le carbone 14 de Cheikh Anta Diop ; à quelques kilomètres du cimetière de

Thiaroye et de l'île de Gorée, qui a fait gémir tant de consciences, fait pleurer tant de monde, tant de célébrités afro-américaines comme James Brown[14] ! Pourtant, en une autre époque, j'ai vu, de mes yeux vu, au milieu d'un banquet, à Québec, François Mitterrand, alors président de la République française, se lever – quelle allure altière ! –, quitter sa table, traverser l'immense salle pour aller, à la grande surprise des centaines d'invités intrigués, qui retenaient leur souffle dans un silence de mort, à la table de Léopold Sédar Senghor, alors redevenu simple citoyen de son petit pays du Sahel; il se pencha sur l'ancien président du Sénégal, son hôte esquissa le geste de se lever, il le força respectueusement à s'asseoir, il le salua comme on salue les grands hommes et lui dit, sans murmurer, d'une voix ferme et audible, avec un large sourire : « Maître… »

Ce que nous sommes en droit de demander à la France, à ses élites politiques et économiques, à ses intellectuels, à ses hommes et femmes des médias, c'est le respect qu'on doit, sans hypocrisie, à tout homme, le respect qu'ils doivent à nos mérites, à ce que nous leur avons apporté militairement, car nos pères furent braves ; matériellement, car nos matières premières sont abondantes et s'épuisent de jour en jour, tanidis que nous demeurons pauvres ; intellectuellement, car nous sommes en train de sauver leur langue, épuisée, languissante, d'une mort programmée. Il paraît qu'une grande nation, qui a traversé des siècles avec panache, déchiffre difficilement les signes précurseurs de son déclin.

De l'Arche de Noé au discours néocolonial de Sarkozy

Oui, l'*âge d'or*, nous l'avons bel et bien connu, n'en déplaise aux révisionnistes et négationnistes de tous bords, n'en déplaise à ceux qui se sont éreintés, au cours des siècles, à démontrer maladroitement et ridiculement le contraire, à vouloir ébranler, par des moyens artificiels, les fondements authentiques de l'histoire de l'homme, dans la seule préoccupation effrénée, hargneuse de maintenir le nègre sous la domination des autres groupes ethniques ! L'*âge d'or*, chez nous, a existé. Ce n'est pas un mythe. C'est scientifiquement prouvé. Il suffit de renvoyer le lecteur aux œuvres de Cheikh Anta Diop, à celles de Théophile Obenga et à celles de bien d'autres chercheurs d'Afrique et d'ailleurs. Le piège, le piège infernal qui nous a été tendu, est vieux comme le monde. Le gibier n'y a jamais échappé car, à travers le temps et l'espace, il a toujours changé de forme, d'aspect : il n'est jamais ce qu'il est réellement ; et pour pasticher Paul Verlaine, il n'est, chaque fois, ni tout à fait le même ni tout à fait un autre[15] ; il est insidieusement et ingénieusement satanique et infernal, depuis l'Arche de Noé jusqu'au discours néocolonial de Sarkozy.

Il est admis par bien des savants que l'Égypte, en Afrique, est le berceau de la civilisation. « Si le peuple égyptien a tant fait souffrir le peuple juif comme le dit la Bible, et si le peuple égyptien est un peuple de nègres descendants de Cham comme le dit la même Bible, on ne peut plus ignorer, en dépit de la légende de Noé ivre, les *causes historiques de la malédiction de Cham* issue de la littérature juive *entièrement postérieure* à cette période de persécution. » Et, plus loin, dans *Nations nègres et Culture*, Cheikh Anta de poursuivre :

« Les habitants de l'Égypte symbolisés par leur couleur noire, Kemit = Cham de la Bible, seront *maudits dans la littérature du peuple qu'ils ont opprimé*. Nous voyons donc que *cette malédiction biblique de la descendance de Cham a une tout autre origine que celle qu'on lui donne aujourd'hui ostensiblement et sans le moindre fondement historique*. » Injustice flagrante. Et les remarques suivantes du savant africain sont d'une pertinence indiscutable : « Ce que l'on n'arrive pas à comprendre [...] c'est comment on a pu faire de Kemit = Chamite, noir, ébène, etc. (en égyptien même) une race blanche. Nous voyons donc que, *suivant les besoins de la cause, Cham est maudit, noirci, et devient l'ancêtre des nègres*. C'est le cas chaque fois que l'on parle de relations sociales contemporaines. Mais *il est blanchi chaque fois que l'on cherche l'origine de la civilisation* parce qu'on le trouvera là habitant le premier pays civilisé du monde[16]. »

À travers l'Histoire, quoi qu'en pense le président français, le nègre a toujours été au centre de la marche de notre monde, puisqu'il a toujours été tantôt le principal agent, tantôt le principal outil du développement économique. On sait que la malédiction biblique n'eût jamais eu lieu si l'Égypte, au temps de Moïse, n'avait pas connu une certaine prospérité, un développement hors du commun pour l'époque ; cette malédiction avait déjà, en ces temps reculés, une origine économique, sociale et, dans une certaine mesure, politique ; « grâce à Joseph », nous dit Cheikh Anta Diop, les Juifs y « furent d'abord bien accueillis » ; mais « après la mort de Joseph et du pharaon "protecteur" et devant la multiplication des Juifs, des réflexes naquirent chez les Égyptiens, dans des circonstances encore mal définies. La condition des Juifs deviendra de plus en plus dure ; si l'on en croit la Bible, ils seraient employés à des travaux de terrassement ; ils auraient ainsi servi de main-d'œuvre pour la construction de la ville de Ramsès. Les Égyptiens auraient pris des mesures pour limiter le nombre des naissances et éliminer les enfants mâles, de peur que cette minorité ethnique ne se développe et constitue un danger national qui, en période de guerre, pourrait grossir le rang des adversaires ». Et l'auteur des *Nations nègres et Culture* de conclure : « C'est dans ces circonstances qu'apparaîtra Moïse, le premier prophète juif, qui en élaborant l'histoire du peuple hébreu depuis ses origines, nous la présentera, *rétrospectivement*, sous *un angle religieux*[17]. »

Qu'eût été notre monde si les idées du nazisme avaient triomphé et si ce nazisme eût fini par nous être présenté « sous un angle religieux » ? C'est d'autant plus vraisemblable que le Führer pensait que, pour le peuple allemand, « *la religion est une affaire capitale*. Tout dépend de savoir, s'interrogeait-il, s'il restera fidèle à la religion judéo-chrétienne et à la morale servile de la pitié, ou s'il aura une *foi nouvelle, forte, héroïque* en un Dieu immanent dans la nature, *en un Dieu immanent dans la nation même, en un Dieu indiscernable de son destin et de son sang*[18] ». Quoi qu'il en fût, il est ainsi vraisemblable, dans l'hypothèse d'une victoire finale, que Hitler se fît attribuer une dimension divine, ayant déjà fait du peuple aryen le peuple « élu de Dieu » ; et *Mein Kampf* eût pu devenir la Bible de la « nouvelle religion ». Comme notre monde eût changé ! Voilà comment naissent, dans les délires des hommes, aux grands détours de notre marche dans le temps et l'espace, souvent dans la tourmente, les mythes fondateurs qui défigurent ou détruisent l'homme. C'est l'histoire des hommes, qu'elle soit profane ou religieuse, qui nous a piégés depuis Noé, depuis la nuit des temps. Nous n'avons pas besoin d'« entrer dans l'Histoire » puisque nous sommes le poumon de l'histoire de l'humanité. Ce n'est ni la civilisation musulmane, ni la chrétienté, ni la colonisation, contrairement à ce qu'a prétentieusement soutenu le président français à Dakar, « qui ont ouvert les cœurs et les mentalités africaines à l'universel et à l'histoire ». Nous y reviendrons.

Les réflexions contenues dans les lignes que voilà sont fondamentales dans le devenir de ce que le chef de l'État français appelle l'« homme africain » dont les misères relèveraient de sa propre responsabilité, comme les malheurs qui se sont abattus, qui s'abattent et s'abattront, tout au long de l'Histoire, sur le nègre, constitueraient des châtiments qu'il aurait bien mérités. Le paradoxe, comme nous le verrons plus loin, c'est que lui-même finira par croire à cette malédiction, à cette terrible chute sans possibilité de rédemption. Le piège infernal se referme à jamais sur lui : il est pris aux entrailles. Nous connaissons et nous saluons, avec respect – cette fois-ci avec un respect bien différent de celui que le président français témoigne aux colons –, le combat courageusement mené par Louis Sala-Molins, professeur émérite de philosophie politique à Paris I et à Toulouse II, et par tous ses semblables d'hier et d'aujourd'hui en Europe, combat contre les falsifications de notre histoire et combat pour la vulgarisation des pages les plus sombres de cette histoire ; ses études, érudites, sont précieuses pour l'humanité souffrante[19]. Le piège à nègres dont nous parlons est subtil. « Longue histoire celle des *exégètes bibliques noircissant petit à petit, mais avec une constance sans faille, la descendance de Cham* et l'installant dans des régions lointaines, inconnues, dont l'émergence massive dans les lettres des Blancs "japhétites" sera concomitante à celle de l'Afrique noire. La tradition exégétique, poursuit Louis Sala-Molins, combinera son propre délire à celui colporté par les récits gréco-romains qui installent dans l'Afrique d'au-delà de l'Égypte et du désert, c'est-à-dire au-delà du connu, *mille merveilles et dix mille monstruosités*. Le caractère de vérité absolue concédé par chacun au langage ecclésiastique pendant des siècles et des siècles fera le reste. »

C'est dans cette tradition exégétique que s'inscrit le discours criminel dont voici quelques extraits, attribué à tort ou à raison au roi des Belges, adressé aux missionnaires en partance pour le Congo ; ce qui importe dans ce texte ne réside ni dans la paternité ni dans l'authenticité du discours, mais dans la philosophie que celui-ci draine et qui est authentiquement, sans le moindre doute, celle de la colonisation ; la férocité et l'immuabilité de cette philosophie ne concernent pas seulement l'histoire coloniale du Congo ; elles échappent au temps et à l'espace : « Pasteurs, vous allez certes pour évangéliser, mais cette évangélisation s'inspire de notre grand principe : avant tout, les intérêts de la métropole. Le but essentiel de votre mission n'est point d'apprendre aux Noirs à connaître Dieu. Ils le connaissent déjà depuis leurs ancêtres [...]. Votre rôle essentiel, leur aurait révélé Léopold II, est de faciliter leur tâche aux administratifs et aux industriels. *C'est dire donc que vous interpréterez l'Évangile d'une façon qui serve à mieux protéger nos intérêts dans cette partie du monde*. Pour ce faire, vous veillerez entre autres à désintéresser nos sauvages noirs des richesses dont regorge leur sous-sol afin d'éviter qu'ils s'y intéressent ou qu'ils nous fassent une concurrence meurtrière rêvant un jour à nous déloger de cette partie avant que nous ne nous enrichissions. Votre connaissance de l'Évangile vous permettra de *trouver des textes qui recommandent et qui font aimer la pauvreté*. Par exemple : « Heureux les pauvres car le

Royaume des Cieux leur appartient ; il est plus difficile pour un riche d'entrer au ciel qu'à un chameau de passer par le trou d'une aiguille, etc. [...] *Évitez de développer l'esprit critique dans vos écoles.* Apprenez aux élèves à croire non à raisonner [...]. Évangélisez les Noirs jusqu'à la moelle des os *afin qu'ils ne se révoltent jamais contre les injustices* que vous leur ferez subir. Faites-leur réciter chaque jour : "Heureux ceux qui pleurent car le Royaume des Cieux leur appartient" [20]. » Très tôt, de par une conspiration bien ficelée, que ni le temps ni les vicissitudes de l'Histoire n'auront jamais trahie, par une savante exploitation de la religion et par le jeu des interdépendances d'intérêts des individus et des groupes, le nègre naît, aux yeux de tous, à la servitude éternelle. On sait que le mythe du Déluge est fondé sur le salut de l'humanité pécheresse et sur l'alliance entre Yahvé et une « humanité rénovée » dont Noé est le garant. Et voilà que Noé et les siens ayant à peine échappé au châtiment divin, la malédiction tombe sur la progéniture de Cham, le premier pécheur de l'« humanité rénovée ». Piège infernal qui défie la raison et ébranle le cœur.

Il n'est pas superflu de m'être attardé sur ces questions, car elles sont essentielles dans l'existence du nègre dans l'histoire de l'humanité ; car « la malédiction de Cham est et reste l'argument fondamental des esclavagistes[21] » ; elle meuble et embellit encore la conscience des racistes à leurs propres yeux. Ces questions sont essentielles dans notre vécu quotidien. Elles sont essentielles parce qu'on constate que Nicolas Sarkozy, comme les auteurs des récits gréco-romains, à la recherche de nouvelles émotions et de nouveaux arguments, croit encore au « mystère de l'Afrique ». Nous avons dit que le nègre a fini par croire au mythe de la chute : il a fini par croire à ses propres « monstruosités » ! Et

Louis Sala-Molins de commenter, non sans ironie, en citant l'*Histoire générale* de Prévost : « Dieu, qui ne fait jamais les choses à moitié, s'est arrangé pour que *sa malédiction ne fût pas oubliée des maudits eux-mêmes*, de sorte qu'ils pussent en référer à ses fidèles blancs et chrétiens pour le contentement et l'édification de leurs esprits : "Ces misérables avouent, dit-on, qu'*ils se regardent eux-mêmes comme une nation maudite*. Les plus spirituels, qui sont ceux du Sénégal, racontent, dit-on, sur une ancienne tradition dont ils ne connaissent pas l'origine, que ce malheur leur vient du péché de leur premier père, qu'ils nomment Tam" [22]. » Je sais qu'il a existé ailleurs – n'est-ce pas ? – le mythe du péché originel, mais il a été atténué par le mythe de la rédemption. Il y a eu Adam et Eve, il y a eu le fruit défendu, mais il y a eu aussi le Christ, il y a eu le prophète martyr, le prophète rédempteur. Dans le cas du nègre, cruellement singularisé au sein de l'humanité, aucune rémission, aucun espoir de rédemption. Pas d'espérance ! Aucune lueur à l'horizon ! Damné pour l'éternité ! Serait-ce pour cela que le président de la patrie des droits de l'homme est venu tenter, déterminé comme il l'était, ce 26 juillet 2007, à l'université Cheikh Anta Diop de Dakar, de nous sauver enfin de la géhenne ?

Et quand la foi chancelle, quand les curés commencent à compter leurs ouailles avec inquiétude, quand le matérialisme triomphant entame en nous la flamme du divin, les philosophes, vêtus alors de la dignité de l'homme de science, prennent la relève des Saintes Écritures pour enfoncer le nègre dans l'animalité la plus infecte. Et arrivent à leur secours, fanfarons et déterminés, les faux historiens, que Césaire appelle avec mépris les « romanciers de la civilisation », les faux ethnologues, les faux sociologues, les faux psychologues, des génies littéraires égarés comme

Jules Romains de l'Académie française, pour qui « la race noire n'a encore donné, ne donnera jamais un Einstein, un Stravinsky, un Gershwin ». C'est donc avec une vigueur et une hargne sans appel que l'auteur du *Discours sur le colonialisme* dénonce « tous les obscurcisseurs de conscience, les inventeurs de subterfuges, les charlatans mystificateurs, tous les manieurs de charabia[23] ». D'après Louis Salan-Molins, « Hérodote racontant que le sperme des Noirs n'est pas d'un blanc subtilement nacré du plus bel effet, mais noir comme leur peau – il le sait, il l'a vu –, réconforte l'exégète dans sa conviction que la malédiction divine a atteint l'Éthiopien dans sa chair et dans la source même de toute négritude[24] ». Théophile Obenga nous a livré, dans le présent ouvrage collectif, une analyse brève, mais pertinente de la pensée de quelques penseurs célèbres[25]. Bossuet a été certainement parmi les inspirateurs de la funeste politique de Léopold II au Congo. Montesquieu, intrigué par la couleur de la peau du nègre, en fait le signe distinctif de son infériorité ; Voltaire surprend avec sa crâniométrie ridicule ; Hume et Kant privent pratiquement le nègre de toute capacité intellectuelle ; Hegel, on le sait, est allé très loin : condamner l'esclavage, mais pas celui du nègre, être inférieur ; parmi ces génies, qui ne sont « lumières » que pour l'homme blanc, il y a Jean-Jacques Rousseau, le grand Rousseau, le Citoyen du monde, l'homme de l'universel, qui a pris ses distances, qui croit en l'égalité de tous les hommes et qui condamne l'esclavage sans réserve. Et, au XXIe siècle, il y a l'homme politique français, Sarkozy, avec son « homme africain », vivant dans la vermine, en marge de l'Histoire. Je vous avais prévenu : depuis l'Arche de Noé jusqu'au seuil de notre siècle, le piège est toujours là ; il ne change que de forme.

La théorie senghorienne du métissage vue par le président français

Serait-ce pour toutes ces raisons que le chef de l'État français a donné de la notion de métissage chez Léopold Sédar Senghor l'interprétation la plus fantaisiste et la plus injurieuse pour le nègre ? À l'écouter, on a l'impression que le nègre, pour s'améliorer, pour se rapprocher de l'humain, pour « être dans l'Histoire », pour son « accomplissement », c'est-à-dire pour son salut, a besoin de se frotter biologiquement et culturellement au Blanc, surtout au Blanc européen. Il est surprenant que Nicolas Sarkozy, épousant ici, bien que ce soit dans un style flou, la thèse de son célèbre compatriote Renan, ne se contente pas tout simplement de citer l'œuvre de ce dernier, pompeusement appelée *La Réforme intellectuelle et morale* : « La régénération des races inférieures ou abâtardies par les races supérieures est dans l'ordre providentiel de l'humanité[26]. » Nicolas Sarkozy parle, avec une suffisance étonnante, de la nécessité de notre « accession à l'universel » comme si lui et les siens y étaient déjà confortablement installés. C'est une interprétation scandaleuse des notions de *métissage culturel et biologique*, d'*ouverture*, de *civilisation de l'universel* chez Léopold Sédar Senghor. S'il y a, en ce XXe siècle, un métis culturel par excellence, sans tache, c'est bien l'« homme africain », enraciné dans sa culture africaine et maîtrisant la culture de l'Autre, surtout l'occidentale. Que sait l'Occident de nos langues et de notre culture ? Que sait Nicolas Sarkozy de notre culture, des productions de l'esprit du continent africain ? Rien. Ce qui révèle le vaste mensonge de la francophonie, cette honteuse escroquerie planétaire[27].

S'il y a un homme qui doit s'efforcer d'accéder à

l'universel, ce n'est certainement pas l'« homme africain », le nègre d'Afrique, mais l'homme du continent européen, surtout dans sa partie française. Non, l'« homme africain » n'est pas « entre les eaux » ; il n'est pas écartelé entre des mondes ; il a ces mondes en lui. Il est incompris, surtout par ceux qui l'ont colonisé, l'ont réduit à l'esclavage et ont patiemment et intelligemment réussi à l'infantiliser aux yeux du monde. Pourtant, il est riche des richesses de l'universel auquel Nicolas Sarkozy le convie alors que lui-même, sans le savoir, en est tristement absent. Il est temps que le chef de l'État de France, les élites françaises se rendent compte que la francophonie est un mensonge grossier, qu'à ce rendez-vous qui aurait dû être celui « du donner et du recevoir », la France résiste à tout échange franc, à toute ouverture sérieuse aux cultures des partenaires. Il n'est pas vrai que la « part de l'Europe », qui est en nous, nous dérange, comme le dit le président français, de même qu'il n'est absolument pas vrai que cette part constitue, en nous, « l'appel de la liberté, de l'émancipation, de la justice et de l'égalité entre les femmes et les hommes », qu'il considère comme « l'appel à la raison et à la conscience universelles[28] ». C'est vraiment prendre beaucoup de risques que de soutenir une thèse aussi erronée en plein XXIe siècle. Que fait-il des patrimoines intellectuels des peuples dispersés et économiquement, politiquement ou militairement dominés, aujourd'hui, sur la planète ?

Que fait-il de certains instruments comme la *Charte du Mandé*, qui a su défendre les êtres faibles, la femme et l'enfant, récemment publiée par trois chercheurs ? De quoi s'agit-il ? « On considère généralement que la première Charte des droits de l'homme, remarquent les auteurs, est la fameuse *Grande Charte* ou *Magna Carta*, rédigée par les

Britanniques le 15 juin 1215. Ce texte fondamental, divisé en 63 articles, introduit pour la première fois le concept d'*habeas corpus* (« aie ton propre corps »), garantissant ainsi, pour la première fois en Europe, un minimum de droits civiques aux populations. Presque simultanément, en Afrique occidentale, l'aube d'un empire nouveau se lève. Nous sommes en 1222 et un dénommé Soundjata Keita se prépare à une lutte de longue haleine pour unifier le mandingue. Il prend la tête de l'ésotérique confrérie des chasseurs, et ensemble ils définissent alors les bases juridiques de l'empire nouveau, une *charte qui préfigure encore plus puissamment* que la *Magna Carta* de ce qu'on appellera plus tard les droits de l'homme : c'est la charte du Mandé, plus diversement connue sous les appellations de *Donsolu Kalikan* (Serment des chasseurs), *Dunya Makilikan* (Injonction au monde), ou plus couramment *Manden Kalikan* (le Serment du Mandé)[29]. »

Quand on pense que la Charte du Mandé date de 1222 et que la Déclaration des droits de l'homme et du citoyen, qui a fait de la France la « patrie des droits de l'homme », ne date que du 26 août 1789, on est écœuré devant cette extraordinaire faculté de l'Europe à ramener tout bien à elle, à s'approprier la paternité, sans partage, de tout progrès matériel, intellectuel et moral, accompli par l'homme dans le temps et l'espace. Parler de nos apports à l'histoire de l'homme, c'est, aux yeux du président français, nous protéger contre tout apport extérieur, nous accrocher à une « pureté » illusoire.

Le président français a tort de blâmer notre prétendue quête de la « pureté », notre prétendue propension à la ghettoïsation ; s'il faut parler de ghettoïsation dans le domaine de la culture, il est à reconnaître que celle-ci a toujours été un des traits distinctifs de la politique française de tous les temps. Le *métissage* de la société française, dont on parle tant, a été un phénomène naturel indépendant de toute volonté politique délibérée ; dans ce domaine de la culture, avec la certitude arrogante que son modèle *national* est *universel*, la France a toujours été préoccupée davantage par la volonté de donner, d'assimiler l'Autre en annihilant sa culture que par l'ambition de recevoir. On comprend que Nicolas Sarkozy nous appelle généreusement à nous « greffer » à ce qu'il croit être l' «universel ». L'affreuse politique de l'assimilation ! Le piège est toujours là.

Notre préoccupation ici, à propos de sa théorie du métissage, n'est pas de chercher à donner raison ou tort à Senghor et à son inspirateur, le paléontologiste français Pierre Teilhard de Chardin, mais de montrer à quel point le président français s'éloigne de la pensée du poète africain. La dernière grande guerre a révélé au monde, surtout à l'orgueilleuse Europe, la fragilité de nos valeurs de civilisation qui, toutes sans exception, sur toute l'étendue du globe, sont filles de la *géographie* et de l'*histoire* et qui, en conséquence, isolées les unes des autres, ont leurs tristes limites : une simple humeur des « grands » de ce monde ou des groupements d'intérêts égoïstes, qui ont l'art d'exploiter les forces de divergence et d'isolement, suffit à les renier et à ébranler leurs fondements, pourtant des centaines de fois séculaires. Seule une symbiose équilibrée des valeurs de nos civilisations est capable d'imposer, entre les hommes, l'égalité et le respect mutuel, qui sont ainsi acquis par le *métissage*, comme l'histoire l'a suffisamment prouvé. Du reste, l'aide apportée aux paléontologistes par les biologistes moléculaires pour une meilleure lecture de l'histoire de l'homme, révèle, dans son ensemble, que « les groupes humains qui ont successivement peuplé la planète ont [...] su se mêler les uns aux autres, engendrant des populations métissées dont nous provenons tous[30] ». Les grandes civilisations ont été généralement des civilisations fortement métissées ; mais « [...] il est certain que depuis la quatrième glaciation, c'est la race nordique aux yeux bleus et aux cheveux blonds qui est la moins métissée[31] » et le peuple allemand, appartenant pourtant à une brillante civilisation, fait partie de cette race *aryenne*. L'on connaît les funestes conséquences de ce faible taux de métissage, théorisées dans *Mein Kampf* d'Adolf Hitler. Le monde se métisse, « se civilise ». C'est la marche inéluctable vers une civilisation de l'universel.

C'est bien à Teilhard de Chardin que Senghor a emprunté la notion de *civilisation de l'universel*, séduit par la vision du philosophe paléontologiste sur la marche de notre monde. Pour l'un comme pour l'autre, l'individu ou un groupe d'hommes est incapable d'accéder au *progrès total*, qui est un produit de l'accroissement de conscience ; cet accroissement ne s'obtient pas dans l'isolement de la conscience individuelle puisqu'il doit conduire à une sorte de *personnalisation collective*, et nous voilà livrés au vaste processus de *socialisation*, qui est la véritable vocation de l'humanité. La marche est devenue alors inéluctable vers une concentration de plus en plus grande de l'*énergie organique*, partant de l'*énergie vitale* (les deux réalités n'étant pas antinomiques, mais dépendantes l'une de l'autre). Ainsi la nature et les hommes de bonne volonté construisent ensemble une *hominisation* de plus en plus poussée et de plus en plus accélérée grâce aux progrès de la science, *hominisation* qui s'ouvre inéluctablement sur une civilisation de *métissage* culturel : la *civilisation de l'universel*. Voilà grossièrement résumée la théorie du métissage de Léopold Sédar Senghor et de Pierre Teilhard de Chardin.

C'est le monde de l'*égalité* et de la *réciprocité*. Nicolas Sarkozy fait de l'homme occidental un homme « fini » et de l'homme africain un homme « en accomplissement ». En parlant de métissage, le président français parle en terme de race, de l'« homme africain », de l'« homme noir » ; Teilhard de Chardin et Senghor parlent de l'homme, de l'humanité.

Le responsable des propos racistes de Dakar : Sarkozy ou Guaino ?

Le président français est-il réellement responsable de tout ce que les intellectuels africains reprochent au discours qu'il a prononcé à Dakar ? Nous savons, par les médias français, que le discours a été rédigé par son conseiller spécial, Henri Guaino. Un chef d'État, quelles que soient ses compétences, quelle que soit sa capacité de travail, ne peut rédiger lui-même tous les discours qu'il prononce. Peut-on en déduire pour autant qu'il n'est pas responsable des propos tenus publiquement, que rien ne l'engage, dans son discours de Dakar, devant tout un continent ? Que non ! Un conseiller, dans un cabinet, ne fait que présenter des *projets* de discours en s'inspirant de la pensée et du style du commanditaire. Il n'écrit pas pour lui-même : il écrit pour une autorité qui a sa perception des choses, qui a son style, qui a sa vie, sa personnalité. Le conseiller spécial Henri Guaino a travaillé sous la direction d'autres hautes personnalités de son pays : Valéry Giscard d'Estaing, Jacques Chirac, Charles Pasqua, Philippe Séguin, « qui fut son vrai maître et qui, le premier, utilisa ses talents d'écriture[32] ». L'idée ne lui viendrait jamais à l'esprit d'écrire pour le président Sarkozy comme il écrivait pour ces derniers. Ces quatre fortes personnalités, très différentes les unes des autres, n'auraient jamais accepté de s'approprier un texte rédigé dans le style et dans les diverses conceptions (politiques, philosophiques…) de l'une ou de l'autre. Et aucune d'entre ces personnalités n'aurait accepté de prononcer ce qu'il convient d'appeler désormais le « discours de Dakar » tel qu'il a été présenté au chef de l'État français et tel qu'il a été accepté. Qu'est-ce à dire ? Un conseiller est un collaborateur censé connaître et maîtriser la pensée, aussi sinueuse qu'elle soit, et le style, aussi complexe qu'il soit, de l'autorité qu'il sert. Une anecdote. Senghor, à l'époque président de la république du Sénégal, me demanda, alors que j'étais un de ses jeunes conseillers, de répondre à une interview qu'une revue française sollicitait de lui. Je parcourus rapidement les différentes questions et sortis de son bureau avec l'assurance d'y répondre sans difficulté. Je me rendis compte, bien après, que certaines questions étaient très *personnelles*. Je le lui dis et lui demandai de me fournir quelques éléments de réponse. Il me regarda avec étonnement et me dit : « Mais tu me connais suffisamment pour y répondre ! » Le ton était si indigné que je ne dis mot : j'étais confus. Je lui présentai le projet de texte le lendemain. Il le lit, appela son assistante et lui demanda de le transmettre à la direction de la revue sans avoir biffé ou ajouté un mot. C'est dire que j'ai appris à « avoir Senghor dans ma tête ».

Sur France 2, le 12 octobre, j'entendis Bernard-Henri Lévy dire : « Il faut que Sarkozy chasse Guaino de sa tête ! », alors que c'est Guaino qui a Sarkozy dans sa tête. Comment pourrait-il être autrement, sans démériter, pour l'homme qui a reçu le suffrage de ses compatriotes ? Le style du discours de Dakar est bien celui du président français ; les idées sont les siennes. Pour s'en convaincre, il suffisait d'écouter ses improvisations durant la campagne électorale. Pour terminer avec cette question, qui est loin d'être de détail, cette autre anecdote me paraît plus édifiante où les rôles ont été renversés. Le philosophe Roger Garaudy, très célèbre en Afrique, demanda à son ami Senghor une préface à son ouvrage *Comment l'homme devint humain*[33]. Celui-ci accepta, mais négligea de m'en parler. Roger Garaudy le relança. Senghor me remit une copie du manuscrit, qui était déjà sous presse. Je lui dis : « Votre ami est un grand philosophe et un grand essayiste, il me faut du temps pour rédiger cette préface. » Il accepta le délai. Je lui remis le projet, mais le livre de Roger Garaudy était déjà sorti. Il apprécia le texte et me demanda de le faire paraître dans un quotidien ou une revue de Dakar. Je déclinai l'offre. Il s'étonna et je lui dis : « Ce n'est pas mon texte, mais le vôtre. – Ah bon ? » fit-il. Je précisai : « Le style est votre style ; il n'est pas le mien. Les idées et la démarche intellectuelle sont les vôtres ; elles ne sont pas les miennes. Si je publiais le texte en mon nom, je serais accusé de plagiat. » Il sourit et me donna raison[34].

Je ne donne pas raison à Bernard-Henri Lévy malgré toute l'admiration que j'ai pour le philosophe et tout le respect que j'ai pour l'engagement de l'homme. Ce n'est pas non plus exonérer le président de la République française de toute responsabilité, comme Bernard-Henri Lévy l'a tenté, que de soutenir qu'il n'a pris connaissance du texte que tardivement. C'est quand même le chef de l'État de France qui s'adressait à la jeunesse de tout un continent, du continent africain ! Nous ne prononçons pas un texte avec un ton aussi doctrinal, avec tant d'enthousiasme, tant d'exaltation, avec tant d'emphase dans les gestes et dans la voix, avec tant de repères mis merveilleusement en valeur, si nous venons de prendre connaissance de ce texte et si les idées ne sont pas les nôtres. Contrairement à ce que soutient Lévy, ce n'est pas, dans ce contexte précis, l'homme politique qui est « acteur », c'est bien plutôt son conseiller. Il y a, en chaque conseiller spécial d'une haute autorité de l'État, un acteur et un Sisyphe. Une rencontre heureuse entre les deux hommes, aux plans politique, intellectuel, affectif, n'est pas à exclure ; ce qui a fait dire à l'auteur de *Storytelling* à tort ou à raison : « Ce qui les rapproche, au bout du compte, c'est *leur fascination pour le spectacle.* Tous deux restent deux gamins éblouis par les phénomènes d'émotion collective, qu'ils soient de l'ordre du show-biz ou de la politique. Je pense à ces moments incroyables de campagne où l'on a pu voir Guaino mimant du bout des lèvres les discours que son mentor était en train de prononcer. On a là l'image même du modèle politique proposé par ce nouveau régime : celle d'une *France fusionnelle* qui, comme Guaino, murmurerait la story du jour, totalement synchrone avec son président acteur[35]. » Cette heureuse rencontre n'est pas suffisante pour rendre Henri Guaino responsable des propos tenus par Nicolas Sarkozy dans ses discours ; elle est par contre suffisante pour faire de celui-là la « plume miraculeuse » de celui-ci. Et, quoi qu'il en soit, le responsable des propos tenus dans les discours de l'Élysée, c'est bel et bien l'homme qui a reçu le suffrage des Français.

Entre la colère et la honte : « L'Afrique va mal »

« L'Afrique va mal », très mal. Il va mal, ce « continent émasculé et appauvri par quatre siècles d'esclavage et de colonisation », comme l'écrit Jean-Baptiste Sipa, et « même devenu un moment la chasse gardée de la France, dans le prolongement des comptoirs coloniaux *métamorphosés* après 1960[36] ». Colère donc contre les corruptions, les manigances, les ruses, les manipulations des prédateurs extérieurs, surtout contre la politique sournoise et impitoyable menée, sur le terrain africain, depuis nos indépendances, par l'ancien colonisateur, toujours maître du lieu. Honte devant la démission des hommes politiques africains, leur soumission servile à l'autorité des institutions de Bretton Woods et à la volonté des multinationales et de la classe politique françaises. Honte devant les sinistres spectacles que nous offre la Françafrique. Honte devant notre impuissance à bousculer « les despotes installés *ad vitam aeternam* », avec la complicité de l'Occident, « au grand désespoir de leur jeunesse en panne d'espérance[37] ». Cette course fiévreuse vers l'Élysée, comme vers le jardin d'Éden, par ceux qui sont au sommet de nos États, humilie l'Afrique ; ces mains toujours tendues par ceux qui bradent nos biens et imposent au monde l'image d'une Afrique mendiante, déguenillée, en dépit de ses immenses richesses, rabaissent le continent et surtout ses élites. Cette incapacité incompréhensible à réaliser l'unité africaine, depuis cinq décennies, alors que les grands ensembles se constituent et se consolident sous nos yeux, nous affaiblit et nous rend ridicules à l'ère de la mondialisation, de l'ouverture des marchés. Cette tendance fâcheuse à nous diviser devant des blocs d'intérêts, dont les éléments sont solidement soudés, cohérents et constants dans la défense de leurs positions, cette tendance à céder, avec une facilité déconcertante, aux flatteries et à la ruse des forces de division, toujours soucieuses d'entretenir la balkanisation du continent, cette autre tendance à nous livrer au culte de la médiocrité, à lutter contre les compétences nationales, rendent vains tous efforts de développement.

Nous attendions, à Dakar, du chef de l'État français, des réponses claires à ce que Xavier Harel appelle « les vraies questions : celle, par exemple, de la *complicité des pays riches, et de la France* en particulier, dans la *mise à sac d'un continent* par des régimes corrompus [...]. L'Afrique va mal. Le nier serait indécent vis-à-vis des millions d'Africains qui décèdent précocement faute de soins ou qui meurent de malnutrition, quand ils ne périssent pas noyés en tentant de franchir le détroit de Gibraltar, ou accrochés aux barbelés des enclaves espagnoles de Ceuta et Melilla, au Maroc, dans l'espoir de gagner l'eldorado européen[38] ». Au lieu de répondre à des questions vitales sur l'implication des puissances occidentales, de son pays singulièrement, dans le maintien au pouvoir des « régimes kleptomanes » et dictatoriaux, dans l'instabilité politique, dans les violences génocidaires, le chef de l'État de France, patrie des droits de l'homme, demeure fasciné par le nègre de Montesquieu, de Hegel, de Gobineau, de Lévy-Bruhl, de Renan, de Romains... Il faut, du reste, reconnaître que les vrais acteurs de l'humiliation que les nations subsahariennes subissent depuis la proclamation de nos indépendances, qui ne sont, au vrai, que nominales, du gaspillage éhonté de leurs richesses, sont, sans conteste, leurs propres gouvernants, forts du soutien coupable et efficace des anciennes puissances coloniales[39]. Alors qu'il était adulé par les grandes puissances, il a fallu attendre la mort de Mobutu Sese Seko Kuku Ngbendu Wa Za Banga, pour que les médias occidentaux dénoncent enfin, en des termes sans ambiguïté, le « régime dictatorial » du « Léopard de Kinshasa ». Celui-ci a réussi à épouvanter son peuple en se servant d'une arme redoutable, au grand bonheur de l'Occident, que lui ont fournie malencontreusement et involontairement, comme à d'autres dictateurs, les intellectuels du continent.

Les intellectuels d'Afrique et de la diaspora, dès la première moitié du XXe siècle, avaient su mesurer les conséquences des relations interculturelles d'autant plus facilement que la colonisation, surtout la française, avait fait table rase des valeurs culturelles de l'Afrique. L'Histoire enseignera que leurs plumes avaient été aussi redoutables, aussi tranchantes que les armes des maquisards, plus efficaces que nous ne pouvons l'imaginer ; du reste, comment y croire, aujourd'hui, devant les désastres causés par les régimes qui ont gouverné l'Afrique durant la deuxième moitié du siècle écoulé, avec l'efficace complicité des vieilles démocraties ? C'est à ces intellectuels que ma génération doit les notions de *spécificité* et d'*identité* culturelles. Ils voulaient être reconnus, eux et leurs peuples, comme des êtres *humains* à part entière. Cet ardent *désir de reconnaissance*, légitime chez tout autre humain, conduira certains d'entre eux dans une sorte d'impasse : la défense, sans discrimination, de peur d'infirmer l'argumentation, des valeurs négro-africaines et les défis lancés à la civilisation occidentale dont la supériorité ne réside, à leurs yeux, que dans ses prouesses technologiques. Ils savaient pourtant que la plupart de nos valeurs, hautement humaines, étouffées par un rigoureux et pernicieux système de représailles, ont été vidées de leur contenu, parce qu'une valeur humaine ne vaut que quand elle est vivante, quand elle jouit d'un certain espace d'expression ; mais qu'importait ! L'attitude de l'intellectuel d'Afrique et de la diaspora d'avant les indépendances se caractérisait ainsi par le sentiment de révolte et l'expression de ce sentiment. Révolte contre l'Occident, donc contre ses valeurs morales, contre ses valeurs de civilisation. Une telle attitude impose inévitablement l'exaltation sans réserve des valeurs nationales, ici continentales.

La littérature et la science se sont chargées de mener ce combat difficile et téméraire pour l'époque ; la littérature avec le groupe de la *Négritude* et par ceux qui ne se réclamaient pas ouvertement de ce mouvement comme le conteur Birago Diop, les romanciers Abdoulaye Sadji, Ousmane Socé Diop, la science avec des chercheurs talentueux comme Cheikh Anta Diop, Théophile Obenga, l'éminent ethnologue Amadou Hampâté Bâ, l'historien objectif et lucide Joseph Ki-Zerbo. À travers les créations littéraires, nos écrivains ont exalté nos valeurs plus que de raison. Les excès, enregistrés à travers ces créations, étaient, du reste, à la mesure des atrocités que commettait le régime colonial, atrocités qui ne constituaient rien de moins que des *crimes contre l'humanité* tant par leur ampleur, leur fréquence et leur durée dans le temps. L'opprobre était jeté sur les œuvres scientifiques ; courageux et déterminés, forts de leur foi et de leurs compétences, ils ont fait face à l'adversité la plus redoutable que ce milieu intellectuel et le contexte colonial savaient réserver à ceux qui s'opposaient à leurs intérêts. Les cris, les incantations, qui singularisaient les œuvres littéraires, le militantisme politique de certains cadres, qui ont ainsi sacrifié leur carrière, étaient alors les seuls contre-pouvoirs face à un régime tout-puissant et méprisant. Exclus de la civilisation du monde dit évolué, ces intellectuels ont alors défendu énergiquement le *droit à la différence* ; ils se sont appesantis sur la notion d'*identité* culturelle qu'ils ont magnifiée au risque de nous enfermer dans des ghettos ; ils ont proclamé et fait admettre le *caractère spécifique* de notre culture. Il faut les comprendre. Car eux et leurs peuples étaient victimes des violences de toutes sortes : violences militaires, violences culturelles, violences politiques, violences économiques. L'étape était décisive.

Nous savons que la culture occidentale, au contraire de celles de nombreuses autres régions du monde, est essentiellement une culture de contestation, de remise permanente en question, de *doute créateur* ; mais ce trait fondamental de la culture occidentale, qui fonde sa force en ces temps modernes, cesse d'être actif dès que l'Occident se trouve en face d'une autre culture, surtout l'africaine ; l'esprit critique n'exerce plus ses fonctions : il se contente de nier l'Autre. Ce ne fut donc pas une mince victoire de nos intellectuels et de certaines autorités intellectuelles d'Europe, comme l'Allemand Léo Frobenius, le Français Maurice Delafosse parmi tant d'autres, que d'avoir réussi à imposer à l'Occident le *droit à la différence* même si, dans bien des circonstances, pour des raisons d'intérêts, il lui arrive de minimiser ce droit.

Toute médaille a son revers. Cette lutte acharnée pour imposer les notions d'identité, de spécificité, donc pour faire admettre le *droit à la différence*, ouvrira la voie, au plan politique, à des initiatives surprenantes. Ce sera précisément au nom de l'identité, de la spécificité de la culture africaine, que les nouveaux souverains, dont certains ont surgi de l'ombre comme des fantômes, « sans passé ni présent », venus de nulle part, dont la seule valeur réside dans leur capacité de soumission au maître, assoiront, grâce à l'attention intéressée des anciennes puissances coloniales, des régimes fondés sur la dictature la plus cruelle. Et le « Léopard de Kinshasa » créa le mouvement de l'*authenticité*, qui secoua fortement son pays. Funeste ironie du sort : en Afrique, les intellectuels, les hauts cadres, considérés comme des traîtres à la patrie, comme agents des ennemis extérieurs, seront les premières victimes de ces politiques de l'*authenticité*[40]. Rares sont les dirigeants africains qui ne se sont pas servis ouvertement ou sournoisement du *droit à la différence* comme une « arme miraculeuse ». Piège fatal. Et les nouveaux dirigeants du continent ont réussi, par la terreur, à faire regretter le régime colonial. Les prédateurs extérieurs s'en réjouissaient et s'en réjouissent encore, et ils ont si lourdement armé les nouveaux souverains du continent, les ont si efficacement assistés, et ces derniers ont si merveilleusement réussi l'œuvre attendue que parler, de nos jours, de la « colonisation », relève d'une entreprise hasardeuse même en milieu africain. On comprend la campagne de dénigrement en Europe, spécialement en France, menée depuis quelque temps non contre les tyrans africains, mais contre l'« homme africain ». Une vaste conspiration. On comprend donc le sens profond du refus de *repentance* du président français, *repentance* que personne ne lui a réclamée. C'est dans l'air du temps et cet homme politique n'aime vraiment que ce qui est dans l'air du temps.

Le personnage de Fama, personnage pittoresque et complexe du roman *Les Soleils des indépendances* d'Ahmadou Kourouma, est le symbole, fortement réaliste, de ce passage douloureux du régime colonial – pourtant très cruel – aux régimes des nouveaux tyrans nègres, régimes insupportables parce que nés dans le sang des martyrs du système colonial. Que de bouleversements ! Que de catastrophes, alors que nous n'étions encore que dans la première décennie de nos indépendances ! Le drame de Fama est celui des millions d'Africains, il faut y insister : « à tremper dans la sauce salée à son goût, nous souffle l'auteur à l'oreille, Fama aurait choisi la colonisation et cela malgré que les Français l'aient spolié ». Voici Fama, le prince du Horodougou, « légitime descendant des Doumbouya ! Le dernier Doumbouya ! Le dernier, le dernier descendant de Souleymane Doumbouya », livré à ses misères sous ces impitoyables et « durs soleils des indépendances » ; voici Ahmadou Kourouma avec son style malinké, style « ensoleillé », un style gai et mordant, style croustillant :

« Mais au fond, qui se rappelait encore parmi les nantis, les peines de Fama ? Les soleils des indépendances s'étaient annoncés comme un orage lointain et dès les premiers vents Fama s'était débarrassé de tout : négoces, amitiés, femmes pour user les nuits, les jours, l'argent et la colère à injurier la France, le père, la mère de la France. Il avait à venger cinquante ans de dominations et une spoliation. Cette période d'agitation a été appelée les soleils de la politique. Fama avait comme le petit rat de marigot creusé le trou pour le serpent avaleur de rats, ses efforts étaient devenus la cause de sa perte car comme la feuille avec laquelle on a fini de se torcher, les indépendances une fois acquises, Fama fut oublié et jeté aux mouches. [...] il y avait quatre-vingts occasions de contenter et de dédommager Fama qui voulait être secrétaire général d'une sous-section du parti ou directeur d'une coopérative. [...] Les deux plus viandés et gras morceaux des indépendances sont sûrement le secrétariat général et la direction d'une coopérative... Le secrétaire général et le directeur, tant qu'ils savent dire les louanges du président, du chef unique et de son parti, le parti unique, peuvent bien engouffrer tout l'argent du monde sans qu'un seul œil ose ciller dans toute l'Afrique[41]. »

Telle est la commune situation que les Africains ont vécue et qu'ils continuent de vivre. Ici aussi, le piège a changé de forme. « L'Afrique va mal ». Les responsables de cette situation sont connus. Ceux qui les ont armés et les ont rendus puissants sont connus. Leurs noms, leurs cruautés, les graves atteintes aux droits de l'homme en Afrique, rien de tout cela n'a mérité l'attention du chef de l'État français. C'est cela qui est intolérable. C'est pour cela que cet ouvrage collectif a existé. Il ne s'agit pas de répondre par l'insulte à l'insulte. Il s'agit de réactions saines et constructives à ce que nous trouvons inadmissible.

Conclusion : « J'irai les chercher quoi qu'ils aient fait[42] ! »

C'est comme le cri de ralliement de l'Europe devant le « péril noir » ; c'est celui du monde « civilisé » face à l'« autre » monde. Ce cri est surchargé de messages. Des citoyens français sont supposés avoir commis un crime dans un pays étranger, un pays « souverain », doté de tous les instruments juridiques et le chef de l'État du pays « civilisé » jusqu'à la moelle des os est résolument décidé à aller arracher ses compatriotes des griffes des monstres tchadiens, et cela « quoi qu'ils aient fait ». Quel homme politique en Europe, qu'il soit de droite, de gauche, du centre, ne partage pas cette vision de Nicolas Sarkozy, même s'il rejette la brutalité de sa formulation? Si ce crime était commis dans un pays européen ou dans un pays de l'Amérique du Nord, la classe politique française aurait-elle été si préoccupée par le rapatriement de ses compatriotes avant toute manifestation de la justice locale, avant tout verdict ? Les différentes péripéties qui ont jalonné cet événement créé par l'Arche de Zoé sont insupportables non seulement pour un Africain du sud du Sahara, mais pour tout homme épris de justice. C'est bien là les conséquences humiliantes de la politique de soumission, de « larbinisme », menée par nos gouvernants depuis bientôt cinq décennies. Tout s'est passé, pendant cette longue période, comme si ces hommes d'État de l'Afrique au sud du Sahara étaient des êtres exceptionnels, « nés avant la honte », selon la belle et juste formule du peuple gabonais. L'intolérable rabaissement de l'image de l'Afrique aux yeux du monde est aussi désastreux pour le continent que le pillage éhonté de ses ressources.

Comme l'on dit dans ma langue, tant l'injustice, dans nos rapports avec l'Europe et singulièrement avec la France, est devenue flagrante, la roublardise ruineuse pour notre économie, la couardise de nos gouvernants insupportable, que nous finirons par « emprunter à l'hyène son audace, sa témérité ». Nous sommes allés trop loin dans notre soumission à l'Europe pour que nos populations n'en souffrent pas, ne s'en inquiètent pas, pour que la *société civile* ne se réveille pas ; notre naïveté ou plutôt notre légèreté, ou notre insouciance, a été telle qu'il est arrivé que pour négocier les Accords de partenariat économique (APE), les hauts représentants de nos États soient allés jusqu'à faire financer par l'Union européenne la formation des négociateurs africains et, paraît-il, cette institution aurait même directement pris en charge certains d'entre ces derniers ! De là à nous considérer comme de gros enfants irresponsables, il n'y a à peine qu'un pas. Cependant, le sommet Europe-Afrique sur les APE, tenu à Lisbonne les 8 et 9 décembre 2007, aurait-il sonné le glas des relations de servitude avilissante qui unit l'Afrique à l'Europe durant cette triste période postcoloniale ? Nous sommes humiliés et exploités et nos pays ne sont pas développés. L'Afrique, enfin, presque en bloc, a osé dire « non » à la vieille et envahissante Europe ! Les six régions ont résisté malgré les pressions de l'Union européenne. Les termes des APE, soigneusement préparés par la partie européenne, sont loin d'être satisfaisants pour l'Afrique. La pression des associations et ONG en Afrique et dans le monde, surtout des associations africaines de producteurs agricoles et industriels, a été déterminante dans le rejet de ces APE. La force de l'Europe face à l'Afrique réside dans son art d'entretenir la balkanisation du continent, de nous diviser, de nous isoler les uns des autres pour tirer le maximum de profits des accords tacites ou formels qui la lient à nos pays. La mobilisation des pays africains contre les termes des APE est donc une heureuse surprise pour un monde habitué à un autre spectacle. Ce n'est pas un épiphénomène. Comme des millions d'Africains, je savais que nos gouvernants, assaillis par des difficultés qui entravent le développement de l'Afrique et qui drainent des foules dans la rue, finiraient bien, ne serait-ce que pour la survie de leurs régimes, par défendre, devant l'Europe, les intérêts du continent avec l'énergie du désespoir. Nous avions cet espoir, mais nous ne savions pas qu'il serait si tôt assouvi.

Nos gouvernants commencent à comprendre qu'aucun pays africain, isolé de ses voisins, ne parviendra à se développer et qu'il continuera à constituer une proie facile ; il est temps de se rendre compte que l'*afro-pessimisme*, revenu à la mode, qui pèse sur nos relations avec l'Europe, n'est rien de moins qu'une nouvelle mécanique susceptible de freiner les initiatives locales et de permettre, par là même, la recolonisation du continent[43]. Il faut résister. Certes, le sommet de Lisbonne constitue pour l'Afrique un heureux événement, mais une cinquantaine d'années de souveraineté et d'errance de nos pays nous ont appris que ce ne sera pas de nos gouvernants qu'il faut attendre un vrai sursaut salutaire du continent, mais de la *société civile* nationale, continentale et internationale. L'Afrique regorge de compétences réelles dans tous les domaines du développement : les élites intellectuelle, économique, artistique, les organisations non gouvernementales, continentales et internationales, les associations nationales et même de quartier, les syndicats, tous sans exception, doivent jouer les rôles qui leur reviennent non seulement *individuellement*, mais aussi *collectivement*. Il devient dangereux, en Afrique, de laisser la *chose publique* entre les mains de la seule classe politique. L'éclosion d'une sensibilité, d'une *opinion publique* africaine devient une nécessité au moment où nous allons assister à un mouvement sans précédent de capitaux sur toute l'étendue de notre planète. Rien ne nous prouve que l'ordre nouveau que ce mouvement de capitaux engendrera ne fera pas de nous les parias du XXIe siècle et des siècles à venir. Nous sommes si isolés les uns des autres, nous sommes si vulnérables en dépit des kermesses flamboyantes d'Addis-Abeba depuis 1963 ! Ce sera grâce à la mobilisation de la société civile, à notre capacité d'indignation devant le mal, devant l'injustice, que l'Afrique changera ; comme le dit si bien Abdoul Gourmo Lô, un des auteurs de cet ouvrage collectif : « Une autre Afrique » est en train de naître « dans la douleur de l'enfantement ». Allons aux urnes au nom de la démocratie même si celle-ci est toujours confisquée, mais désormais, c'est la *société civile* qu'il faut écouter, qui saura poser les vraies questions et qui saura mener les vraies batailles !

Quelle idée nous faisons-nous de l'héritage matériel, intellectuel, moral et spirituel que nous laisserons à nos enfants ? Sommes-nous vraiment conscients de la laideur sinistre du spectacle que nous offrons au monde ? Si nous ne sommes pas unis devant les grands ensembles, des blocs monolithiques qui se multiplient sur le globe, c'est parce que nous l'avons voulu. Si nous sommes exploités, appauvris, misérables, haillonneux sur des mines d'or, c'est parce que nous l'avons permis. Si nous restons enfants aux yeux d'un monde majeur, cupide et inhumain, c'est parce que nous l'avons désiré. Si nous pensons que la mendicité constitue le meilleur outil pour développer un pays, c'est parce que nous avons choisi le chemin de la facilité et que nous avons renoncé à tout sentiment de dignité. Si nous pensons, comme nos « guides éclairés », que seuls des cerveaux, des mains et des capitaux étrangers peuvent développer nos pays, c'est parce que nous avons voulu nous bercer d'illusions. Si nous pensons gouverner nos pays sous les flatteries de la médiocrité en éloignant de nous l'épouvantail des compétences nationales, c'est que nous avons délibérément choisi de ne pas développer nos pays. Si, au milieu des désordres que nous créons, dans nos délires aveugles et meurtriers, nous ne pensons pas à l'avenir de nos enfants, des « enfants noirs », comme dit le président français après Laye Camara, l'Histoire nous jugera comme elle continue de juger les esclavagistes et le régime colonial tant qu'il y a des forces qui oppriment, tant que des âmes innocentes gémissent sous les fouets des tortionnaires. Et « quand l'Afrique s'éveillera, le monde occidental qui a bâti sa richesse, sa puissance et son arrogance sur le sang, la sueur et les larmes de ces peuples harassés, comprendra qu'il est temps, enfin, de se départir de sa suffisance. Il traitera alors l'Afrique avec une égale dignité et attendra d'elle qu'elle prenne toute sa place dans le concert des nations[44]. »

Notes

1. Le président français nous invite à cesser de « ressasser » le passé, qui tient, pourtant, dans la plupart de ses discours, une place prépondérante : « Tu as vu, tu as vu, ce que j'ai ajouté sur de Gaulle, le *retour aux sources*, c'était bien, hein ? » murmure-t-il à son conseiller spécial, Henri Guaino, après avoir prononcé un discours, probablement rédigé par ce dernier. (Cité par Carole Barjon, *Le Nouvel Observateur*, n° 2245, 15 au 21 novembre 2007. Souligné par nous.)

2. Soundjata Keita, empereur du Mali (1230-1255). Le peuple mandé, alors fortement islamisé, appelait, comme l'Orient arabe, Alexandre III le Grand *Dhûl al-Qarnayn* (le guerrier « bicornu » du Coran), qui fit partie, selon le prophète Mohamed, des « quatre hommes qui régnèrent sur la terre entière », in *Al-Sîra. Le Prophète de l'Islam raconté par ses compagnons*, tome 1, Paris, Hachette Littératures, 2005, par Mahmoud Hussein.

3. Nous avons toujours été rendus responsables des malheurs que nous inflige l'Autre. Une vaste conspiration. Un révisionnisme aberrant : une astucieuse campagne de dénigrement sur notre prétendue responsabilité dans la traite négrière ; nous aurions vendu nos fils et filles, nos frères et sœurs, nos pères et mères. Comme qui dirait que les « collabos » sont responsables de l'occupation de la France et de l'ignominieuse déportation des Juifs pendant la dernière grande guerre. Toute action d'envergure, de domination d'une puissance étrangère ou d'un groupe d'intérêts s'appuie nécessairement sur la traîtrise des éléments appartenant aux populations autochtones. Comme dit le poète Senghor dans un autre contexte, « [...] il faut qu'il y ait des traîtres et des imbéciles », (poème *Prière de paix*, in *Poèmes*, Seuil). Je renvoie le lecteur aux textes de Boubacar Boris Diop et de Bamba Sakho dans ce livre.

4. Titre d'un roman de l'Ivoirien Ahmadou Kourouma, *Les Soleils des indépendances* (Paris, Seuil, 1970), signifiant « ère des indépendances ».

5. Thomas Sankara aimait cette image qu'il m'avait répétée à Ouagadougou, moins d'une semaine avant sa mort.

6. Cette riche et pittoresque expression du célèbre romancier ivoirien Ahmadou Kourouma minimise le rôle, presque inexistant, de la plupart des « pères de la nation » dans l'accession de leur pays à l'indépendance » ; l'administration a changé de couleur, mais les mêmes intérêts et les mêmes maîtres demeurent. L'expression dénonce aussi la balkanisation de l'Afrique, le désordre ambiant, et ironise sur la portée réelle du nouveau pouvoir, factice et féroce, des nouveaux princes d'Afrique. Cf. *Les Soleils des indépendances*, *op. cit.*

7. Christian Salmon, *Une com à l'américaine*, propos recueillis par Aude Lancelin, dans le dossier « Le Gourou de Sarko », *Le Nouvel Observateur*, n° 2245, 15 au 21 novembre 2007.

8. À la suite de ce discours, un club, « Les Fans de Sarkozy », a été créé au Cameroun ! Le président sud-africain, Thabo Mbeki, ému par le passage concernant la « renaissance africaine », projet qui lui est cher, adressa au président français une lettre de félicitations que l'Élysée a rendue publique, et qui a soulevé un tollé en Afrique, surtout en Afrique du Sud, au sein même de l'ANC.

9. Terme wolof du Sénégal, signifiant « hospitalité ». De manière générale, l'Africain subsaharien voue à l'étranger un respect, un dévouement que l'Occident comprend difficilement. Cette attitude de l'Africain a été souvent source de malentendus entre les colons et nous : ce que nous pensons être un trait fondamental de notre culture, la bienséance, le colon y voit le penchant naturel à la soumission, la reconnaissance implicite de la supériorité de l'Autre, le complexe de dépendance, comme théorisé par Mannoni dans ses études sur l'âme malgache (cf. *Discours sur le colonialisme* d'Aimé Césaire, Paris, Présence africaine, 1955 et 2004). Nous sommes bien à l'antipode de la conception européenne du phénomène, qui voit, en tout étranger, un « barbare », un « sauvage », menaçant les fondements de notre culture puisqu'il ne se comporte pas comme nous. Pour avoir une idée exacte de l'ampleur de ce phénomène culturel, je renvoie le lecteur aux contes et fables africains, en particulier *Les Contes d'Amadou Koumba*, de Birago Diop. Le thème de l'étranger mal reçu qui, en fait, était un génie bienfaisant, foisonne

dans nos contes. Selon nos traditions, un étranger, quel qu'il soit, d'où qu'il vienne, mérite notre attention bienveillante et nos soins. Le concept « ivoirité », conçu et développé par des intellectuels dans l'entourage d'Henri Konan Bédié, alors président de Côte-d'Ivoire, relève d'autres soucis, d'autres préoccupations qui n'honorent pas l'Afrique : il oppose les Ivoiriens dits « de souche » aux Ivoiriens dits « étrangers ». Principale origine de la crise qui continue de secouer ce beau pays.

10. La malédiction de Cham, malédiction qui ne tomba pas sur lui, mais sur son pauvre fils Canaan (*Genèse*, VI-IX), ancêtre (obscur) des nègres !

11. Cf., dans le présent ouvrage, l'étude de Théophile Obenga, « Africanismes eurocentristes : source majeure des maux en Afrique ». Cf. Cheikh Anta Diop, *Nations nègres et Culture*, tomes 1 et 2, Paris, Présence africaine, 1954, réédition 1979.

12. Aimé Césaire, *Discours sur le colonialisme*, *op. cit.*.

13. Pour avoir osé réclamer leur salaire, des soldats d'Afrique, appelés « tirailleurs sénégalais », après avoir vaillamment participé à la Grande Guerre, sur ordre des hautes autorités françaises, ont été lâchement massacrés dans le camp militaire de Thiaroye dans la banlieue de Dakar, le 1er décembre 1944 à 3 heures du matin, par l'armée française. On connaît la hargne des Boches contre ces « singes » qui se frottaient à l'homme blanc. Dans un village situé à quelques kilomètres de Lyon, Chasselay, les Allemands ont fait prisonniers environ deux cents « tirailleurs sénégalais » et quelques Blancs. Tous les nègres ont été fusillés et les Blancs épargnés ! On a soigneusement évité de souiller la division du général Leclerc, chargée de libérer Paris, par la présence d'hommes de couleur, nègres ou beurs ! Il paraît que la division était « blanche » comme neige et ainsi Paris ne nous doit rien. Pas de *repentance* ! Les exemples abondent et nous sommes dans la patrie des droits de l'homme !

14. L'île de Gorée était exploitée à la fois comme escale et comme marché d'esclaves. Depuis le XVe siècle, elle a été occupée successivement par plusieurs pays européens.

15. Paul Verlaine, *Mon rêve familier*, in *Poèmes saturniens*.

16. Cheikh Anta Diop, *Nations nègres et Culture*, *op. cit.*, tome 1. Souligné par nous.

17. *Ibid.* Souligné par nous.

18. Hermann Rauschning, *Hitler m'a dit*, publié à Paris en 1939, ouvrage connu en Allemagne sous le titre *Conversations avec Hitler* (*Gespräche mit Hitler*). Souligné par nous. Vraies ou fausses, ces « conversations » dont l'authenticité divise les historiens les plus célèbres, spécialistes de l'histoire du nazisme, reflètent néanmoins la personnalité profonde du Führer.

19. Principales œuvres de Louis Sala-Molins sur les codifications de l'esclavage des Noirs : *Le Code Noir, ou le calvaire de Canaan*, Paris, PUF, 1e édition 1987, 2e édition « Quadrige » 2003 ; *Les Misères des Lumières. Sous la raison, l'outrage*, Paris, Robert Laffont, 1992 ; *L'Afrique aux Amériques. Le Code Noir espagnol*, Paris, PUF, 1992.

20. Discours aux missionnaires attribué au roi des Belges Léopold II (1883). Souligné par nous. Cf. *Afric-Nature*, n° 5, journal camerounais, et *Le Réformateur chrétien* n° 4, p. 11, octobre 1994. Voir sur le Net l'article du professeur Chems Eddine Chitour de l'École polytechnique d'Alger et de l'École d'ingénieurs de Toulouse, « Conférence de Lisbonne, conférence de Berlin : mêmes objectifs ». Comme l'écrit Ch. E. Chitour : « Si ce discours s'avère être véridique, il résume, à lui seul, toute la philosophie de la colonisation, le mythe de la race blanche européenne supérieure et naturellement la suprématie instrumentalisée du christianisme sur les autres croyances. »

21. Louis Sala-Molins, *Le Code Noir, ou le calvaire de Canaan*, *op. cit.*

22. *Ibid.* La citation contenue dans ce texte est tirée de l'œuvre de Prévost : *Histoire générale des voyages ou nouvelle collection de toutes les relations de voyages par mer et par terre, qui ont été publiées jusqu'à présent dans les différentes langues de toutes les nations connues*, Paris, Didot, 1746-1749, 16 volumes. Souligné par nous.

23. Cité par Aimé Césaire, *op. cit.*

24. Louis Sala-Molins, *Le Code Noir, ou le calvaire de Canaan*, *op. cit.* Par ailleurs, Hérodote a été reconnu comme un historien

d'une certaine objectivité ; on sait qu'il a été combattu pour avoir soutenu la thèse d'une Égypte nègre avec des arguments certainement plus scientifiques que ceux de ses détracteurs.

25 Théophile Obenga, « Africanismes eurocentristes : source majeure des maux en Afrique », dans le présent ouvrage.

26. Cité par Aimé Césaire, *op. cit.*

27. Ici, il faut éviter tout amalgame. Je précise que mes critiques ne s'adressent pas à la gestion administrative de la francophonie institutionnelle, bien qu'il y ait, ici aussi, beaucoup à redire, mais à l'attitude de la classe politique et de l'élite intellectuelle de France vis-à-vis du mouvement de la francophonie. Elles veulent bien que les autres francophones du monde intègrent la culture française à la leur, mais elles se gardent de « souiller » l'esprit de la jeunesse française en introduisant nos œuvres dans les programmes scolaires de France. Et les œuvres de Senghor ? Une exception qui confirme la règle.

28. Le président français réduit notre apport à l'universel à nos seuls dons artistiques, au fameux principe de la participation, des mythes d'un autre âge. On connaît la réaction de Cheikh Anta Diop devant ces mythes : « Tout au plus reconnaîtra-t-on au nègre des dons artistiques liés à sa sensibilité d'animal inférieur. Telle est l'opinion du Français Gobineau, précurseur de la philosophie des nazis qui, dans son livre célèbre *De l'inégalité des races humaines*, décrète que le sens de l'art est inséparable du sang des nègres ; mais il réduit l'art à une manifestation inférieure de la nature humaine : en particulier le sens du rythme est lié aux aptitudes émotionnelles du nègre » (in *Nations nègres et Culture*, tome 1, *op. cit.*). Les sources d'inspiration du président français donnent des frissons à tout lecteur de ce siècle attentif à l'histoire de la culture française.

29. Aboubakar Fofana, Youssouph Tata Cissé et Jean-Louis Sagot-Duvaurou, *La Charte du Mandé*, Paris, Albin Michel, 2003. Souligné par nous.

30. Catherine Vincent, « Origine de l'humanité : nos gènes mènent en Afrique », *Le Monde*, 9 mars 2002.

31. Cheikh Anta Diop, *op. cit.*

32. Carole Barjon, « Le Gourou de Sarko », article cité.

33. Roger Garaudy, *Comment l'homme devint humain*, Éditions Jeune Afrique, Paris, 1978.

34. Pourtant Senghor n'avait de cesse de me rappeler la nécessité de publier un article sur l'œuvre de son ami. J'ai fini par réécrire le texte et par le faire publier dans la revue *Ethiopiques* de Dakar, n° 25, janvier 1981, sous le titre : « De l'apport du tiers-monde à l'Universel ou comment l'homme devint humain ». Article à consulter sur http://www.refer.sn/ethiopiques/article.php3?id_article=793

35. Christian Salmon, « Une com à l'américaine », article cité. Christian Salmon, *Storytelling. La machine à fabriquer des histoires et à formater les esprits*, Paris, La Découverte, 2007. Souligné par nous.

36. Jean-Baptiste Sipa, « Accord de servitude économique » [Sommet Europe-Afrique sur les Accords de partenariat économique (APE), tenu à Lisbonne les 8 et 9 décembre 2007], *Le Messager*, Douala, Cameroun, 21 décembre 2007. Souligné par nous. Chaque époque, chaque génération d'Europe révisent la forme des mécanismes de domination de l'Afrique. Je l'ai déjà dit : le contenu demeure et la forme change.

37. Chems Eddine Chitour, article cité.

38. Xavier Harel, *Afrique, pillage à huis clos, Comment une poignée d'initiés siphonne le pétrole africain*, Paris, Fayard, 2006. Souligné par nous. Nos gouvernants et la France, j'insiste, ont parfaitement réussi notre infantilisation aux yeux d'un monde férocement accroché à ses intérêts.

39. Alpha Blondy : « Les pays occidentaux, l'ex-colonisateur, doivent cesser de légitimer des groupes de dix crétins de caserne en treillis, persuadés par un sergent ou équivalent qu'il va être facile de mettre la main sur toutes les richesses d'un pays – toutes ! » (Propos recueillis par Véronique Montaigne, *Le Monde*, 30 décembre 2007.)

40. Les principales victimes des mesures répressives étaient les militants marxistes, qui ont délibérément renoncé, à l'époque, à tout confort matériel, qui ont sacrifié leur carrière, parfois leur vie

conjugale, à la lutte pour une Afrique libre et digne. Leur véritable épopée n'a pas encore été faite. Peu importaient les erreurs de tactique ou de stratégie commises ! Ils étaient grands.

41. Ahmadou Kourouma, *op. cit.*

42. Une association française, l'Arche de Zoé, a réussi à rassembler et a voulu embarquer cent trois enfants à bord d'un Boeing 757, le 24 octobre 2007, pour la France. Attendus par des familles d'accueil en France, ces enfants ont été présentés comme des orphelins du Darfour alors qu'il s'agissait des enfants tchadiens arrachés à leur famille sous des prétextes mensongers. Une affaire très obscure à tous égards et à tous les niveaux (administratif, politique, mafieux...).

43. Le président sénégalais, Abdoulaye Wade, a lancé, au lendemain du sommet de Lisbonne, « un appel à la mobilisation des jeunes, des femmes, des intellectuels d'Afrique, contre la grave menace des Accords de partenariat économique qui entérineraient la recolonisation du continent », appel lucide, sans précédent à ma connaissance.

44. Chems Eddine Chitour, article cité.

Duplicité et trafic de l'histoire

Zohra Bouchentouf-Siagh

L'intérêt de puissance et de richesse d'une nation doit disparaître devant le droit d'un seul homme ; autrement, il n'y a plus de différence entre une société réglée et une horde de voleurs[1].

Condorcet

Zohra Bouchentouf-Siagh a suivi une formation en lettres modernes françaises à l'École normale supérieure et en linguistique à l'Institut de phonétique et de linguistique d'Alger et à l'université René Descartes, Paris V-Sorbonne.

Thèses en dialectologie et en sociolinguistique maghrébines : *Les Parlers arabes de l'Ouest algérien. Approche phonologique* (Alger, 1976) ; *Les Usages linguistiques dans la langue du théâtre amateur* (Paris, 1984) ; *Paroles maghrébines* (Alger, 2004).

Enseignement, encadrement et recherche à l'Institut des langues étrangères d'Alger puis à l'Institut für Romanistik de l'Université de Vienne.

Pour Makhily Gassama

Devant le discours de M. Nicolas Sarkozy, président de la République, prononcé le 26 juillet 2007 à l'université Cheikh Anta Diop de Dakar[2], le lecteur africain, même habitué aux textes d'idéologues et de chantres de la colonisation des siècles derniers, reste, il faut l'avouer, quelque peu abasourdi par le fond et la forme du propos ! Style ampoulé cachant mal l'indigence de la pensée, citations à l'emporte-pièce sans références d'auteurs, stupéfiante méconnaissance de l'histoire des peuples et des cultures du continent africain mais surtout, incroyable suffisance de celui-qui-sait-tout et vient donner des leçons ! Première lecture et premières rages passées, on essaie d'y voir plus clair, et l'on se demande comment et pourquoi un homme politique français peut se permettre en 2007, sur le sol d'Afrique, de tenir en public de tels propos. Et, surtout, quel système de pensée, quelle idéologie nourrit son attitude à l'égard de territoires anciennement exploités par son pays, la France ? Me limitant aux outils de l'analyse de texte, que j'explicite très rapidement à l'intention des jeunes lecteurs et/ou des non-initiés, j'essaierai de montrer la *duplicité* historique et idéologique d'un tel discours.

Notions de narratologie

Les spécialistes de la narratologie ont coutume de distinguer à partir d'un certain nombre de caractéristiques formelles et linguistiques, entre deux types de textes : le récit et le discours.

1. Le récit raconte, ou narre, des faits qui se sont déroulés dans le temps (ou qui vont s'y dérouler) au moyen d'un emploi particulier des modes, des temps et des pronoms personnels (il/on, formes impersonnelles, etc.). C'est ainsi que l'on est amené à distinguer dans le récit entre les faits narrés et la manière dont ils sont narrés, d'une part ; d'autre part, ce récit des faits s'organise à partir d'un ou de plusieurs points de vue. On en définit en général au moins trois : soit le narrateur est omniscient, sait tout, même ce qui se passe à l'intérieur des personnes (ou des personnages lorsqu'il s'agit d'une œuvre de fiction) ; soit le point de vue externe où le champ de vision est réduit car celui qui raconte ne dit que ce qu'il voit, donnant ainsi une impression d'objectivité, d'absence de sentiment ou de prise de position ; soit le point de vue interne, strictement partiel et partial de celui qui raconte, lequel est partie prenante de l'histoire ou des faits narrés.

2. Le discours est défini comme la prise de parole (écrite ou orale) d'une personne qui expose ses idées, ses commentaires ou ses analyses et les prend en charge (cela est discernable à travers la plus ou moins grande modalisation, c'est-à-dire la présence de marques de jugement et d'appréciation, par exemple). Les marques linguistiques du discours sont, entre autres, l'emploi du style direct, du présent, des pronoms personnels *je/nous* et *tu/vous*, etc.

Ce rappel pour dire que n'importe quel lycéen de troisième ou de seconde, à Dakar ou ailleurs, est capable de « décoder » l'allocution de M. Nicolas Sarkozy, car il sait qu'il y a un rapport très étroit entre ce qu'on dit et la manière de le dire. Ainsi, les choix narratifs témoignent-ils non seulement de choix esthétiques (il faudrait d'ailleurs les chercher en vain dans ce discours, excepté la figure de l'emphase utilisée par l'orateur, à satiété) mais également de partis pris idéologiques. Il n'est guère possible de rendre compte de tous les aspects de cette allocution bavarde, creuse, indigeste et à la limite de l'insulte, de la part d'un homme occupant la plus haute fonction dans son pays! Il s'agit de mettre en évidence, à travers l'analyse de la construction formelle de cette harangue et à partir de quelques extraits, l'idéologie qui la sous-tend.

Double instance du discours et duplicité idéologique

Devant le mot « allocution » (ou discours), on aurait pu s'attendre à ne rencontrer que les marques du discours, citées plus haut, c'est-à-dire les marques d'une parole personnelle et pleinement assumée par M. Nicolas Sarkozy. Apparemment, il n'en est rien et, à la lecture, on est d'abord frappé par la double énonciation qui caractérise ce texte, par sa *double instance*. Tantôt « ça parle » avec des : *il y a/ils/ce/cela*, de loin et de l'extérieur comme si l'énonciateur, M. Nicolas Sarkozy, rapportait à son jeune auditoire des histoires anciennes, tristes certes, mais passées et définitivement enterrées. Tantôt, c'est une première personne pleine de fougue qui s'adresse à cet auditoire. C'est un « je » = « moi, Nicolas Sarkozy, président de la France » = « je, moi, la France » qui s'adresse à l'« élite de la jeunesse africaine ». Extrait de l'allocution :

« *Je* suis venu *vous* parler avec franchise [...]. *Je* ne suis pas venu nier ni les fautes ni les crimes car *il y a eu* des fautes et *il y a eu* des crimes. *Il y a eu* la traite négrière, *il y a eu* l'esclavage, les hommes, les femmes, les enfants achetés et vendus comme des marchandises. Et ce crime ne fut pas seulement un crime contre les Africains, *ce fut* un crime contre l'homme, *ce fut* un crime contre l'humanité tout entière. […] *Ils* ont voulu convertir l'homme africain, *ils* ont voulu le façonner à leur image, *ils* ont cru qu'ils avaient tous les droits […][3]. »

Noter d'abord, les pudiques et très peu explicites *il y a eu, ils, ce fut,* dans ce passage et dans d'autres passages du texte, ainsi que les verbes vouloir et croire dans : *ils ont voulu, ils ont cru*[4], qui transforment le factuel (« convertir » et « façonner », c'est-à-dire les dévastations culturelles et matérielles exécutées au nom de la « mission civilisatrice ») en timides amorces psychiques ; tout est dilué dans un brouet mêlant euphémisme et imprécision et l'on ne sait plus très bien qui a fait quoi, où et quand, et surtout où se situent exactement les responsabilités historiques, car responsabilités historiques il y a, n'en déplaise à M. Nicolas Sarkozy qui devrait savoir qu'on ne peut, même par décret, intimer l'ordre de bâillonner les mémoires et les consciences, en France comme ailleurs ! Revenons ensuite à la double instance du discours évoquée plus haut. Elle est révélatrice de la *duplicité* de ce discours et a une fonction idéologique très précise : d'une part, elle permet de camoufler la pensée de l'auteur, faite de dénégation et de refus de prise en charge, par rapport aux faits rapportés – c'est-à-dire les siècles d'esclavagisme, d'exploitation coloniale et néocoloniale de l'Europe, dont la France – en données historiques neutres, objectives et impartiales, en un mot, « blanchies[5] », que l'on se contente de rappeler. D'autre part, c'est sur les fondements de cette même histoire mythologique, très coloniale et poussiéreuse et dont M. Nicolas Sarkozy n'a retenu que les « hauts faits de civilisation », qu'il va brosser à son auditoire le tableau présentement assombri du continent africain, en appeler même à une « renaissance » et esquisser sous ses yeux l'avenir radieux qui l'attend, s'il prenait la peine de l'entendre et de suivre ses conseils, lui, M.Nicolas-Sarkozy-le-président-de-la-France !

Phraséologie sarkozyenne

La phraséologie de M. Nicolas Sarkozy repose sur une « mythologie » trompeuse et qui trompe à dessein. Ce type de phraséologie est connu et a été notamment discuté et analysé en Allemagne, en pleine montée du nazisme et après sa défaite, par les théoriciens de l'École de Francfort[6]. En France, c'est Roland Barthes qui a mis en place les outils d'analyse de ce type de discours. Dans un texte devenu classique : « Le mythe aujourd'hui[7] », il définissait le mythe[8] comme un « mode de signification », une « parole [...] définie par son intention beaucoup plus que par sa lettre [...] et [où] l'intention y est en quelque sorte figée, purifiée, éternisée, *absentée* par la lettre ». D'où une caractéristique essentielle de cette parole mythique: l'*inflation* et la *substantivation* :

« L'inflation morale ne porte [...] ni sur des objets ni sur des actes, mais toujours sur des idées, des "notions", dont l'assemblage obéit moins à un usage de communication qu'à la nécessité d'un code figé. La codification du langage officiel et sa substantivation vont ainsi de pair, car le mythe est fondamentalement nominal, dans la mesure même où la nomination est le premier procédé du détournement. [...] C'est parce que *la mission* de la France, *le déchirement* du peuple marocain ou *le destin* de l'Algérie sont donnés grammaticalement comme des postulats (qualité qui leur est généralement conférée par l'emploi de l'article défini) que nous ne pouvons discursivement les contester. [...] *La notoriété est la première forme de la naturalisation*[9]. »

Un relevé systématique des unités du texte de l'allocution montrerait l'importance et la fréquence de ces substantifs « notoires » au caractère « incontestable ». Petit extrait où nous soulignons les déterminants des substantifs en question :

« Je suis venu vous dire que *cette* déchirure entre *ces* deux parts de vous-mêmes est *votre* plus grande force, et *votre* plus grande faiblesse selon que vous vous efforcerez ou non d'en faire *la* synthèse[10]. Mais je suis aussi venu vous dire qu'il y a en vous, jeunes d'Afrique, *deux* héritages, *deux* sagesses, *deux* traditions qui se sont longtemps combattues : celle de *l'*Afrique et celle de *l'*Europe. [...] Mais je suis venu vous dire que *la* part d'Europe qui est en vous est *le* fruit d'un grand péché d'orgueil de *l'*Occident mais que *cette* part d'Europe en vous n'est pas indigne. Car elle est *l'*appel de *la* liberté, de *l'*émancipation et de *la* justice et de *l'*égalité entre *les* femmes et *les* hommes. Car elle est *l'*appel à *la* raison et à *la* conscience universelle. »

Notre lycéen, habitué des analyses lexico-sémantiques, pourrait également s'exercer à relever, à titre d'exemple dans le passage cité, le champ sémantique appartenant à l'Afrique, fait de violence et de lutte (*déchirure*, *deux parts*, *force*, *faiblesse*) et celui appartenant à l'Europe, de loin le plus riche et le plus positif (*part*, *fruit*, *appel*, *liberté*, *émancipation*, *justice*, *égalité*, *raison*, *conscience*). Discours axiomatique de l'Occident porteur de « valeurs » qui ne peuvent être qu'« universelles », puisque c'est lui qui les définit et lui qui les

« dispense », toujours de façon généreuse et désintéressée ! *Duplicité* encore de ce discours dont on ne peut dire si son auteur a la candeur de croire (ou de faire croire) qu'il avance des idées neuves ou si, benoîtement, il ne vient pas répéter un discours tenu par d'autres avant lui, convaincu « du rôle positif de la colonisation » ! Que l'on relise l'intervention de Jules Ferry, quatre mois après la chute de son gouvernement, justifiant l'aventure coloniale à la Chambre des députés, le 28 juillet 1885, et qui avait pour elle, au moins, la franchise :

« Je dis que cette politique coloniale est un système [...] ; qu'il repose sur une triple base, économique, humanitaire et politique [...]. Messieurs, il y a un second point [...] que je dois également aborder, c'est le côté humanitaire et civilisateur de la question. [...] Je vous défie [J. Ferry s'adresse ici à Camille Pelletan] de soutenir jusqu'au bout votre thèse, qui repose sur l'égalité, la liberté, l'indépendance des races inférieures. Vous ne la soutiendrez pas jusqu'au bout, car vous êtes partisan de l'expansion coloniale qui se fait par voie de trafic et de commerce. [...] Je répète qu'il y a pour les races supérieures un droit, parce qu'il y a un devoir pour elles. Elles ont le devoir de civiliser les races inférieures [...][11]. »

Où et quand, le président Sarkozy a-t-il étudié l'histoire des sociétés africaines ?

D'autres aspects de cette mythologie sarkozyenne, faite de préjugés, repose sur des choix lexicaux stéréotypés et vagues à souhait, lorsqu'il s'agit d'évoquer l'Afrique. La phraséologie est là encore, celle des magazines à sensation ou des dépliants d'agences occidentales de voyage. Il y a d'abord, on l'aura compris, ce qui est censé donner à bon marché des frissons à tout voyageur s'aventurant dans ces contrées : le « *mystère* de l'Afrique ». Relever dans cette allocution : « le premier *mystère* de l'Afrique » / la « foi *mystérieuse* » (des Africains), les « *mystères* qui venaient du fond des âges » (de l'Afrique). Ce mot est chargé d'ouvrir sur l'insondable, l'indicible, l'inefficacité des moyens habituels de la pensée rationnelle européenne à comprendre. Cependant, même s'il lui arrive de se livrer à des moments d'exotisme où il se trémousse devant l'« étrange », ce candide touriste, imbu de sa supériorité, ne saurait accepter ce qu'il se plaît à ne pas percer ; il se doit donc de transformer l'insondable en intolérable. Cette opération passe par l'essentialisation et l'éternisation de l'autre. C'est ainsi que l'illustre orateur passe aisément du « mystère de l'Afrique » à l'idée de l'« *âme africaine* » laquelle fonctionne évidemment avec « *du fond des âges* » (cité) et « *l'aube des temps* ». Immobilité, immobilisme millénaire de l'Afrique explicités ainsi :

« *Le drame* de l'Afrique, c'est que l'homme africain n'est pas assez entré dans *l'histoire*. Le paysan africain, qui depuis des millénaires, vit avec les saisons, dont l'idéal de vie est d'être en harmonie avec *la nature*, ne connaît que l'éternel recommencement du temps rythmé par la répétition des mêmes gestes et des mêmes paroles. Dans cet imaginaire où *tout* recommence toujours, il n'y a de place ni pour *l'aventure humaine*, ni pour *l'idée de progrès*. Dans cet univers où *la nature* commande *tout*, l'homme échappe à l'angoisse de *l'histoire* qui tenaille *l'homme moderne* mais l'homme reste immobile au milieu d'un ordre immuable où tout semble être écrit d'avance. Jamais l'homme ne s'élance vers l'avenir. Jamais il ne lui vient l'idée de sortir de la répétition pour *s'inventer un destin*. »

La lecture de ce passage (comme de beaucoup d'autres de l'allocution) produit une désagréable impression d'*enlisement* ; enlisement dans l'absence de sens que donne l'avalanche de répétitions ou de quasi-synonymes[12]. On s'enfonce dans les tautologies, les contre-vérités et les contradictions. Plus précisément, on ne sait plus quelle signification M. Nicolas Sarkozy donne au mot *histoire*… L'étude du passé des sociétés et des peuples africains (comme de tout autre peuple de la planète), la volonté de comprendre ce passé avec les moyens habituels des sciences sociales, tels qu'ils sont enseignés dans les institutions, partout dans le monde, c'est du « ressassement » inutile. Mais que fait-il cependant devant son auditoire : il affabule, il « raconte des histoires » sur tout un continent, histoires s'étalant sur des *millénaires*, depuis *l'aube des temps*, sans nous dire comment et avec quels outils théoriques et méthodologiques il le fait, et à qui il les emprunte. À ce propos, on ne résiste pas à l'envie d'imiter l'un des personnages d'un roman de Jerzy Kosinski[13] qui, assistant à la réunion du Parti pour un discours du camarade Staline sur les langues, osa lever le doigt et demander : « Où et quand le camarade Staline a-t-il étudié la linguistique ? » ; où et quand le président Nicolas Sarkozy a-t-il étudié l'histoire de l'Afrique et des peuples africains ? C'est une esquisse faite d'une accumulation de pauvres mots galvaudés depuis le temps des traites négrières, édifiant, pour les besoins de leurs intérêts économiques, la théorie des races. Dans le meilleur des cas, l'Africain était du côté de la « nature » (souligné deux fois dans l'extrait ci-dessus), les négriers eux, et les colonisateurs qui leur succéderont, tous ceux qui avaient bâti des fortunes sur le commerce et *l'exploitation de l'indigène à ciel ouvert*[14], étant, bien évidemment, du côté de l'« aventure humaine », du côté de ceux qui

« s'inventent un destin » ! Le mot *nature*, dans cette phraséologie usée jusqu'à la corde, fonctionne bien évidemment en opposition avec les mots *histoire*, *idée de progrès* et *destin*, en un mot, avec ce qu'il est convenu d'appeler *culture* !

Nous voilà donc bien devant ce que Barthes appelle « un langage de la valeur[15] », où le mot fait « *allusion à un procès historique précis,* [où] *il est comme un signe algébrique qui représenterait toute une parenthèse de postulats antérieurs* ». Dans cette allocution, M. Nicolas Sarkozy renvoie aux discours des temps les plus odieux des traites négrières et de l'occupation coloniale du continent africain. Non content d'évoquer le passé, l'orateur dégage à d'autres moments de son discours le présent de l'Afrique, soit en la caractérisant par ce qui, à ses yeux, constitue son actualité, soit de façon brutale et péremptoire, à travers une opération de définition exprimée par l'emploi emphatique de « La réalité de l'Afrique, c'est ». Extraits :

« La colonisation n'est pas responsable de toutes les *difficultés de l'Afrique*. Elle n'est pas responsable des *guerres sanglantes* que se font les Africains entre eux [on ne demandera pas qui fabrique et vend les armes et qui a été derrière de nombreuses guerre dites « tribales »]. Elle n'est pas responsable des *génocides* [on ne demandera pas ce qui s'est passé au Rwanda[16]]. Elle n'est pas responsable des *dictateurs* [on renvoie au livre d'Éric Fottorino, Christophe Guillemin, Érik Orsenna[17]], elle n'est pas responsable du *fanatisme* [[18]], elle n'est pas responsable de la *corruption*, de la *prévarication*. Elle n'est pas responsable des *gaspillages* et de la *pollution*.

« [...] le problème de l'Afrique, c'est qu'elle est devenue un *mythe* que chacun reconstruit pour les besoins de sa cause [...] *La réalité de l'Afrique, c'est* une démographie trop forte pour une croissance économique trop faible. [...] *la réalité de l'Afrique, c'est* le développement qui ne va pas assez vite, c'est l'agriculture qui ne produit pas assez, c'est le manque de routes, c'est le manque d'écoles, c'est le manques d'hôpitaux. *La réalité de l'Afrique, c'est* celle d'un grand continent qui a tout pour réussir et qui ne réussit pas parce qu'elle n'arrive pas à se libérer de ses *mythes* [...]. »

Si telle est l'Afrique et que l'orateur dise vrai, quelle perte de temps pour les auditeurs, certainement venus l'entendre leur tenir sinon des propos neufs, du moins des paroles encourageantes, loin de l'insulte à peine déguisée et de l'invective ! Quel est l'intérêt de cet exposé hallucinant aux étudiants de l'université Cheikh Anta Diop de Dakar ? C'est, au plan sémantique, l'analyse du mot *mythe* (répété deux fois à sept phrases d'intervalle), qui pourrait nous éclairer. La première occurrence est au singulier et signifie que l'Afrique est une construction imaginaire/imaginée, donc loin de la réalité concrète des faits, donc fausse. L'orateur ne dit pas quel est ce mythe ni par qui il est élaboré. Qui est « chacun » et de quelle « cause » s'agit-il ? La deuxième occurrence apparaît comme un pluriel de la première : un ensemble d'idées chimériques et fausses. Elle pourrait être entendue aussi comme étant un ensemble de discours et d'idées erronées qui ont nourri une partie de l'Afrique depuis les guerres de libération et les indépendances. Cette acception est confirmée plus loin dans l'allocution, par : « L'Afrique a payé trop cher le *mirage*[19] du collectivisme et du progressisme. » Remisez – nous dit M. Nicolas Sarkozy – toutes les belles utopies porteuses de sens, tous les beaux projets de construction du futur, des Fanon, des Lumumba, des Ben Barka, des Agostinho Neto (et la liste serait longue à citer tous ceux qui ont cru et œuvré pour dessiner un avenir autre à l'Afrique) et suivez mon sillage, moi-je-Nicolas-Sarkozy-le-président-de-la-France, vers le paradis promis de la mondialisation!

N'en déplaise à M. Nicolas Sarkozy, à l'opposé de ces images figées de l'Afrique, il y a une autre histoire du continent, celle transmise notamment par les traditions orales, encore très vivantes et très vivaces dans les cultures africaines même jusqu'au début du XXe siècle, au point de susciter l'inquiétude du côté des colonisateurs. Cela, le géographe et historien de formation Georges Hardy l'avait très bien compris, qui, en 1917, entreprit la refonte des programmes scolaires en usage en AOF. En tant qu'inspecteur général de l'enseignement de cette région, et alors que beaucoup de ses collègues s'élevaient contre l'enseignement de l'histoire aux élèves africains (sur le type de programme réservé aux Africains, consulter l'ouvrage d'Elikia M'Bokolo, *Afrique noire, histoire et civilisation, XIXe-XXe siècles*[20]), il avait, tout en diabolisant l'histoire traditionnelle africaine, insisté sur son importance :

« Ce serait manquer singulièrement de psychologie et d'éducation historique que de méconnaître la force et le danger de cette histoire populaire. [...]. Et nous proscririons l'histoire de nos écoles ? Nous laisserions se développer librement cette histoire tendancieuse et trop souvent anti-française, sans la démentir, sans lui opposer des témoignages certains et la convaincre de mauvaise foi ? Le seul moyen de ruiner ces calembredaines perfides, c'est de les confronter méthodiquement avec l'histoire vraie [...][21]. »

Aujourd'hui, les Africains s'attellent à écrire une autre histoire, à travers les archives et les musées d'Europe[22], les archives orales des peuples, et sur ce qui subsiste encore, sous les décombres de siècles d'occupation et de destruction. À titre d'exemple, sur la période ayant précédé l'esclavage, entre le XIIe et le XVIe siècle, voici comment la présentent les historiens Joseph Ki-Zerbo et Djibril Tamsir Niane :

« Jamais en Afrique, avant cette période [XIIe au XVIe siècle], les échanges n'avaient été si étoffés en matière de *biens culturels*. Le commerce du *livre* était florissant dans les métropoles de la boucle du Niger. Les royaumes d'Abyssinie, du Borno, du Hawsa, du Songhay et du Mali développent une *littérature* originale où brillent la *théologie* et *l'histoire*. Les pèlerinages et le négoce activent *le commerce de l'esprit*. Au moment où Vasco de Gama double Le Cap en 1498, les sociétés africaines de l'Afrique méridionale, y compris les Bantu, avaient déjà organisé des *collectivités hiérarchisées et complexes*. La thèse raciste du "no man's land" à l'arrivée des Blancs, qui pourtant se battirent pour spolier les terres puis les mines aux autochtones, est donc une imposture [...]. Tous les processus qui ont été décrits [...] démontrent [...] qu'à tous les niveaux de l'activité humaine, les sociétés africaines et malgaches avaient cheminé à partir de ressorts internes essentiellement, vers des *formes* de plus en plus *complexes de production, de consommation, d'échanges, d'invention et d'autogestion*. Sans nier les influences extérieures, il faut répudier les explications unilatérales. On ne peut pas, par exemple, expliquer tous les développements historiques au sud du Sahara uniquement par l'Islam, ou prétendre à l'immobilisme historique en Afrique australe tant que l'impact européen n'avait pas eu lieu. Même en cas d'impact extérieur, l'identité culturelle des peuples n'est jamais abolie par cette irruption, comme le montre la vitalité des cultures berbères[23]. »

Ne pas confondre biographie, hagiographie et Histoire

La phraséologie sarkozyenne repose sur le déni de l'histoire (aux Africains), la non-reconnaissance de l'importance que peut constituer, pour la construction du présent, la connaissance et la compréhension des faits passés. Il leur est déconseillé d'étudier les *temps* de leurs sociétés ! Mais – faut-il le rappeler ? – les catégories du temps sont inscrites dans la langue, dans toutes les langues, et celles exprimant le passé sont en plus grand nombre que celles exprimant le présent ou le futur ! Cette expression du temps est « une condition nécessaire de la vie des sociétés et de la vie des individus en société[24] ». Nous avons besoin de repères dans le temps chronique, représenté selon tel ou tel type de culture, dans les calendriers :

« Ce sont ces repères qui donnent la position objective des événements, et qui définissent donc aussi *notre* situation par rapport à ces événements. Ils nous disent au sens propre *où* nous sommes dans la vastitude de l'histoire, quelle place est la nôtre parmi la succession infinie des hommes qui ont vécu et des choses qui sont arrivées[25]. »

Le président français refuse de reconnaître aux peuples assujettis et exploités durant des siècles le droit de revenir sur une « histoire commune » franco-africaine, sous prétexte de « non-repentance » ; mais curieusement, lui-même reste très attaché à la mémoire, que ce soit à titre individuel et familial ou à titre collectif. Dans le premier cas, on peut comprendre son désir, sans doute légitime, d'exhiber ses origines au moment de la campagne présidentielle qui l'a porté à la tête de l'État français. Des caméras de télévision ont même réussi la gageure de « montrer » la propriété familiale qui n'existe plus, interroger une de ses parentes âgée et exhiber une carafe de cristal aux armoiries de la famille Sarkozy. Au niveau psychologique, chacun de nous a besoin d'un *roman familial*, réel ou fantasmé, peu importe ! La fonction de ce récit fondateur est de fournir à l'individu une assise, un socle mental et affectif, à partir duquel il donne sens au présent et se projette dans le futur. Début 2007 paraît une biographie – autorisée puisqu'elle comporte quatre pages de photos personnelles de M. Nicolas Sarkozy et de membres de sa famille – dans laquelle l'auteur, Catherine Nay[26], présente ainsi l'épopée familiale du futur président :

« Au XVIe siècle, ses *ancêtres* [il s'agit de M. Pal Sarkozy, le père de M. Nicolas Sarkozy] s'illustrèrent dans la lutte contre les envahisseurs turcs. L'un d'eux, Michel, fut capturé et massacré. Ils défendaient leur *religion*, leur *terre*, leur *roi*. [...] Étrange, mais peu surprenant clin d'œil de *l'Histoire*, quatre siècles plus tard, un de leurs *descendants* prénommé Nicolas mènera lui aussi le combat contre les Turcs en s'opposant à leur entrée dans la Communauté européenne [...]. »

La référence à l'*Histoire* (avec majuscule) est pour le moins étrange et le raccourci saisissant : cela est censé éclairer les mobiles politiques du présent, c'est-à-dire la fidélité *religieuse*, *territoriale* et *politique* d'un descendant de cette famille hongroise, en l'occurrence M. Nicolas Sarkozy, dans son refus de voir la Turquie rejoindre la Communauté économique européenne ! On se serait attendu de sa part à quelques raisons économiques !

À titre collectif, M. Nicolas Sarkozy ne cesse de montrer son attachement aux commémorations pour tout ce qui a trait à l'histoire de l'Hexagone. À ce propos, rappelons qu'il a demandé au début de l'année scolaire 2007-2008 que l'on fasse lire la lettre de Guy Môquet, jeune communiste français fusillé sous l'occupation nazie, par les élèves des lycées. Je n'ai pas lu, par contre, qu'il ait, à un moment ou à un autre de sa visite à Dakar, fait le geste de déposer une couronne à la mémoire des tirailleurs sénégalais ayant combattu cette même occupation nazie, en tant que *soldats français*, sur tous les champs de bataille en France et en Europe ; un geste de commémoration à l'endroit où, le 1er décembre 1944, entre 3 heures et 5 heures du matin, des chars français ont rasé le camp de Thiaroye, faisant un nombre de morts et de blessés dont aucune commission d'enquête (il n'y en aura pas) ne donnera le chiffre. M. Nicolas Sarkozy a demandé à son auditoire d'écouter « la grande voix du président Senghor » ; il aurait pu demander de faire lire par des lycéens l'un de ses poèmes, où ne transparaît aucune haine, consacré justement à cette tragédie : *Thiaroye*[27] :

Prisonniers noirs je dis bien prisonniers français, est-ce donc vrai que la France n'est plus la France ? [...]

Non, vous n'êtes pas morts gratuits ô Morts ! Ce sang n'est pas de l'eau tépide.
Il arrose épais notre espoir, qui fleurira au crépuscule.
Il est notre soif notre faim d'honneur, ces grandes reines absolues
Non, vous n'êtes pas morts gratuits. Vous êtes les témoins de l'Afrique immortelle
Vous êtes les témoins du monde nouveau qui sera demain.

Dormez ô Morts ! et que ma voix vous berce, ma voix de courroux que berce l'espoir.

Paris, décembre 1944.

L'instrumentalisation de l'oubli du passé, pour certaines régions du globe et pour certains peuples seulement, que ne cessent de professer en France, M. Nicolas Sarkozy et les thuriféraires de sa politique, est à mettre au compte de la tentative/tentation de mise au pas réglée de peuples entiers et de consciences, au nom de l'action et de la construction du présent ! « Ne jugez pas, nous sommes seuls juges ! C'est à nous qu'il revient de dresser des inventaires, si inventaire il y a ! » : c'est ainsi qu'il faut comprendre tout le passage de l'allocution sarkozyenne où il confond repentance – ce que personne n'avait songé à lui demander – et travail sur le passé du continent et sur son histoire. Extrait :

« Mais nul ne peut demander aux générations d'aujourd'hui d'expier ce crime [l'esclavage] perpétré par les générations passées. Nul ne peut demander aux fils de se repentir des fautes de leurs pères. Jeunes d'Afrique, je ne suis pas venu vous parler de repentance. [...] Je suis venu vous proposer, jeunes d'Afrique, non de ressasser ensemble le passé mais d'en tirer ensemble les leçons afin de regarder ensemble l'avenir. »

On peut légitimement se demander comment « tirer les leçons » (du passé), sans le réexaminer, même « ensemble », si l'on refuse de laisser affleurer ce qui, dans ce passé, et chez tous les protagonistes, ne passe pas. Mais comment comprendre qu'en France, la prescription sur la guerre d'Algérie permette à un général Aussaresses (et à beaucoup d'autres) de commettre et de publier un ouvrage sur ses hauts faits d'armes comme tortionnaire et assassin ? Comment comprendre, pour un jeune Africain, Antillais, Canaque ou Vietnamien que le Parlement français vote, par une majorité de députés du parti de (ou acquise à) M. Nicolas Sarkozy, la loi du 23 février 2005 dont l'article 4 stipule que « les programmes scolaires reconnaissent en particulier le rôle positif de la présence outre-mer, notamment en Afrique du Nord [...] » ? Il faudra le combat d'honneur d'historiens et d'intellectuels français pour que cet article soit retiré. Ce passé colonial, M. Nicolas Sarkozy, qui ne craint pas de se contredire, le ressert à son public sous forme d'épopée en employant un temps du passé (le passé composé) :

« Il a pris [le colonisateur] mais je veux dire avec respect qu'il a aussi donné. Il a construit des ponts, des routes, des hôpitaux, des dispensaires, des écoles. Il a rendu fécondes des terres vierges, il a donné sa peine, son travail, son savoir. »

À M. Nicolas Sarkozy qui n'a pas « lu tous les livres » – on ne saurait lui en faire le reproche –, on peut livrer ce témoignage :

« On vous fait pour 10 000 francs une résidence qui en vaut 100 000, des dizaines de kilomètres de routes pour quelques centaines de francs, des essais de cultures sur des centaines d'hectares qui ne coûtent pas un sou. Celui qui paye est muet : c'est l'indigène[28]. »

Ou encore, cet extrait de *Discours sur le colonialisme* d'Aimé Césaire, à la rhétorique limpide et tranchante comme un diamant :

« On me parle de progrès, de "réalisations", de maladies guéries, de niveau de vie élevé au-dessus d'eux-mêmes.

« Moi, je parle de sociétés vidées d'elles-mêmes, des cultures piétinées, d'institutions minées, de terres confisquées, de religions assassinées, de magnificences artistiques anéanties, d'extraordinaires possibilités supprimées. On me lance à la tête des faits, des statistiques, des kilométrages de routes, de canaux, de chemins de fer. Moi, je parle de millions d'hommes sacrifiés au Congo-Océan [[29]]. Je parle de ceux qui, à l'heure où j'écris, sont en train de creuser à la main le port d'Abidjan. Je parle de millions d'hommes arrachés à leurs dieux, à leur terre, à leurs habitudes, à leur vie, à la vie, à la danse, à la sagesse. Je parle de millions d'hommes à qui on a inculqué savamment la peur, le complexe d'infériorité, le tremblement, l'agenouillement, le désespoir, le larbinisme[30]. »

L'univers du discours clos[31]

Que faut-il retenir de ce refus (partiel/partial) du travail sur l'Histoire et pourquoi un homme politique sans légitimité scientifique aucune et dont la fonction est d'abord de gouverner dans son pays, s'autorise-t-il de cette parole (pour reprendre une expression de Pierre Bourdieu) et occupe-t-il un terrain qui n'est pas le sien ? Dans un ouvrage mondialement célèbre et toujours précieux en ce qui concerne la question qui nous occupe, Herbert Marcuse analysant la communication, l'usage du langage et les types de rapport mis en place dans les sociétés industrielles (capitalistes de type libéral, nazi ou fasciste et socialo-communistes) a montré qu'à des titres divers ces systèmes tentaient d'attaquer une dimension de la pensée, la *dimension historique*, en essayant de la remplacer par ce qu'il appelle la *rationalité opérationnelle*. Univers orwellien où un mot peut dire une chose et son contraire[32], et où « [...] la société procède à la forclusion de son propre passé – et d'une certaine manière même de son avenir, dans la mesure où cet avenir fait appel à un changement qualitatif, à la négation du présent. Un univers où les catégories de la liberté sont identiques à leur contraire et leur sont permutables [...]. Les vieilles notions historiques sont abrogées et remplacées par de nouvelles acceptions modernes et opérationnelles. Or, l'action de ces nouvelles acceptions est de [...] transformer le faux en vrai. La langue fonctionnelle est une langue foncièrement anti-historique [...]. La mémoire du passé risque de faire naître des reconnaissances dangereuses et la société établie semble prendre peur des contenus subversifs de la mémoire. [...] Reconnaître l'aspect présent du passé et de la relation que nous entretenons avec ce passé, c'est opposer un contre-poids à la fonctionnalisation de la pensée dans et à travers la réalité existante ; c'est s'opposer au cloisonnement de l'univers linguistique et comportemental ; c'est contribuer au déploiement de concepts capables de "désolidifier" l'univers clos et de le dépasser en l'interprétant comme univers historique[33]. »

Il y aurait encore beaucoup de remarques à faire, notamment sur les références miteuses[34] de cette allocution : M. Nicolas Sarkozy se réfère sans doute à l'analyse d'Albert Memmi, dans *Portrait du colonisé* précédé de *Portrait du colonisateur*[35], lorsqu'il brosse les ravages de la colonisation qui « fut une grande faute qui détruisit chez le colonisé l'estime de soi [...] ». Il n'y a pas une seule référence cependant, à ce que Memmi dit des traces, sur les colonisateurs, de leurs pratiques d'exploitation et de déshumanisation des peuples assujettis !

Tout compte fait, en dehors de son *hypocrisie*, s'il fallait retenir quoi que ce soit de cette allocution, c'est sa *faiblesse conceptuelle* et son *aspect comique*, tous effets étroitement liés par ailleurs. Elle use abondamment de deux procédés rhétoriques : la *prétérition* qui consiste à « feindre de ne pas vouloir dire ce que néanmoins on dit très clairement, et souvent même avec force[36] ». Dès le début de son allocution,

M. Nicolas Sarkozy avertit son public sur ce qu'il n'est pas venu faire : « Je ne suis pas venu [...] pleurer. Je ne suis pas venu [...] m'apitoyer [...]. » L'autre procédé, certainement non recherché par l'orateur, c'est la *déception*, c'est-à-dire le « procédé surréel consistant à annoncer magnifiquement et à terminer sur presque rien. Le texte tourne court et finit "en queue de poisson"[37] ». L'auteur évoque à l'appui de sa définition les procédés du théâtre de l'absurde et cite un passage[38] de *La Cantatrice chauve* d'Eugène Ionesco. Mais, prenons garde, si ces gesticulations rappellent celles de quelques tréteaux de foire, il n'est pas question de plaisanter devant les manipulations et le trafic de l'Histoire des peuples. M. Nicolas Sarkozy, président de la France, joue, lui, sur une autre scène, celle des grandes puissances économiques et militaires du monde d'aujourd'hui !

Notes

1. Condorcet, *Réflexions sur l'esclavage des nègres*, Paris, Fayard, [1781], 2001, p. 19-20.

2. Téléchargeable sur le site : http://www.elysee.fr/elysee/root/bank/print/79184.htm On se fonde ici sur le texte consulté le 20 août 2007.

3. C'est moi qui souligne.

4. Un peu plus tard, l'orateur explicitera mieux sa pensée : « [...] mais il y avait aussi des hommes de bonne volonté, des hommes qui *croyaient* faire le bien. Ils se trompaient, mais certains étaient sincères. Ils *croyaient* donner la liberté, ils créaient l'aliénation. Ils *croyaient* briser les chaînes de l'obscurantisme, de la superstition, de la servitude. Ils forgeaient *des chaînes bien plus lourdes*, ils imposaient une

servitude plus pesante [...]. Ils *croyaient* donner l'amour sans voir qu'ils semaient la révolte et la haine. » Noter l'effet embaumeur de ces imparfaits censés plonger l'auditeur dans un passé mélancolique et presque passéiste dont les protagonistes – dans la logique de cet apitoiement sur le statut du colon – ne méritaient pas « la révolte et la haine » qu'ils avaient « semées » malgré eux. Par ailleurs, il faut souligner encore la mise en parallèle des qualités attribuées aux deux parties en présence. L'emploi du comparatif indique bien (dans les passages que j'ai soulignés), si on pouvait l'ignorer encore, de quel côté de l'histoire des peuples africains se tient M. Nicolas Sarkozy !

5. « Blanchir » au sens qu'à ce verbe en cuisine, c'est-à-dire précuire un aliment pour le rendre plus digeste.

6. Connue sous le nom allemand Institut für Sozialforschung (Francfort, 1921) et dont les représentants les plus connus sont, entre autres : M. Horkheimer, Th. W. Adorno, W. Benjamin, H. Marcuse, J. Habermas...

7. Roland Barthes, *Œuvres complètes*, I, *Livres, textes, entretiens, 1942-1961*, Paris, Seuil, 2002, p. 825-868.

8. Le mot *mythe*, dans l'emploi qui en est fait par Barthes, ne doit pas être confondu avec celui en usage chez les anthropologues qui le définissent comme un récit symbolique de nature sacrée. Pour Mircea Eliade, « le mythe raconte une histoire sacrée ; il relate un événement qui a eu lieu dans le temps primordial, le temps fabuleux des "commencements" » (Mircea Eliade, *Les Aspects du mythe*, Paris, Gallimard, Folio essais, [1962], 1988, p. 16).

9. Roland Barthes, *op. cit.*, p. 781. C'est moi qui souligne.

10. La lecture de cette tirade peut donner à penser que son auteur fréquente les cartomanciennes ou les horoscopes de magazines de salles d'attente aux conseils parfaitement inapplicables parce que contradictoires ou stratégiquement vagues. Forme et contenu, la phraséologie de cette « littérature » imprègne maints passages du texte. Si elle prête à rire, elle ne veut strictement rien dire ! Ou plutôt, elle n'est là que pour brouiller les... cartes.

11. Cité par Guy Pervillé, *De l'Empire français à la décolonisation*, Paris, Hachette, 1991, p. 47-48.

12. C'est moi qui souligne d'un trait les mots répétés et en italique les mots fondant l'opposition *nature / culture.*

13. Jerzy Kosinski, *La Présence*, Paris, Flammarion, 1971 ; adapté au cinéma sous le titre *Bienvenue, Mr Chance.*

14. Expression de Jules Ferry alors député (et qu'on ne pouvait accuser d'être anticolonisation), dans un rapport, après sa visite en Algérie à la tête d'une délégation parlementaire, à propos des communes mixtes. Cité par Charles-Robert Ageron, *Histoire de l'Algérie contemporaine*, II, *1871-1954*, Paris, PUF, 1979, p. 29.

15. « Écritures politiques », in Roland Barthes, *Le Degré zéro de l'écriture*, Paris, Seuil, [1953], 1972, p. 18-24.

16. Lire Boubacar Boris Diop, *Murambi, le livre des ossements*, Paris, Stock, 2000 ; et Boubacar Boris Diop, Odile Tobner, François-Xavier Verschave, *Négrophobie*, Paris, Les Arènes, 2005.

17. « Pas dupes IV. Les fausses factures aussi ont besoin d'Afrique », in Éric Fottorino, Christophe Guillemin, Érik Orsenna, *Besoin d'Afrique*, Paris, Fayard, 1992, p. 149-152 : « Il est [...] très peu de partis politiques [français] qui n'aient pas, à un moment ou à un autre, bénéficié d'une largesse de chef d'État noir "ami". Les formes de ces "participations" sont diverses : dons purs et simples, surtarifications de contrats avec rétrocessions, détournement pur et simple de l'aide au développement... Il n'est pas de campagne nationale française que l'Afrique n'ait pas soutenue financièrement... [...]. Ainsi, comme par hasard, jamais aucune famille politique n'a dénoncé cette aberration : la démocratie française soutenue à bout de bras par des régimes autocratiques de pays pauvres [...]. Argent sale ou honteux, financement de notre démocratie ou de notre industrie, tout se passe comme si la France considère ou considérait [...] l'Afrique comme une annexe discrète, des coulisses bien pratiques pour blanchir les fonds douteux et régler entre "élites" quelques profitables trafics » (p.150). Exemple de ce type de procédés : le scandale, en 1986, du Carrefour du développement ; consulter l'article qui lui est consacré dans : Mongo Beti, Odile Tobner, *Dictionnaire de la négritude*, Paris, L'Harmattan, 1989, p.58-59.

18. À propos de fanatisme, lire Philippe Sollers, « Le voile et la forêt », *Le Monde*, 28 juin 2003, p.19 : « Nous ne vivons pas le choc des civilisations ou des cultures, mais *le choc des incultures revendiquées*. Il ne faut donc pas s'étonner que la composante religieuse, plus ou moins dévoyée et détournée, revienne sur le devant de la scène. » (C'est moi qui souligne.)

19. « *Mirage* : 2. *Fig.* Apparence séduisante et trompeuse ; chimère » ; « *mythe* : 2. Construction de l'esprit qui ne repose pas sur un fond de réalité. » Le Petit Larousse, 2000.

20. Elikia M'Bokolo *et alii*, *Afrique noire, histoire et civilisation, XIXe-XXe siècles*, Paris, Hatier/Aupelf, 1992

21. Cité par Hans-Jürgen Lüsebrink, « Acculturation coloniale et pédagogie interculturelle. L'œuvre de Georges Hardy », in Papa Samba Diop, *Sénégal-Forum. Littérature et histoire. Werner Glinga in memoriam (1945-1990)*, Francfort : IKO-Verlag für Interkulturelle Kommunikation, 1995 (Studien zu den frankophonen Literaturen ausserhalb Europas, Band 16), p. 113-122.

22. Les chercheurs africains sont souvent obligés d'aller en Europe pour travailler sur des objets et/ou des documents africains, qui appartiennent à l'Afrique.

23. Joseph Ki-Zerbo, Djibril Tamsir Niane (dir.), *Histoire générale de l'Afrique*, IV, *L'Afrique du XIIe au XVIe siècle*, Paris, Présence africaine/Edicef/Unesco, 1991, p. 399-400. C'est moi qui souligne.

24. Émile Benveniste, « Le langage et l'expérience humaine », in Émile Benveniste, *Problèmes de linguistique générale*, Paris, Gallimard, 1974, p. 71.

25. *Ibid.*, p. 72. C'est l'auteur qui souligne.

26. Catherine Nay, *Un pouvoir nommé désir*, Paris, Grasset poche, 2007, p. 20. C'est moi qui souligne.

27. Léopold Sédar Senghor, *Œuvre poétique*, Paris, Seuil, 1990, p. 90-91 (le poème date de 1944). Ousmane Sembène a porté au cinéma cette tragédie très coloniale dans *Camp de Thiaroye* (1988) et Boubacar Boris Diop a écrit une pièce de théâtre, *Thiaroye terre rouge*. Consulter : Elikia M'Bokolo, « Les voies de l'émancipation »,

in Elikia M'Bokolo *et alii*, *op. cit.*, p. 406-495 ; notamment p. 444 consacrée à Thiaroye.

28. Henri Cosnier, *L'Ouest africain français*, Paris, Larose, 1921, cité par Pascal Blanchard, Sandrine Lemaire, *L'Afrique. Un continent des nations*, Paris, Les Essentiels Milan, 1996, p. 30.

29. *Congo-Océan* est le nom donné à la ligne de chemin de fer Brazzaville-Pointe-Noire, construite entre 1921 et 1934, surnommée en Afrique la *mangeuse d'hommes* ; elle aurait « coûté » selon certaines estimations, 36 hommes par kilomètre de voie ferrée et fait entre 20 000 et 30 000 morts. Consulter Elikia M'Bokolo *et alii*, *op. cit.*, p. 378. Lire André Gide, *Le Voyage au Congo* suivi de *Le Retour du Tchad. Carnets de route*, Paris, Gallimard, [1927 et 1928], 1997.

30. Aimé Césaire, *Discours sur le colonialisme*, Paris/Dakar, Présence africaine, 1948, 1994, p. 19-20.

31. Expression empruntée à Herbert Marcuse, *L'Homme unidimensionnel*, Paris, Minuit, 1968. Édition allemande originale : Marcuse, Herbert, *Der Eindimensionale Mensch. Studien zur Ideologie der fortgeschrittenen Industriegesellschaft*. Munich, Deutscher Taschenbuch Verlag, [1964], 2005.

32. Je renvoie encore à l'analyse de Barthes, dans « Écritures politiques » citées plus haut, du mot *guerre* pendant les « événements » en Algérie, comme on disait alors, dans le discours d'hommes politiques français. Sans remonter aussi loin, on pourrait appliquer la même analyse au discours d'hommes politiques européens et américains, durant les deux guerres du Golfe.

33. Herbert Marcuse, *op. cit.* Les citations qui figurent ici sont librement traduites de la version allemande (2005, p. 116-120).

34. Je veux dire, comme très judicieusement attaquée par des mites.

35. Memmi, Albert, *Portrait du colonisé* précédé de *Portrait du colonisateur*, avec une préface de Jean-Paul Sartre, Paris, Gallimard, [1957], 1985.

36. Dupriez, Bernard, *Gradus. Les procédés littéraires*, Paris, UGE 10/18, 1984, p. 359.

37. *Ibid.*, p. 40.

38. « Mme Martin : … Une chose extraordinaire. Une chose incroyable… J'ai vu, dans la rue, à côté d'un café, un monsieur convenablement vêtu, âgé d'une cinquantaine d'années, même pas, qui… Eh bien, vous allez dire que j'invente… il nouait les lacets de sa chaussure qui s'étaient défaits » (scène 7).

Méconnaissance ou provocation délibérée ?

Demba Moussa Dembélé

> *Le colonialisme et l'impérialisme ne sont pas quittes avec nous quand ils ont retiré de nos territoires leurs drapeaux et leurs forces de police. Pendant des siècles, les capitalistes se sont comportés dans le monde sous-développé comme de véritables criminels de guerre. Les déportations, les massacres, le travail forcé, l'esclavagisme ont été les principaux moyens utilisés par le capitalisme pour augmenter ses réserves d'or et de diamant, ses richesses et pour établir sa puissance.*
>
> Frantz Fanon, *Les Damnés de la terre*

Demba Moussa Dembélé a fait ses études universitaires en France et aux États-Unis. Il est économiste de formation, spécialisé en économie et finance internationales. Ses centres d'intérêt comprennent, entre autres, l'intégration économique africaine, la dette extérieure de l'Afrique, les politiques de la Banque mondiale et du FMI en Afrique, la coopération internationale.

Il a travaillé notamment au ministère de l'Économie et des Finances du Sénégal et comme chercheur associé à l'Institut de finance internationale à Washington. Il a collaboré avec des ONG sénégalaises et africaines sur l'impact des programmes d'ajustement structurel et de la mondialisation sur le développement de l'Afrique. Il est membre fondateur du Forum social africain (FSA) et membre de plusieurs réseaux internationaux. Il dirige aujourd'hui le Forum africain des alternatives, réseau de chercheurs poursuivant les objectifs suivants : contribuer à la critique du paradigme néolibéral, entreprendre une réflexion critique sur les expériences africaines de développement, contribuer au débat sur le développement endogène en Afrique.

Il a notamment publié :

« Afrique subsaharienne : mouvements sociaux et résistances à la mondialisation néolibérale », *État des résistances dans le Sud-2008*, Centre Tricontinental & éditions Syllepse, 2007.

À la recherche d'un nouveau paradigme de développement (dir.), Manille/Dakar, publications de l'ISGN, 2006

Les Transformations économiques et sociales en Afrique : les politiques macro-sociales du développement africain, Institut africain de la Gouvernance/Pnud, 2006.

Le FMI et la Banque mondiale en Afrique : de l'échec des programmes d'ajustement au fiasco de l'Initiative PPTE, Manille et Dakar, publications de l'ISGN, 2005.

Dans le discours qu'il a prononcé le 26 juillet à l'université Cheikh Anta Diop de Dakar, M. Nicolas Sarkozy a étalé toute l'étendue de son ignorance de l'histoire de l'Afrique et une méconnaissance profonde des causes véritables de son « sous-développement ».

Intégration de l'Afrique au monde et ses conséquences

En effet, quand M. Sarkozy dit que « le drame de l'Afrique, c'est que l'homme africain n'est pas assez entré dans l'Histoire », il prouve là une ignorance crasse de l'histoire de l'Afrique et de ses relations avec le reste du monde, plus particulièrement avec l'Europe.

Si M. Sarkozy avait un peu étudié l'histoire du capitalisme, il aurait su que la naissance et le développement de ce processus se sont faits avec le sang, la sueur et les ressources des peuples africains. Dans le livre I du *Capital*, Karl Marx explique comment l'esclavage transatlantique avait contribué à ce qu'il a appelé l'« accumulation primitive du capital ». Cette tragédie, que Joseph Ndiaye, conservateur de la Maison des esclaves de Gorée, qualifie à juste titre de « plus grand génocide de l'Histoire », a privé l'Afrique de plusieurs dizaines de millions de ses meilleurs enfants[1]. Cette hécatombe a eu des conséquences profondes qui continuent d'affecter le développement économique et social de l'Afrique[2].

Après les hommes et les femmes, on est passé au pillage des ressources de l'Afrique en l'occupant physiquement par le biais de la colonisation. Dans un livre d'une extraordinaire densité[3], Walter Rodney a démontré comment la colonisation a été un facteur décisif dans le retard de l'Afrique et dans l'industrialisation et le développement de l'Europe. Cela avait été déjà analysé par nombre d'historiens et de chercheurs africains, notamment par le professeur Ki-Zerbo, dans une de ses œuvres maîtresses[4].

Par conséquent, M. Sarkozy doit retenir que le contact de l'Afrique avec le monde occidental s'est produit quand ce dernier sortait à peine du Moyen Âge et entamait sa Renaissance. L'esclavage et la colonisation ont été les deux modes de ce contact, deux facteurs qui ont marqué à jamais le développement économique et social de l'Afrique. Ils ont non seulement détruit les économies et structures sociales de la société précoloniale, mais ils ont également procédé à la destruction systématique de la culture et de la mentalité africaines. Donc, les problèmes actuels de l'Afrique ne s'expliquent ni par le manque d'« intégration » au monde, ni par le retard de cette intégration. L'explication réside plutôt dans la manière dont l'Afrique a été intégrée à l'économie mondiale capitaliste, qui a prospéré sur le sang et la sueur de ses enfants et le pillage éhonté de ses ressources.

Mais les clichés ont la vie dure. M. Sarkozy ne fait que reprendre à son compte les « explications » simplistes servies par la Banque mondiale et le FMI qui essaient d'imputer la faillite de leurs remèdes au prétendu « manque d'intégration » de l'Afrique à l'économie néolibérale. Et cela repose principalement sur ce qu'on appelle la « marginalisation » de l'Afrique dans le commerce mondial. Même à supposer que la valeur du commerce africain représente 2 % du commerce mondial, il n'en demeure pas moins vrai que l'Afrique est la région ayant la plus grande ouverture sur le monde. En effet, selon la Cnuced (Conférence des Nations Unies pour le Commerce Et le Développement), le commerce total de l'Afrique (exportations et importations confondues) représentait 50,4 % du Produit Intérieur Brut (PIB) du continent en 2000/2001, comparé à un ratio de 45 % en 1980/1981[5]. Autrement dit, en 2001, plus de la moitié de la formation du revenu national du continent était liée aux échanges avec le reste du monde. Par comparaison, la moyenne mondiale tourne autour de 16 %, tandis que pour l'Europe et les États-Unis les ratios sont estimés respectivement à 12,8 % et 13,2 %[6].

Il faudrait donc relativiser la prétendue « marginalisation » de l'Afrique dans l'économie mondiale. En vérité, comme on le verra plus loin, c'est plutôt trop d'« intégration » qui a rendu l'Afrique vulnérable aux chocs exogènes et en a fait la victime principale de la mondialisation néolibérale.

Apologie de la colonisation

M. Sarkozy passe pour être le représentant d'une « droite décomplexée » qui ne veut pas entendre parler de « repentance » par rapport à l'histoire coloniale de la France. Son discours le confirme et s'inscrit également dans une tendance générale visant à mettre en valeur les « aspects positifs » de la colonisation, même si, par ailleurs, l'on reconnaît qu'elle a eu quelques « aspects négatifs ». Écoutons M. Sarkozy : « Le colonisateur est venu, il a pris, il s'est servi, il a exploité, il a pillé des ressources, des richesses qui ne lui appartenaient pas. Il a dépouillé le colonisé de sa personnalité, de sa liberté, de sa terre, du fruit de son travail. » Mais c'est pour aussitôt essayer de relativiser, voire justifier, les crimes de la colonisation en mettant en avant ses « réalisations » : « Il a pris, mais je veux dire avec respect qu'il a aussi donné. Il a construit des ponts, des routes, des hôpitaux, des dispensaires, des écoles. Il a rendu fécondes des terres vierges, il a donné sa peine, son travail, son savoir. Je veux le dire ici, tous les colons n'étaient pas des voleurs, tous les colons n'étaient pas des exploiteurs. »

C'est la vieille rengaine chère à tous les idéologues et apologistes de la colonisation et de l'impérialisme. Un refrain usé jusqu'à la corde auquel Aimé Césaire avait répondu dans ce passage mémorable du *Discours sur le colonialisme* : «On me parle de progrès, de "réalisations", de maladies guéries, de niveaux de vie élevés au-dessus d'eux-mêmes. Moi, je parle de sociétés vidées d'elles-mêmes, de cultures piétinées, d'institutions minées, de terres confisquées, de religions assassinées, de magnificences artistiques anéanties, d'extraordinaires *possibilités* supprimées. On me lance à la tête des faits, des statistiques, de kilométrages de routes, de canaux, de chemins de fer. Moi, [...] je parle de millions d'hommes arrachés à leurs dieux, à leur terre, à leurs habitudes, à leur vie, à la vie, à la danse, à la sagesse... On m'en donne plein la vue de tonnage de coton ou de cacao exporté, d'hectares d'oliviers ou de vignes plantés. Moi, je parle d'*économies* naturelles, d'*économies* harmonieuses et viables, d'*économies* à la mesure de l'homme indigène désorganisées, de cultures vivrières détruites, de sous-alimentation installée, de développement agricole orienté selon le seul bénéfice des métropoles, de rafles de produits, de rafles de matières premières[7]. »

En vérité, la colonisation a essentiellement été une entreprise de destruction dans tous les domaines. C'est cette destruction qui a rendu l'Afrique exsangue, mis un frein à l'évolution naturelle de sociétés jadis florissantes et qui, sur bien des aspects, avaient pris une grande avance sur l'Europe, surtout au moment où celle-ci était livrée à la barbarie du Moyen Âge, qui dura près de mille ans. Des empires africains comme le Ghana, le Mali étaient des références, non seulement sur le plan économique, mais également sur les plans scientifique, technique et culturel. La ville de Tombouctou, au Mali, était un carrefour économique et intellectuel de renommée internationale[8].

Les quelques « réalisations » dont se targuent les apologistes du colonialisme, comme M. Sarkozy, étaient destinées à consolider la mainmise sur les colonies et à mieux organiser le pillage de leurs ressources au bénéfice de la métropole. Ces « réalisations » avaient également pour but la destruction systématique de la culture et de la mentalité des colonisés, au nom d'une prétendue « supériorité » de la civilisation des colons. Si bien que pratiquement aucune structure précoloniale majeure n'avait été épargnée par la détermination et la furie des colons à faire « table rase » de tout ce qu'ils avaient trouvé dans les pays conquis. Ainsi, la désarticulation et le caractère extraverti des économies africaines, l'État, les institutions monétaires et financières, sont-ils de purs produits de la colonisation. Par conséquent, comme le soutient à juste titre Samir Amin, l'échec du « développement » postcolonial traduit à la fois l'échec de la « décolonisation » et la faillite du capitalisme imposé à la périphérie du système[9].

Les causes imaginaires et réelles de la crise en Afrique

Si l'on peut comprendre que M. Sarkozy ignore l'histoire de l'Afrique, par contre, il est difficile de comprendre sa méconnaissance – feinte ou réelle – des causes profondes et véritables des problèmes de développement économique et social auxquels l'Afrique fait face. M. Sarkozy et d'autres comme lui pensent que les Africains sont les principaux responsables de l'échec du développement postcolonial. Ils préfèrent mettre l'accent sur leurs coupables favoris comme la « corruption », la « prévarication », la « mauvaise gouvernance », entre autres. Certes, comme le dit M. Sarkozy, « la colonisation n'est pas responsable de toutes les difficultés actuelles de l'Afrique » mais l'héritage colonial reste parmi les causes premières de la crise que traverse le continent africain, comme le confirme l'analyse qui suit.

Un environnement international défavorable

Dans cet héritage, on trouve la division internationale du travail imposée à l'Afrique et qui a fait d'elle un continent fournisseur de matières premières et de produits de base. Et le système dominant, les anciennes puissances coloniales en particulier, a tout fait pour maintenir cette division du travail. Les politiques néolibérales, surtout celles imposées par les institutions financières internationales, ont accentué cette division, rendant ainsi les économies africaines plus vulnérables aux chocs exogènes.

Fluctuations des prix des produits de base

Selon la Conférence des Nations unies pour le commerce

et le développement, deux tiers des exportations africaines se composent de produits primaires ou semi-transformés. C'est le cas pour 17 des 20 plus importantes exportations du continent. Or les prix de ces produits ont subi des baisses variant en moyenne entre 10 et 18 % sur la période 1981-2001. En 2001, les prix du café ont chuté de 35 %, ceux du coton de 19 % et ceux du poisson de 21 %. Dans les années 1970 et 1980, les fluctuations des prix des exportations africaines ont été deux fois plus importantes que celles des prix des produits exportés par l'Asie. Dans les années 1990, la volatilité des prix des produits africains était quatre fois plus grande que celle des exportations des pays développés. Ces fluctuations expliquent la baisse de la part de l'Afrique dans les exportations mondiales, qui passent ainsi d'environ 6 % en 1981 à près de 2 % en 2002, tandis que durant la même période, sa part dans les importations mondiales baissait de 4,6 % à 2,1 %[10].

Parmi les facteurs explicatifs de ces fluctuations, il y a un excès d'offre sur les marchés résultant des politiques mettant l'accent sur les exportations – dans le but de rembourser la dette extérieure – et surtout les subventions agricoles octroyées par les pays industrialisés.

Les subventions des pays industrialisés

Le scandale des subventions de coton par les États-Unis et l'Europe a révélé la profondeur de l'hypocrisie qui caractérise le commerce international. Par exemple, le gouvernement américain accorde chaque année entre 3 et 4 milliards de dollars de subventions à quelque 25 000 exportateurs de coton, ce qui contribue à faire baisser les prix de ce produit sur le marché international, pénalisant ainsi les producteurs africains, dont le coton est de loin plus compétitif. En 2002, les subventions américaines ont fait chuter le prix du coton de plus de 25 %, entraînant des pertes de recettes estimées à plus de 300 millions de dollars pour des pays comme le Bénin, le Burkina-Faso et le Mali, tous considérés comme « Pays Moins Avancés » (PMA). Les pertes enregistrées par le Bénin et le Mali étaient supérieures à l'« aide » fournie cette année-là par les États-Unis. Pour le Mali, la perte était à peu près équivalente à l'« allégement » de sa dette multilatérale promis par la Banque mondiale et le FMI dans le cadre de l'initiative en « faveur » des « Pays Pauvres Très Endettés » (PPTE) [11].

On estime que les pays de l'OCDE, le club des pays « les plus riches », dépensent plus d'un milliard de dollars sous forme de subventions agricoles par jour. Les dépenses annuelles au titre de ces subventions sont plus de six fois supérieures à l'« aide » accordée aux pays du Sud. En outre, elles ont entraîné des pertes massives de recettes d'exportation pour les pays du Sud estimées à plusieurs centaines de milliards de dollars, surtout dans les produits à forte intensité de main-d'œuvre[12]. Ce qui a fait dire au Pnud (Programme des Nations Unies pour le Développement) que la part d'un pays dans le commerce mondial dépend moins de l'« avantage comparatif » que de l'« accès comparatif aux subventions »[13] !

La Politique Agricole Commune (Pac) de l'Union européenne, l'une des plus coûteuses machines à subventions, et les mesures protectionnistes, telles que les mesures sanitaires et phytosanitaires, les règles d'origine et la progressivité des tarifs sur les produits transformés expliquent en grande partie la chute des exportations des pays ACP (Afrique, Caraïbe, Pacifique) vers l'Union européenne, qui passent de 7 % des importations totales de l'UE en 1976 à seulement 3,6 % en 2001[14].

Pendant ce temps, l'Union européenne continue d'inonder les marchés africains de produits subventionnés au détriment des productions locales. Les cuisses de poulet congelées ont mis à genoux les filières de la volaille dans plusieurs pays africains (Cameroun, Côte-d'Ivoire, Sénégal, notamment). Au Sénégal, entre 1995 et 2002, les professionnels de cette filière ont perdu 70 % de leurs parts de marché dans leur propre pays au profit de cuisses de poulet importées d'Europe. On observe la même tendance au niveau de la filière laitière, de celle de la tomate ou des oignons[15].

Détérioration des termes de l'échange de l'Afrique

Les politiques précédentes ont entraîné une nette détérioration des termes de l'échange de l'Afrique. En effet, le pouvoir d'achat des exportations africaines a baissé de 37 % en moyenne entre 1980 et 1990, et les prix réels des matières premières autres que le pétrole ont baissé de 45 % pendant la même période. Cette tendance s'est accentuée dans les années 1990. Entre 1997 et 2001, les exportations africaines ont perdu la moitié de leur pouvoir d'achat par rapport aux produits manufacturés importés. En d'autres termes, en 2001, les exportateurs africains devaient presque doubler leurs volumes d'exportation pour pouvoir importer la même quantité qu'en 1997[16].

On estime que les pertes cumulées dues aux termes de l'échange entre les années 1970 et la fin des années 1990 se chiffrent à 120 % du PIB des pays africains non producteurs de pétrole. Si l'on ajoute à ces pertes celles dues aux mesures protectionnistes appliquées par les pays industrialisés, pertes estimées à plus de 20 milliards de dollars par an, l'Afrique aurait perdu en moyenne 70 milliards de dollars par an entre 1970 et 1990[17].

Pour avoir une idée des conséquences de ces pertes, la Cnuced souligne que, si les termes de l'échange de l'Afrique étaient restés stables entre 1980 et 2000, sa part dans le commerce mondial aurait été double de ce qu'elle est actuellement ; son taux de croissance annuel aurait été de 1,4 % supérieur au taux enregistré pendant cette période et le revenu moyen par tête aurait augmenté d'au moins 50 % par rapport à son niveau de 2000[18].

L'analyse ci-dessus illustre le rôle majeur qu'a joué l'environnement international dans la genèse et l'aggravation de la crise que traverse le continent africain – crise illustrée, entre autres, par celle de la dette extérieure.

Le lourd tribut payé à la dette

Les pertes d'exportations indiquées plus haut et l'augmentation parallèle des prix des biens et services importés contraignirent les pays africains à s'adresser aux sources de financement extérieures, publiques et privées, pour faire face à des déficits extérieurs croissants. Mais le déséquilibre de pouvoir entre l'Afrique et les pays occidentaux, qui est une des conséquences de la domination coloniale, permettait aux prêteurs d'imposer leurs conditions aux pays africains dans le but de renforcer leur domination sur ces derniers et le pillage de leurs ressources. C'est ainsi que la plupart des dettes contractées par les pays africains étaient liées à des achats des produits et services des pays prêteurs à des prix supérieurs aux prix du marché. Dans de nombreux cas, les produits livrés étaient de qualité douteuse ou inférieure à ce qu'on pouvait trouver sur le marché. En outre, une bonne partie des prêts étaient assortis de taux d'intérêt exorbitants.

Ces facteurs et d'autres contribuèrent à la crise de la dette vers la fin des années 1970 et le début des années 1980. C'est en partie pour lui trouver une solution durable que les pays africains ont été contraints de faire appel à la Banque mondiale et au FMI. Mais les politiques imposées par ces institutions ont contribué à aggraver la crise en faisant littéralement exploser la dette africaine, comme le souligne un document de la Cnuced : « La dette extérieure de l'Afrique a sensiblement augmenté entre 1970 et 1999 [...] L'endettement extérieur total a ensuite considérablement augmenté pendant les ajustements structurels des années 1980 et du début des années 1990, atteignant un sommet à près de 340 milliards de dollars en 1995, année précédant le lancement de l'initiative PPTE initiale[19]. »

La dette a non seulement explosé pendant la période de l'ajustement structurel, mais elle est surtout devenue un des principaux mécanismes d'appauvrissement du continent africain par le biais de transfert de ressources au profit des pays développés. Par exemple, entre 1980 et 2002, l'Afrique subsaharienne avait payé plus de 250 milliards de dollars sous forme de service cumulé de la dette, soit environ quatre fois le montant de la dette de 1980. Entre 1998 et 2002, elle avait remboursé 49,3 milliards de dollars contre des prêts estimés à 35 milliards de dollars. Soit un transfert net de plus de 14 milliards aux pays riches[20].

Le rapport de la Cnuced déjà cité fait la constatation suivante : « Un coup d'œil rapide à la dette de l'Afrique permet de constater que le continent a reçu quelque 540 milliards de prêts et a remboursé quelque 550 milliards de dollars en capital et intérêts, entre 1970 et 2002. Pourtant, l'encours de la dette est resté de quelque 295 milliards de dollars. Pour sa part, l'Afrique subsaharienne a reçu 294 milliards de dollars de versements, a remboursé 268 milliards au titre du service de la dette, mais conserve une dette active de quelque 210 milliards de dollars. Sans tenir compte des intérêts et des intérêts sur les arriérés, le remboursement de cet encours de dette représenterait un transfert inverse de ressources[21]. »

Ainsi donc, paradoxalement, le continent considéré comme « le plus pauvre » est-t-il en réalité une source de transfert net de ressources vers les pays considérés comme les plus riches et vers les institutions financières internationales, qui pourtant prétendent lui venir en « aide » ! Mais le paradoxe n'est qu'apparent : la dette n'est qu'un mécanisme parmi d'autres dans la stratégie d'appauvrissement de l'Afrique. Les politiques imposées par la Banque mondiale et le Fonds monétaire international sont une autre illustration de cette stratégie.

Les conséquences des politiques de la Banque mondiale et du FMI

En effet, ces politiques ont contribué de manière considérable à appauvrir l'Afrique à partir du début des années 1980. En premier lieu, leurs conditionnalités étaient principalement destinées à contraindre les pays africains à rembourser une dette illégitime qui a été payée plusieurs fois, si l'on tient compte de la variation des taux d'intérêt sur les marchés financiers, des dévaluations successives des monnaies[22] et des pénalités liées aux rééchelonnements au sein du Club de Paris. Ensuite, à part le fait d'aggraver la crise de la dette, ces conditionnalités ont coûté très cher aux pays africains. La libéralisation du commerce et des investissements, les privatisations des entreprises d'État et des services publics ainsi que les politiques d'austérité imposées aux gouvernements africains se sont traduites par l'effondrement de plusieurs secteurs de l'économie, l'affaiblissement de l'État, l'accroissement des inégalités et l'explosion de la pauvreté à une échelle sans précédent.

Coûts de la libéralisation du commerce et des investissements

Selon l'ONG britannique Christian Aid, la libéralisation du commerce a coûté à elle seule aux pays africains quelque 272 milliards en vingt ans[23]. Pour illustrer ces coûts, elle cite le cas du Ghana dont les pertes, estimées à 10 milliards de dollars sur une période de quinze ans, seraient équivalentes à un arrêt de travail de tout le pays pendant un an et demi! D'autres exemples de la même veine sont également fournis. En outre, la libéralisation du commerce et celle des investissements ont accéléré la fuite des capitaux. De l'aveu de la Commission pour l'Afrique (Commission Blair), chaque année, au moins quelque 15 milliards de dollars échappent au continent pour rejoindre les banques occidentales. La Commission estime que la valeur cumulée des capitaux illégalement soustraits aux pays africains serait au moins égale à la moitié de la dette africaine[24]. C'est-à-dire à au moins 100 milliards de dollars !

Cela confirme les chiffres donnés par plusieurs rapports précédents qui indiquent qu'entre 1970 et 1997, le cumul des capitaux soustraits à l'Afrique et placés dans les banques occidentales ou les paradis fiscaux atteindrait 90 % du PIB du continent. En 1998, déjà, la Cnuced avait estimé le niveau cumulé de la fuite des capitaux à 70 % de la richesse privée. Et elle ajoutait que si ce montant était rapatrié, le niveau de la formation brute de capital fixe aurait été trois fois plus élevé que son niveau actuel[25] !

La libéralisation du commerce qui s'est traduite par l'effondrement d'entreprises locales et les privatisations ou liquidations d'entreprises publiques ont entraîné des pertes massives d'emplois dans le secteur manufacturier. Au Sénégal, les emplois dans ce secteur ont chuté d'au moins un tiers dans les années 1980 et cela s'est aggravé dans les années 1990 à la suite de la dévaluation du franc CFA en janvier 1994. Au Ghana, l'emploi dans le secteur manufacturier est tombé de 78 700 à 28 000 emplois, entre 1987 et 1993.

En Zambie, le secteur manufacturier a perdu plus de 325 000 emplois entre 1990 et 2000. Cela a été surtout illustré par l'effondrement de l'industrie textile zambienne qui, en huit ans, avait perdu plus de 30 000 emplois sur 34 000[26].

Coût des politiques d'austérité

À ces politiques de libéralisation et de privatisation il faut ajouter les politiques d'austérité, qui ont accéléré l'effondrement des économies africaines. En effet, ces politiques ont entraîné la chute des taux de croissance pendant presque toute la période de l'ajustement structurel, consacré le recul de l'État et réduit sa fonction sociale. C'est ainsi que les ratios d'investissements par rapport au PIB sont tombés d'une moyenne annuelle de 23 % sur la période 1975-1979 à une moyenne de 18 % entre 1980 et 1984 et 16 % entre 1985 et 1989[27]. Le niveau moyen des ratios était de 18,6 % sur la période 1981-1990 et de 17,2 % entre 1991-2000, selon la Banque mondiale[28].

Il faut retenir que ces moyennes continentales masquent des différences parfois très prononcées entre pays. Mais la constatation générale est que pendant la période d'ajustement structurel, les niveaux d'investissement en Afrique sont restés inférieurs à leurs niveaux d'avant l'intervention de la Banque mondiale et du FMI.

La baisse des investissements s'est traduite par un déclin prononcé du taux de croissance réel du PIB. Celui-ci, qui avait atteint une moyenne annuelle de 3,5 % dans les années 1970, a vu son niveau tomber de moitié, à une moyenne de 1,7 % durant la période 1981-1990. C'est pour cette raison que les années 1980 ont été appelées la « décennie perdue » pour le développement de l'Afrique, décennie au cours de laquelle l'Afrique a consacré au service de la dette extérieure des sommes quatre fois supérieures à celles des dépenses de santé et deux fois supérieures à celles consacrées à l'éducation

Ces politiques ne pouvaient qu'avoir des effets désastreux sur les indicateurs sociaux des pays africains.

Les conséquences sociales de l'ajustement structurel

La Cnuced indique qu'en 2000 le revenu moyen par tête de l'Afrique était de 10 % inférieur à son niveau de 1980. En termes monétaires, le revenu par habitant est tombé de 522 dollars en 1981 à 323 dollars en 1997.[29] De l'aveu de la Banque mondiale, sur la période 1981-2001, la perte cumulée du revenu par tête s'est élevée à 13 % du PIB du continent. Dans sa définition superficielle de la « pauvreté », limitée à son expression monétaire, la Banque mondiale souligne que le nombre de personnes vivant avec l'équivalent d'un dollar par jour est passé de 160 millions à 314 millions durant la même période[30].

Selon les Nations unies, 34 des 49 pays des Pays les Moins Avancés (PMA) se situent en Afrique. Tous ces pays partagent le triste sort d'avoir été soumis à l'ajustement structurel. Ces pays sont caractérisés par la vulnérabilité économique, la faiblesse de leurs indicateurs de développement humain et la concentration de leurs exportations dans un petit nombre de produits. Selon la Cnuced, dans les PMA africains, 65 % des habitants vivent avec moins d'un dollar par jour et près de neuf personnes sur dix vivent avec l'équivalent de deux dollars par jour[31].

Conclusion

Ainsi donc, même si « la colonisation n'est pas responsable de toutes les difficultés actuelles de l'Afrique » et s'il est indéniable que les gouvernements africains ont une part de responsabilité dans la crise économique et sociale qui affecte leurs pays, il n'en demeure pas moins vrai que c'est l'héritage colonial – aggravé par le fardeau d'une dette extérieure illégitime et les conditionnalités tout aussi illégitimes imposées par la Banque mondiale et le FMI – qui constitue la cause principale de la crise que traverse le continent africain.

En outre, même s'il est indéniable que des facteurs internes ont joué un rôle important dans les conflits, même si la colonisation « n'est pas responsable des guerres sanglantes que se font les Africains entre eux [...] de la corruption, de la prévarication », c'est un fait que les séquelles de la colonisation et les politiques analysées plus haut ont une grande part de responsabilité dans la genèse et l'exacerbation des conflits. En éliminant les gains acquis au prix de durs sacrifices pendant les années 1960 et 1970, en affaiblissant l'État, symbole de l'unité et de la cohésion nationales dans des pays multiethniques aux équilibres fragiles, en démantelant les structures étatiques qui contribuaient à renforcer la solidarité nationale, en obligeant les gouvernements à brader le secteur public au profit du capital étranger, la Banque mondiale, le FMI et les pays occidentaux portent une lourde responsabilité dans l'éclatement et la persistance des conflits dans plusieurs pays africains.

Leurs politiques ont également créé des conditions favorables au développement ou à l'aggravation de la « corruption », par la propagation de valeurs individualistes où l'appât du gain et la « réussite » personnelle priment sur tout le reste ; par l'élargissement du fossé entre couches et classes sociales ; par le renforcement de la discrimination entre les sexes et la marginalisation des couches les plus vulnérables ; par une insertion forcée dans la mondialisation néolibérale au travers d'une libéralisation sauvage et d'un patrimoine national bradé, qui ont fini d'installer la rareté, le chômage, la précarité et l'exclusion. Ce sont tous ces facteurs qui concourent à la corruption.

En réalité, la corruption est un phénomène inhérent au système capitaliste et aux politiques néolibérales imposées aux pays africains. En aucune façon elle n'est « une spécificité » africaine ni le principal « obstacle » au développement de l'Afrique, comme le prétendent les institutions financières internationales pour trouver une « justification » à la faillite de leurs politiques. Et puis l'argent de la corruption va directement dans les banques occidentales avec la complicité des autorités de ces pays et dans les paradis fiscaux. Ce que reconnaît la Commission Blair qui souligne que « nombre de ces dirigeants [africains] ont pillé des milliards de dollars [...] en se servant des systèmes financiers des pays développés[32] ».

Et parmi ces dirigeants pillards se trouvent justement les « amis » et principaux partenaires de M. Sarkozy dans la Françafrique. Certains de ces relais du néocolonialisme français continuent de bénéficier du soutien multiforme de la France, y compris d'un appui militaire, comme on l'a vu récemment au Tchad, en Centrafrique, entre autres. Par contre, les dirigeants africains qui tentent de rompre avec ce système mafieux sont soit soumis à un blocus économique, soit victimes de coups d'État, soit carrément assassinés, comme Thomas Sankara.

Par ailleurs, on décrédibilise l'État africain, on le prive de ressources financières, on marginalise les institutions représentatives, comme les parlements, on confisque les politiques économiques et financières des pays africains, après cela, on leur demande d'instituer la « bonne gouvernance » ! Au surplus, on présente celle-ci comme un préalable au développement, alors qu'elle doit être un de ses résultats, comme le prouve l'expérience des pays développés qui prétendent aujourd'hui donner des leçons à l'Afrique[33]. Et la Banque mondiale et le FMI, qui exigent la « bonne gouvernance » en Afrique, n'en sont pas eux-mêmes des exemples.

En résumé, les difficultés actuelles de l'Afrique sont le résultat de *politiques délibérées* qui ont leurs origines dans les rapports de domination et la division internationale du travail hérités de la colonisation et perpétués par le néocolonialisme et la nature polarisante du capitalisme. Certes les dirigeants africains ont une grande part de responsabilité dans cette situation. Leur responsabilité est d'avoir accepté de conserver intacts la plupart des liens et structures hérités de la colonisation, comme c'est le cas du franc CFA dans la plupart des anciennes colonies françaises. Leur tort est d'avoir fait confiance aux dirigeants occidentaux dont les promesses d'« aide » pour développer l'Afrique ont au contraire conduit celle-ci à l'impasse actuelle. Leur tort est d'avoir abdiqué la souveraineté de leurs pays au profit de la Banque mondiale et du FMI, avec les conséquences désastreuses que l'on sait. Et aujourd'hui, ces deux institutions n'ont rien d'autre à proposer à l'Afrique que la « réduction de la pauvreté » !

On plombe toutes les chances de développement de l'Afrique, on détruit certains de ses États, on fait main basse sur ses ressources et son patrimoine par le biais des politiques de privatisation, on organise le transfert systématique de ressources hors d'Afrique par le service de la dette et la fuite des capitaux, on favorise la fuite des cerveaux, après tout cela, on reproche à l'Afrique d'être « responsable » de son « retard » !

Nous récusons donc le discours des institutions financières internationales et des dirigeants occidentaux, comme M. Sarkozy, qui tente de rejeter la responsabilité principale de la crise des pays africains sur leurs dirigeants et leurs citoyens. Cela est une insulte à l'intelligence des Africains.

Les fausses solutions de M. Sarkozy

Après avoir peint un sombre tableau de l'Afrique, sorti de son imagination, « une réalité » caractérisée selon lui par « [...] trop de famine, trop de misère [...] La rareté qui suscite la violence [...] Le développement qui ne va pas assez vite, l'agriculture qui ne produit pas assez, le manque de routes, le manque d'écoles, le manque d'hôpitaux », il donne des « conseils » et fait des propositions pour trouver des « solutions » à la situation décrite. C'est ainsi que selon lui : « Ce que la France veut faire avec l'Afrique, c'est le codéveloppement, c'est-à-dire le développement partagé. La France veut avec l'Afrique des projets communs, des pôles de compétitivité communs, des universités communes, des laboratoires communs. Ce que la France veut faire avec l'Afrique, c'est élaborer une stratégie commune dans la mondialisation. »

La coquille vide du « codéveloppement »

M. Sarkozy n'est pas le premier dirigeant français à proposer cette fausse solution aux problèmes structurels que connaît l'Afrique. Le « codéveloppement » fait partie de la panoplie de mesures visant à freiner l'émigration « irrégulière » ou « clandestine ». Pour faire bonne mesure, on proposera de financer quelques projets pour « fixer » les jeunes, les empêcher ainsi de s'engager dans l'aventure de l'émigration. En réalité, le codéveloppement de M. Sarkozy est un miroir aux alouettes destiné à couvrir, voire justifier, la chasse aux « clandestins » pour remplir des quotas annuels et à acheter la complicité de dirigeants africains dans la répression de l'émigration « illégale ».

En outre, la conception du « développement » de M. Sarkozy n'est rien d'autre que la copie française de celle que n'ont cessé de véhiculer des officines néolibérales comme la Banque mondiale et le FMI depuis bientôt trois décennies. Dans l'orthodoxie néolibérale, le « développement » est réduit à une simple expansion des marchés. Ainsi donc, pourrait-on proposer aux Africains un accès hypothétique aux marchés européens, comme c'est le cas avec les Accords de Partenariat Économique (APE), tout en sachant bien que l'offre des pays africains sera essentiellement composée de produits primaires dont les prix sont à la merci des fluctuations liées aux caprices de marchés non régulés, comme on l'a vu plus haut.

À la lumière de cette analyse, on peut réellement s'interroger sur l'utilité du « codéveloppement » de M. Sarkozy pour l'Afrique et surtout pour sa jeunesse.

Une « autre mondialisation » ?

En plus du « codéveloppement », M. Sarkozy propose une coopération entre l'Afrique, la France et l'Europe pour promouvoir une « autre mondialisation » : « Vous voulez une autre mondialisation, avec plus d'humanité, avec plus de justice, avec plus de règles. Je suis venu vous dire que la France la veut aussi. Elle veut se battre avec l'Europe, elle veut se battre avec l'Afrique, elle veut se battre avec tous ceux, qui dans le monde, veulent changer la mondialisation. Si l'Afrique, la France et l'Europe le veulent ensemble, alors nous réussirons. »

Tout en proposant une « autre mondialisation », M. Sarkozy lance des attaques sans nuances contre « le collectivisme et le progressisme », à savoir l'intervention de l'État et des politiques sociales qui servaient à assurer la cohésion sociale et à lutter contre les inégalités et les discriminations, toutes choses que l'idéologie néolibérale abhorre aujourd'hui. Alors, on pourrait se demander quel est le contenu de l'« autre mondialisation » dont parle M. Sarkozy ? À vrai dire, il y a fort à parier qu'elle ressemble comme une sœur jumelle à la mondialisation actuelle, dont M. Sarkozy est d'ailleurs l'un des propagandistes les plus zélés[34].

En fait, en ce qui concerne l'Afrique, la « mondialisation », version européenne, a le visage des Accords de partenariat économique que la France et l'Union européenne veulent imposer à l'Afrique, justement pour se « conformer » aux règles de l'Organisation Mondiale du Commerce (OMC) ! Un projet que toute l'Afrique rejette, comme on l'a vu lors du sommet Afrique/Union européenne de Lisbonne des 8 et 9 décembre 2007. Aucun pays, même ceux qui ont signé des accords « intérimaires », à la suite du chantage éhonté et immoral de la Commission européenne, n'a trouvé les « vertus » que l'Union européenne vante dans les APE. Autrement dit, les dirigeants et peuples africains unanimement rejettent le type de « mondialisation » que l'Europe et la France veulent coûte que coûte imposer à l'Afrique.

« Soutien » à la souveraineté alimentaire ?

Malgré cela, M. Sarkozy n'est pas avare de « conseils » à l'égard de l'Afrique dans le but de « l'aider » à trouver des solutions à ses problèmes. C'est ainsi qu'il exhorte les pays africains à produire pour leur propre nourriture : « Voulez-vous qu'il n'y ait plus de famine sur la terre africaine ? Voulez-vous que, sur la terre africaine, il n'y ait plus jamais un seul enfant qui meure de faim ? Alors cherchez l'autosuffisance alimentaire. Alors développez les cultures vivrières. L'Afrique a d'abord besoin de produire pour se nourrir. Si c'est ce que vous voulez, jeunes d'Afrique, vous tenez entre vos mains l'avenir de l'Afrique, et la France travaillera avec vous pour bâtir cet avenir. »

M. Sarkozy doit d'abord savoir que l'Afrique ne l'a pas attendu pour prendre conscience de la nécessité de se nourrir elle-même. Il y a près d'un quart de siècle de cela, feu Thomas Sankara avait engagé son pays dans cette voie avant son lâche assassinat par la Françafrique et ses agents africains. Avant l'arrivée de l'ajustement structurel, beaucoup de pays étaient autosuffisants sur le plan alimentaire. Ensuite, M. Sarkozy feint d'ignorer que, sous la contrainte de la Banque mondiale et du FMI, la plupart des pays africains ont cessé de « développer des cultures vivrières » au profit de cultures de rente destinées à l'exportation. Et cela au nom de l'« avantage comparatif », car pour ces institutions il serait moins « coûteux » aux pays africains d'importer leurs besoins alimentaires que les produire eux-mêmes.

Et ces « conseils » de la Banque mondiale et du FMI ont plutôt coûté très cher à l'Afrique. Ils ont entraîné une dépendance croissante de l'Afrique par rapport aux importations de produits alimentaires. Cette dépendance a renforcé l'influence des institutions financières par l'augmentation de leurs prêts pour financer les importations de produits alimentaires, avec les conditionnalités draconiennes que l'on sait.

Au bout du compte, les politiques imposées par ces institutions se sont révélées catastrophiques pour les pays africains, puisque selon la FAO et d'autres agences des Nations unies, quelque 43 millions d'Africains souffrent de la faim, qui tue plus que la malaria, la tuberculose et le sida réunis[35] !

Il y a également une autre réalité que M. Sarkozy feint d'ignorer, qui est l'invasion des marchés africains par des produits subventionnés, comme on l'a vu plus haut. Cette invasion a mis en péril de nombreuses filières qui contribuent justement à la recherche de l'autosuffisance alimentaire en Afrique. On estime que les subventions agricoles de l'Europe et des autres pays industrialisés sont responsables du déficit vivrier croissant des pays en voie de développement, un déficit couvert par des importations financées par des prêts et des crédits consentis par les pays exportateurs de céréales et les institutions financières internationales !

Pour l'Afrique au Sud du Sahara, on estime que les importations de produits alimentaires ont représenté jusqu'à 80 % de ses importations de marchandises entre 1997 et 1999[36]. La situation ne s'est pas améliorée depuis lors.

Voilà donc des *réalités* que M. Sarkozy semble ignorer et que ni la France ni l'Europe ne « travailleront » à corriger, puisqu'elles en sont les principales responsables. Encore moins la Banque mondiale ou le FMI, qui continuent de « conseiller » la « sécurité alimentaire », qui est conforme au credo néolibéral. En effet, selon ce point de vue, les pays africains pourront toujours assurer leur «sécurité alimentaire» tant que le « marché » continuera à fournir des céréales qu'ils pourront importer avec les prêts consentis par ces deux institutions et les pays fournisseurs. Une telle politique comporte de graves risques pour l'Afrique, dont l'accroissement de sa dépendance extérieure et surtout l'aggravation de la crise de l'agriculture africaine avec les énormes conséquences économiques et sociales qu'elle implique.

L'Afrique, la France, l'Europe et les APE

S'adressant à la « jeunesse africaine », M. Sarkozy lui lance cette apostrophe : « Vous voulez une autre mondialisation, avec plus d'humanité, avec plus de justice, avec plus de règles. Je suis venu vous dire que la France la veut aussi. Elle veut se battre avec l'Europe, elle veut se battre avec l'Afrique, elle veut se battre avec tous ceux, qui dans le monde, veulent changer la mondialisation. Si l'Afrique, la France et l'Europe le veulent ensemble, alors nous réussirons. »

Seulement, ce que la jeunesse africaine constate, c'est une France et une Europe qui verrouillent leurs frontières et étendent même leur dispositif de surveillance et de répression, « Frontex », aux côtes africaines, comme le Sénégal. Ce que la jeunesse africaine voit, c'est la criminalisation et la traque de jeunes Africains dits « clandestins » jusque dans leur domicile pour satisfaire les quotas d'expulsions décidés par le gouvernement français. Ce que la jeunesse africaine constate, c'est que la France et l'Europe cherchent à renforcer les politiques qui détruisent les entreprises domestiques en Afrique et accélèrent le transfert de ressources de l'Afrique vers le vieux continent, politiques qui contribuent à fermer ainsi toutes perspectives d'épanouissement des jeunes Africains dans leurs propres pays.

Et cette situation va tout simplement empirer avec la signature des Accords de partenariat économique que l'Union européenne veut coûte que coûte imposer à l'Afrique. Ces accords, qui visent à établir le « libre-échange » entre les pays africains et la première puissance commerciale du monde, dont le revenu moyen par habitant est plus de quarante fois supérieur à celui de toute l'Afrique, vont détruire à une échelle sans précédent l'agriculture africaine et ruiner toute possibilité d'atteindre la souveraineté alimentaire « conseillée » par M. Sarkozy. Et la Politique agricole commune de l'Union européenne sera un des instruments de cette destruction.

Mais ce n'est pas seulement le secteur agricole qui est menacé par les APE. Le peu d'industries qui restent encore dans les pays africains risque tout simplement de disparaître, accélérant ainsi la désindustrialisation de l'Afrique entamée par les programmes d'ajustement structurel. D'ailleurs, un haut fonctionnaire de la Commission européenne l'avoue sans ambages dans ce passage rapporté par l'ONG Oxfam : « Alors que la libéralisation du commerce pourrait encourager les consommateurs à acheter des produits [à des prix abordables], elle pourrait aussi accélérer l'effondrement du secteur manufacturier moderne de l'Afrique de l'Ouest[37]. »

En réalité, c'est toutes les possibilités d'industrialisation du continent qui seraient en péril si l'Union européenne arrivait à imposer sa volonté aux pays africains. En effet, en insistant sur l'inclusion des politiques liées aux investissements, à la concurrence et aux marchés publics, connues sous le nom de « questions de Singapour », l'Union européenne cherche à priver les pays africains d'un instrument essentiel dans la définition et la mise en œuvre de politiques destinées à promouvoir leur industrialisation. C'est parce que ces politiques représentent un enjeu fondamental qu'elles ont été rejetées par les pays ACP et les autres pays du Sud au sein de l'Organisation mondiale du commerce en septembre 2003, au Mexique.

Malgré ce rejet, la Commission européenne a profité des négociations sur les APE pour les réintroduire, dans le but de faire revenir les pays africains et les autres membres du groupe ACP sur leur décision. Mais tous ces pays ont réitéré leur ferme opposition à l'inclusion des questions de Singapour dans les APE. Qu'à cela ne tienne : pour la Commission européenne, les APE ne sont pas envisageables sans la libéralisation des investissements: « Il n'y aura pas d'APE sans règles sur les investissements et une totale réciprocité[38]. »

Ce que l'Union européenne cherche, c'est à acquérir un avantage décisif pour ses investisseurs par rapport à leurs concurrents potentiels en Afrique. C'est pourquoi la Commission européenne voudrait que soit inclus dans les APE le principe de « non-discrimination » pour les investisseurs européens. Cela veut dire que les pays africains seraient obligés de traiter ces investisseurs comme ils traiteraient leurs propres nationaux. Autrement dit, les investisseurs européens bénéficieraient des mêmes avantages que ceux que les gouvernements africains pourraient accorder à leurs nationaux. Si une telle clause venait à passer, les pays africains renonceraient à réguler les investissements étrangers, à imposer des conditions minimales, telles que des limites sur la participation étrangère au capital d'une entreprise, l'obligation d'employer un certain pourcentage de main-d'œuvre locale, l'utilisation de ressources locales, etc. Une autre grave conséquence serait que les investisseurs étrangers auraient le droit de poursuivre un gouvernement africain dans le cas où celui-ci prendrait une décision que l'investisseur jugerait « discriminatoire » ou nuisible à ses intérêts !

Comme on le constate, cette insistance sur l'inclusion des questions de Singapour reflète la volonté de l'Union européenne de priver les pays africains des mêmes instruments que l'Europe, les États-Unis et les autres pays industrialisés avaient utilisés durant leur phase d'industrialisation. En fait, l'expérience historique montre que les pays n'entonnent la mélodie du « libre-échange » et de la libéralisation que quand ils sont en position de force par rapport à leurs concurrents[39].

Ainsi donc, en plus des autres conséquences analysées plus haut, les APE, sous leur forme actuelle, représentent-ils une menace majeure pour le développement à long terme de l'Afrique. Cela explique, entre autres, la levée de boucliers quasi unanime de la part des dirigeants et des peuples africains. Une autre explication non moins fondamentale de ce rejet, c'est la grave menace que représentent les APE pour l'intégration et l'unité du continent africain. Et pourtant, les dirigeants européens, comme M. Sarkozy, multiplient les « assurances » sur leur « soutien » à cette unité. M. Sarkozy affirme même sans sourciller : « La France souhaite l'unité de l'Afrique, car l'unité de l'Afrique rendra l'Afrique aux Africains. » Et pourtant, le monde entier est témoin des pressions et chantages de l'Union européenne pour briser l'unité et la solidarité des pays africains en proférant des menaces à l'égard des pays pour amener chacun d'eux à signer des « accords intérimaires » séparés sur l'ouverture des marchés.

Un tel chantage a mis en péril l'intégration sous-régionale, qui est l'un des piliers de l'unité africaine. De l'avis de nombreux observateurs, il y a de grands risques que les APE sous leur forme actuelle renforcent les tendances extraverties des économies africaines, au point que certains n'hésitent pas à parler d'une possible « désintégration » en cas de signature des APE.

En vérité, l'unité de l'Afrique n'est ni dans l'intérêt de la France ni dans celui de l'Europe. Leur intérêt est de maintenir sa balkanisation pour l'affaiblir et continuer à la dominer, car la vraie unité de l'Afrique débouchera inévitablement sur son émancipation et la fin du pacte colonial.

En conclusion, le débat sur les APE montre clairement que l'Union européenne cherche à en faire un instrument de recolonisation totale de l'Afrique. Alors, Si M. Sarkozy est « sincère », il a une bonne occasion de le prouver en persuadant ses pairs européens d'écouter les voix des peuples et dirigeants africains qui, unanimement, rejettent les APE sous leur forme actuelle.

Dès lors que la France et l'Europe ont pris la décision d'aggraver les conditions économiques et sociales des pays africains, comment espèrent-elles voir ces pays retenir leurs citoyens, surtout les plus jeunes d'entre eux ? Dans le contexte actuel, l'appel de M. Sarkozy à la jeunesse africaine frise le burlesque quand il dit : « Il faut revenir bâtir l'Afrique ; il faut lui apporter le savoir, la compétence le dynamisme de ses cadres. Il faut mettre un terme au pillage des élites africaines dont l'Afrique a besoin pour se développer. » Cela au moment où l'Europe contribue à assombrir l'avenir de la jeunesse africaine sur son propre continent et où sa politique d'« immigration choisie » vise justement à « piller les élites africaines ».

La voie de l'avenir

Comme on peut le constater, si M. Sarkozy voulait par ce discours proposer une « autre vision » de la coopération entre la France et de l'Europe, d'une part, et l'Afrique, d'autre part, c'est complètement raté. Son discours médiocre et plein de morgue n'est rien d'autre que la répétition sur le mode de la provocation de vieilleries néolibérales maintes fois proposées à l'Afrique par tous les représentants du système dominant pour mieux endormir la vigilance des peuples africains. Le discours de M. Sarkozy et ses « propositions » ne sont rien d'autre qu'une réaffirmation de la philosophie et des objectifs de la Françafrique, c'est-à-dire la version mafieuse du néocolonialisme français.

La prétendue « autre mondialisation » qu'il propose à l'Afrique n'est rien d'autre que celle au service des multinationales, dont celles de ses amis Bolloré et Bouygues, qui contrôlent des secteurs clés des économies africaines pour continuer à piller celles-ci et à accentuer ainsi l'appauvrissement du continent africain.

Non, M. Sarkozy n'a aucune idée des désirs et des rêves de la jeunesse africaine. Quand il l'exhorte à « ne plus regarder [...] la civilisation mondiale comme une menace pour [son] identité mais la civilisation mondiale comme quelque chose qui [lui] appartient aussi », il ne sait pas qu'aux yeux de la jeunesse africaine, cette « civilisation mondiale » a les traits hideux des centres de rétention installés partout aux aéroports français et aux forteresses que l'Europe et les autres pays érigent contre cette jeunesse.

Mais, sur un point, on peut être d'accord avec lui quand il dit que « l'Afrique ne veut pas de la charité. L'Afrique ne veut pas d'aide. L'Afrique ne veut pas de passe-droit. Ce que veut l'Afrique et ce qu'il faut lui donner, c'est la solidarité, la compréhension et le respect ». Oui, en vérité l'Afrique n'a pas besoin de « charité ». Ce dont elle a besoin, c'est qu'on la laisse définir sa propre vision de ce que doit être son développement ainsi que la voie et les moyens d'y arriver. Et cela passe nécessairement par la fin du pacte colonial et de la Françafrique ! Le rejet quasi unanime des APE par les pays africains est le signe d'une prise de conscience que l'Afrique ne doit plus accepter qu'on lui dicte des politiques contraires à ses intérêts. C'est un avertissement à M. Sarkozy et à l'Europe que l'Afrique a cessé d'être « naïve » et qu'elle ne se laissera plus dicter ses choix par qui que ce soit et qu'elle ne sera plus jamais la « proie des prédateurs » actuels ou à venir !

Il faut continuer dans cette voie. Les peuples et dirigeants africains doivent émanciper leurs mentalités, décoloniser leur esprit afin de retrouver leur dignité et leur fierté pour prendre en main avec détermination leur propre destinée. Il faut que les Africains se réapproprient le débat sur le développement de leur continent. Ils doivent refuser que d'autres parlent en leur nom et dictent à l'Afrique ce qu'elle doit faire. Il faut abolir les structures héritées de la colonisation et mettre fin à l'ingérence des institutions financières internationales. Il faut détruire la mentalité de la dépendance étrangère et discréditer l'idée que c'est l'« aide » extérieure qui va développer l'Afrique.

Nous espérons que l'un des mérites du discours de M. Sarkozy et du débat sur les APE sera d'ouvrir enfin les yeux des dirigeants et peuples africains sur la nécessité de remettre en cause tout l'héritage colonial afin de s'engager dans la voie d'un développement autonome, d'un authentique développement endogène. Il est temps que l'Afrique cesse de « dormir sur la natte des autres[40] » et fabrique enfin sa propre « natte », comme n'a cessé de l'appeler de ses vœux toute sa vie durant le regretté professeur Joseph Ki-Zerbo.

Notes

1. Cheikh Anta Diop, *L'Afrique noire précoloniale*, Paris, Présence africaine, 1987.

2. Marie-Louise Diop-Maes, « Mémoire de la traite négrière. Conséquences sur l'Afrique », supplément au *Monde diplomatique*, novembre 2007.

3. Walter Rodney, *How Europe Underdeveloped Africa*, Washington DC, Howard University Press, 1981.

4. Joseph Ki-Zerbo, *Histoire de l'Afrique noire : d'hier à demain*, Paris, Hatier, 1978.

5. Cnuced, *Le Développement économique en Afrique. Performances commerciales et dépendance à l'égard des produits de base*, New York et Genève, Nations unies, septembre 2003.

6. Samir Amin, « L'économie politique de l'Afrique et la mondialisation », in *Et si l'Afrique refusait le marché ?*, Alternatives Sud, volumeVII, n° 3, 2001, p. 37-48.

7. Aimé Césaire, *Discours sur le colonialisme*, Paris, Présence africaine, 1955, p. 19-20.

8. Cheikh Anta Diop, *op.cit.*

9. Samir Amin, « L'économie politique de l'Afrique dans la mondialisation », in *Et Si l'Afrique refusait le marché ?*, *op. cit.*, p. 37-48.

10. Cnuced, *Rapport sur le commerce et le développement 2003*, New York et Genève, Nations unies.

11. *Ibid.*

12. Cnuced, *Rapport sur les pays les moins avancés 2000*, New York et Genève, Nations unies.

13. Pnud, *Rapport mondial sur le développement humain*, 1997.

14. Oxfam International, *Unequal Partners : How ACP-EU Economic Partnership Agreements (EPAs) Could Harm the Development Prospects of Many of the World Poorest Countries*, Londres, septembre 2006.

15. Demba Moussa Dembélé, *Dette et destruction au Sénégal. Une étude sur vingt ans d'intervention de la Banque mondiale et du FMI*, World Development Movement, Londres, octobre 2003.

16. Cnuced, *Le Développement économique en Afrique. Performances commerciales et dépendance à l'égard des produits de base*, *op.cit.*

17. Banque mondiale, *Indicateurs de développement de l'Afrique 2004*, Washington DC, Banque mondiale.

18. Cnuced. *Le Développement économique en Afrique. Bilan, perspectives et choix de politiques économiques*, New York et Genève, Nations unies, septembre 2001.

19 Cnuced, *Le développement économique en Afrique. Endettement viable : oasis ou mirage ?*, New York et Genève, Nations unies, septembre 2004, p. 5.

20. Éric Toussaint, *La Dette de l'Afrique au début du troisième millénaire*, document présenté à l'Atelier sur la dette africaine orga-

nisé par la Commission de l'Union africaine, Addis-Abeba, 21-22 mars 2005.

21. Cnuced, *Le développement économique en Afrique. Endettement viable : oasis ou mirage ?*, *op.cit.*, p. 9.

22. Demba Moussa Dembélé, « Les mauvais comptes du franc CFA », *Le Monde diplomatique*, juin 2004.

23. Christian Aid, *The Economics of Failure : the Real Costs of « Free Trade » for Poor Countries*, Londres, juin 2005.

24. Commission pour l'Afrique, *Notre intérêt commun*, Londres, février 2005, p. 38.

25. Cnuced, *Rapport sur le commerce et le développement 1998. Partie 2 : l'Afrique subsaharienne*, New York et Genève, Nations unies.

26. Demba Moussa Dembélé, *Dette et destruction au Sénégal...*, *op. cit.*

27. Cnuced, *Le Développement économique en Afrique. Bilan, perspectives et choix de politiques économiques*, *op. cit.*

28. Banque mondiale, *Indicateurs de développement de l'Afrique 2004*, *op. cit.*

29. Cnuced, *Le Développement économique en Afrique. Bilan, perspectives et choix de politiques économiques*, *op. cit.*

30. Banque mondiale, *Indicateurs de développement de l'Afrique 2004*, *op. cit.*

31. Cnuced, *Rapport sur les pays les moins avancés 2002*, New York et Genève, Nations unies.

32. *Commission pour l'Afrique. Notre intérêt commun*, *op. cit.*, p. 132.

33. Cnuced, *Développement économique en Afrique. De l'ajustement à la réduction de la pauvreté : quoi de neuf ?*, New York et Genève, Nations unies septembre, 2002.

34. Ignacio Ramonet, « Sarkozy », *Le Monde diplomatique*, octobre 2007.

35. Demba Moussa Dembélé, *Les Politiques macro-sociales du développement africain*, Dakar, Institut africain de la Gouvernance, novembre 2006.

36. Pnud, *Making Trade Work for the Poor,* New York, p. 130.

37. Oxfam International, *Unequal Partners…*, *op.cit.*, p. 5.

38. *Ibid.*, p. 6.

39. Ha-Joon Chang, « Du protectionnisme au libre-échangisme . une conversion de façade », *Le Monde diplomatique*, juin 2003.

40. Joseph Ki-Zerbo (dir.), *La Natte des autres : pour un développement endogène en Afrique,* Paris/Dakar, Karthala/Codesria, 1992.

L'ignorance n'excuse pas tout

Mamoussé Diagne

Né en 1947 à Saint-Louis-du-Sénégal, Mamoussé Diagne est agrégé de philosophie et docteur d'État. Il enseigne présentement la philosophie à l'université Cheikh Anta Diop de Dakar. Il est l'auteur d'une trentaine d'articles dans différentes revues nationales et internationales, et de deux ouvrages, *Critique de la raison orale, les pratiques discursives en Afrique noire* et *De la philosophie et des philosophes en Afrique noire*, parus en 2006 et 2007 chez Karthala. Il a été ministre de l'Enseignement supérieur du Sénégal en 2001.

Nicolas Sarkozy est venu à Dakar, précisément à l'université Cheikh Anta Diop, pour, de ce lieu, « s'adresser à l'Afrique », en particulier à sa jeunesse, « avec la franchise et la sincérité que l'on doit à des amis que l'on aime et que l'on respecte », selon ses propres termes. On pourrait résumer en une phrase le bilan de sa prestation : Nicolas Sarkozy est venu, il a parlé, il n'a pas convaincu[1]. Si les grands médias d'État n'ont pas passé et repassé son show médiatique – c'est un signe qui ne trompe pas –, c'est bien parce le discours de Nicolas Sarkozy n'avait sa place dans aucune université, encore moins dans une université africaine portant le nom de l'illustre Cheikh Anta Diop. L'auteur de ces lignes avoue ne pas s'être déplacé à cette occasion, n'attendant pas grand-chose de celui dont Achille Mbembe a eu raison de dire qu'il était précédé d'une sulfureuse réputation. À lire attentivement le texte intégral des propos qu'il y a tenus, on se rend compte que ceux-ci ont dépassé tout ce qu'on pouvait attendre. Mais parce qu'ils émanent, malgré tout, d'un chef d'État et peuvent avoir, pour des raisons évidentes, des incidences sur nos existences, il faut les prendre au sérieux et les examiner pour ce qu'ils valent, sans se laisser envahir par la simple bouillie du cœur.

Malgré sa longueur assommante, certains seraient tentés de dire que le discours de Sarkozy est vide, soit parce qu'il ne contient rien de neuf pour qui connaît les positions de l'homme politique, soit parce qu'il est littéralement hors sujet, compte tenu des attentes de la jeunesse africaine à laquelle il était censé s'adresser. D'autres diront qu'il véhicule des propos si insultants pour les Africains, auxquels il s'adresse sur leur sol, qu'il ne mérite pas l'honneur d'une réponse argumentée. Nous ne partageons aucune de ces deux positions pour des raisons que le présent exposé s'attachera à établir. Car si on peut démontrer que le propos de Sarkozy est nul, vu sous l'angle de la prétention du « grand frère » venant donner des leçons aux Africains qui ignorent ce qu'ils sont et ce qu'il faut faire pour s'en sortir, il a un contenu et une visée qu'il convient de démasquer. L'obligation d'y répliquer découle des contenus qu'il charrie, et qui, le situant en deçà de la nullité, en font un discours provocateur et dangereux.

D'un point de vue formel, l'homme ayant expérimenté, parfois à son avantage, les vertus de la provocation dans les luttes politiques, croit pouvoir en reproduire le schéma en toute situation. Ce qui est, à coup sûr, un manque d'intelligence, si la définition minimale de cette faculté est la capacité à s'adapter à la diversité des situations. La marque déposée de cette carence, que n'importe lequel de nos étudiants de troisième année pourrait traquer tout au long du discours, transparaît dans un bric-à-brac incroyable consistant à affirmer des énormités sur l'Afrique et les Africains, et le contraire dans le paragraphe suivant. L'homme blanc a commis un « crime contre l'humanité », mais « nul ne peut demander aux fils de se repentir des fautes de leurs pères » ; aux Africains, les colonisateurs « ont arraché leur âme et leurs racines », mais « l'Afrique a sa part de responsabilité dans son propre malheur » ; « le colonisateur est venu, il a pris, il s'est servi, il a exploité [...], mais je veux dire avec respect qu'il a aussi donné » ; « dans cet imaginaire [celui de l'Africain] il n'y a de place ni pour l'aventure humaine, ni pour l'idée de progrès », et pourtant « c'est en puisant dans l'imaginaire africain, […] dans les contes, dans les proverbes, dans les mythologies, dans les rites […] que vous trouverez l'imagination et la force de vous inventer un avenir qui vous soit propre ». Enfin, « le drame de l'Afrique, c'est que l'homme africain n'est pas assez entré dans l'Histoire […], reste immobile au milieu d'un ordre immuable où tout semble être écrit d'avance », mais les jeunes d'Afrique ne doivent pas écouter « ceux qui veulent faire sortir l'Afrique de l'Histoire au nom de la tradition ». Un zéro pointé donc, pour cette dissertation au contenu incohérent et mal agencé, dont les pirouettes théoriques semblent se suffire de la conjonction « mais » pour s'autoriser tous les renversements et tous les glissements de contenus. Sauf s'il s'agit là précisément de tout un dispositif qui ordonne justement son ordonnancement, l'oriente vers un objectif que sa rhétorique manifeste a pour fonction de dissimuler.

Sur le contenu intrinsèque du discours de Nicolas Sarkozy, Achille Mbembe, dans une prompte et brillante contribution en date du 1er août 2007, a soumis à une réfutation en règle la démarche et les conclusions du conseiller qui l'a rédigé, un certain Henri Guaino – qui devrait être congédié de son poste pour incompétence. Mbembe en fait l'archéologie, indexant les sources auxquelles il s'abreuve : une certaine lecture de Hegel et de l'ethnologie coloniale[2]. L'eurocentrisme du texte hégélien est un thème classique de recherche pour nos étudiants. Il affecte même les écrits de ses héritiers, tel Marx, le pourfendeur du mode de production capitaliste qui a souligné les progrès que celui-ci a fait accomplir à l'humanité, mais sans occulter les crimes et exactions dont il a fallu les payer[3]. Amady Aly Dieng, qui se réclame de la méthode et de la doctrine marxiste, dans son ouvrage *Hegel, Marx, Engels et les problèmes de l'Afrique noire*, a fait le point sur cette question, au nom de la « nécessité d'abandonner un certain marxisme européocentrique[4] » ; et nous-même y avons consacré un court texte[5].

Et donc, soit on renvoie le discours de Sarkozy à sa propre nullité, soit on tente de décrypter son projet, au-delà de son apparente confusion. Car, si le vrai problème est dans la matrice d'un décalage théorique qui donne des réponses du XIXe siècle à des questions du XXIe, alors l'abyssale ignorance du commanditaire conjuguée à celle de son porte-plume n'explique pas tout, et surtout n'excuse pas tout. Point n'est besoin d'être un ancien élève de la rue d'Ulm agrégé comme Pompidou, ou même de poser sur sa photo officielle avec les *Essais* de Montaigne à la main, comme Mitterrand, pour exercer la fonction présidentielle. On sait que dans ce pays de culture qu'est la France, beaucoup d'hommes et de femmes regrettent les gaffes de Sarkozy, le seul homme d'État à faire de l'ignorance une vertu et à décliner un *cogito* concluant sur la médiocrité : Je ne pense pas (aussi bien que vous), donc je vous commande. La formule exacte, qui n'aurait été qu'un aveu d'humilité, sans l'ironie maladroite qui l'accompagne, est : « Les Grandes Écoles, je ne sais pas ce que c'est, je ne les ai pas fréquentées. » En tout état de cause, il s'agit là d'un problème qui ne regarde que les Français[6]. Mais quand, sur le sol africain, on fait comme s'il n'y avait pas eu d'études sur les cultures africaines passées et contemporaines (y compris d'auteurs européens), comme si Cheikh Anta Diop, Obenga et Ki-Zerbo n'avaient pas écrit une seule ligne, ou comme si de longs débats n'avaient pas suivi la parution du livre de

Tempels, c'est avant tout l'affaire des Africains. Sur ce plan, la bibliographie argumentée de Mbembe remet les choses au net.

L'envoyé spécial du journal *Le Monde* fait deux remarques intéressantes, recoupant les deux orientations majeures du discours. Sur la question coloniale d'abord, « comme s'il cherchait à équilibrer les torts, M. Sarkozy a invité l'Afrique à faire sa propre autocritique ». Et, concernant l'avenir, « pour le président français, c'est au sein même de l'identité africaine qu'il semble falloir chercher les freins au développement du continent ». Il suffirait de rejeter la double imputation, bien soulignée dans le compte rendu du journaliste, pour que le discours de Sarkozy perde toute consistance. Il se trouve simplement qu'en prêtant plus attention aux contextes discursifs de ses prises de position, on découvre que le texte privilégie l'atteinte de ses objectifs en utilisant un jeu constant reposant sur l'amalgame et le brouillage des frontières.

Tout d'abord, c'est quand il évoque la situation coloniale que surgit la thèse selon laquelle la traite négrière doit être qualifiée de « crime contre l'homme, contre l'humanité tout entière ». Rien à dire, Sarkozy n'innove en rien puisque c'est le point de vue dégagé par la conférence de Durban en 2002. Rien à dire, si ce n'est que sa reformulation s'accompagne chez lui de considérations le rendant abstrait pour celui qui n'admet pas l'égalité dans la souffrance et distingue celui qui l'administre de celui qui la subit. Il suffit, pour cela de reconduire le paradigme de la Shoah : les Juifs dont les parents ou les grands-parents ont disparu dans les camps nazis savent bien qu'il y a une dissymétrie de la souffrance, que nul homme sensé ne conteste ouvertement. L'amalgame arase les différences dans un dispositif en miroir, au moyen d'un énoncé apparemment factuel : « L'Afrique a sa part de responsabilité dans son propre malheur. On s'est entre-tué en Afrique au moins autant qu'en Europe. » On est presque soulagé que s'entre-égorger joyeusement soit la chose du monde la mieux partagée, car le début du discours semblait en faire une spécificité africaine : « Vous qui vous êtes tant battus les uns contre les autres et souvent tant haïs, qui parfois vous combattez et vous haïssez encore. » Parce qu'il est impossible de dissimuler que la plus gigantesque barbarie des temps modernes n'est pas le fait des Africains, un simple tour de passe-passe grammatical du passé (qui nous concerne tous) au présent (vous êtes les seuls à vous haïr « encore » – sans préciser : surtout dans l'intérêt des marchands d'armes que nous sommes) prépare déjà à l'idée d'une culpabilisation de l'Afrique. Comme l'aurait dit Althusser, le dispositif mis en place annule le crime en subtilisant le cadavre. Si tous les deux nous sommes victimes et coupables, alors il y a interchangeabilité de principe des positions et personne ne doit rien à l'autre. La fausse logique du partage de la situation de victime (dans le cas de l'esclavage) et de coupable (dans le cas de la colonisation) débouche sur un jeu à somme nulle. Qui ne voit qu'il s'agit là d'un grossier sophisme ? Mais ce sophisme s'arrime à un objectif : l'idée du faux partage présenté comme vrai partage consacre l'innocence de tous les descendants qui, n'ayant pas à assumer les actes des pères (c'est-à-dire la continuité de l'histoire), s'exemptent de toute « repentance ». Ainsi, parce que « nul ne peut demander aux fils de se repentir des fautes de leurs pères » (surtout lorsque ces fautes sont relativisées dans la suite du discours), « je ne suis pas venu vous parler de repentance ». Et le tour est joué. Mais lorsqu'on n'assume pas un héritage peu glorieux, on peut au moins le juger honnêtement. Cela aussi appartient à ce qu'il est convenu d'appeler le devoir de mémoire : pardonner, désavouer, mais ne pas oublier, et surtout ne pas falsifier.

Or, présenter le fait colonial avec des effets ambivalents produit le même résultat. Certes, « le colonisateur est venu, il a pris, il s'est servi, il a exploité ». Le problème, posé sur le plan du droit ou de l'éthique, s'annule aussitôt dans la phrase qui suit : « Mais je veux dire avec respect qu'il a aussi donné. Il a construit des ponts, des routes, des hôpitaux, des dispensaires, des écoles. » Ici, comme ailleurs, par la magie de cette particule « mais », la balance est rétablie, la compensation effectuée, la dette (si on la reconnaît) effacée. C'est comme si on disait aux Juifs qui ont échappé aux chambres à gaz que le terrible drame qu'ils ont vécu, constituant le refoulé le plus lourd de la conscience occidentale, a permis leur retour en Palestine. Sauf que les faits eux-mêmes ne peuvent être niés ou minorés que par une volonté délibérée de falsification de la mémoire, qui porte un nom : le révisionnisme. Et on tente de l'obtenir par une fragmentation du fait colonial, c'est-à-dire sa négation comme système historique de domination et d'exploitation : « il y avait parmi eux [les colons] des hommes mauvais, mais il y avait aussi des hommes de bonne volonté, des hommes qui croyaient remplir une mission civilisatrice ». L'atomisation du sujet colonial, que vient étayer une thématique de l'erreur, débouche sur ce résultat : en forçant un peu le parallèle, on soutiendra qu'il a existé des hommes sincères qui ont suivi la politique de Hitler, convaincus qu'elle contribuait à la grandeur de l'Allemagne. L'évocation de quelques consciences individuelles pour contredire un phénomène historique aussi massif paraît pour le moins pitoyable[7].

Nous le disons tout net : ce qui est à l'œuvre dans ce discours, c'est bien un révisionnisme de l'histoire coloniale. L'exploitation (dont on ne peut nier la réalité) est contrebalancée par ce qu'on pourrait appeler, en s'autorisant du mot même de Sarkozy, le « don colonial ». Comme si le colon, pour exploiter les mines, n'était pas obligé de construire le chemin de fer Congo-Océan qui compte autant de morts africains que de traverses ! Que le capitalisme, dans sa phase coloniale, ne puisse pas faire l'économie de la mise en place d'infrastructures adéquates à ses objectifs, c'est ce qu'on peut appeler, avec Marx, la « mission civilisatrice du capital »[8]. Mais Marx se garde bien dans son analyse d'user de subterfuges, parlant clairement de la « chasse aux peaux noires » : « Ce fut la traite des nègres qui jeta les fondements de la grandeur de Liverpool ; pour cette ville orthodoxe le trafic de chair humaine constitua toute la méthode d'accumulation primitive[9]. » Sarkozy, quant à lui, pousse l'outrecuidance jusqu'à s'émouvoir de la « souffrance de ceux qui avaient cru tout donner », devant ce qu'il faut bien appeler l'ingratitude des bénéficiaires. Et toujours l'appel à la magie d'un double usage de l'adverbe *aussi* (liant bonnes et mauvaises actions, les sujets qui les commettaient – mais aussi, en amont, les envahisseurs et les Africains), pour que le passé colonial soit sinon racheté, du moins justifié. Il est alors normal que l'acceptation de telles prémisses exclue la repentance, surtout lorsque le sujet qui parle assure : « Votre déchirure et votre souffrance sont les nôtres et sont donc les miennes. » En l'absence de coupable, avons-nous dit suivant le bon sens, il ne saurait y avoir crime.

C'est là un point d'appui décisif du discours qui, censé s'adresser à des jeunes, prend son sens à partir de cette falsification de la mémoire. Le mode et le ton sont ceux de l'incantation (dix paragraphes qui pontifient, commençant invariablement par : « Je suis venu vous dire »). Mais l'intention se prévaut en réalité d'un savoir non partagé malgré la dénégation : « Je ne suis pas venu, jeunes d'Afrique, vous donner des leçons. Je ne suis pas venu vous faire la morale. Mais je suis venu vous dire que la part d'Europe qui est en vous [...] n'est pas indigne. » On ne donne pas des leçons, mais on enlève à l'autre jusqu'au droit de juger de ce qu'il estime digne ou indigne de lui, disqualifié qu'il est par la « déchirure » qu'il porte en lui.

Sarkozy a raison d'inviter les jeunes à regarder vers l'avenir. Mais il oublie, ou feint d'oublier, que cela n'est possible qu'en ayant une idée juste du passé, de ses forces comme de ses faiblesses. Or, ce qui leur est dit immédiatement sur l'histoire et le bilan de la colonisation a pour dessein de les culpabiliser (leur part dans leur propre malheur), et d'atténuer l'accusation qu'ils seraient tentés de porter sur le colonisateur. Ce qui est affirmé du passé et du présent de l'Afrique, sorti tout droit du musée des pires clichés de l'ethnologie coloniale, est propre à lobotomiser ceux qu'on invite à regarder vers l'avenir. Sans le moindre souci de contrôle scientifique, on avance d'abord des hypothèses hasardeuses sur la configuration d'une *mens africana* anhistorique du point de vue de son statut et antihistorique du point de vue de ses orientations[10]. D'un côté, on exalte la rationalité de l'esprit africain et « les valeurs de civilisations africaines » dont on ne doit pas avoir honte face à la déshumanisation du monde moderne ; puis on avertit que ces valeurs de civilisation procèdent d'une incapacité à entrer dans l'Histoire. D'un côté, l'Afrique doit « épouser sa propre histoire » ; de l'autre, elle doit « entrer dans l'Histoire ».

L'amalgame joue ici entre une image totalement dépassée de l'Afrique traditionnelle et paysanne et celle d'aujourd'hui. Non seulement l'équation le « paysan africain » = l'« Africain » fonctionne dans le discours (comme si le paysan du fin fond de la Corrèze avait la même vision du monde que le diplômé des Ponts et Chaussées de Paris), mais on fait semblant d'oublier que le paysan de Côte-d'Ivoire suit à la radio, dès le matin, les cours du prix du cacao à New York. À ce paysan, on ne peut dire, sans être en porte-à-faux avec ses préoccupations : « Le défi de l'Afrique, c'est d'entrer davantage dans l'Histoire [...] de cesser de toujours répéter, de toujours ressasser, de se libérer du mythe de l'éternel retour. » On est tenté de se demander dans quel monde Sarkozy vit, s'il ne voit pas que l'Afrique est intégrée au marché mondial depuis longtemps, et pour son malheur, à la périphérie où les intérêts au nom desquels la France agit veulent à tout prix le maintenir. Ce n'est pas l'Africain qui veut « s'inventer un passé plus ou moins mythique », mais Sarkozy qui projette sur lui les fantasmes qui l'arrangent : « Jamais l'homme ne s'élance vers l'avenir. Jamais il ne lui vient à l'idée de sortir de la répétition pour s'inventer un destin. » À celui qui assène avec une telle certitude ces deux terribles « jamais », on ne demandera pas de jeter un coup d'œil dans les travaux de Mircea Eliade qui voit là le mode de représentation du temps des civilisations traditionnelles (notamment agraires) au parcours balisé par le retour des saisons[11]. On le renverra encore moins à Anaximandre, Polybe, Machiavel ou Nietzsche qui, dans leurs écrits philosophiques valorisent la notion d'éternel retour. À celui dont la lecture (il s'agit bien entendu du rédacteur du discours et non de Sarkozy qui ne fréquente pas les textes), s'est visiblement limitée à des extraits de Camara Laye ou de

Senghor[12], qui ignore même des classiques comme *L'Aventure ambiguë* de Cheikh Hamidou Kane, on ne demandera pas de connaître la civilisation de l'Égypte au moment où l'Europe était dans la barbarie ou les grands empires africains du Moyen Âge à l'époque où l'érudit noir Sâdi commentait les écrits d'Aristote assortis des commentaires d'Ibn Rushd et Ibn Sîna. On ne peut exiger de lui qu'il soit un savant pour prendre la parole dans un amphithéâtre de l'université Cheikh Anta Diop de Dakar ; mais on peut lui demander de se taire, selon la leçon d'humilité et de prudence de Montaigne et Descartes (qui pourtant ne s'adressaient pas à des ignorants). Le président de l'Union africaine, en homme très courtois, ne pouvait qu'user de l'euphémisme en déclarant insuffisantes les connaissances de Nicolas Sarkozy sur l'Afrique, rejoignant en cela Makhtar Mbow : « Sarkozy ignore les réalités profondes de l'histoire de l'Afrique. » Le président Wade, interrogé publiquement lors de la présentation de son dernier livre à Paris, s'est contenté de cette réponse qui en dit long : « Vous comprenez qu'en tant que chef d'État, je ne puisse venir dans le pays de Nicolas Sarkozy et me montrer discourtois. Mais il y a des intellectuels qui pensent lui répondre sur les questions qu'il a soulevées. C'est leur droit. »

Ces prises de position, dont on comprend qu'elles ne puissent s'exprimer que dans le langage conventionnel de la diplomatie, nous amènent à dire que Sarkozy a pourtant, sans s'en rendre compte et sans le vouloir, donné quelques leçons à méditer. La toute première réside dans le fait qu'il ait pu se permettre de venir sur le sol africain pour y tenir un tel discours. Il faut rendre hommage à Achille Mbembe pour la promptitude de sa réaction, qui honore tous les intellectuels africains et au-delà (y compris en France même) : c'est celle de l'intelligence face aux nouveaux barbares. Mais on ne peut le suivre pour dire, connaissant l'homme, qu'il n'aurait pas tenu le même propos à Luanda ou à Johannesburg. Du reste, dès le lendemain matin, *Sud Quotidien*, journal édité à Dakar, titrait en première page « Mission civilisatrice ». Et, dans son éditorial qui s'intitulait « L'injure ! », Bakary Mané développait l'idée que « le problème de l'Afrique, c'est qu'elle est devenue un mythe que chacun reconstruit pour les besoins de sa cause » et que, en conséquence, il fallait déconstruire celui édifié par Sarkozy sur lequel se fonde le mépris des Africains par les autres, mais aussi les alibis que des dirigeants ont constamment servi à leurs peuples, au nom d'une prétendue spécificité, pour leur refuser les droits les plus élémentaires. Les Africains et les amis de l'Afrique en général doivent mener un combat permanent contre les potentats et les dictateurs ainsi que contre leurs complices extérieurs justement. C'est la condition pour que l'Afrique entretienne avec ses partenaires, en particulier avec la France, des liens sains, loin de la vision fondée sur notre histoire commune falsifiée pour les besoins de causes qui ne sont pas celles de nos peuples.

L'autre leçon découle de la réaction d'Alpha Oumar Konaré sur les ondes de RFI : « Si l'appel nous interpelle [...], c'est pour qu'on se dresse et que nous-mêmes prenions nos affaires en main. » Prendre nos affaires en main, c'est, avant tout, revendiquer la position d'interlocuteur et refuser que quelqu'un vienne, avec toute la condescendance du monde, nous dire à propos de notre propre projet historique : « Cette Renaissance, je suis venu vous la proposer. Je suis venu vous la proposer pour que nous l'accomplissions ensemble. » C'est la présentation, sans fard, d'un rapport fondamentalement inégalitaire entre les parties, que la rhétorique tente de maquiller : on vient « proposer » (c'est juste si on ne dit pas : imposer) à l'Afrique le projet et les orientations qui la concernent ! Et c'est à condition de suivre des directives que l'Africain « se sentira un homme comme les autres hommes de l'humanité » (ce qu'il n'est donc pas encore). Si mon moi passe par la volonté de l'autre qui le consacre, celui-ci aura beau égrener la liste de mes maux comme la famine, la maladie et l'insalubrité, il s'exempte de toute responsabilité dans la logique qui les entretient et assure leur reproduction.

En vérité, c'est un nouveau contrat néocolonial qu'on est venu proposer aux peuples africains. Et on ne peut pas ne pas être frappé par le fait que cela intervient au moment où l'Afrique tente de construire son unité et de diversifier ses partenaires. Dire aux jeunes d'Afrique qu'il y a en eux « deux héritages, deux sagesses, deux traditions », et surtout que la part de l'Europe est « l'appel de la liberté, de l'émancipation, de la justice et de l'égalité entre les femmes et les hommes », ce n'est rien d'autre que poser le partenariat avec l'Europe comme celui que les Africains doivent privilégier, sinon considérer comme exclusif, alors même que tous les jours on les reconduit aux frontières[13]. Cette démarche est accomplie au moment où l'Union européenne envisage de forcer la main aux dirigeants africains pour avaliser ce nouveau Pacte colonial que sont les Accords de partenariat économique, sans même se donner la peine d'une discussion préalable pour en fixer les termes, en sachant que certains d'entre eux ont déjà manifesté leur intention de s'y refuser. L'entreprise donc, exclusivement dictée par l'intérêt, se comprend parfaitement au moment où les capitaux arabes et les marchandises de la Chine et de l'Inde envahissent le continent[14]. Mais point n'est besoin de falsifier l'histoire pour ce faire : le respect de l'autre comme partenaire (et non comme un nouveau sujet) ne saurait se négocier. Le président de l'Union africaine ne s'y est pas trompé : la rupture annoncée par Sarkozy n'est pas « le genre de rupture souhaitée ». Il a parlé avec la brutalité qui caractérise la pire incarnation de la droite réactionnaire (qu'il nomme « franchise » ou « sincérité »), avec une maladresse et un manque de culture dont on croyait un chef d'État français et ses proches incapables. Oui, Alain Badiou a raison sur la rupture du « transcendantal politique de la France » avec l'avènement de Sarkozy, qui affecte jusqu'à l'image que ce pays a su donner de lui jusqu'ici, malgré les vicissitudes de l'histoire. Mais que Sarkozy prenne date : lorsque sera venu le moment de vouloir passer à l'application de ce contrat néocolonial de type nouveau sur le dos des peuples africains, l'occasion sera directement donnée à lui et à ceux qui en seront les exécutants de voir si oui ou non ces peuples sont entrés dans l'histoire.

Notes

1. Les envoyés du *Monde* aboutissent à la même conclusion : « Le "discours de Dakar" ne sera sans doute pas à Nicolas Sarkozy ce que celui de Brazzaville avait été au général de Gaulle en 1944. Alors que le président français avait lui-même évoqué ce parallèle la veille, les applaudissements à peine polis que lui ont réservés les 1 300 auditeurs triés sur le volet à l'université Cheikh Anta Diop ont sonné le glas de cette ambition » (27 juillet 2007).

2. Achille Mbembe, *Le Messager*, 1er août 2007.

3. La dualité « civilisé »/« barbare » est, à cet égard caractéristique, sauf qu'il faut les replacer dans leur contexte historique et théorique (qui n'est certainement pas celui de Sarkozy) : « La bourgeoisie précipite dans la civilisation même les nations les plus barbares. Le bas prix de ses marchandises est la grosse artillerie avec laquelle elle démolit toutes les murailles de Chine et obtient la capitulation des barbares les plus opiniâtrement xénophobes » (*Le Manifeste communiste*, *Œuvres complètes*, Gallimard, La Pléiade, p. 168). Le mouvement progressif de l'histoire est subordonné au fait qu'elle « avance par son mauvais côté ».

4. Amady Aly Dieng, *Hegel, Marx, Engels et les problèmes de l'Afrique noire*, Dakar, Éditions Sankoré, 1978, p. 13. Après avoir évoqué beaucoup de passages à l'appui de sa thèse, l'auteur n'hésite pas à écrire : « Il y a de l'européocentrisme dans le marxisme. Les disciples africains de Marx et Engels doivent en être conscients s'ils ne veulent pas piétiner : ce n'est pas parce que les adversaires du matérialisme tenteront de l'exploiter qu'il faille se voiler la face » (p. 35).

5. Mamoussé Diagne, « À propos des thèses de Marx et Engels sur la question coloniale », *Revue sénégalaise de philosophie,* n° 12, juillet-décembre1978, Dakar.

6. Alain Badiou, dans une interview au *Nouvel Observateur* du 6 décembre 2007, consacrée à son livre au titre significatif *De quoi Sarkozy est-il le nom ?*, interprète le sens historique de son élection : « C'est le signe que le transcendantal politique de la France est brisé. » L'inspiration pétainiste qu'il voit chez lui donne à réfléchir.

7. Voir sur ce point Louis Sala-Molins, *Le Code noir ou le calvaire de Canaan*, PUF, 1987 ; Eric Williams, *Capitalisme et Esclavage*, Paris, Présence africaine, 1968.

Dans *La Modernité de l'esclavage. Essai sur la servitude au cœur du capitalisme* (La Découverte, 2003), Yves Benot insiste sur le fait que, si la thématique de l'esclavage est sensible, c'est parce que le capitalisme, dans sa version néolibérale, reproduit, tant au cœur du système qu'à la périphérie, des formes de domination et d'exploitation relevant d'une logique de la traite.

8. C'est ce dont témoigne un passage fameux de l'article du *New York Daily Tribune* du 8 août 1853 sur la conquête coloniale de la Chine : « Quels que fussent les crimes de l'Angleterre, elle fut un instrument de l'histoire en provoquant cette révolution en Asie. » Dans *Misère de la philosophie*, on lit : « C'est l'esclavage qui a donné leur valeur aux colonies, [...] Sans l'esclavage, l'Amérique du Nord, le pays le plus progressif, se transformerait en pays patriarcal. Effacez l'Amérique de la carte du monde et vous aurez l'anarchie, la décadence complète du commerce et de la civilisation moderne » (*Œuvres complètes*, *op. cit.*, p. 80-81). La tension latente dans la théorie de Marx a amené Guy Haarscher à formuler cette interrogation : « Le problème est bien évidemment très aigu : entre les exigences de l'homme de "science" qui perçoit ce qui est, ainsi que ce qui a tendance à être selon ses "prévisions", et l'homme politique ou le moraliste, désireux d'en finir avec les injustices, ne surgira-t-il pas nécessairement un conflit ? » (*L'Ontologie de Marx*, Université de Bruxelles, 1980, p. 235). Le conflit éthique de Marx s'annulant chez Sarkozy, la solution (libération finale) est, bien entendu, absente.

9. *Le Capital*, livre I, tome 3, *Œuvres complètes*, *op. cit.*, p. 201.

10. On peut partager le point de vue d'Adou Koffi selon lequel des intellectuels africains ont parfois exprimé des points de vue similaires sur leur culture. Mais pas la sentence trop clémente qu'il prononce à l'issue du procès qu'il fait à Sarkozy et à son conseiller : « Et de ce simple fait, je ne réclame à leur encontre, qu'une peine symbolique, pour avoir péché par inadvertance ! Car une "politique de l'ignorance", fût-elle "volontaire", n'engendre pas moins une faute par ignorance, et Dieu lui-même se montre indulgent à notre égard pour ce type de faute » (*Sudonline*, 27 septembre 2007). Une politique de « l'ignorance volontaire » a des conséquences trop néfastes.

11. Voir Mircea Eliade, *Le mythe de l'éternel retour*, Gallimard, 1969 ; et *La nostalgie des origines*, Gallimard 1970.

12. D'ailleurs, des thèses du chantre de la négritude, il ne veut retenir que l'une des plus controversées, qui exalte la langue française, au moment même où se pose la question de la diversité culturelle (et linguistique – c'est une question de temps) au sein de l'OIF.

C'est bien au nom de l'ouverture et de la rencontre de l'autre que Senghor prône l'enracinement et l'ouverture, avec une prééminence de l'enracinement dans le « *cogito* nègre » : « Pour avoir la puissance d'assimiler positivement, il faut être et, pour être, être soi. Dans notre cas de Négro-Africains, il nous faut, comme disent les Allemands, *Neger sein.* » Il disait bien : « De par ses vertus, le français est devenu pour nous ce que le grec et le latin ont été pour le monde européen jusqu'au XIXe siècle : un fondement solide de rationalité et de clarté, partant d'efficacité et d'humanisme en même temps. » Mais sur la question des langues maternelles, dont il a mis en place une politique de transcription et de codification, il a affirmé des positions très hardies dès 1937 en défendant la cause du bilinguisme, « l'enseignement dans la langue maternelle, l'enseignement vernaculaire » « remédiant au système » de l'enseignement colonial classique, exclusivement dispensé en français (« Le problème culturel en AOF », *Liberté 1*, p. 11-21). Les positions de Senghor, très en retrait par rapport à celles d'un Cheikh Anta Diop, étaient cependant complexes.

13. Il y a une contradiction dans ce propos, au ton incantatoire : « La réussite de l'Afrique sera celle de l'Europe. Son échec sera le désastre de l'Europe. S'il y a un continent qui doit comprendre que nos destins sont liés, c'est bien l'Europe. » L'incantation conjuguée au mépris et à l'ignorance ne saurait tenir lieu de principe politique.

14. À titre d'exemple, le gouvernement du Niger vient d'accorder à Somina, une coentreprise montée avec une des filiales de la China National Nuclear Corporation, groupe public en charge de l'industrie nucléaire chinoise, le droit de produire sept cents tonnes d'uranium par an à partir du gisement d'Azelik, mettant ainsi fin au monopole jusque-là détenu par le groupe nucléaire français Areva. Depuis quelque temps, Areva est accusé par les autorités de financer la rébellion touareg dans cette région située au nord du pays.

La faute à Hegel…

Souleymane Bachir Diagne

Souleymane Bachir Diagne est professeur aux départements de philosophie et d'études francophones de Columbia University, à New York.

Ancien élève de l'École normale supérieure, agrégé et docteur en philosophie, il est l'auteur de *Boole, l'oiseau de nuit en plein jour* (Paris, Belin, 1989), *Logique pour philosophes* (Dakar, NEAS, 1991), *Les Lois de la pensée de George Boole* (Paris, Vrin, 1992), *Islam et société ouverte, la fidélité et le mouvement dans la pensée de Muhammad Iqbal* (Paris, Maisonneuve & Larose, 2001), *Léopold Sédar Senghor : l'art africain comme philosophie* (Paris, Riveneuve Éditions, 2007).

Comme chaque dimanche matin, fidèle à son habitude de travailler dans les cafés, contractée depuis les années où il était étudiant au Quartier latin, il est assis devant son ordinateur portable et un gobelet de *latte*, dans le Starbucks du coin, à l'angle de Western et Howard. C'est un de ces matins froids de Chicago dont il aime croire qu'ils favorisent l'inspiration. « Cette fois c'est raté », pense-t-il en regardant l'écran de son portable où, depuis une demi-heure qu'il est là, ne figurent que les six mots qu'il a soigneusement centrés comme titre de l'article qu'il est censé avoir fini depuis un mois déjà : « Une réponse au discours de Dakar ». Rien ne vient, décidément, comme « réponse » et il sait bien pourquoi : à quoi, exactement, faut-il répondre? Et, d'ailleurs, faut-il vraiment en rajouter sur un discours qui n'a déjà que trop fait couler d'encre, d'autant que l'entourage de son auteur, pratiquant l'art de la fuite en avant, a prétendu que le brouhaha est signe que quelque chose du propos au moins a atteint le but de faire réfléchir. Réfléchir ? Vraiment ?

– À quoi tu travailles ? demande une voix qu'il connaît bien.

Il lève les yeux sur l'homme qui s'assoit en face de lui, posant sur la table ce qu'il sait être, sans même avoir besoin de regarder, un double expresso, une tranche de cake au citron et l'épais *New York Times* du dimanche. Il connaît les habitudes de son ami Badou qui vient le trouver dans ce Starbucks, un dimanche par mois en gros, pour passer un peu de temps ensemble à parler de leur travail et « du pays ». Badou est professeur d'histoire à l'université de DePaul depuis huit ans déjà et c'est lui qui l'a aidé à s'installer et à trouver ses marques lorsqu'il est arrivé de Dakar, trois ans plus tôt, pour être professeur de philosophie à Northwestern, dans la banlieue nord de Chicago.

– Makhily Gassama réunit un livre de réponses au discours de Dakar. Je lui ai promis quatre pages de contribution. Mais d'abord je suis très en retard et ensuite je n'ai rien à dire, comme tu peux le constater. Cela fait plus d'une heure que je sèche.

– Tu m'étonnes ! Rien à dire sur « l'homme africain insuffisamment entré dans l'Histoire » ? C'est bien ça la paraphrase de Hegel qui a été servie ?

– C'est ça, je crois, mais justement : qu'est-ce que tu veux dire d'autre que « les bras m'en tombent » ou quelque chose d'équivalent ? En plus, on ne sait même plus très bien à qui il faut répondre. Il n'est pas courant qu'un discours officiel de chef d'État envoie un tel coup de projecteur sur la plume qui l'a écrit. Que le conseiller ou, comme titre *Le Nouvel Observateur* dans son dernier numéro, « le gourou du Président », soit obligé de défendre *son* discours en le plaçant sous le patronage de Léopold Sédar Senghor dit bien qu'il n'y a aucune matière à réflexion ici. Quant à la nature ultime du discours, Bernard-Henri Lévy l'a parfaitement qualifié en appelant un chat un chat, mais en disculpant son ami le Président qui n'aurait fait que lire un texte.

– À mon avis, c'est passer un peu vite sur le sens du suffrage universel : ce qu'un président déclare n'est écrit par personne, c'est la voix de son pays qui parle. Et cela lui fait obligation de lire et soupeser chaque mot qui lui est soumis. Ce qui signifie s'apercevoir que dès qu'un énoncé a pour sujet « l'Anglais », « le Japonais » ou « l'homme latin », cela va être une sottise, pour dire les choses poliment. On peut d'ailleurs penser que la réaction de Bernard-Henri Lévy est de celles qui ont conduit à d'autres explications que cette logique bouclée sur elle-même, consistant à répéter que toute expression d'indignation est justement la preuve que l'on a mis le doigt sur la plaie et que le « parler vrai » présidentiel, celui que doit « un ami de l'Afrique » à l'« homme africain », finira par faire son chemin dans les esprits. Tant que ce sont « les intellectuels africains » qui expriment leur surprise et leur colère, on peut dire « ah ! ah ! » et prétendre qu'ils sont la preuve du pudding, incapables qu'ils sont de « sortir de la répétition », de leur rôle d'écorchés vifs prêts à l'indignation dès qu'on s'éloigne d'un certain discours supposé convenu à propos de l'Afrique. Alors, qu'un philosophe qui s'est signalé dans la dénonciation de ce que beaucoup aujourd'hui affectent aussi de dédaigner sous les expressions de « tiers-mondisme », de « multiculturalisme », de « relativisme » ou de « politiquement correct », dise qu'une limite a été franchie, voilà justement qui remet tout en question, c'est-à-dire ce que précisément voulait faire ce discours : apparaître comme « courageux », et « en rupture ». Car il ne faut pas s'y tromper : le discours dit de Dakar ne s'adressait pas à cette « jeunesse africaine » qu'il a, paraît-il, hésité à tutoyer. Il était un clin d'œil à une opinion à qui il s'agit de se présenter sous un certain visage. « Voyez comme je suis en rupture et comme je leur parle vrai, aux Africains, à qui j'explique non seulement le sens ultime de la colonisation, mais quels ils sont et quelle est leur responsabilité, cosmique pour ainsi dire, dans leur sous-développement et dans cette misère qui fait aujourd'hui de leurs jeunes des boat-people ! »

– Tu sais, parlant justement de ces boat-people et ce qu'ils nous révèlent de la réalité africaine, il est significatif que pendant longtemps, avant que les côtes atlantiques soient aussi surveillées, les pirogues de la folie soient parties de la baie de Hann, comme si Dakar, de plus en plus mégalopole démesurée, dans sa folle croissance dégorge ainsi dans la mer, avec les produits de ses égouts, cette jeunesse qu'il ne peut plus contenir.

– Si on se plaît à trouver de la poésie dans les égouts, ce que tu dis pourrait passer pour une belle métaphore pour exprimer le désespoir de ceux qui n'ont plus que la mer à qui se confier. Mais tu veux en venir où ? Et quel rapport avec le discours ?

– La réalité africaine aujourd'hui est celle d'une urbanisation sans industrialisation. Dans moins d'une génération les Africains seront majoritairement des citadins. Ce qui veut dire que l'on fuit massivement le monde rural pour venir grossir les villes sans que celles-ci offrent le moins du monde des perspectives d'emploi. À titre de comparaison, les pays européens ne se sont trouvés, dans le premier tiers du XXe siècle pour la France, dans cette situation d'équilibre entre population rurale et population urbaine, qu'en conséquence de longues transformations induites par la révolution industrielle et qui ont créé des emplois nouveaux dans les villes. Pour l'Afrique, rien de tel. Aucun précédent historique, donc, à méditer pour faire face à la situation de villes monstrueuses qui sont le fruit d'une déruralisation plus que d'une urbanisation et qui d'ailleurs grossissent comme des chancres, en excroissances chaotiques, sans véritables rues, sans rien qui fasse ce qui s'appelle une ville, souvent sans eau courante. On ne s'étonnera donc pas que ceux qui peuplent ces excroissances puissent, littéralement, se jeter à l'eau pour fuir un cauchemar qu'ils voient sans fin. Le rapport au discours dit de Dakar, le voici : cette Afrique-là, cette réalité d'aujourd'hui qui est celle des intensifications urbaines n'a rien, mais alors rien à voir avec cet univers de paysans vivant le temps cyclique des saisons qu'a fabriqué le gourou présidentiel pour les besoins de ses envolés lyriques. Pour parler vrai, il faut déjà commencer par voir les choses telles qu'elles sont.

– Pourtant, l'Europe se rend compte que les flots d'immigrants qui sont, pour ainsi dire, la part de l'Afrique dans la mondialisation des échanges ne sont pas le fait de contemplatifs englués dans le temps immobile d'on ne sait quelle cosmologie africaine traditionnelle ! Pour se projeter dans l'avenir, ils se projettent ! Tout le problème est que leur avenir, ces jeunes le voient ailleurs.

– Voilà le problème, en effet.

– Et Senghor ?

– Quoi, Senghor ?

– Tu sais bien que dans *Le Nouvel Observateur* dont tu parlais, l'auteur du flop de Dakar a répondu aux accusations de racisme en déclarant que si parler de « l'homme africain » c'est être raciste, alors il faudrait accuser Senghor, l'un des pères de la négritude, d'être lui-même raciste. Et d'ailleurs ceux qui comme ton ami Achille Mbembe ont réagi très vite au discours, disant avec une intelligente colère et une grande précision ce qu'il fallait en dire, lui ont aussi reproché de s'en être tenu, justement, au discours essentialiste du poète en ignorant ce qui est venu dépasser ce moment senghorien.

– Dépasser le moment senghorien ! Décidément, tout nous installe dans Hegel. C'est vrai que l'un des tout premiers textes de Senghor s'intitule précisément *Ce que l'homme noir apporte*. Mais c'est quand même ne rien connaître à sa pensée que d'imaginer un seul instant qu'une proposition comme « l'homme africain n'est pas assez entré dans l'Histoire [et] jamais [...] ne s'élance vers l'avenir » pourrait trouver à s'accorder à ce qu'écrit ce disciple de Gaston Berger, le père, comme l'on sait, de la prospective. Au contraire, Senghor, avec son ami Mamadou Dia il ne faut pas l'oublier, a toujours insisté sur cette idée que le sens de nos actions vient du futur et sur l'importance de la planification pour une maîtrise politique du temps.

– Bon, bon, on ne lui abandonnera pas Senghor...

– Surtout pas. Parce qu'il faut se remobiliser, au contraire, sur de nouvelles bases, bien sûr, autour du projet de modernisation qui a été le sien, celui de Cheikh Anta Diop, et de bien d'autres. On ne fera rien en se complaisant dans le discours de l'échec de la modernisation et de l'avortement des indépendances. La littérature en fait son beurre et c'est normal, elle est dans son rôle. Mais qu'il y ait eu échec, cela signifie qu'on recommence, on poursuit « le projet non fini de la modernité ». Qu'on se propose, par exemple, et aux jeunes surtout, la nouvelle frontière de l'unité africaine, à partir de la construction d'espaces intégrés où le mot de « développement » aura de nouveau un sens. De ce projet-là nous serons seuls responsables et comptables.

– Tu sais ce qui est amusant ?

– Quoi ?

– On pourra toujours dire que c'est justement à ce que tu viens d'exposer qu'invitait le discours de Dakar.

– On pourra toujours dire ce qu'on veut. De n'importe quoi, comme on dit en logique, on peut toujours déduire n'importe quoi. Et ce discours, en un mot comme en cent, c'était seulement n'importe quoi.

– Bien, sur ces fortes paroles, je me sauve et je te laisse à ta « réponse ». Tu vois mieux ce que tu vas dire ?

– Tu sais quoi ? Je crois que j'ai trouvé.

Françafrique :
le roi est nul…

Boubacar Boris Diop

Texte initialement paru dans le journal sénégalais *Le Quotidien* sous le titre « Le discours inacceptable de Nicolas Sarkozy ».

Boubacar Boris Diop a suivi des études de lettres, de philosophie et de journalisme a l'université Cheikh Anta Diop de Dakar.

Également dramaturge et scénariste, il est l'auteur de plusieurs romans : *Le Temps de Tamango* (L'Harmattan, 1981 ; Le Serpent à Plumes, 2002), *Les Traces de la meute* (L'Harmattan, 1993), *Doomi Golo* (Papyrus, 2003) et *Kaveena* (Philippe Rey, 2006). *Les Tambours de la mémoire* (Nathan, 1987 ; L'Harmattan 1990) a obtenu le Grand Prix des Lettres du Sénégal et *Le Cavalier et son ombre* (Stock, 1997) le prix Tropiques. *Murambi, le livre des ossements* (Stock, 2000) fait partie de la liste, établie par le Zimbabwe International Book Fair, des cent meilleurs livres africains du XXe siècle. La chorégraphe Germaine Acogny en a fait une brillante adaptation sous le titre *Fagaala*.

Ancien directeur de publication du quotidien indépendant sénégalais d'informations générales *Le Matin*, Boubacar Boris Diop collabore régulièrement depuis une quinzaine d'années à plusieurs titres réputés de la presse internationale.

Coauteur, avec Odile Tobner et François-Xavier Verschave, de *Négrophobie* (Les Arènes, 2005) on lui doit aussi un essai intitulé *L'Afrique au-delà du miroir* (Philippe Rey, 2007).

Boubacar Boris Diop est depuis septembre 2004 « visiting professor » à Rutgers University, dans l'État du New Jersey.

Il est peut-être écrit quelque part qu'entre Paris et ses anciennes colonies d'Afrique noire rien ne doit se dérouler selon les normes admises par le reste du monde. La brève visite de Nicolas Sarkozy au Sénégal aurait pu passer inaperçue : elle lui a au contraire servi de prétexte à un discours inacceptable, que jamais il n'aurait osé tenir hors du pré carré, même devant le plus insignifiant de ses pairs. En Tunisie et en Algérie, il a bien compris qu'il ne lui serait pas permis de se comporter comme en pays conquis. Il n'a d'ailleurs pas eu droit au Maghreb à l'accueil populaire, folklorique à souhait et dégradant, qui lui a été réservé à Dakar. Dans cette atmosphère rappelant le temps des commandants de cercle, il a prononcé une sorte de « discours sur l'état de l'Union... française », sans même qu'on puisse lui reprocher de s'être trompé d'époque. Car il ne faut pas s'y laisser prendre : bien qu'il ait prétendu s'adresser à l'Afrique entière, Sarkozy n'est pas naïf au point de s'imaginer que la voix de son pays porte aussi loin que Johannesburg, Mombasa ou Maputo. Si les intellectuels de cette partie du continent ont, pour une fois, prêté attention aux propos d'un président français, c'est parce qu'on leur en avait préalablement résumé le contenu. Par la suite, ils l'ont découvert par eux-mêmes avec stupéfaction, en même temps que les réalités de la Françafrique.

On comprend leur colère : même dans les pays francophones où on croyait avoir touché le fond depuis longtemps, tout le monde est d'avis que cette fois-ci la mesure est comble.

Être un chef d'État relativement jeune et inexpérimenté ne donne à personne le droit d'être aussi puéril. Lorsqu'on dirige un pays important, on ne peut pousser trop loin le jeu du « moi-je-ne-suis-pas-comme-les-autres ». Ce manque d'humilité d'un homme que l'on dirait encore choqué d'avoir si aisément atteint son but, l'a amené à aligner, devant un auditoire particulièrement averti, les plus désolants clichés de l'ethnologie coloniale du XIXe siècle. La science politique s'intéressera peut-être un jour à ce cas de figure unique : un président étranger faisant, du haut de son mètre soixante-quatre, le procès de tous les habitants d'un continent, sommés d'oser enfin s'éloigner de la nature, pour entrer dans l'Histoire humaine et s'inventer un destin. Remises au goût du jour par des auteurs français surtout soucieux de flatter la négrophobie ambiante, ces thèses servent à conforter une lecture révisionniste de la colonisation, du génocide des Tutsi du Rwanda et de la Traite négrière. La phrase : « Ce sont des Africains qui ont vendu aux négriers d'autres Africains » est d'une colossale ineptie, elle est tout simplement indigne d'un président de la République. C'est une insulte à la mémoire des victimes et une infâme relativisation de la violence fondamentale du commerce triangulaire. Jamais, dans toute l'histoire de l'humanité, une nation n'en a opprimé une autre sans avoir bénéficié de la complicité, voire du zèle des élites du pays conquis. Au dire de Robert Paxton – dont le travail sur Vichy est une référence absolue –, Adolf Hitler n'était pas spécialement intéressé par l'occupation totale de la France : il lui suffisait de la neutraliser et d'en faire une simple base arrière. Ce sont les autorités étatiques françaises de l'époque qui l'auraient vivement pressé de se montrer un peu plus ambitieux, que diable. Et qui donc, sinon l'écrivain Charles

Maurras, a salué comme une « divine surprise » l'entrée des chars allemands dans Paris le 14 juin 1940 ? Le constat vaut pour d'autres parties du globe. Sans les coupables hésitations de Moctezuma – un homme de faible caractère à la tête du puissant Empire aztèque – et le concours des caciques de nombreuses tribus indiennes, Hernán Cortès et sa poignée de conquistadors n'auraient pas réussi à soumettre à leur loi la quasi-totalité de l'actuelle Amérique latine.

Le président français a dépassé les limites du tolérable et – bien au-delà des fameux « pays du champ » – beaucoup de descendants d'esclaves vont se demander comment on en est arrivé à une situation où un responsable européen peut se permettre de tenir publiquement, sur le lieu même du crime, de tels propos sur la Traite négrière. La référence à Césaire n'y changera rien. Comparaison n'est certes pas raison, mais Sarkozy n'a pas de chance : au moment même où il évoquait avec une émotion feinte « le bruit d'un qu'on jette à la mer », un Nègre – ou un Arabe – était enchaîné et roué de coups à l'aéroport de Roissy.

À Dakar, le président de la République française a refusé d'appeler l'université par son nom, parce qu'il lui en coûtait sans doute de prononcer celui de Cheikh Anta Diop. Cette attitude ne le grandit pas, pour dire le moins. Elle met à nu les limites d'un homme pourtant visiblement décidé à montrer ce jour-là qu'il était capable de parler d'autre chose – et sur un autre ton – que de « racaille » et de « Kärcher ». Son désir de proximité avec un public qu'il devait savoir hostile l'a peut-être un peu perdu. Le rôle de composition qu'il s'est inventé (« Je suis jeune et je te parle à toi, jeune d'Afrique ») témoignait de toute façon – soit dit au passage – d'un réel manque de délicatesse à l'égard de son vénérable hôte.

On n'aura pas la cruauté de faire remarquer à Sarkozy que le tutoiement nous rappelle, à nous autres, de bien mauvais souvenirs. Cela importe en définitive moins que son recours répété à un « je » plein de présomption. Il en faut pour s'imaginer que ni la vie, ni leurs parents ou leurs professeurs n'ont jamais rien appris aux jeunes Africains, qu'il y a toujours eu un abîme entre la Vérité et eux, et que lui, Nicolas Sarkozy, allait une fois pour toutes le combler ce 26 juillet 2007. Mais l'étudiant le moins averti de l'assistance avait déjà maintes fois décortiqué le *Discours sur le colonialisme* et entendu Césaire y réfuter l'un après l'autre, avec clarté et précision, les arguments servis par Sarkozy. Ce dernier ne le sait peut-être pas, mais son discours de Dakar est bien plus vieux que lui-même. On peut se croire résolument tourné vers l'avenir alors qu'on a seulement les yeux rivés sur le rétroviseur de sa propre histoire.

Nicolas Sarkozy a en outre cru devoir inviter son auditoire à distinguer entre les « bons » et les « mauvais » colonisateurs. Admettrait-il qu'un Allemand applique la même grille de lecture à l'histoire de son pays ? La France n'a été occupée par l'Allemagne que pendant cinq ans – et dans des conditions infiniment moins cruelles que la colonisation –, mais on attend le jour où, au lieu de réfléchir sur un *système de domination étrangère, violent et illégitime par sa nature même*, quelqu'un aura l'audace de faire le tri entre les nazis de bonne volonté et les autres.

Dressant la liste des fléaux du continent, Sarkozy fait une discrète mention des « génocides », dont la colonisation n'aurait en rien été « responsable ». Il faut s'y arrêter, comme chaque fois que l'on voit le mot « génocides » utilisé au pluriel par un représentant de l'État français. Le nouveau président est arrivé au pouvoir dans un contexte de très forte tension entre Paris et Kigali. L'implication de la France dans le génocide des Tutsi du Rwanda est si avérée que l'on sent parfois chez certaines autorités de l'Hexagone comme une tentation de passer aux aveux[1]. C'est en réalité la seule option rationnelle dans ce difficile dossier. Malheureusement, Paris court le risque, en créant un tel précédent, de voir s'ouvrir la boîte de Pandore des sanglantes dérives de la Françafrique. Pour se tirer d'affaire, on essaie d'accréditer l'idée que le Rwanda n'était, tout bien considéré, qu'un *génocide africain de plus* et qu'on aurait tort d'en faire une grosse histoire. Avant Sarkozy, François Mitterrand et Dominique de Villepin – pour ne citer que ces deux-là – avaient essayé de se débarrasser, d'un haussement d'épaules désabusé, du million de morts rwandais. Or, cette étrange théorie des solutions finales quasi routinières en Afrique ne résiste pas à l'examen. Il se trouve en effet que le génocide, perçu comme le crime absolu par la communauté des nations, a été défini de manière particulièrement stricte par la Convention de Genève de 1948. Et au sens où l'entend celle-ci, le seul génocide sur le continent, au XXe siècle, est celui des Tutsi du Rwanda en 1994. Les deux autres – la Shoah et le génocide arménien – ont eu lieu *en Europe* et le quatrième au Cambodge. Sarkozy ne pouvait ignorer cela. C'est donc à dessein qu'il a tenté de semer la confusion sur ce sujet douloureux, qui mérite mieux qu'un dérisoire traitement politicien.

Plus soucieux, curieusement, d'évoquer notre passé le plus lointain que le présent, l'orateur s'est gardé de la moindre allusion à la Françafrique, « le plus long scandale de la République », selon le mot du regretté François-Xavier Verschave. Sarkozy était pourtant très attendu sur le sujet, car il aurait eu bien des choses à dire sur la politique africaine de la France depuis le début des années 1960. Il sait bien qu'après des indépendances de façade, Paris a continué, entre coups d'État, soutien à des régimes dictatoriaux et contrôle total des leviers économiques et du personnel dirigeant, à faire la loi dans ses anciennes colonies. Il en est ainsi depuis le temps du général de Gaulle, et ses successeurs, de gauche ou de droite, s'en sont toujours tenus à une ligne de conduite en fin de compte si profitable : langue de bois lénifiante sous les ors des palais et, dans l'ombre, le langage de la force avec son lot de coups tordus de divers réseaux et services, d'interventions militaires et d'assassinats ciblés de personnalités politiques.

On n'attendait certes pas de Nicolas Sarkozy qu'il regrette publiquement l'implication de son pays – qui ne fait plus l'ombre d'un doute – dans le génocide des Tutsi du Rwanda ; il n'allait pas non plus, dans un brusque accès de sincérité, se laisser aller à des états d'âme sur le rôle d'Elf et de certains grands groupes financiers – auxquels on le dit très lié – dans le pillage des ressources du continent. Personne, même dans ses rêves les plus fous, n'a jamais espéré le moindre aveu de cette nature : dans le monde tel qu'il va, les choses ne se passent pas ainsi. Qui ne s'est malgré tout surpris à guetter, ces dernières semaines, l'indice d'un début de changement ? La relation françafricaine a atteint, au sommet, un tel degré de putréfaction qu'elle se sait condamnée à terme. Du Rwanda à la Côte-d'Ivoire – en passant par les péripéties de la succession d'Eyadéma –, les avertissements n'ont pas manqué depuis bientôt quinze ans. Il eût été habile pour Sarkozy de se donner une aura de réformateur hardi en faisant de nécessité vertu. Mais même ce petit pas en avant, dicté par une prise en compte lucide des réalités du monde et des mutations de l'Afrique dite francophone, a paru d'une audace inouïe aux parrains de la Françafrique. Le candidat Sarkozy avait cru pouvoir déclarer que « la France n'a pas besoin de l'Afrique », mais il n'a pas dû être difficile de démontrer au Président l'imprudence de tels propos. Son mutisme remarqué sur la Françafrique montre clairement qu'il n'a pas l'intention d'opérer une rupture qui mettrait dans l'embarras Idriss Deby, Sassou Nguesso et surtout son vieux complice Omar Bongo. Sans parler des amis qu'il ne va pas tarder à se faire : présidents en poste et jeunes dauphins encore imberbes se bousculent, paraît-il, au portillon…

Ceux-là l'ont entendu écarter toute idée de repentance le soir même de son élection et ils n'oseront jamais le fâcher par l'évocation de ce sujet, délicat entre tous. Parmi les anciennes puissances européennes, la France est la seule à avoir ce rapport quasi obsessionnel à son passé colonial. Le Parlement y vote, avec une incroyable candeur, des lois négationnistes et sa classe politique semble faire de la question de la repentance une affaire d'État d'une importance exceptionnelle. On a envie d'inviter toutes ces personnes à plus de sérénité. Regretter les crimes de ses ancêtres est un acte que seule sa conscience peut dicter à un être humain. C'est, par ce fait même, un acte qui perd toute valeur s'il résulte d'une injonction extérieure. Il ne pourra certes jamais ressusciter les morts ou même guérir complètement les blessures de jadis, mais il peut grandir celui qui est capable de s'élever à une telle hauteur et aider, parmi les nouvelles générations, à la réconciliation des cœurs et des esprits. Mais si on n'a pas la force de se repentir, on doit au moins avoir la décence de se taire. Lorsque Nicolas Sarkozy lance : « Jeunes d'Afrique, je ne suis pas venu vous parler de repentance », il commet une grave inversion des rôles. C'est le privilège de la victime et non du bourreau de décider s'il faut évoquer ou non des crimes si abominables. La réaffirmation constante par le second de son refus du repentir est une véritable maladie de l'âme. Une société dont les dirigeants et tant de citoyens n'ont avec leur passé que ce rapport de dénégation, compulsif et grimaçant, révèle à son insu le malaise qui la tenaille et mérite, en vérité, plus de compassion que de haine.

À entendre Nicolas Sarkozy en prendre ainsi à son aise avec la Traite négrière, on peut perdre de vue qu'elle a fait, sur plusieurs siècles, au moins deux cents millions de victimes. Ce dernier chiffre est donné par Senghor – dans l'important ouvrage qui lui est consacré par l'universitaire américaine Janet G. Vaillant. Peu porté à l'exagération en la matière, l'ancien président sénégalais explique très sobrement dans une lettre à sa biographe en quoi le « trafic de bois d'ébène » continue à peser à la fois sur le présent et sur le destin de l'Afrique.

Le poète de Joal a été cité à plusieurs reprises par Nicolas Sarkozy en des termes élogieux. Le plus ironique, c'est que, quoi que l'on puisse penser de Senghor, il n'est pas certain qu'il aurait laissé un invité du Sénégal dire de telles énormités ce jeudi 26 juillet sans lui porter la réplique d'une façon ou d'une autre. Être un habile politicien ne l'empêchait pas d'avoir, lui, de la fierté et le sens de l'Histoire.

Au-delà des rapports de suzerain à vassal que Sarkozy peut entretenir avec ses obligés de la Françafrique, ce qui est arrivé à Dakar interpelle aussi une certaine intelligentsia africaine francophone. Les désillusions nées des indépendances – partis uniques, Guides-infaillibles-de-la-nation, épidémie de coups d'État militaires et corruption – ont amené certains auteurs à soumettre l'Afrique à une critique sans complaisance. À partir de la fin des années quatre-vingt, de nombreux textes ont été publiés par nos sociologues, historiens ou philosophes, avec l'intention louable de diagnostiquer le mal africain et de susciter les conditions psychologiques d'un sursaut. De façon moins élaborée mais souvent mus par la même volonté de favoriser un électrochoc, les romanciers faisaient de leur côté, avec la démesure et les effets de dilatation que seule autorise la fiction, le procès des systèmes politiques postcoloniaux. Les uns et les autres avaient malheureusement tendance à confondre État africain et société africaine. Celle-ci était soupçonnée de couver, par le simple fait qu'elle restait elle-même, les germes de sa propre destruction, plusieurs fois annoncée à l'époque – puis aussitôt reportée *sine die*. C'était là l'exemple achevé d'une vision purement essentialiste de la réalité africaine, tournant autour d'elle-même, comme le serpent qui se mord la queue, avec une lassante monotonie. Négligeant les rapports de force politiques réels et l'impact décisif de l'État français sur les luttes de pouvoir dans chaque pays de son ex-Empire d'Afrique subsaharienne, la réflexion se polarisait, avec une singulière obstination, sur les effets visibles du désastre au détriment de ses causes profondes, moins spectaculaires il est vrai. Cette littérature, en principe destinée aux Africains, a été en réalité beaucoup plus lue par les Occidentaux. Ceux-ci en ont fait leurs délices et elle leur a procuré un exquis sentiment d'innocence. Ces auteurs balisaient à leur insu la voie à une négrophobie que l'on voit chaque jour un peu plus paisible et décomplexée, mais qui sait être vulgaire et injurieuse à l'occasion. En quelques années, la pensée afro-pessimiste a été pour ainsi dire racialisé et vidé de l'énergie libératrice dont elle était potentiellement porteuse. En France et dans le reste de l'Occident, des essayistes africanisants s'en sont largement servis pour donner une seconde vie aux préjugés les plus incongrus sur le continent. Et très souvent ils se sont abrités derrière ces ouvrages écrits par des Africains pour convaincre de la pureté de leurs intentions un public assez peu averti. Il était en effet difficile de les accuser de racisme puisqu'ils ne faisaient que reprendre les analyses de leurs homologues de Dakar, Yaoundé ou Abidjan.

Les propos de Nicolas Sarkozy viennent en droite ligne de cet univers vaguement africanisant, si prompt à fustiger la concurrence mémorielle et une prétendue tendance des Nègres à se présenter comme d'éternelles victimes des autres. Son meeting d'Agen le 25 juin 2006 est particulièrement révélateur de cette intime filiation. Sarkozy y avait été très dur contre « ceux qui ont délibérément choisi de vivre du travail des autres, ceux qui pensent que tout leur est dû sans qu'eux-mêmes doivent rien à personne, ceux qui veulent tout tout de suite sans rien faire, ceux qui, au lieu de se donner du mal pour gagner leur vie, préfèrent chercher dans les replis de l'Histoire une dette imaginaire que la France aurait contractée à leur égard et qu'à leurs yeux elle n'aurait pas réglée, ceux qui préfèrent attiser la surenchère des mémoires, pour exiger une compensation que personne ne leur doit, plutôt que de chercher à s'intégrer par l'effort et par le travail, ceux qui n'aiment pas la France, ceux qui exigent tout d'elle sans rien vouloir lui donner, je leur dis qu'ils ne sont pas obligés de rester sur le territoire national ». Quatre jours plus tôt, il était l'invité de Franz-Olivier Giesbert à l'émission « Culture et dépendances ». Il y disait textuellement ceci : « J'ai reçu le père malien et le frère [d'un des deux jeunes électrocutés dans un transformateur EDF, origine des émeutes de novembre 2005]. Le père, qui est depuis trente ans en France, ne parlait pas français. Le fils, qui est né en France et va au Mali seulement pour les vacances, était en boubou. »

Que ce leader politique ait pu en vouloir à des émigrés maliens en train de faire le deuil de leur enfant d'être « en boubou » ou de ne pas parler français, donne la mesure de son mépris pour les Africains et pour leur culture. On aurait cependant tort d'oublier que cette façon de penser est aujourd'hui assez répandue en France. La sortie dakaroise de Sarkozy a retenu l'attention parce qu'il est un chef d'État, mais il n'a rien dit que l'on n'ait lu ou entendu, au cours de la décennie écoulée, de la part de nombre d'intellectuels européens et aussi, il faut bien le dire, de la part des penseurs africains eux-mêmes. Pour l'afro-pessimisme, qui a d'ailleurs toujours été un courant philosophique diffus et quasi insaisissable, l'heure devrait être à une révision déchirante. D'une partie de l'Afrique à une autre, voire d'un pays à un autre, des processus historiques singuliers et complexes sont à l'œuvre. Il n'est pas raisonnable de s'en interdire l'examen minutieux, loin des *a priori* réducteurs. Autrement dit, le choix n'est pas seulement entre une glorification béate du continent africain et sa diabolisation à outrance. Ce sont là deux façons identiques de s'enfermer dans un tête-à-tête pernicieux avec un monde occidental trop souvent pris à témoin – au nom de quoi ? – de nos « temps glorieux » ou de notre « malédiction ». Instruire le procès des sociétés africaines est légitime mais il est essentiel de savoir très précisément à qui l'on parle. Et si l'on ne trouve pas un moyen sûr de s'adresser en priorité aux Africains, les choses resteront encore longtemps en l'état, au grand dam de nos populations.

On aimerait bien connaître le bilan que le président français lui-même a fait, en son âme et conscience, de sa visite à Dakar. Se peut-il qu'il n'ait pas compris à quel point nous nous sommes sentis insultés ? D'un point de vue rigoureusement politique, son discours est une faute. Il ne tardera pas à s'en rendre compte : les Africains et les Nègres de la diaspora ne le lui pardonneront jamais. La bonne vieille langue de bois aurait mieux servi les intérêts de son pays. Elle lui aurait en outre évité ces effets oratoires si empruntés qu'ils en étaient parfois un peu pathétiques. À l'arrivée on a presque envie de remercier Nicolas Sarkozy d'être venu nous apporter, bien malgré lui, la bonne nouvelle : en Françafrique, depuis le 16 mai 2007, le roi est nul…

Notes

1. Bernard Kouchner, ministre français des Affaires étrangères, vient d'admettre au cours d'une visite à Kigali – le 26 janvier 2008 – une « faute politique » de son pays au Rwanda. Ce n'est certes pas suffisant mais c'est déjà beaucoup au regard de l'attitude de dénégation systématique adoptée par Paris depuis 1994.

Éclairages sur un patchwork

Babacar Diop Buuba

Titulaire d'un doctorat de 3e cycle en Histoire des sociétés africaines, soutenu à la Sorbonne en 1981, et d'un doctorat d'État en Histoire ancienne, soutenu à Dakar en 2002.

Il a publié de nombreux articles sur l'Antiquité, les cultures africaines, l'éducation et les mouvements sociaux contemporains, ainsi que diverses contributions à des ouvrages collectifs, dont, notamment, *Sénégal. Trajectoires d'un État* (Codesria, 1992) et *African Voices on Education* (Eastern Cap, Juta & co. Ltd, 2000).

Parmi les ouvrages sous presse, on peut citer *Propos d'un Africain sur l'Antiquité* et *Regards croisés sur la géographie ancienne de l'Afrique*.

Enseignant à l'université Cheikh Anta Diop de Dakar depuis 1982, il a été secrétaire général du Syndicat des enseignants du supérieur (SAES) de 1985 à 1990, président de la Fédération de l'enseignement et de la recherche (Feder) de 1990 à 1995, président du conseil des ONG (Congad) de 1999 à 2005, et actuellement président de la Pan African Association For Literacy and Adult Education (Paalae).

Dans une contribution publiée par le journal sénégalais *Sud Quotidien*[1], nous avons exprimé notre réaction à chaud à la suite de la première lecture que nous avons faite du discours du président Nicolas Sarkozy à Dakar. Notre contribution à l'ouvrage collectif coordonné par notre collègue Makhily Gassama se veut à la fois un approfondissement des pistes dégagées dans l'article précité et une réponse, un éclairage, sur certaines questions légitimes et pertinentes que certains amis du Sénégal, voire certains Sénégalais, se posent encore sur l'environnement et le contenu de ce fameux discours[2]. Parmi les nombreuses questions, il y en a une qui est revenue à plusieurs reprises : qu'est-ce qui peut expliquer qu'un tel discours ait pu être prononcé à l'université Cheikh Anta Diop (UCAD) ? Pour tenter de répondre à cette première question il faut revenir sur les rapports entre l'État sénégalais et l'université.

De l'autonomie de l'UCAD

L'assemblée de l'UCAD qui a suivi le passage de Sarkozy à Dakar a eu à enregistrer des réactions de certains membres de la communauté universitaire. Dans le procès verbal de l'assemblée de l'UCAD des 3 et 4 août 2007, il est mentionné que M. le Recteur a évoqué « l'accueil du président Nicolas Sarkozy à l'UCAD où ce dernier a délivré une déclaration, le jeudi 26 juillet 2007, dans le cadre de sa visite au

Sénégal. Il a, à ce propos, félicité la communauté universitaire pour sa mobilisation et particulièrement la commission chargée des préparatifs de l'accueil, notamment pour la réhabilitation du Centre de conférence de l'UCAD II ».

Lors de l'adoption de ce procès-verbal, le 10 janvier 2008, un amendement a été fait pour rappeler que des voix se sont élevées pour exprimer désapprobation et déception, ou pour poser des questions sur le processus qui a amené le président Sarkozy à l'UCAD. Le recteur a dit que le discours de M. Sarkozy n'engageait que son auteur ; des suggestions ont été émises pour un débat approfondi quant aux invitations et distinctions futures à l'université.

À notre avis, il y a beaucoup de zones d'ombre dans l'environnement de ce discours :

- Comment expliquer que le président de la République du Sénégal qui a invité M. Sarkozy n'ait pas fait le déplacement au grand auditorium pour accompagner son hôte[3] ?
- Est-ce que l'étape de l'université Cheikh Anta Diop était vraiment dans le programme de visite du président français[4] ?

En tout cas la tumultueuse histoire de l'université de Dakar, devenue université Cheikh Anta Diop, porte les germes d'un quiproquo durable entre l'État et l'Université et entre le Sénégal et la France.

Dans le numéro 330 de la revue internationale *France d'Outre-Mer* (mai 1957), le professeur Jean Capelle définissait en ces termes l'avenir de la nouvelle institution issue de la transformation de l'ancienne école africaine de médecine créée en 1918 : « Pour devenir de façon plus efficace le foyer de culture que sa structure géographique prépare admirablement pour une vocation internationale, l'université de Dakar devra grandir et créer des services nouveaux, les uns très concrètement orientés vers la formation des cadres supérieurs dont l'essor scientifique et technique du pays aura un besoin croissant, les autres moins directement utilitaires, mais non moins nécessaires, comme un institut des civilisations africaines où sur le chemin largement tracé par l'Institut de l'Afrique noire, l'histoire de l'homme africain, de ses modes d'expression, de ses civilisations, permettra à l'Africain moderne de repenser son éthique avec une exacte conscience de la valeur de son propre patrimoine, comme avec une connaissance précise qu'apporte la civilisation française.

« Entre les attitudes extrêmes de l'assimilation et de la routine, le jeune Africain doit choisir une voie qui soit conforme au génie de son peuple et qui peut lui être imposée. L'université l'aidera à la découvrir dans la liberté et l'amitié humaine » (p. 33).

La création de l'université Cheikh Anta Diop résulte d'une volonté politique. André Bailleul rappelle que le statut de la future université allait être en tout point la transformation du modèle de l'université française. Les propositions faites par le recteur resteraient lettre morte. Bien mieux, le statut se faisait sans consultation ni du Gouvernement général, ni du Grand Conseil, ni des facultés de tutelle, ni de l'Institut. C'est parce que membre du Conseil de l'enseignement supérieur que le recteur Jean Capelle apprit l'existence d'un texte portant transformation de l'Institut des hautes études en université[5].

L'article 9 de l'accord de coopération du 15 mars 1964 stipule que le recteur est nommé par décret du président de la République du Sénégal indépendant après qu'il a été choisi d'un commun accord par les deux pays. Ce n'est qu'à partir de 1971 que la partie française ne fut plus consultée : l'accord de coopération de 1974 n'avait plus mentionné l'obligation de consulter la France.

Ainsi donc la réflexion sur le discours du président Sarkozy à l'université de Dakar doit tenir compte à la fois de ce linéament franco-sénégalais et d'un autre, sénégalo-sénégalais. En effet l'université entretient des rapports complexes avec les institutions de la République : le président de la République, la mairie de Dakar, l'Assemblée nationale et des différents ministères des gouvernements qui se sont succédé dans l'histoire du Sénégal, sans oublier les organes de contrôle (Cour suprême, Inspection générale d'État).

« Si le caractère d'établissement public donne une autonomie certaine à l'université, celle-ci n'est cependant pas illimitée. Au contraire, la conception fonctionnelle de l'université, facteur de développement économique et social de la société, réduit son degré d'autonomie : les pouvoirs publics chargés de définir les options de développement ainsi que certains organes extérieurs vont intervenir dans son fonctionnement à des degrés différents[6]. »

Les combats pour l'africanisation du personnel, des contenus, l'autonomie administrative, financière, de police ont été conduits aussi bien par des associations, amicales ou syndicats d'étudiants, d'enseignants chercheurs et/ou membres du personnel administratif et technique. Que Sarkozy ait pu prononcer son fameux discours à l'université de Dakar montre les limites des acquis dans l'effort de veille et de vigilance. En effet, que ce discours ait pu intervenir l'année où l'université fête son cinquantenaire, et au moment où la majeure partie des établissements était plongée dans des évaluations du travail des étudiants, peut donner l'impression, pour des esprits malintentionnés, qu'il s'agit d'un coup fourré contre ceux qui inventent un « passé plus ou moins mythique » ou qui vivent dans « la nostalgie du paradis perdu de l'enfance ».

Les esprits bien intentionnés pourront approfondir la piste d'une université exutoire d'un dilemme, à savoir les patates chaudes que la classe politique sénégalaise devait gérer lors de cette fameuse visite : fallait-il faire accueillir le président Sarkozy par l'Assemblée nationale, avec le risque de rehausser le prestige du Président de cette auguste institution dans un contexte de bataille feutrée entre l'exécutif et le législatif ?

Le président de la République française accompagné de quelques ministres, du président de l'Assemblée nationale, du maire de Dakar, président du Sénat, ne s'est pas rendu à l'Assemblée nationale comme le veut une certaine tradition, mais à l'université comme le veut une autre.

À propos du style

Si nous avons insisté sur la forme du « patchwork » du discours, c'était pour inviter à mieux le disséquer, à faire des choix qui invitent à des focalisations fécondes. En effet, ce discours interpelle non seulement les historiens de métier, mais aussi les utilisateurs de produits de la recherche historique (les spécialistes de la littérature, mieux encore les anthropologues, sociologues, économistes, travailleurs culturels, politologues africains et africanistes) qui peuvent y trouver des points ou contrepoints. Le style définit propriété et qualité[7], il peut être apprécié par sa cohérence ou sa maîtrise, il est collectif ou personnel, sa fonction peut être à la fois organique ou individuante. Un des grands intérêts du texte attribué à Nicolas Sarkozy est qu'il est à la fois collectif et individuel.

La dimension collective tient au fait que ce discours

reprend de vieux clichés et propos hérités en partie de l'Antiquité, en partie de l'histoire moderne sur l'Afrique, en passant par le Moyen Âge. Il est individuel dans la mesure où il a un structurant, conseiller, inspirateur qui n'a pas manqué du reste de s'identifier, il s'appelle Henri Guaino. À la suite des réactions enregistrées, il soutient qu'il a « du mal à comprendre les caricatures et la malhonnêteté intellectuelle de ceux qui tirent une phrase de ce discours d'une heure[8] ».

Le Canard enchaîné dresse un tableau particulièrement saisissant : « C'est un peu par défaut qu'Henri Guaino, plume présidentielle et même, martèlent ses proches amis, inspirateur de la vision politique de Sarkozy, a obtenu son premier grand chantier du quinquennat. Un immense dessein géopolitique de nature à le faire entrer vivant dans le panthéon des idoles. Quelque part entre Jaurès et de Gaulle et pas loin de Guy Môquet. »

Rappelons-le, sollicitée par Nicolas le Petit, toute la galerie d'éminentes éminences (Alain Juppé et Michel Rocard notamment) avait refusé de piloter ce brumeux projet d'Union méditerranéenne qui, selon toutes les apparences, n'intéresse guère notre chef d'État. Guaino, parce qu'il a rédigé le discours de Tanger où Sarkozy a un peu précisé ses intentions sur la question, devient donc un expert de l'Union méditerranéenne... Gaulliste social surtout, Guaino en fait des tonnes sur les ouvriers, le peuple et le métro, rameute dans l'histoire Léon Blum et le grand Carnot qui n'en demandaient pas tant, et, un peu Malraux du pauvre tout de même, compose le plus héroïque visage de la France.

Installé désormais à l'Élysée dans l'ancien bureau de Giscard, à quelques mètres du Conducator, Henri pond du discours à l'hectomètre, reçoit sans discontinuer, tance à l'occasion les ministres, parle de tout partout (et jusqu'aux

« Grosses Têtes » de Bouvard). Officiellement pour expliquer l'action, ou l'activisme, du chef de l'État, à l'occasion pour régler quelques comptes personnels : ainsi lorsque, répondant aux journalistes du site Rue 89, il qualifie de « petit con prétentieux » Bernard-Henri Lévy, lequel aurait taxé de « raciste » son maladroit discours de Dakar sur l'« homme africain »[9].

Notre réflexion ne va pas porter sur le psychisme de Sarkozy ni sur celui de Guaino, encore moins sur leur franchise ou sincérité proclamées dès le début du discours. Ce qui nous intéresse, c'est d'analyser le rendu. Ce style exprime-t-il une maîtrise du métier, donne-t-il une puissance au sens ?

On est en droit d'en douter si on mesure sa qualité par ses effets dévastateurs pour le commanditaire. La non-maîtrise des moyens et des codes peut être parfaitement illustrée par les références à l'histoire africaine.

Sources et sens de l'histoire africaine

Sarkozy-(Guaino) est venu s'adresser « à tous les habitants de ce continent meurtri, et, en particulier aux jeunes, à vous qui vous êtes tant battus les uns contre les autres, et souvent tant haïs, qui parfois vous combattez et vous haïssez encore mais qui pourtant vous reconnaissez comme frères, frères dans la souffrance, frères dans l'humiliation, frères dans la révolte, [...] frères dans le sentiment que vous éprouvez d'une destinée commune »... Ce style romantique, celui d'un Victor Hugo fier de son manifeste (*Hernani*), permet de s'adresser à la fois à l'élite de la jeunesse africaine, à tous les Africains du Nord et du Sud, de l'Est et de l'Ouest, à ceux qui habitent le sud du Sahara comme aux riverains de la Méditerranée.

Le Président invite à réfléchir sur ce qui semble être une folie meurtrière en Afrique, les conflits interethniques, interreligieux, la rage des enfants soldats. Des pistes sont suggérées : « La réalité de Afrique, c'est la rareté qui suscite la violence. La réalité de l'Afrique, [...] c'est l'agriculture qui ne produit pas assez. » Ainsi donc, il ne faut pas penser aux acteurs extérieurs de la gemmocratie, la loi des trafiquants de pierres précieuses, à l'action des sociétés pétrolières pour comprendre les tensions militaires en Afrique.

L'angle d'attaque choisi ressemble étrangement à certains passages de l'ouvrage de Claudio Moffa[10], historien journaliste italien, dont l'ouvrage a été préfacé par une historienne française de talent, Mme Catherine Coquery Vidrovitch.

« La lutte matérielle entre les segments de lignage ou groupes ethniques opposés et en particulier dans l'Afrique primitive, l'affrontement pour le contrôle des ressources, fleuves, lacs, terres cultivables, et/ou élevages, zones de chasse, mines, etc. »

Que cet ouvrage ait été préfacé par une autorité de l'École française lucide et nuancée permet à d'autres comme Stephen Smith[11] de puiser à foison consciemment ou inconsciemment dans ce vivier.

Claudio Moffa s'est fixé comme ambition de dépasser à la fois les mythes négatifs de l'historiographie coloniale et les mythes positifs de révisionnistes véhiculés par Basile Davidson, Cheikh Anta Diop, Samir Amin, Walter Rodney... Ces derniers se sont illustrés dans la croisade contre la théorie d'un retard de l'Afrique depuis l'Antiquité et le Moyen Âge. Moffa préconise un dépassement des deux positions extrêmes et développe une curieuse définition de l'Afrique, dont ne fait partie ni la bande méditerranéenne, ni le couloir du Nil, ni la partie dite extérieure (Azanie, Éthiopie, Soudan occidental). Que reste-il alors de l'Afrique ?

Une Afrique dite de l'intérieur, caractérisée par une infériorité technologique. Nous ne pensons pas nécessairement produire de nouveaux développements sur ces thèses ; nous l'avons fait dans notre thèse d'État[12].

Si nous signalons la filiation entre Moffa et Sarkozy-Guaino, c'est pour mieux montrer celle entre Claudio Moffa et Fernand Braudel, pourtant esprit de rigueur et de méthode. Braudel à qui des historiens de différentes nationalités ont rendu hommage, Braudel qui a eu à préfacer l'ouvrage de référence sur l'histoire africaine, celui de Ki-Zerbo, ce Braudel-là pèche, il faut le reconnaître par ses vues réductionnistes et simplistes sur l'histoire africaine. Dans sa *Grammaire des civilisations*, en anglais *A History of Civilizations*, il reprend des idées sur l'absence de la roue en Afrique, sur le morcellement ethnique. Certes il est plus nuancé, plus prudent, concernant la phase préhistorique, concernant les progrès technologiques durant les phases historiques (questions du fer par exemple), mais il faut reconnaître que Braudel connaissait mieux les textes de Léopold Sédar Senghor et Camara Laye que les sources de l'histoire africaine[13].

Que Sarkozy évoque lui aussi Senghor et Camara Laye[14] nous pousse à croire que les choix opérés n'ont pas été les meilleurs pour saisir la complexité de l'histoire africaine, on pourrait même écrire de l'Histoire tout court. Selon Sarkozy-Guaino : « Dans cet imaginaire [africain] où tout recommence toujours, il n'y a de place ni pour l'aventure humaine, ni pour l'idée de progrès. » Ils nous rappellent ce collègue universitaire américain qui nous a exprimé sa surprise de nous entendre dire que nous étions spécialiste de l'histoire ancienne de l'Afrique. Il voulait savoir avec quelles sources. Il a fallu lui expliquer qu'il y existait les sources internes, africaines, et des sources externes, européennes ou asiatiques.

On a de la peine de croire que Guaino-Sarkozy ignorent l'existence d'un Héraclite, produit de la civilisation hellénique, qui avait déjà systématisé que « tout bouge », celle d'un Imhotep natif de l'Égypte pharaonique dont le nom évoque à la fois des réalisations pratiques (pyramides) et une pensée profonde consciente du *kheper* (devenir) et du *noun* (matière « première »). On a de la peine qu'ils ignorent tous les deux que déjà dans *L'Iliade* ou *L'Odyssée*, premiers monuments littéraires de l'Europe, l'Afrique est présente, comme dans la Bible. Peu importe, il y a comme une fatalité dans le destin africain. L'essentiel est de proclamer que « l'Afrique a sa part de responsabilité dans son propre malheur. Ce sont les Africains qui ont vendu aux négriers d'autres Africains [...] La colonisation fut une grande faute [...], le colonisateur est venu, il a pris, il a exploité [...] mais [...] il a aussi donné. Il a construit des ponts, des routes, des hôpitaux, des dispensaires, des écoles [...] La colonisation n'est pas responsable de toutes les difficultés actuelles de l'Afrique. »

Pour Olympe Bhely Quenum, « si l'inculture est aussi à l'origine du discours ignoble débité à Dakar, il faudrait qu'au scribe ainsi qu'à l'orateur, les chefs d'État africains francophones offrent les huit volumes de l'histoire générale d'Afrique publiés par l'Unesco[15] ».

Les amis du professeur Joseph Ki-Zerbo ont été inspirés d'intituler la première partie d'un recueil de ses textes

« L'Historicité de l'Afrique[16] ». Dans des passages remarquables, l'historien africain revient sur les concepts et apporte des clarifications sur l'histoire des historiens et celle de l'histoire réelle, sur le temps de l'Histoire (hier, aujourd'hui, demain). Il appelle que l'Histoire est « la marche confuse de plus en plus complexe des sociétés à travers des contradictions et des conflits, dans un temps qui s'accélère et un espace qui se globalise : un exode d'un temps à un autre[17] ».

Dans cette brillante systématisation Ki-Zerbo rappelle qu'au commencement de l'Histoire était l'Afrique[18] et il montre comment les conquêtes coloniales et surtout l'enseignement colonial ont pu aider à constituer « toute une anthologie ou plutôt un bêtisier avec les âneries qui ont été débitées[19] ». Certes dans le discours de Sarkozy-Guaino, on a tenté un jeu d'équilibre, et le résultat recherché est un match nul, ou plutôt un match mutuellement avantageux : « Pour le meilleur comme pour le pire, la colonisation a transformé l'homme africain et l'homme européen. »

L'historien Walter Rodney a répondu de manière systématique et brillante à ceux qui se livrent à ce jeu d'équilibre. Il a su montrer l'orientation et le sens des réalisations coloniales (principalement au bénéfice de l'Europe et des Européens) et a su montrer les conséquences aux plans social, politique, économique, etc.[20]. Assurément si Sarkozy-Guaino semblent ignorer ce genre de travaux ou s'ils les reconnaissent, ils invitent en tout cas les jeunes Africains à se démarquer de « la nostalgie du paradis perdu de l'enfance » ou de « la pureté des origines totalement imaginaires et que personne ne peut espérer ressusciter ».

Visiblement l'objectif de Sarkozy n'est pas de trop insister sur l'écriture de cette histoire.

Le projet sarkozyen

« Ce que veut faire la France avec l'Afrique, c'est préparer l'avènement de l'Eurafrique, ce grand destin commun qui attend l'Europe et l'Afrique. »

Attention, vous qui habitez l'Afrique au sud du Sahara, ne soyez pas inquiets au sujet du projet de l'Union méditerranéenne. Cette dernière dynamique doit être le pivot de l'Eurafrique. Vous du Maghreb et du Machreb, nous vous assignons une tâche lourde : celle du tamis, du garde-chiourme. N'y a-t-il pas présentement des organisations ou groupes qui agissent pour que les nouveaux accords proposés par l'Union européenne aux États ACP (Afrique, Caraïbes, Pacifique) ne soient pas signés dans leurs formes actuelles ?

M. Sarkozy essaie surtout d'illustrer l'identité et la disponibilité françaises pour une autre mondialisation, plus humaine, plus juste, avec des règles : ses thèmes forts sont la lutte contre la famine, pour l'autosuffisance alimentaire, pour le codéveloppement, le partenariat, les partages, les négociations...Sarkozy est venu en partie défendre des groupes français au Sénégal, malmenés actuellement par des rivaux domiciliés dans des pays du Golfe ou dans d'autres paradis fiscaux. Il y a de la place pour tout le monde. L'Afrique et le Sénégal sont dans le monde libéral. Il faut éviter un désengagement du monde qui a coûté cher. Certains parmi les anciens écrivains de l'Europe avaient pensé que tout éloignement de la Méditerranée, de l'empire des Grecs, puis des Romains, était un facteur d'appauvrissement intellectuel. Maître Sarkozy réchauffe certaines de ces anciennes idées.

Heureusement l'Afrique a tiré une force nouvelle en se métissant : « Ce métissage [...] est la vraie force et la vraie chance de l'Afrique au moment où émerge la première civilisation mondiale [*sic*]. »

« La civilisation musulmane, la chrétienté, la colonisation [...] ont ouvert les cœurs et les mentalités africaines à l'universel et à l'Histoire. » Ne pensez surtout pas que les Africains font partie de ceux qui ont créé le christianisme, l'islam : Origène, saint Augustin, Ibn Khaldoun, Ahmed Baba ne sont pas africains.

Il faut éviter des constructions mythiques, paradisiaques, qui pourraient faire croire que l'Afrique a fait partie des premiers moments de l'histoire de l'humanité, qu'elle a pu être initiatrice des progrès scientifiques et/ou technologiques : « Le défi de l'Afrique, c'est d'apprendre à se sentir l'héritière de tout ce qu'il y a d'universel dans toutes les civilisations humaines. » Cheikh Anta Diop n'a-t-il pas dit cela, d'une autre manière, dans une autre perspective ?

C'est la voie de la Renaissance de l'Afrique qui consiste à vivre avec le monde et non à le refuser (même s'il ne donne pas satisfaction, même si les inégalités et les injustices deviennent de plus en plus béantes). Ne pensez pas à la Renaissance, version N'krumah, qui pose la nécessité de rompre avec l'impérialisme, celle de Cheikh Anta Diop qui s'est battu pour l'émancipation culturelle, linguistique, scientifique, industrielle, économique et politique ; Kadhafi et Nasser perturbent le dispositif, Thabo Mbeki aussi. « La jeunesse africaine [...] ne peut pas être la seule jeunesse du monde qui n'a le choix qu'entre la clandestinité et le repliement sur soi. [...] Il faut revenir bâtir l'Afrique ; il faut lui apporter le savoir, la compétence et le dynamisme de ses cadres. »

« La pureté est un enfermement, la pureté est une intolérance. La pureté est un fantasme qui conduit au fanatisme. » Est-ce le même Sarkozy qui a pensé que l'intégration dans la société française pour un nouvel arrivant ne devrait se faire qu'au prix de renoncement à sa langue et culture d'origine ? C'était avant l'élection présidentielle française ? Non, c'est son sosie.

L'essentiel est de retenir qu'il est venu, qu'il a parlé et qu'il est reparti. Le discours qu'il a servi reprend des vieilles idées de la vieille Europe, plus quelques idées généreuses d'une gauche européenne et quelques cris de cœur ou de rage de certains Africains, avec l'objectif avéré de rappeler que la France, l'Europe et l'Occident existent et veulent compter dans le concert libéral. Dans cinq ans ou dix ans, un autre journaliste, ou avocat, ou écrivain, ou président de République, ou monarque occidental produira un autre discours retentissant, jusqu'au jour où s'instaurera sur cette terre une nouvelle citoyenneté faite de connaissances approfondies, partagées, de respect mutuel, de solidarité entre les peuples. Ce sera peut-être quand l'exploitation de l'homme par l'homme disparaîtra, quand les préjugés seront destructurés.

NB : L'auteur était hors du Sénégal lors de la visite du président Sarkozy à Dakar. Il ne sait pas s'il serait resté, comme beaucoup de collègues, dans le grand auditorium de l'UCAD II par respect vis-à-vis de l'institution et de la communauté universitaires, ou s'il aurait quitté les lieux, comme l'ont fait certains invités, par dépit à cause du contenu du discours, ou par respect à la mémoire du parrain, Cheikh Anta Diop.

Notes

1. *Sud Quotidien*, 21 août 2007.

2. Dans un mail du 11 août 2007, Babacar Fall Barros se demande : « Mais qui a laissé faire Sarkozy ? » Il continue : « Nous n'osons pas croire que la visite de Sarkozy à l'UCAD constitue une aubaine. » Dans un mail du 18 août 2007, Boubacar Boris Diop écrit : « Cher Buuba, je ne pense pas que l'on puisse faire l'économie d'un débat de fond à partir de ce qui est arrivé. J'ai évité de m'en prendre, dans mon texte, à l'UCAD. » L'écrivain Olympe Bhely Quenum s'est même demandé quelle aurait été l'attitude du parrain de l'université : « Cheikh Anta Diop se serait levé et [...] aurait pris congé » (cf. sa contribution « Lettre à Cheikh Anta, un lémure qui dérange », publiée dans *Le Quotidien*, 11 octobre 2007, p. 9).

3. Alors que dans *Le Soleil* du 27 juillet 2007 le journaliste Cheikh Aliou Amath peut laisser croire que le président Wade se trouvait à côté du président Sarkozy, un autre quotidien, *L'As*, mentionne bien cette absence. À la question qui lui a été posée en France sur ce fameux discours, le président sénégalais a répondu avec ironie, en conseillant la vigilance devant des discours rédigés par des experts.

4. Il est permis d'en douter. Le journal *Le Quotidien* du 27 juillet 2007 a eu un titre révélateur : « Les étudiants ne l'ont pas vu passer. Sarkozy plus discret qu'un charter ». Nos investigations nous ont amené à identifier certains autres sites qui étaient pressentis et parmi eux l'Assemblée nationale.

5. André Bailleul, *L'Université de Dakar : institutions et fonctionnement : 1950-1984*, thèse de doctorat d'État en droit, université de Dakar, 1984.

6. *Ibid.*, p. 226.

7. Mikel Dufrenne, in *Encyclopedia Universalis*, corpus 17, édition 1985, p. 297-300.

8. *Le Canard enchaîné*, 14 novembre 2007, p. 7.

9. Interview dans *Libération*, reprise par *Walfjri*, 22 octobre 2007.

10. Claudio Moffa, *L'Afrique à la périphérie de l'Histoire*, Paris, L'Harmattan, 1995.

11. Voir Stephen Smith, *Négrologie : pourquoi l'Afrique meurt*, Paris, Calmann-Lévy, 2003.

12. Voir Babacar Diop Buuba, *Regards croisés sur la géographie ancienne de l'Afrique*, UCAD, 2001-2002, vol. 2, p. 373 sq.

13. Cf. notre thèse d'État, p. 374.

14. « Écoute plutôt, jeune d'Afrique, la grande voix du président Senghor qui cherche toute sa vie à réconcilier les héritages et les cultures au croisement desquels les hasards et tragédies de l'histoire avaient placé l'Afrique. [...] Allez, mes chers amis, alors seulement, l'enfant noir de Camara Laye, à genoux dans le silence de la nuit africaine, saura et comprendra qu'il peut lever la tête et regarder avec confiance l'avenir. »

15. Olympe Bhely Quenum, article cité.

16. Joseph Ki-Zerbo, *Repères pour l'Afrique*, Panafrika/Silex/Nouvelles du Sud, 2007, p. 20-45.

17. *Ibid.*, p. 46.

18. *Ibid.*, p. 20.

19. *Ibid.*, p. 39.

20. Walter Rodney, *How Europe Underdevelopped Africa*, Howard University Press, Washington, 1974, p. 205.

Un nouvel impair de Thabo Mbeki

Dialo Diop

Licencié en philosophie, docteur en médecine et docteur ès sciences, Dialo Diop est enseignant-chercheur au laboratoire de bactériologie-virologie de la faculté de médecine de l'université Cheikh Anta Diop.

Il est membre fondateur et dirigeant du Rassemblement National Démocratique (RND), dernier parti politique fondé par Cheikh Anta Diop en 1976.

Il a notamment publié :

« Réflexions sur la pensée politique de Cheikh Anta Diop », *Hommage à Cheikh Anta Diop*, Présence africaine, 1989.

« Africa : mankind's past and future », in W. M. Magkoba, *African Renaissance. The new struggle*, Tafelberg/Mafube, 1999.

« La réparation des crimes contre l'humanité en Afrique : impératif catégorique ou devoir contingent ? », in Laurence Boisson de Chazournes (dir.), *Crimes de l'histoire et réparations : les réponses du droit et de la justice*, Bruylant / Université de Bruxelles, 2004.

« Genetics and the life sciences: new discriminations and inequalities », in *Studies on Human Rights : struggle against discrimination*, Unesco, 2006.

Le tristement célèbre « discours de Dakar » du président Nicolas Sarkozy a provoqué une légitime levée de boucliers au Sénégal même, en Afrique et dans le monde. Visiblement situé dans la lignée des messages « historiques » délivrés à l'Afrique par ses prédécesseurs – Charles de Gaulle à Brazzaville (1944) et François Mitterrand à La Baule (1990) –, son propos aura réussi le douteux exploit d'avoir déclenché une réaction de colère et d'indignation quasi unanime dans l'opinion africaine informée.

C'est dire quelle fut la consternation de celle-ci lorsque commencèrent à filtrer, à partir des services de l'Élysée, relayés par un quotidien parisien[1], des informations faisant état d'une « lettre de félicitation » adressée par le président sud-africain, Thabo Mbeki, à son homologue français. La réponse de ce dernier fut rendue publique par la même occasion.

À la stupéfaction et à l'incrédulité initiales succède alors une certaine perplexité devant le texte de cet étrange et troublant échange épistolaire.

Dans sa lettre datée du 2 août 2007, après avoir remercié le président Sarkozy pour son « adresse puissante et émouvante » du 26 juillet 2007 ainsi que pour la « manière et le lieu » de son émission, le président Mbeki souligne « le défi et la tâche » qu'il a su poser aux Africains « avec courage et honnêteté ». Considérant ensuite que « l'Histoire a fait de la France un citoyen africain », il s'engage à « faire de son mieux pour en informer [son] peuple, le continent et le reste du monde », affirmant que c'est une « chance de pouvoir compter sur un tel partenaire, dans la lutte prolongée pour mener à bien la véritable Renaissance de l'Afrique, dans le contexte de la Renaissance de l'Europe et du reste du monde ».

Dans sa réponse, le président Sarkozy se dit tout à la fois « très touché » par ce message de félicitation, « sensible à [la] proposition de porter son message au peuple sud-africain mais aussi au continent africain tout entier », et « honoré » d'un pareil jugement « venant d'un des dirigeants [qui incarne] la fierté retrouvée de l'Afrique [...], qui [contribue] sans relâche à insuffler une nouvelle dynamique à ce continent ». Estimant que « l'Afrique a besoin d'amis francs pour relever les défis auxquels elle doit faire face », il conclut en assurant : « Vous pouvez compter sur la France et sur moi-même dans vos efforts en faveur d'une Renaissance africaine. »

Avant d'examiner de façon détaillée le contenu de cette correspondance surréaliste, il convient de signaler que l'initiative intempestive de Thabo Mbeki a été aussi mal reçue en Afrique du Sud même que dans le reste du continent et la diaspora africaine. Tant et si bien que son porte-parole, Mukoni Ratshitanga, a dû publier le 22 août une « mise au point » qui, rappelant que le discours de Dakar avait été « jugé raciste et paternaliste envers l'Afrique », précisait que le Président « ne partage certains éléments du discours de Sarkozy que dans la mesure où ils se rapportent à son engagement comme partenaire du continent dans le processus de sa Renaissance ». Mais, tout en confirmant la réalité de la lettre de félicitation, elle n'en portait pas le contenu exact à la connaissance de l'opinion sud-africaine...

Le contraste est frappant avec le silence embarrassé

observé au Sénégal devant la posture complaisante du président Abdoulaye Wade qui, en offrant au nouveau président français la tribune de l'Université Cheikh Anta Diop (UCAD) pour interpeller si cavalièrement la jeunesse africaine, fût-ce hors sa présence, demeure fidèle à cet alignement francophile inconditionnel, si caractéristique des dirigeants politiques sénégalais, qu'ils soient pseudo-socialistes ou pseudo-libéraux ! Mais, le paradoxe n'est qu'apparent car, autant le propos de Thabo Mbeki, successeur élu du prestigieux Nelson Rolihlahla Mandela, choque par son caractère atypique et hétérodoxe en regard de la ligne du Congrès National Africain (ANC) et du gouvernement de la nouvelle Afrique du Sud, autant le comportement servile d'Abdoulaye Wade, l'opposant favori de Léopold Sédar Senghor, reste classique et orthodoxe par sa conformité au modèle proconsulaire de ses prédécesseurs. La constance de nos présidents successifs dans le service de la langue française et de la francophonie n'a d'égale que la permanence logistique du point d'appui stratégique de Dakar, pour toute opération militaire française en Afrique dite subsaharienne. Ce qui reste sans équivalent, même au sein de son prétendu « pré carré ».

Les fameux « tirailleurs sénégalais » des temps de guerre ont cédé la place, en temps de paix, aux serviteurs zélés de la funeste « Françafrique », si bien décrite par le regretté François-Xavier Verschave[2]. Devant la complicité, au moins tacite, des autorités sénégalaises dans ce nouvel affront de la France à l'Afrique, il importe de ne pas chercher la brindille dans l'œil du voisin, en feignant d'ignorer la poutre présente dans le nôtre !

Venons-en donc au texte du message de Mbeki à Sarkozy.

Une fois la stupeur passée, face à l'évidence qu'il ne s'agit ni d'un faux ni d'une manipulation médiatique élyséenne, la tentation est forte de plaider la méprise, en attribuant le contresens ou le faux sens commis par le président sud-africain à une mauvaise traduction du discours sarkozyen. Une hypothèse confortée par l'aveu de Mbeki lui-même, qui confie avoir pris le temps de le lire en version originale, malgré sa « compréhension primitive de la langue française et de sa poésie », avec, de surcroît, certains passages dudit discours repris tels quels, en français dans sa lettre en anglais.

Cependant, toute équivoque est définitivement levée dans la suite du texte, lorsque le président Mbeki reprend à son compte les problèmes et défis africains soulevés par son homologue, de même que les tâches et solutions que celui-ci préconise, allant jusqu'à offrir de s'associer à la propagation du message de ce partenaire privilégié de l'Afrique nouvelle qu'est censée représenter la France de M. Sarkozy…

On croit rêver !

Tout d'abord, il y a quelque démesure à vouloir mettre sur le même plan un continent immense, doté d'énormes ressources naturelles et bientôt peuplé d'un milliard de personnes, et un petit pays européen en déclin démographique et économique, comme si l'un pouvait être un interlocuteur valable pour l'autre !

Ensuite, il est permis de demander de quelle Afrique et de quelle France l'on parle.

S'agit-il de la « France éternelle, fille aînée de l'Église catholique », avec ses « grands hommes » dont les actes historiques à travers les siècles s'avèrent d'une négativité invariable vis-à-vis de l'Afrique et des Africains ? Pour s'en tenir aux principaux, du « Roi Soleil » Louis XIV, promulgateur en 1685 du sinistre *Code noir* de Colbert[3], à François Mitterrand, trempé jusqu'au cou dans la genèse, la mise en œuvre et les suites du génocide de 1994 au Rwanda[4], en passant par Napoléon Bonaparte, responsable non seulement du rétablissement criminel de l'esclavage dans les colonies en 1802[5], dix ans après son abolition par la Convention, mais également des expéditions dévastatrices en Égypte et à Saint-Domingue. Quant au *Code de l'indigénat*, qui a régi le travail forcé dans les colonies, il ne sera aboli qu'en 1946, avec l'avènement de la Quatrième République. Le général de Gaulle, pour sa part, mérite une mention spéciale. Volontiers présenté comme le « père des indépendances africaines », il faut savoir que, dans son fameux discours de Brazzaville, il excluait par avance, en pleine guerre antifasciste, toute perspective d'émancipation des colonies françaises d'Afrique hors du giron impérial. De même, après la défaite du nazisme, il a interdit la participation des tirailleurs négro-africains et arabo-berbères au défilé de la Victoire, le 14 juillet 1945, sur les Champs-Élysées à Paris, malgré leur contribution décisive à la libération de la France hexagonale. Cela est révélateur de la mentalité du « chef de la France libre » et permet de mieux comprendre son acharnement personnel contre la Guinée du président Sékou Touré, seul et unique pays de l'« Union française » à s'être donné les moyens organisationnels d'imposer le respect de la volonté populaire, en votant « non » lors du référendum constitutionnel du 28 septembre 1958, sauvant ainsi l'honneur des peuples africains. Cette exception guinéenne a entraîné la mort prématurée de la Communauté gaullienne, nous épargnant le triste sort des Dom-Tom, à l'image des Antilles, de la Réunion ou de la Nouvelle-Calédonie !

Mais, il y a plus grave, car le fondateur de la Cinquième République se trouve être aussi le créateur du Service d'Action Civique (SAC) en métropole, dont les « réseaux Foccart » formaient le pendant outre-mer. Ce milieu de barbouzes politico-affairistes est à l'origine de la série de coups d'État militaires fomentés en Afrique, depuis l'assassinat inaugural du président togolais Sylvanus Olympio en 1963, jusqu'à la succession ubuesque du père Eyadéma par son fils Faure en 2005, en passant par la sécession armée du Biafra visant à démembrer le géant nigérian (1966-1970), le couronnement suivi de la déposition de l'« empereur centrafricain » Jean Bedel Bokassa dans les années 1970, ou encore les turpitudes sanglantes du colonel mercenaire Gilbert Bourgeaud, alias Bob Denard, aux Comores.

Par ailleurs, comment passer sous silence que c'est le premier président de la Cinquième République qui a décidé la « cristallisation » des pensions des anciens combattants non métropolitains à partir de 1959 ? Que dire, enfin, de l'entêtement honteux et scandaleux des dirigeants français, de gauche comme de droite, dans ce déni de justice, malgré l'arrêt définitif du Conseil d'État français, une juridiction suprême qui a prescrit... en 2002 le respect du principe intangible de non-discrimination et d'égalité des droits de tous les vétérans des guerres de France ? Combien de milliers parmi eux sont décédés entre-temps ?

Quant à François Mitterrand, son alter ego de « gauche », s'il est de notoriété publique que son « parcours africain » s'est achevé dans les mille collines ensanglantées par les génocidaires rwandais, dont la déroute fut couverte par l'opération « Turquoise » de triste renommée, il est moins connu qu'il a débuté sous la Quatrième République en qualité de ministre de l'Intérieur chargé des colonies. C'est à ce titre qu'il a conduit, au début des années 1950, la féroce répression des militants du Rassemblement Démocratique Africain (RDA), en Côte-d'Ivoire et au Cameroun particulièrement, de même qu'il a mené le chantage au désapparentement d'avec le groupe communiste et le retournement de veste du député Félix Houphouët Boigny, leader du RDA[6]. Aussi faut-il bien voir que son célèbre discours de La Baule en 1990 n'était qu'écran de fumée destiné à leurrer des chefs d'État africains fantoches. En réalité, François Mitterrand les invitait seulement à prendre en marche le train de la démocratisation formelle, avant que le scénario de la « Conférence nationale souveraine » du Bénin (1989) ne fasse tache d'huile dans leurs pays respectifs. Loin d'être une anticipation clairvoyante, il s'est plutôt agi d'une tentative maladroite… et vaine de rattraper et de récupérer des événements en cours d'évolution irréversible.

De cette France-là, l'Afrique ne peut assurément rien attendre de bon !

Alors, de quelle Afrique s'agit-il ? De celle des peuples en lutte pour leur émancipation de toute forme de servitude et de dépendance, ou bien du club des chefs d'État africains, adeptes du pacte colonial et de l'économie de traite, ayant pour unique souci leur maintien au pouvoir et le partage des privilèges entre la parentèle et la clientèle ?

Si bien qu'après un demi-siècle d'indépendance formelle, leurs peuples s'enfoncent davantage dans la misère, tandis que la sécurité des personnes et des biens reste encore garantie par les forces de l'ancien occupant…

C'est précisément avec cette vieille Afrique qu'il est question de rompre, en ce début de XXIe siècle, afin d'assurer la Renaissance africaine, c'est-à-dire la reconstruction et le développement du continent.

Toute convenance diplomatique mise à part, un homme d'État de la dimension de Thabo Mbeki, à la tête de la première puissance économique et militaire africaine depuis l'abolition de l'apartheid, ne saurait ignorer la nature véritable des enjeux géopolitiques auxquels notre continent se trouve confronté. N'a-t-il a pas eu une expérience personnelle du néocolonialisme français en Afrique ?

Faisons abstraction du soutien jusqu'au-boutiste des gouvernements occidentaux au régime raciste minoritaire blanc d'Afrique du Sud, notamment dans le domaine nucléaire, tout comme de l'implication massive et avérée de l'armée française tant dans la préparation et l'exécution du génocide rwandais de 1994 que dans la guerre civile congolaise subséquente, ayant abouti à la chute du dictateur Joseph Mobutu en 1996 ; deux crises africaines majeures qu'il a vécues en qualité de premier vice-président.

Le président Mbeki s'est, par contre, retrouvé en première ligne dans deux autres crises de moyenne intensité impliquant la France, au cours de la seule année 2004 : d'une part, en début d'année, lors de la célébration du bicentenaire de la proclamation de l'indépendance d'Haïti (1er janvier 1804), où il fut le seul chef d'État africain à participer, sauvant ainsi l'honneur de tout le continent ; d'autre part, en fin d'année, à l'occasion de sa médiation dans le conflit ivoirien, au nom de l'Union africaine.

En ce qui concerne Haïti, « ce morceau d'Afrique en Amérique », l'État français refuse obstinément de restituer à son gouvernement la rançon de l'abolition de l'esclavage – soit 150 millions de francs-or, versés aux deux tiers à la France par la première République caribéenne, entre 1825 et 1946. Pire, pour punir le premier président élu de l'ère post-duvaliériste, Jean-Bertrand Aristide, d'avoir osé réclamer pareille réparation, le gouvernement Chirac a organisé le 29 février 2004, avec le soutien actif des USA, du Canada et la complicité de l'Onu, sa destitution et sa déportation... en Afrique du Sud via la Centrafrique ; cela dans l'indifférence quasi générale d'une opinion publique internationale habilement désinformée.

De même, le président Mbeki ne saurait oublier les tragiques événements de la crise politico-militaire franco-ivoirienne, en particulier les folles journées d'Abidjan en novembre 2004, consécutives à la destruction par la France de la flotte aérienne de la Côte-d'Ivoire. Il fut pratiquement le témoin direct d'une armée étrangère ouvrant le feu sur la population civile, certes hostile mais non armée, en plein cœur de la capitale d'un pays réputé indépendant, souverain et ami !

Ces deux exemples, haïtien et ivoirien, personnellement vécus, auraient dû suffire à éclairer le président Mbeki sur le type de relations que l'État français entend entretenir avec notre continent et sa diaspora. Dans les deux cas, il lui a été donné de voir le vrai visage de cette France, dont le chef actuel prétend « aimer l'Afrique, aimer et respecter les Africains », mais aussi de se forger une opinion en confrontant les actes et les paroles du gouvernement français.

L'on pourrait objecter que les faits relatés ci-dessus mettent en cause les prédécesseurs de Sarkozy et non sa propre responsabilité. Cependant, comme ministre, il est lié par la solidarité gouvernementale. De plus, le simple choix des pays visités dans le cadre de son premier voyage présidentiel en Afrique noire est, par lui-même, révélateur – commençant par la base la plus ancienne et la plus docile de la domination coloniale, pour finir par la plus usée et la plus caricaturale des tyrannies françafricaines.

Enfin et surtout, la radicalisation des restrictions à l'immigration en métropole, corollaire de la violente répression de la jeunesse des banlieues, au même titre que la poursuite de l'interventionnisme militaire français, au Tchad et en Centrafrique notamment, illustrent parfaitement qu'au-delà de la volonté de « rupture » proclamée par le nouveau président français, la continuité prime sur le changement, à l'intérieur comme à l'extérieur de l'Hexagone. Dernièrement encore, une manifestation flagrante de son arrogance et de son impéritie a été fournie par son inconduite dans le honteux trafic d'enfants africains, organisé par ses compatriotes de l'Arche de Zoé et leurs semblables, qui n'en sont plus à un scandale près.

Mais c'est vraisemblablement la position concrète de Nicolas Sarkozy sur la question cruciale de la négociation des Accords de Partenariat Économique (APE), opposant présentement l'Union européenne à l'Union africaine, qui devrait achever d'édifier Thabo Mbeki sur la nature exacte des relations possibles entre nos deux continents, ainsi que sur la face hideuse de cette « Eurafrique », tant vantée par les thuriféraires du « métissage universel » faisant évoquer l'association du cavalier et de la monture !

Dans sa chronique « La lettre du Président » de l'hebdomadaire *ANC Today*[7], Thabo Mbeki développe son argumentation, en invitant les cadres et militants de son parti à étudier attentivement, en raison de leur « importance critique » mais « sans obligation de les approuver », les discours de deux nouveaux dirigeants d'anciennes puissances coloniales : celui de Sarkozy à Dakar et celui du Premier ministre britannique Gordon Brown à New York, devant l'Assemblée générale des Nations unies, le 31 juillet 2007.

Sous le titre « Make poverty history : if not now, when ? » (« Mettre la pauvreté au musée : sinon maintenant, quand ? »), il a choisi de ne retenir de ces deux discours que les aspects positifs, par exemple le « partenariat entre des nations égales en droits et en devoirs » proposé par le Français, afin d'éviter à l'Afrique de « devenir la proie des prédateurs du monde entier », ou encore « le partenariat global pour le développement » suggéré par l'Anglais, pour « faire reculer les frontières de la pauvreté ». Puis, soulignant que l'« évaluation critique des bases fondamentales de ces négociations, définies par les accords de Cotonou », révèle un « mal essentiel [...] dérivé de l'infâme consensus de Washington », le Sud-Africain énumère les conditions préalables à la mise en œuvre d'une zone de libre-échange entre les partenaires inégaux que sont l'UE et les pays d'Afrique, des Caraïbes et du Pacifique (ACP) : flexibilité et souplesse dans la négociation, longue durée du processus de libéralisation, non-conditionnalité de l'aide, révision de certains articles de l'Accord général sur les tarifs et le commerce (Gatt), à l'origine de l'Organisation Mondiale du Commerce (OMC), conformément aux recommandations de la Commission pour l'Afrique, conclusion harmonieuse de l'Agenda de développement de Doha, etc. Qu'est-il advenu de ces bonnes intentions à l'échéance du 31 décembre 2007 ? Face au refus général des États africains de signer les APE, la Commission européenne a eu recours à des « accords intérimaires » séparés avec certains pays dits « à revenu intermédiaire », tels que le Ghana, la Côte-d'Ivoire ou le Cameroun, fissurant ainsi le bloc africain. De sorte qu'aujourd'hui, après l'échec du sommet de Lisbonne – d'ailleurs boycotté par Gordon Brown, qui prétendait en exclure le président zimbabwéen Robert Mugabe –, l'UE parle d'une seule voix et exerce un chantage aux représailles. Tandis que l'Afrique en est réduite à négocier au cas par cas, c'est-à-dire par groupe d'intégration sous-régionale (CEDEAO, CEMAC, SADC, etc.), même si elle a pu obtenir un délai supplémentaire avant la reprise du dialogue, avec, paraît-il, le soutien verbal du président français, qui, toutefois, se garde bien de se démarquer de la position rigide de la Commission européenne. En somme, le contraire de ce qui était escompté par le président Mbeki dans sa chronique du mois d'août dernier...

Il résulte de tout ce qui précède que la règle d'or qui veut qu'une politique soit évaluée sur ses résultats plutôt que sur son énoncé, tout comme un politicien se juge par ses actes et non par ses déclarations, reste valable en tous temps et tous lieux. Nul ne fera à Thabo Mbeki l'insulte de penser qu'il puisse ignorer une notion aussi élémentaire, lui qui, à la suite de Madiba, a su réorienter la diplomatie de son pays, de fauteur de guerre global sous l'apartheid (comment oublier les multiples attaques et attentats terroristes contre les pays de la ligne de front et les combattants de la liberté, ou encore l'assassinat du président mozambicain Samora Machel et du Premier ministre suédois Olof Palme ?) en faiseur de paix régional (du Congo au Soudan, en passant par le Burundi et la Côte-d'Ivoire).

Toutefois, l'interrogation demeure : comment le président de la nouvelle Afrique du Sud démocratique, non raciale et non sexiste, par ailleurs chef du plus ancien mouvement de libération nationale africain, a-t-il pu se méprendre à ce point sur la signification réelle du discours sarkozyen, pourtant immédiatement saisie par de simples observateurs, africains ou étrangers ?

D'autant que le conseiller Henri Guaino, le « nègre » de

Sarkozy pour le discours de Dakar, a déclaré *a posteriori* qu'il ne savait pas que « citer Senghor pouvait être insultant pour les Africains ». S'il s'était donné la peine de lire le parrain de l'université de Dakar, Cheikh Anta Diop, il se serait épargné pareille déconvenue : « Le métissage n'est ni un bien ni un mal, c'est un fait humain. Mais il devient un danger national lorsqu'on en fait une doctrine politique, fût-ce sous la forme déguisée d'un métissage culturel. On doit avoir la force et l'honnêteté de ne pas confondre l'intérêt général avec les questions personnelles[8]. »

Autre extrait récapitulatif du professeur Diop sur la « négritude » de Senghor :

« a) Le métissage biologique et culturel sélectif (c'est-à-dire avec le Blanc européen et non avec les autres Africains ou les autres races) est érigé en principe intangible, là où toute autre personne sans arrière-pensée s'en tiendrait à la notion d'échanges culturels pour caractériser la réciprocité des emprunts de peuple à peuple ;

« b) Le nègre est congénitalement inférieur au Blanc sur le plan de la rationalité ; donc celui-ci doit constamment remorquer celui-là ; choisir le chemin à suivre et l'éclairer de son phare ;

« c) L'Afrique doit céder la place à l'Eurafrique, nouvelle entité géopolitique dont la réalisation est le but suprême à atteindre ;

« d) La francophonie et comme corollaire,

« e) Le blocage juridique du développement des langues nationales afin de priver la culture nationale de son support linguistique naturel ;

« f) Enfin, le dernier ersatz culturel, l'hymne de la jeunesse[9]. »

La référence à *L'Enfant noir* de Camara Laye n'est guère plus heureuse, quand on sait ce qu'en disait le regretté Alexandre Biyidi, plus connu sous son nom de plume Mongo Beti, en 1953. Jugeant ce premier roman décevant, en comparaison de *Black Boy* de Richard Wright, même s'il reconnaît en l'auteur un « authentique poète », il lui reproche de se complaire dans « l'anodin, le pittoresque le plus facile – donc le plus payant – [s'acharnant à montrer] une image stéréotypée – donc fausse – de l'Afrique et des Africains. [...] Par contre, Laye ferme obstinément les yeux sur les réalités les plus cruciales, celles justement qu'on s'est toujours gardé de révéler au public d'ici. [...] Est-il possible que, pas une seule fois, Laye n'ait été témoin d'une seule petite exaction de l'administration coloniale ? ». Il concluait en ces termes : « Le bon sens africain, qui réprouve – aussi – l'improbité intellectuelle commande à Camara Laye de se racheter[10]. »

Voilà deux points de vue significatifs d'éminents penseurs et résistants africains sur les deux seules références non européennes du discours dakarois de Sarkozy.

Dans ces conditions, il devient légitime de se demander de quel type de renaissance le président Mbeki se veut l'apôtre ? En se reportant à son allocution d'ouverture de la Conférence sur la Renaissance africaine de Johannesburg (28-29 septembre 1998), à laquelle il a pris part de bout en bout, on y trouve exprimée une vision dont « l'un des objectifs centraux doit être la garantie d'une vie meilleure pour les masses populaires, qui doivent jouir du et exercer le droit de déterminer leur avenir. Cette renaissance doit donc aborder la question critique du développement durable dont l'impact est positif sur les conditions d'existence et la qualité de vie des masses de notre peuple[11] ». Reprenant à son compte la formule de jeunes Afrikaners qui déclarent qu'« hier est un pays étranger ; demain nous appartient », il ajoutait : « Je m'adresse à ceux-là mêmes qui sont désireux de et prêts à se rebeller contre la tyrannie, l'instabilité, la corruption et l'arriération. Il me semble qu'ils sont nombreux à travers notre continent à être prêts et disposés à devenir de tels rebelles [...] l'esprit étant favorable, dans toute l'Afrique, à une offensive soutenue contre le néocolonialisme et toute la dégénérescence qu'il représente. » Enfin, rappelant que « le peuple doit gouverner » et que « le noyau de la vision de la Renaissance africaine est le processus de transformation fondamentale dans l'intérêt du peuple », il concluait en réaffirmant que, si nous retrouvons « la fierté africaine et la confiance en nous-mêmes, nous réussirons aussi bien que quiconque à construire une société humaine et prospère [...] de sorte que le nouveau siècle sera retenu par l'histoire comme le siècle africain ».

Si telle est bien aujourd'hui encore, une décennie plus tard et après l'épreuve du pouvoir suprême, sa conception de la renaissance du continent, elle aurait dû suffire à éclairer le président sud-africain sur la tromperie de la « rupture » annoncée par son homologue français, la continuité prévalant largement sur un banal changement de style, et par conséquent à le dissuader de lui adresser une quelconque félicitation pour sa « déclaration d'amour » de Libreville.

Faut-il alors incriminer la carence de ses conseillers, une hypothèse peu probable, ou au contraire, la gestion solitaire du pouvoir, comme tant d'autres potentats à travers le monde ? Cette énigme ne saurait demeurer indéfiniment non résolue. D'ores et déjà, autant il est manifeste que Nicolas Sarkozy demeure fidèle, au moins en matière de politique africaine, à ses sinistres prédécesseurs, autant il est permis de s'interroger sur la mesure dans laquelle Thabo Mbeki est un héritier digne des illustres pères fondateurs de la nouvelle Afrique du sud, héros et martyrs de la cause africaine qui ont administré une leçon d'humanisme à ceux qui leur ont dénié toute humanité jusqu'à l'ultime décennie du XXe siècle.

Dakar, le 15 janvier 2008

Notes

1. *Le Monde*, 14 août 2007.

2. François-Xavier Verschave, *La Françafrique : le plus long scandale de la République*, Paris, Stock, 2003.

3. Louis Sala-Molins, *Le Code noir, ou le calvaire de Canaan*, Paris, PUF, 1e édition 1987, 2e édition « Quadrige » 2003.

4. Patrick de Saint-Exupéry, *L'inavouable : la France au Rwanda*, Paris, Les Arènes, 2004.

5. Claude Ribbe, *Le Crime de Napoléon*, Paris, Privé, 2005.

6. À ce sujet, voir notamment : Gabriel Lisette, *Le Combat du Rassemblement Démocratique Africain. Chronique historique*, Présence africaine, 1983 ; et Ouezzin Coulibaly, *Combat pour l'Afrique. 1946-1958. La lutte du RDA pour une Afrique nouvelle*, textes présentés par Claude Gérard, NEA, Abidjan, 1988.

7. *ANC Today*, volume 7, n° 30, 3 au 9 août 2007.

8. Cheikh Anta Diop, in *Siggi* n° 2, février 1977.

9. Cheikh Anta Diop, in *Taxaw* n°3, avril 1977.

10. Mongo Beti, *Le Rebelle I*, Gallimard, « Continents noirs », Paris, 2006.

11. William Makgoba (dir.), *African Renaissance. The New Struggle*, Tafelberg, Mafube (Cape Town), 1999, prologue.

NB : Toutes les traductions de l'anglais vers le français ont été faites librement par l'auteur.

Valse à temps variable de Sarkozy à Dakar

Koulsy Lamko

Né au Tchad, Koulsy Lamko est écrivain, entrepreneur culturel et universitaire – docteur es lettres, langue et littérature françaises. Ses multiples activités l'ont amené à vivre au Burkina Faso, en Côte-d'Ivoire, au Rwanda et dans bien d'autres pays d'Afrique où, fort d'un engagement militant constant, il enjambe les frontières pour exercer sa « profession d'activiste de la culture ». Aujourd'hui il vit au Mexique où il enseigne à l'université.

Ses prinicipales œuvres sont : *Ndo kela ou l'initiation avortée* (théâtre, Lansman, Carnières, 1993), *Tout bas… si bas !* (théâtre, Lansman, Carnières, 1995), *Comme des flèches* (théâtre, Lansman, Carnières, 1996), *La Phalène des collines* (roman, Kuljaama, Butare, 2000 ; Le Serpent à plumes, Paris, 2002), *Amargura Negra* (poésie, Kuljaama, Mexico, 2005), *Bir Ki Mbo* (CD musique, Case Culture, Lomé, 1997)

Cher Thomas Sankara,

Tu devines ma facile réticence à emprunter les chemins de la polémique froide. Je n'en ai pas le don – je souhaite tant l'avoir un jour –, celui que tu possèdes de marteler les mots, de leur assener au point tonal ce poing qui dompte sans frousse, sans amertume ; de leur assigner avec rigueur et méthode une trajectoire vers le but : la lutte, le combat, la victoire.

J'ai encore eu l'occasion de t'écouter à plusieurs reprises pendant cette Caravane artistique qu'Odile Sankara et moi-même avons dédiée à ta mémoire. Nous y ont accompagnés la famille, les amis, des dizaines d'artistes, des milliers de militants du monde entier... jusqu'à Ouagadougou. Ta parole est véritablement acte ! En te réécoutant, je n'en ai été que plus convaincu de la justesse et de la vérité !

Tu devines également mon autre réticence, la douloureuse, à devoir être constamment en situation d'« être réagi », de devoir répondre plutôt que de se concentrer à élaborer pour exister dans la conscience universelle, pour jeter au sillon les prémices, au besoin...

Mais Sarkozy a commis un discours insultant à Dakar... dans la lignée de ces discours de Brazzaville, discours de La Baule, discours dont seuls les dirigeants français ont le secret. Tu l'as sans doute entendu. Je ne reviens que sur certains éléments de sa logorrhée verbale...

Cette éternelle vie du recommencement cyclique caractérisant le nègre bon sauvage de Sarkozy, le stupide paysan mwaga ou wolof ou sar, assis sur la margelle de l'Histoire, en dehors de l'Histoire et qui regarde béatement tournoyer le printemps, l'été, l'automne et l'hiver autour de lui sans se mettre à l'abri de la nécessité, c'est ce « tous nous » qui devons, comme Sisyphe condamné, monter la pierre sur le rocher, la voir retomber, la recharger pour regrimper jusqu'à la cime du rocher… Le nègre bon sauvage qu'a éructé Sarkozy entre deux indigestions, c'est ce « tous nous » qui depuis des siècles est condamné à devoir convaincre les autres de son humanité, fournir constamment la preuve de cette humanité contestée, s'excuser d'être encore vivant malgré tous les stratagèmes posés pour son anéantissement.

Dois-je une fois de plus sacrifier à la ronde pédagogique, concocter le plaisir pour l'extase de la brute ou du cancre ? La brute ou le cancre se complaît dans la diversion et se nourrit de toutes les nouvelles espiègleries qu'il suscite et dont l'unique but visé reste son propre plaisir à s'amuser… Sarkozy s'amuse ! Et mon opinion est faite depuis fort longtemps sur nos noces forcées avec l'Occident : un jeu de dupe ou le dupé armé de sa bonne foi croit fermement qu'à force d'explication, il réussira à éclairer le vainqueur, à remuer en l'autre la fibre d'humanité. Imagine le *tous nous* heureux de recommencer la leçon par la preuve !

Mais, me réponds-tu : « Nos fossoyeurs nous en laissent-ils le choix ? Depuis l'esclavage, depuis Samory, Behanzin, Fanon, Lumumba, Um Nyobè, Moumié, Wandjié, Cabral, Biko, Cheikh Anta, Samora Machel et tous ceux, anonymes et non anonymes debout… Nos fossoyeurs nous laissent-ils le luxe du non-choix ? »

C'est bien encore toi qui as raison. Si Aimé Césaire, l'autre aîné, m'a appris à regarder par-dessus l'épais brouillard qui immanquablement se tisse d'hypocrisie sur le chemin des lunes de miel avec nos fossoyeurs, Mongo Beti et Boubacar Boris Diop m'ont offert les outils du diagnostic, m'apportent la force du renoncement à soi, la foi en l'espérance têtue. À toi, je suis infiniment reconnaissant de cet idéal d'exigence de liberté, de dignité, de probité, de solidarité, de créativité et d'espoir pour un monde plus juste et plus humain.

Oh, ce regard !

Tu te souviens, à la dixième année de ton absence, je chantais pour toi *« bir ki mbo »* en te disant que j'avais choisi d'être un écrivain, ce qui ne m'empêchait pas de persécuter la gratte… comme toi. Un écrivain comme Césaire, Achebe, Mongo Beti, Boubacar Boris Diop…

Mais que n'avons-nous pas dit avec tendresse depuis nos onze décennies de littérature, nous qui écrivons les voix sourdes ou les cris de nos peuples ? Que n'avons-nous pas dit avec exaspération ?

La colonisation est une question de regard. Nous écrivons « le français » depuis presque un siècle. Nous aurons bientôt tenté d'échanger nos cultures avec trois générations de Français. À la table de la fraternité forcée, nous avons généreusement tout offert : nos mythes, nos imaginaires, nos récriminations contre les nôtres vilipendés à souhait, nos joies, nos larmes… en échange des mythes et monuments littéraires français qui nous habitent à jamais. Mais les Français nous croient-ils, changent-ils le regard qu'ils portent sur nous depuis l'entreprise coloniale ? En d'autres termes, nos mots partagés ont-ils opéré le miracle d'une véritable rencontre, malgré la douleur du choc ? Leurres sans lueurs, pourrait-on répondre sans trop se tromper.

Peut-être cela changera-t-il un jour, nous disons-nous. Dans la réalité des faits, le dialogue interculturel qui aurait permis qu'évoluent les perceptions reste un vœu pieux à maints égards. Pot de terre contre pot de fer ! Les rapports de force sont proprement impitoyables, et les cultures dominantes ne peuvent accepter des dominées que des épiphénomènes sans effets pérennes. Il n'y a pas même là l'amorce d'une remise en cause fondamentale. À moins d'une rupture, la décolonisation ne se fera véritablement que lorsque auront évolué les rapports de force économiques et politiques. Et elle ne sera pas un fait unilatéral, mais un changement de regard partagé entre fils de colonisateurs et fils de colonisés, un abandon des prismes qui nous imposent malheureusement la vision d'un monde convexe ou concave.

Sarkozy nous lit-il seulement pour que nous nourrissions l'espoir qu'il nous entende ! Le regard du colon n'a pas changé. Ne changera pas de sitôt. N'aura peut-être jamais l'occasion et la vertu de changer.

Mélanophobie : la gifle qui émascule !

Que l'on ne s'y méprenne point ! La mélanophobie liée à l'essentialisme n'est pas un fait circonstanciel. En Occident et parfois ailleurs sous d'autres cieux, elle fait partie d'un éventail de phénomènes totaux, sociaux et globaux. Par conséquent, elle est un fait de culture transgénérationnel. Soubassement idéologique pour souligner le mépris que l'on nous prodigue abondamment, elle a tout justifié dans nos relations avec les autres depuis des siècles. Depuis la Bible, le Coran, l'esclavage ; depuis Napoléon, Gobineau, Hegel, Hitler, le Ku Klux Klan, l'apartheid, James Watson, le Nobel des ADN… Le préjugé est à la longue teigneux, si tendrement teigneux qu'il en devient un verdict sans appel, celui d'une condamnation à perpétuité, la damnation nous collant au séant comme la glu à l'arrière du *gologo*. Paraphrasons pour nous attarder dans ce registre : selon les autres humanoïdes, l'homme noir, pas tout à fait encore homme puisque n'étant doté que d'une mentalité prélogique, l'on devra travailler, sans relâche travailler à son progressif accomplissement, sa maturation, laquelle nécessitera des siècles et des siècles de transformation, de colonisation permanente virulente ou diffuse à souhait ! Ainsi soit-il ! Et cette lourde compréhension du temps qui n'a aucune prise sur le nègre ! Et cette lenteur incrustée dans chacune de ses cellules irrémédiablement sauvages, et cette absence d'âme et donc de salut ! Et cette âme si noire qu'elle en perdrait toute perfectibilité ! À la limite, il sera plutôt salutaire de l'arracher à sa fusion avec la nature en le secouant un peu… Tirer le schmilblick ? L'on aura beau construire pour lui, des écoles, des hôpitaux, des routes, offrir des ancêtres gaulois, une âme, la civilisation, les plans de développement… Mais, que diable, pourquoi l'homme noir peine-t-il tant à sortir de sa grotte de troglodyte, sa caverne d'obscurantisme ?

Le discours de Sarkozy à Dakar n'est donc pas qu'une « faute » comme Boris Diop le lui concède avec magnanimité. C'est davantage une « faute volontaire ». En ce sens qu'il fait partie de l'arsenal, la permanente stratégie d'agression se situe dans le continuum d'un discours profondément enraciné dans la nuit des temps de la pensée occidentale, discours pétri de cette arrogance qui se croit définitivement invulnérable. L'Histoire s'écrit par les vainqueurs, n'est-ce pas ? Comment donc celle-ci, élaborée par l'Occident, ne nous inscrirait-elle pas en creux ? Nous sommes les vaincus d'une guerre qui ne dit pas son nom. Hélas, nous a-t-on jamais appris pourquoi l'on nous guerroie depuis des siècles ? Nous le saurions que nous affûterions les armes adéquates... Osons démêler l'écheveau ! Serait-ce revanche d'un mal que l'on nous reproche ? Que l'on nous dise alors de quel crime odieux nous avons un jour été la cause ? De quel cruel agissement nous nous sommes rendus coupables pour que soit si profondément enracinée la haine de la revanche ? La mélanophobie comme toutes les autres horreurs de la pensée naîtrait-elle d'un désir animal jamais assouvi d'anéantissement de l'autre ? L'expression de cette gratuite volonté de puissance ? Mais beau diable pourquoi donc un peuple s'octroierait-il le privilège de dire la création autrement, se targuerait d'en éliminer gratuitement l'une des composantes ?

Tu avais raison de créer l'Institut des peuples noirs pour nous rassembler autour de la résistance. J'y ai cru et je suis allé apporter ma contribution à l'édifice pendant deux ans. Hélas, ils ont étouffé le bébé... lors des premiers vagissements !

Sarkozy s'amuse ! Et déjà son meeting d'Agen, le 25 juin 2006, est particulièrement révélateur d'un racisme qui ne se cache point : l'amalgame fait entre la « racaille » et les sans-emploi est symptomatique du « qui veut noyer son chien l'accuse de la rage » !

« Ceux qui ont délibérément choisi de vivre du travail des autres, ceux qui pensent que tout leur est dû sans qu'eux-mêmes doivent rien à personne, ceux qui veulent tout tout de suite sans rien faire, ceux qui, au lieu de se donner du mal pour gagner leur vie, préfèrent chercher dans les replis de l'Histoire une dette imaginaire que la France aurait contractée à leur égard et qu'à leurs yeux elle n'aurait pas réglée, ceux qui préfèrent attiser la surenchère des mémoires pour exiger une compensation que personne ne leur doit, plutôt que de chercher à s'intégrer par l'effort et par le travail, ceux qui n'aiment pas la France, ceux qui exigent tout d'elle sans rien vouloir lui donner, je leur dis qu'ils ne sont pas obligés de rester sur le territoire national[1]. »

Sarkozy s'amuse royalement ! Sarkozy nous lit-il seulement pour que nous nourrissions l'espoir qu'il nous entende ! Le regard n'a pas changé. Ne changera pas de sitôt. N'aura peut-être jamais l'occasion de changer.

À l'heure du *story telling* triomphant

Mais quel toupet de vouloir balayer des siècles de civilisation en une phraséologie burlesque et cynique, débordante de contradictions ! Quelle indécence de se targuer d'effacer l'histoire de l'Afrique, tout un continent, juste à coups de reconstitutions narratives et poétiques de l'« identité de la marque francophone » ! Mais, bon Dieu…

Si l'effort est trop grand pour la faiblesse humaine de demander pardon, qu'on laisse au moins à la victime la décence d'effleurer elle-même ses plaies ou de célébrer sa défaite. L'histoire ne s'oublie pas. Ce n'est pas Sarkozy qui nous enseignerait le contraire. Ce n'est ni la France qui le ferait, elle qui vénère les musées, fait même de ses lieux de culte des lieux de mémoire. Ni cette Europe qui tire son épanouissement d'une capitalisation intellectuelle, matérielle ou spirituelle de tous les héritages des peuples qui l'ont traversée. Elle qui, par ses nombreux intellectuels et hommes de culture, étreint sa mémoire, l'entretient. Mais ce qui est bon pour les autres ne l'est certainement pas pour les nègres !

Cependant l'histoire peut aussi s'oublier. Surtout lorsqu'on lui impose la volonté de son anéantissement par la chape de silence, une armada de mécanismes d'acculturation ou un harcèlement par le mensonge. Néanmoins, nul ne peut en occulter les conséquences visibles, tangibles. Elles ne sont ni du domaine de l'utopique ni du domaine de l'hypothétique. Elles participent d'une relation de cause à effet. Il n'y a pas de cause sans effet !

Au nom de quelle théorie du développement veut-on que les nègres occultent les effets de l'esclavage, la colonisation, ou de la néocolonisation dans laquelle ils pataugent encore ? Mais la question n'est certainement pas celle-là. C'est plutôt sur le pourquoi qu'il faut s'arrêter. Pourquoi veut-on que les nègres s'oublient ? Deux réponses faciles s'offrent à moi : la première réside dans le miroir tendu qui dérange en ce qu'il rend aux *injoncteurs* un visage étonnement tordu, scrofuleux ; la seconde dans cette tentative chevaleresque de marketisation des rapports politiques.

Secret de polichinelle, en effet, que la fierté – elle aussi bien teigneuse – la fierté à la gauloise de pratiquer l'amnésie volontaire face aux tribulations d'une histoire violente dont la France sort souvent honteuse, ainsi que de l'inadéquation avec sa prétention à moraliser les autres peuples sur le concept des droits humains. La France officielle n'a jamais regardé en face ni son passé esclavagiste, ni son passé colonial, ni son passé vichyste, ni les atrocités auxquelles elle a pris activement part en Algérie, à Madagascar, au massacre des Bamilékés, à la guerre du Biafra, à la guerre civile larvée au Tchad (où l'on ne dira jamais assez le rôle obscur de Giscard d'Estaing, puis par la suite de Mitterrand et Chirac), au génocide des Tutsis au Rwanda. On ne la refera sans doute pas !

Quant à l'autre argument, relatif au marketing politique, je m'y risque sans gants. En effet, serions-nous peut-être juste permanentes marchandises ou consciences instrumentalisées d'acheteurs ? Nous sommes de la marque « nègres francophones, modèle déposé, fragile et prisée pour sa légendaire disponibilité » ! À ce stade, on ne nous laisse pas non plus l'alternative du non-choix !

Drôle de pratique quand même que ces discours de chefs d'État d'aujourd'hui qui se prennent pour des prêtres, pasteurs ou imams, et qui pointent quotidiennement leur museau excité sur les presbytères pour dire des messes, des sermons sur la marche du monde ! La divine mode : raconter des histoires aux fidèles ; évangéliser ceux qui encore ignorent le salut qu'apporterait le néolibéralisme, convaincre ceux qui doutent, convertir ! Voilà le maître mot : convertir ! Et nos gourous hystériques de se bousculer dans la lucarne du petit écran ! Toujours pathétiques lorsqu'ils tentent de convaincre par le mensonge avec des airs faussement affectés et émus de mauvais interprètes ! Ridicules quand ils sont convaincus que les autres en face sont incapables de démêler leurs manigances ! Les discours de Sarkozy se veulent résolument racoleurs et mensongers, cyniques, la mode d'une étrange valse à tempos irréguliers autour du « un pas en avant, dix pas en arrière ».

Christian Salmon dans son excellente œuvre récente évoque avec perspicacité et à juste raison cette ère du *story telling*. La panacée, pour ces politiciens néoconservateurs expansionnistes et va-t-en guerre, Bush et disciples de Bush, c'est de nous raconter des histoires – vraies ou fausses, peu importe – pour induire nos comportements : *le conduire les conduites* de Foucault. Il ne s'agit même plus d'induire les conduites, mais de les diriger vers des objectifs dissimulés au regard des concernés. Et voilà les guignols au gouvernail… et ils sont de plus en plus nombreux à affectionner le quart d'heure de folie quotidienne devant un pupitre ! Fictionner la vie des honnêtes gens, gommer leurs repères spatio-temporels, les abreuver de modèles dominants, pratiquer une intoxication de leurs habitudes, agiter le prétexte de l'innovation, construire un mythe collectif contraignant autour duquel tous sont sommés de se ranger, de moutonner. La théorie de la croissance considérée comme seul tenant et aboutissant du développement est agitée, implacable soubassement qui balise la mascarade. Le néolibéralisme consumériste du court terme, prédateur et qui s'accoquine au néoconservatisme intolérant justifie les inégalités sociales par des arguments essentialistes ! Stratégie du *story telling* : cristallisations d'une forme de discours qui vise à influencer une fange non avertie des populations consommatrices du doute déjà installé depuis des décennies. Et le bonimenteur espère ainsi que les innocents gobeurs de bonnes nouvelles s'autodétruisent. De toute façon, le tissu socio-culturel poreux – du fait des conséquences néfastes de programmes de développement inadaptés parachutés et dont on connaît les ravages – ce tissu-là n'est rien d'autre que du terreau bien meuble et disponible ! Le tour est joué ! Et en avant pour la fidélisation de la clientèle !

Si mon regard ne m'abuse, Sarkozy ne me renvoie rien d'autre que l'image de ce marchand d'épices colporteur au bagout grossier, ce bonimenteur de l'entreprise qui se fend d'un « notre entreprise a une histoire et cette histoire c'est aussi la vôtre, c'est la nôtre à nous tous. Mais dans l'affaire que nous avons en commun, le partenariat me paraît inégal. Nous autres, la France, investissons tout ; alors que vous autres, les Africains, paresseux ataviques, vous vous contentez de cueillir les fruits de nos actions. Je vous propose une OPA vu l'état délabré de votre part. Et je sais que de l'opération, vous ne sortirez que perdants eu égard à votre vision désespérément statique d'un monde immobile dans un monde mobile… Je vous propose cette OPA : l'Eurafrique… ».

J'emprunte à Boris Diop et à sa saine indignation cette expression qui clôt la palabre : *En Françafrique désormais, le roi est nul*[2]… Je partage entièrement son point de vue. Mieux que *nul*, le roi est *nu*. Il n'est plus qu'un vulgaire bonimenteur marketeur dévoilé !

Sarkozy s'amuse ! Sarkozy nous lit-il seulement pour que nous nourrissions l'espoir qu'il nous entende ? Le regard n'a pas changé. Ne changera pas de sitôt. N'aura peut-être jamais l'occasion de changer.

Ceux-là qui nous gouvernent

Le choix de Dakar pour le discours de Sarkozy n'est pas innocent. Le Sénégal, c'est ce centre bouillonnant de grands intellectuels africains, à l'avant-garde d'une culture de la résistance. C'est le pays de Blaise Diagne qui, il y a cent ans déjà, faisait la liste des combattants pour constituer la première armée de tirailleurs… C'est aussi la terre de l'illustre Cheikh Anta Diop, digne fils d'Afrique ! Et c'est encore le pays de Gorée… Mais c'est aussi à Gorée que paradoxalement, il y a quelques années, Abdoulaye Wade emmurait les habitants pour permettre à Bush une visite sans esclandre et sans « nègres qui puent »… Le spectacle était radieux entre océan et baobabs, sans autres spectateurs que les GI. L'un posa dans le coin de l'œil une gouttelette de larme hypocrite. L'autre lui fit sa saine requête incongrue : offrez-nous vos vieux fusils… ceux dont vous n'avez plus besoin !

Chiche quand on nous dit que « la colonisation n'est pas responsable de toutes les difficultés actuelles de l'Afrique. Elle n'est pas responsable des guerres sanglantes, des génocides. Elle n'est pas responsable des dictateurs. Elle n'est pas responsable du fanatisme. Elle n'est pas responsable de la corruption et de la prévarication. Elle n'est pas responsable des gaspillages et de la pollution ». Ignorance ou cynisme ? C'est ce que j'appelle le double assassinat de Lumumba, Nkrumah, Cabral, tous ceux qui comme toi sont morts debout, tous ceux qui ont été *génocidés*…

Ponce Pilate, lui, n'est pas mort ! Depuis quelques années, en Europe, il est de bon ton de renvoyer aux Africains l'opprobre et la responsabilité totale des turbulences que nous vivons. Tu le sais bien, *Négrologie* de Stephen Smith a été commis, il en est la parfaite démonstration. Boris Diop y a d'ailleurs apporté une cinglante réponse – en complicité avec Odile Tobner et François-Xavier Verschave. *Noires fureurs, Blancs menteurs* de Pierre Péan achève le tableau accusateur en développant sur le sujet du génocide des Tutsis au Rwanda la curieuse thèse absurde d'un autogénocide provoqué par les victimes elles-mêmes. L'Afrique serait-elle à ce point mue par le syndrome des baleines suicidaires qui vont périodiquement s'élancer hors des champs marins pour se laisser mourir sur les plages ? Le ridicule sous certains cieux ne provoque pas de honte ! Et pourtant bien simple pourrait être le diagnostic, pour peu que l'on recherche la moindre objectivité. L'objectivité nécessite cependant que l'on s'enracine dans la profondeur historique, que l'on analyse les faits avec impartiale froideur ! Mais, comme Sarkozy se refuse à comprendre la profondeur de l'Histoire et de lier les situations dans une relation de cause à effet, cela s'entend, le débat tourne court !

La vérité, doit-on la ressasser, c'est que l'Afrique sur une grande partie de son territoire continue de vivre les douleurs historiques nées de siècles d'esclavage, de colonisation, et celles actuelles du néocolonialisme. Les visions d'indépendance réelles sont interrompues et détruites pas des systèmes mafieux aux longs tentacules parfois ostensiblement marqués par la présence de divers lobbies féroces, lobbies financiers, militaires, pétroliers, diamantaires, de vendeurs d'armes, etc. Les leaders nationalistes qui aiment leur peuple sont systématiquement assassinés, ou mis hors d'état de nuire au dessein colonialiste des puissances tutélaires. La position géographique du continent entre l'Occident et le Moyen-Orient en fait un espace stratégique sur lequel s'affrontent les convoitises les plus diverses de puissances anciennes et émergentes. Guerres, génocides, famines sont suscités, provoqués pour entretenir une mal-organisation devenue chronique et annihilant tous les efforts de développement. Les sociétés en mutation, fragilisées par les cultures dominantes étrangères rencontrent difficilement les conditions d'un enracinement véritable dans des identités fortes qui auraient facilité la confrontation avec un monde de plus en plus globalisé. Les populations à dominante jeune sont en proie à des fléaux atroces comme le sida, le chômage. S'impose alors à bien d'entre elles le miroir aux alouettes, l'alternative suicidaire du voyage vers l'inconnu, l'émigration au cours de laquelle des centaines de personnes sont englouties par les eaux de la mer ou les sables du désert.

Au plan économique, les divers schémas de développement imposés, parce que ne respectant pas les spécificités des supposés bénéficiaires, ont échoué. L'assujettissement aux diktats des institutions de Bretton Woods : la Banque mondiale et le FMI désorganisent toutes les économies locales par le service de la dette qu'ils imposent. La détérioration des termes de l'échange au sein d'un marché mondial déséquilibré – dans lequel les puissants subventionnent leur production ou couvent leur marché par des mécanismes de protectionnisme non avoué – sonne le glas du dynamisme que l'on pouvait espérer. Et cette mondialisation forcée de l'économie à laquelle contraint le néolibéralisme agressif ! Parlons-en ! On démantèle, on désarticule on déconstruit des sociétés entières qui s'étaient constituées pendant des siècles, pour les regrouper en États-nations sur des territoires arbitrairement délimités par la volonté du colonisateur ; cela faisant fi des histoires de famille. À peine ces États-nations ont-il commencé à tenter de se définir pour se construire une identité de nation – parfois de façon douloureuse –, qu'on saborde les embryons de leur économie dans le magma de la centrifugeuse « mondialisation », tout en sachant que dans le mouvement, les éléments qui entrent en ligne de compte n'ont pas la même consistance et que l'on anéantirait ces états-nations fragiles jusqu'au point de n'en faire que des ramassis de consommateurs abrutis ! Voilà le calcul cynique pour lequel l'on s'acharne à occulter la perspective historique ! Au plan politique, aujourd'hui, une véritable cacophonie fiévreuse s'est emparée d'une Afrique à qui l'on a présenté le multipartisme comme fondement de la démocratie. Leurres et placebo que le système capitalo-parlementariste qui plastronne dans sa grande robe de bure et qui sait merveilleusement organiser ses fortifications par des méthodes peu orthodoxes de fraudes électorales validées contre la volonté des peuples, de corruption généralisée, de manipulation ethnique, de manipulations informatiques !

Cependant, la vérité, c'est que vit aussi une certaine Afrique positive qui se bat, espère ! Celle-là on la muselle pour n'offrir que le spectre des calamités ! Ça rassure !

Mais qui donc installe sur le trône des potentats qui écrasent leurs peuples et pillent tous les deniers publics ? Qui donc soutient des dictateurs aguerris à l'art d'entretenir la confusion, la corruption ? Qui donc soutient les armées claniques, leur fournit des armes, en entraîne les tueurs ? Qui donc orchestre l'assassinat de leaders nationalistes qui auraient permis à leurs peuples de faire le saut du développement qualitatif ? Pourquoi de Gaulle a-t-il été vexé quand Sékou Touré a prononcé son *non* à la communauté en 1958 et choisi l'indépendance ? Pourquoi Giscard a-t-il *tombé* Bokassa alors que, quelques mois auparavant, il l'avait aidé dans sa lubie du sacre ? Mitterrand, Védrine et les autres ont-ils été vexés que le FPR remette en cause la sacro-sainte alliance avec le pouvoir francophone d'Habyarimana ? Résultat : un génocide d'un million de Rwandais… comme pour laver l'affront ! N'est-ce pas le même Mitterrand qui a dit haut et fort que toi, Thomas Sankara, tu tranchais trop, que tu dérangeais un peu trop ? Chirac a été vexé de ce que Laurent Gbagbo réclame plus de transparence dans les accords commerciaux liant la Côte-d'Ivoire aux multiples entreprises françaises qui y ont élu domicile. Résultat, l'éclatement d'un beau pays prospère… Pourquoi Elf a-t-il renversé Lissouba, président élu du Congo Brazza ? Pourquoi tant de sociétés et hommes politiques européens possèdent-ils des concessions minières au Congo Zaïre en déliquescence ? Pourquoi le Darfour ? Avec cet enlisement des belligérances multiples et ce *statu quo* qui semble fort destiné à faire la part belle à une guerre pour le pétrole par populations interposées ? L'Europe s'organise pour y installer durablement ses forces. *Wait and see !* Mais qui donc oblige la France à maintenir ses bases à Djibouti, en Côte-d'Ivoire, au Tchad, au Gabon, en RCA ? Mais pourquoi donc la France continue-t-elle de s'accommoder d'une Afrique traînarde et qu'elle traîne comme un boulet de canon à la cheville ? Pourquoi Sarkozy ne reconnaît-il pas les luttes des peuples, luttes millénaires pour refuser la reddition, luttes d'aujourd'hui pour survivre à toutes les trappes ? Combien de fois partout en Afrique des jeunes se sont levés, mus par la quête d'une véritable indépendance ? Combien de fois ne leur a-t-on pas tiré dessus, à Bè, au Togo, à Ndjaména, à Abidjan… ?

Je m'essouffle !

Que l'on parle de responsabilité partagée… *fair play*, j'accepte le compromis. Que l'on excuse, blanchisse la colonisation et la tienne pour pure pulsion altruiste (avec quelques erreurs d'appréciation) et, pire, que l'on nie son effectivité actuelle en banalisant les effets néfastes éventuels, c'est du cynisme ! Inadmissible !

Le prétexte du développement

« Le drame de l'Afrique, c'est que l'homme africain n'est pas assez entré dans l'Histoire. Le paysan africain, qui depuis des millénaires, vit avec les saisons, dont l'idéal de vie est d'être en harmonie avec la nature, ne connaît que l'éternel recommencement du temps rythmé par la répétition sans fin des mêmes gestes et des mêmes paroles. Dans cet imaginaire où tout recommence toujours, il n'y a de place ni pour l'aventure humaine, ni pour l'idée de progrès. Jamais l'homme ne s'élance vers l'avenir. Jamais il ne lui vient l'idée de sortir de la répétition pour s'inventer un destin. Le problème de l'Afrique, et permettez à un ami de l'Afrique de le dire, il est là. Le défi de l'Afrique, c'est d'entrer davantage dans l'Histoire. C'est de puiser en elle l'énergie, la force, l'envie, la volonté d'écouter et d'épouser sa propre histoire. Le problème de l'Afrique, c'est de cesser de toujours répéter, de toujours ressasser, de se libérer du mythe de l'éternel retour, c'est de reprendre conscience que l'âge d'or qu'elle ne cesse de regretter ne reviendra pas pour la raison qu'il n'a jamais existé[3]. »

Mais à quel développement Sarkozy nous invite-t-il ? Et me reviennent ces poncifs du nègre paresseux qui attend que les autres travaillent pour lui ! Sarkozy a-t-il fait un tour dans les campagnes du Moyen-Chari ou du Bulkiemdé pour voir des nègres paresseux assis sous l'ombre des baobabs, attendant que le fruit de l'arbre leur tombe dans la bouche… ? Sarkozy a-t-il seulement le moindre respect pour cette Afrique qui entreprend, se bat contre vents et marées pour exister malgré tous les ostracismes ? Cette jeunesse qui bouge, crée, invente des rocades pour échapper aux pièges tendus du néolibéralisme et sa « racaille » de dictateurs cooptés ? Ces femmes, ces mères qui, nuit et jour, élaborent des projets, les mènent avec abnégation pour envoyer leurs enfants à l'école ? Ces mineurs du Transvaal, ces pâtres sahéliens, ces ouvriers des bidonvilles qui se dépensent sans compter pour survivre ! A-t-il seulement la moindre considération pour ces milliers d'émigrés maghrébins et nègres qu'il vilipende et dont il insulte les parents, ces émigrés qui ont trimé pour construire la France d'aujourd'hui, et qui continuent de le faire ?

S'est-on jamais demandé si l'Afrique avait envie de vivre ce type de développement qu'on lui agite à coups d'indices de la croissance, chantages, coups de semonces? Ce type de développement à l'idéal belliqueux qui a détruit des millions d'hommes sur la planète pendant les conquêtes diverses, qui continue d'en détruire des millions… pendant que coule le pétrole dans les pipelines d'Irak vers les citernes américaines et alliées, pendant que grouille la multitude des exclus sur le pavé des mégalopoles…

Depuis des siècles, l'Occident s'arroge bien la palme des horreurs dont l'humanité s'est rendue coupable. C'est sans doute le gage du développement qu'en son nom Sarkozy nous propose. Je retrouve ici un extrait de ce texte de Raphaël Confiant en réponse aux inepties d'Alain Finkielkraut, le mélanophobe hystérique :

« … Et là, que l'on me permette d'énoncer une vérité d'évidence : la Shoah est un crime occidental ! Comme l'a été le génocide des Amérindiens, comme l'a été l'esclavage des Noirs, comme l'a été la déportation des Hindous, comme l'a été l'extermination des Aborigènes australiens […]

« Si la Shoah est bien une abomination, elle n'a été mise en œuvre ni par les nègres, ni par les Amérindiens, ni par les Chinois, ni par les Hindous, ni par les Arabes. Elle a été mise en œuvre par l'Occident. Ce même Occident qui n'a cessé de pourrir la vie des Juifs depuis deux mille ans. Citons :

– destruction du Temple de Jérusalem par les Romains en l'an 70 et dispersion du peuple juif ;

– inquisition au Moyen Âge par les Espagnols ;
– pogroms au XIXe siècle par les Russes et les Polonais ;
– chambres à gaz par les Allemands au XXe siècle
– rafle du Vél' d'Hiv' par les Français au même siècle, etc. »

Il est bien aisé en fin de compte d'en tirer la leçon. Le discours de Sarkozy à Dakar invite l'Afrique noire à plus de violence dans ce monde en voie de globalisation. C'est, de sa vision, la seule façon d'entrer dans l'Histoire, et de plain-pied ! Mais peut-être n'avons-nous pas besoin de cette violence gratuite à laquelle l'on nous convie… L'on est juste tenté de répéter avec cette perspicacité visionnaire de Césaire :

ô lumière amicale
ô fraîche source de la lumière
ceux qui n'ont inventé ni la poudre ni la boussole
ceux qui n'ont jamais su dompter la vapeur ni l'électricité
ceux qui n'ont exploré ni les mers ni le ciel
mais ceux sans qui la terre ne serait pas la terre
gibbosité d'autant plus bienfaisante que la terre déserte
davantage la terre.
[…]
Écoutez le monde blanc
horriblement las de son effort immense
ses articulations rebelles craquer sous les étoiles dures
ses raideurs d'acier bleu transperçant la chair mystique
écoute ses victoires proditoires trompeter ses défaites
écoute aux alibis grandioses son piètre trébuchement

Pitié pour nos vainqueurs omniscients et naïfs [4]*!*

L'on est tout aussi tenté de dire : *basta !* Il n'y aura de véritable liberté que dans la rupture d'avec la complicité que nous entretenons avec la sempiternelle volonté de puissance du colonisateur ! Toi, tu l'avais deviné, il y a bien plus de vingt ans déjà !

Je t'écris. Cela ne m'inspire guère de répondre une fois de plus au discours de Sarkozy. Je t'écris à la lueur de la lampe tempête d'un quartier sombre de Ndjaména, alors que résonne le bruit des bottes très proches du Darfour et que bat affolé le cœur de milliers de Tchadiens qui voient déverser dans les hôpitaux des centaines de leurs fils blessés sur le champ de bataille de la guerre du pétrole et des minerais !

Je t'écris, toi tu me liras et pourras me murmurer : *adelante hermano, la patria o la muerte ; venceremos !* Sarkozy, lui, ne lira jamais ces mots ! Il est trop occupé à son boniment pour prêter oreille à mes jérémiades d'écrivain ! Ceux de nos amis français qui se battent à nos côtés salueront l'audace. Ceux de nos fossoyeurs qui daigneront me lire s'écrieront : « Oh, il est raciste ! C'est du racisme à l'envers ! » Ils souhaiteraient que je sois celui qui, magnanime, comprend, s'élève au-dessus de la mêlée pour comprendre, faire l'effort de comprendre, toujours comprendre que les autres nous écrasent, comprendre et se taire malgré la douleur ; comprendre et se taire en dépit du râle étouffé ! Comprendre même si je présume que par la suite – et parce que j'ai toujours fait l'effort de comprendre –, je présume que l'on me jettera encore cet anathème du grand enfant hilare, honteusement membru et y a bon Banania, limace traînarde… Non ! J'en ai marre ! Simplement marre !

Simplement !

Notes

1. Meeting de Sarkozy à Agen en juin 2006.

2. Voir, dans le présent ouvrage, p. 135, l'article de Boubacar Boris Diop, « Françafrique : le roi est nul… », initialement paru dans le journal sénégalais *Le Quotidien*.

3. Discours de Nicolas Sarkozy à Dakar.

4. Aimé Césaire, *Cahier d'un retour au pays natal*, Paris, Présence africaine, 1939.

L'insoutenable légèreté d'un « ami franc et sincère » de l'Afrique

Gourmo Abdoul Lô

Gourmo Abdoul Lô est professeur à l'université du Havre (France), avocat au barreau de Nouakchot (Mauritanie) et consultant international.

Principales publications sur l'Afrique :

« Démocratie et gouvernance en Afrique de l'Ouest », *Publication du Club du Sahel*, OCDE, 2004.

L'Initiative du NEPAD : un nouvel élan pour le développement de l'Afrique ?, Éditions Juris Africa-Penant, 2005.

Droit constitutionnel et minorités en Afrique, CPU, 2002-2003.

L'Ambiguïté du nouveau statut du FCFA face à l'euro, APU, 2004.

« Quelques réflexions sur la démocratisation en Afrique », *Mélanges Patrice Gélard*, Montechrestien, 2000.

« La question de l'esclavage en Mauritanie », *Cahiers de sociologie économique et culturelle. Ethnopsychologie*, n° 31.

Le discours adressé à Dakar par Nicolas Sarkozy à « l'élite de la jeunesse africaine en tant que président de la République » à l'université Cheikh Anta Diop a provoqué en Afrique, en France et dans la diaspora une vague de réactions sans précédent.

Les réponses ont fusé de partout, depuis la cinglante mise au point d'Achille Mbembe, jusqu'à la très diplomatique réaction du président Wade soucieux, à l'africaine, de sauver la face à son hôte, « qui n'aurait pas relu ses notes », en passant par l'étrange louange venue de Thabo Mbeki, sans doute embrouillé dans ses calculs géopoliticiens étroits...

Aucune de ces réponses ne pourrait cependant entièrement satisfaire même leurs auteurs, tant ce discours iconoclaste peut paraître difficile à aborder et à décrypter, de bout en bout partagé entre flatterie enfantine et insulte grossière à l'égard de l'Afrique et des Africains, malgré l'affirmation solennelle de l'auteur « venu, dit-il, [leur] parler avec la franchise et la sincérité que l'on doit à des amis que l'on aime et que l'on respecte ». Car, comme il le proclame avec passion : M. Sarkozy « aime l'Afrique, [la] respecte et [...] aime les Africains ».

Nul, cependant, n'est obligé de croire à cette profession de foi, vu la pratique du personnage dans son propre milieu politique, depuis longtemps converti au lepénisme idéologiquement dominant à droite et en grande partie à gauche en France et dans toute l'Europe, avec ses relents de xénophobie, d'islamophobie et de négrophobie, au prétexte de la lutte contre l'« immigration », le « terrorisme », etc.

Le texte du discours est en lui-même limpide en ce qui concerne les préjugés culturels et les intentions réelles qui le sous-tendent et qui seront, concernant l'Afrique, les fondements de sa tumultueuse promesse de « rupture » avec un gaullisme traditionnel en panne de « vision africaine » et de plus en plus désemparé et dépassé par les évolutions en cours dans le continent et dans le monde.

Par où commencer en effet sa « réponse » quand le discours présente tant d'incohérence formelle, d'allusions et demi-mots, une telle somme d'énormités historiques et, dans la même foulée, un tel étalage de lieus communs en forme de vérités révélées et de contrevérités tressées dans le même fil blanc de l'adoration de soi et de mépris des autres ?

Comment donc se saisir d'un texte dont le moindre mot est aussi liquide, fuyant et provocant – et venant de quelqu'un censé néanmoins « parler avec la franchise et la sincérité que l'on doit à des amis que l'on aime et que l'on respecte » ?

Mais, derrière son apparence hallucinée et décousue, ce discours est d'une résonance absolue avec les thèses néoconservatrices désormais victorieuses en France. Cela se traduit tout naturellement dans son interprétation singulière de l'« identité » africaine, dans sa vision du rapport du continent à l'Histoire – surtout coloniale et, par-dessus tout, dans sa représentation géopolitique actuelle de l'Afrique renvoyant à une conception plus crue, plus cynique de la doctrine néocoloniale traditionnelle à laquelle la France officielle ne veut encore manifestement renoncer en dépit des proclamations et du bon sens. Après les années Foccart de « Papa de Gaulle » et Pompidou, les années des « amis » Giscard, Mitterrand et Chirac, bienvenue à celles de l'« ami franc et sincère », Nicolas Sarkozy…

Les « mystères » de l'identité africaine

L'« identité » est l'un des thèmes centraux de la représentation idéologique et de l'action politique de toutes les nuances d'extrémismes de droite de par le monde.

Partout, dans la même veine, il s'agit de souligner le particulier *à l'encontre* du général, d'opposer les parties d'un ensemble, les unes aux autres, en n'ayant en vue que la représentation négative de chacune comme totalité symbolique opposée de l'Autre, figure absolue du non-moi. Si pensée politique il y a, elle s'articulera toujours sur ce qui distingue ontologiquement, de toute éternité, le groupe de référence apuré (par exemple « sa » nation, « sa » race etc.), nettoyé au besoin au Kärcher idéologique, par rapport à tout autre ensemble de référence, à toute autre valeur, en dehors de toute autre histoire que celle reconstruite de toutes pièces pour les besoins d'une « cause » éternelle et anhistorique.

Souligner, jusqu'à l'absurde, la singularité morte de l'autre est un besoin pratique vital de cette approche qui, il faut le souligner, est aux antipodes de celle de la reconnaissance de la richesse et de la diversité du monde. Car l'Autre n'y est pas une part *achevée,* même exotique, de soi, mais le double négatif de moi.

L'approche identitaire néoconservatrice d'essence extrémiste de droite ne se conçoit que dans les oppositions d'ego collectifs constamment surexcités. Elle ne peut engendrer au mieux que l'apartheid comme horizon consensuel (apaisé !) des rapports entre groupes d'identité référentielle distincts : peuples, nations, ethnies, tribus, civilisations, cultures etc. et leurs démembrements. Au pire, la guerre des mondes, le choc des civilisations... À moins qu'elle ne culmine son argumentaire dans l'appel à l'assimilation de l'Autre, inférieur par définition et donc voué à la dissolution pour devoir s'élever...

Nicolas Sarkozy, jusqu'à nouvel ordre (puisque l'opportunisme est le credo assumé du nouveau monde politique dominant à la Tony Blair ou à la George W. Bush) appartient au néoconservatisme européen, en perpétuelle rupture de paternité avec l'ancienne droite... qui le couve du regard avec l'admiration étonnée du père devant les performances de l'héritier et l'angoisse béate de l'ancêtre en face des errements fatals du descendant.

On retrouve par conséquence tous les traits dominants de la doctrine néoconservatrice universelle (en particulier sa souche européenne) dans le discours de Dakar, qui puise ses sources dans la pire tradition des auteurs racistes européens classiques malgré ses précautions oratoires. Rappelons que pour les néoconservateurs, en général, il s'agit toujours de trouver une marque de singularité même dans la plus évidente similarité pour pérenniser une différenciation ontologique afin, dit Achille Mbembe, « de révéler, dans leur splendide isolement, la présence chez autrui de formes exotiques et inaltérées, témoins d'une humanité *d'une autre essence* » (Voir son article« L'Afrique de Nicolas Sarkozy », *Le Messager*, 1er août 2007 ; repris depuis par divers sites internet. Souligné par moi).

Pour cette raison profonde, le tableau sarkozyste de l'Afrique est apocalyptique, hallucinant : l'auteur n'y trouvant que mystères déroutants et trous noirs angoissants.

Il trouve ainsi comme « premier mystère de l'Afrique » le fait que ces Africains « qui sont si différents les uns des autres, qui n'ont pas la même langue, qui n'ont pas la même religion, qui n'ont pas les mêmes coutumes, qui n'ont pas la même culture, qui n'ont pas la même histoire [...] *pourtant* se reconnaissent les uns les autres comme des Africains ».

Donc la diversité africaine ne devrait pas autoriser les Africains à se reconnaître mutuellement comme tels. Cela, pour le président philosophe, est un « mystère » qui dépasse l'entendement ; ce qui autoriserait à penser en toute logique qu'il ne peut en être ainsi *ailleurs*. En Europe par exemple, où l'on devrait, dans cette foulée, supposer qu'il y ait une seule et même langue, une même religion, les mêmes coutumes, la même culture, la même histoire... pour que ses habitants puissent se reconnaître comme Européens...

Mais évidemment cette comparaison entre les deux continents ne saurait avoir quelque pertinence, puisque ce serait la comparaison de deux humanités d'essence différente !

Il trouve également « mystérieuse » cette « foi » qui rattache les Africains à la terre africaine, « foi qui se transmet de génération en génération et que l'exil lui-même ne peut effacer », en particulier chez ces jeunes qui se seraient « tant battus les uns contre les autres et souvent tant haïs », et qui parfois se combattent et se haïssent encore, et qui *malgré tout* se reconnaissent comme frères, « frères dans la souffrance, frères dans l'humiliation, frères dans la révolte, frères dans l'espérance, frères dans le sentiment [éprouvé] d'une destinée commune [...] ».

Mais alors que dire du continent qui a produit, entre autres, la guerre de Cent Ans, de Trente Ans, de Dix Ans... quasiment entre tous ses membres essentiels, et pas moins de deux guerres mondiales en l'espace d'une génération ?

Qu'y a-t-il de plus « mystérieux » que de voir de tels peuples, en moins d'une dizaine d'années (entre 1946 et 1953) non seulement se reconnaître comme « européens » (Conseil de l'Europe) mais même amorcer l'une des plus originales expériences de regroupement et d'intégration des États dans leur histoire (l'Union européenne) ?

Ce qui est normal, humain, en Europe ne saurait être que voilé par les ténèbres du mystère quand il s'agit de l'Afrique, tant ce continent échappe, sans doute, aux critères sarkozyens de la normalité historique...

En somme, il y a bien une humanité africaine, mais elle est mystérieuse, dégradée, négative. Les mots qui l'identifient ne sauraient exprimer que la permanence et la profondeur de ses malheurs : c'est « meurtri » (le continent), c'est « se battre » (les uns contre les autres) ou « se combattre », « se haïr » (entre jeunes notamment), c'est « frères dans la souffrance », « frères dans l'humiliation », le « drame de l'Afrique », « bêtes brutes », etc. Une vallée de larmes, même si, comble de détachement cynique, l'auteur du discours déclare n'être pas venu « pleurer » avec les Africains (les Africains ne font que cela, « pleurer » !) car lui, président Sarkozy, pense que « l'Afrique n'a pas besoin de [ses] pleurs » ni de sa « pitié ». Qu'ils pleurent donc tout seuls ! Nul n'y pourra rien : ni Kouchner, ni les autres faire-valoir humanitaristes de sa garde morale rapprochée. Les Africains n'ont désormais qu'à s'en prendre à eux-mêmes d'être ce qu'ils sont, une humanité meurtrie et abrutie par définition et en dépit du bon sens historique...

Quand bien même, dans un effort surhumain de dépassement, le texte du discours s'essaye à réintégrer l'« homme noir » dans la grande famille humaine prosaïque, c'est pour ne saisir que la figure de cet « homme noir » qui, « *éternelle-*

ment », « entend de la cale monter les malédictions enchaînées, les hoquettements des mourants, le bruit de l'un d'entre eux qu'on jette à la mer ». Et, comme pour restreindre la portée de cette appartenance à la famille humaine, l'auteur semble marquer comme une hésitation, dans cette étrange partie du discours où il s'efforce de parler de cette « souffrance de l'homme noir », devant ceux que lui-même flatte comme l' « élite de la jeunesse africaine ». Il prend doctement soin de préciser qu'en parlant de l' « homme noir », « je ne parle pas de l'homme au sens du sexe, je parle de l'homme au sens de l'être humain et bien sûr de la femme et de l'homme dans son (?) acceptation (?) générale ». Précision certes vulgaire et confuse mais capitale pour rappeler que pour lui « cette souffrance de l'homme noir, c'est la souffrance de *tous* les hommes » (souligné par moi), y compris donc des marchands d'esclaves, des colons et autres criminels historiques. Égalité dans la souffrance de celui qui la subit et de celui qui l'inflige : voilà l'universalité de la condition humaine… et la grande supercherie philosophique de son refus de repentance.

La reconnaissance d'humanité à laquelle se livre Sarkozy en faveur des Noirs a un objectif très pragmatique. Elle vise ni plus ni moins à parfaire au plan moral *le refus absolu, dogmatique, programmatique, de la repentance*, qui est la partie centrale du discours et qui fut l'un des thèmes majeurs de sa fameuse campagne électorale victorieuse contre une gauche déboussolée par sa verve identitaire imparable pour elle. C'est une opération de relation publique et de dédouanement des crimes du passé à laquelle il se livre, puisque tout le monde à travers l' « homme noir », tous les hommes, auront statutairement partagé sa peine et ses malheurs comme commune condition humaine, à travers l'esclavage, le colonialisme, le néocolonialisme etc. En définitive, rien n'exprime mieux le tréfonds des préjugés identitaires africanistes de Sarkozy que ce *bégaiement dans l'explication* du sens qu'il entend donner au mot et au concept de l'*homme abstrait,* appliqué à l'« homme noir » dans cet étrange passage…

L'histoire coloniale au goût du jour néoconservateur…

La droite européenne, en particulier celle de France, n'a jamais fait le deuil de sa version canonique de l'histoire de l'Afrique, pourtant depuis si longtemps battue en brèche par quelques uns des meilleurs penseurs européens, tout au long surtout des XIXe et XXe siècles, sans parler des auteurs africains de toutes origines et de toutes disciplines, désormais maîtres de leur destin et libres dans la recherche de vérité de leur histoire.

Ayant perdu, avec les colonies, une part essentielle de leur maîtrise intellectuelle du monde, la souveraineté absolue et despotique des jugements de valeur portés sur eux-mêmes et sur les autres, les princes de la pensée de cet ancien monde s'accrochent encore, avec l'énergie du désespoir, aux ombres et aux images d'Épinal de leurs propres délires. Ils rêvent toujours de refaire ce monde-ci, tel qu'il se dresse désormais en face d'eux, de plus en plus méconnaissable dans sa féconde diversité, pour faire revivre leur paradis perdu, l'époque des colonies, semi colonies et néocolonies.

Pour ces néoconservateurs, si la « mission de civilisation » et ses avatars, entrepris dans le passé, par l'« homme blanc » (leur propre figure caricaturale détachée de toute réalité concrète, historique, des populations européennes si souvent menées à l'abattoir par ces mêmes apôtres têtus de la division et de la hiérarchie entre les peuples) ne peuvent plus être menés dans les mêmes conditions et suivant les mêmes objectifs initiaux (la recherche effrénée de la supériorité de puissance de la « civilisation » de leur propre groupe social élevé frauduleusement au rang de leur « race »), ils doivent, pour le moins, être admis comme ayant été un « fardeau » aussi nécessaire et utile à porter par l'« homme blanc » que par les autres, singulièrement l'« homme noir » qui en tirera, au final, le bénéfice d'enrichissement de son humanité.

On retrouve cette conception idyllique du passé (en particulier colonial) à peine camouflée dans certaines initiatives politiques récentes en France et en écho direct dans le discours de Dakar. Par exemple, c'était tout l'enjeu de la proposition de loi dite des « apports positifs du colonialisme » à laquelle les néoconservateurs ne durent renoncer en définitive que contraints et forcés, mais qui eut cependant l'immense mérite de révéler le fond et l'arrière-fond de leur « conscience » historique en pleine offensive contre les descendants « immigrants » de leurs anciens esclaves et indigènes des colonies.

Quand M. Nicolas Sarkozy dit être venu en Afrique pour « regarder en face avec [nous] notre histoire commune », c'est précisément pour déclamer dans un amphi de l'université Cheikh Anta Diop ce que ses amis, en avant-première législative, avaient voulu vendre au reste du monde au Palais-Bourbon. Les colons « ont eu tort », ils « ont eu tort », et « ont eu tort » encore et encore... d'avoir commis tous les crimes dont on les accuse, fait tous les péchés. Il le reconnaît. En particulier : « Ils ont désenchanté [*sic*] l'Afrique. » C'est vrai, « le colonisateur est venu, il a pris, il s'est servi, il a pillé des ressources, des richesses qui ne lui appartenaient pas [comme si on pouvait piller ses propres richesses !]. Il a dépouillé le colonisé de sa personnalité, de sa liberté, de sa terre, du fruit de son travail. » Il a commis des crimes bien pires encore que nous révèle le discours avec tant de franchise et de détails que, venant d'un néoconservateur décomplexé, cette description impressionniste frise l'ironie cynique...

Mais il faut garder le sens de la mesure et savoir faire la part des choses. Car, à côté de tous leurs « méfaits », que de grandes choses ont été accomplies par ces conquérants, tout juste trompés, pour la plupart d'entre eux, par leur généreuse naïveté à l'endroit de ces Noirs pour lesquels pourtant le colonialisme « a construit des ponts, des routes, des hôpitaux, des dispensaires, des écoles. Il a rendu fécondes des terres vierges, il a donné sa peine, son travail, son savoir. » De surcroît, et à bon entendeur, M. Sarkozy veut « le dire ici » (à Dakar et devant l'élite de la jeunesse africaine) : « Tous les colons n'étaient pas des voleurs, tous les colons n'étaient pas des exploiteurs. »

Ainsi, suivant cette thèse sortie du fond des âges, le colonialisme (comme naguère la traite) ne fut pas un *système* d'État, solidement ancré sur un socle économique et social, le capitalisme historique, réel, dont il fut une excroissance monstrueuse, parasitaire. Il fut tout au plus une entreprise interindividuelle d'aventuriers de toutes âmes, certaines généreuses et d'autres perfides. La colonisation fut une grande faute, dit M. Sarkozy, mais qui a été *déjà payée* « par l'amertume et la souffrance de ceux qui avaient *cru* [à travers elle] tout donner et qui ne comprenaient pas pourquoi on leur en voulait autant ». Et qu'il faudrait tout aussi bien plaindre que « les autres ». Pourquoi ne faudrait-il donc pas les plaindre plutôt que les blâmer ? Pourquoi, de surcroît, se repentir dès lors de cette aventure humaine d'une intention et d'une croyance si louables, quand il faut au contraire en absoudre les auteurs ? Du reste, ce que le colon a pris, il l'a aussi compensé par ce qu'il a donné et ressenti, en souffrance et en peine. Colonisés et colons sont donc quittes. Il n'y a aucun passif entre ces deux figures de l'antagonisme social absolu. Aucun ne « doit » rien à l'autre si ce n'est peut-être l'humilité de la… reconnaissance mutuelle. D'autant plus que parmi ces colons, il y avait « aussi des hommes [parle-t-il d'"hommes" au sens de sexe ?] de bonne volonté, des hommes qui *croyaient* remplir une mission civilisatrice, des hommes qui *croyaient* faire le bien ». Qu'ils se soient trompés est évidemment fâcheux mais sans conséquence véritable sur la grandeur de leur œuvre…

Ainsi, on pourrait parfaitement soutenir que dans le raisonnement sarkozyen, tant qu'à juger le colonialisme (ou l'esclavage, le nazisme, l'apartheid etc.), il faut en juger chaque acteur pris individuellement, pour en sonder les intentions, étant entendu que le chemin de l'enfer n'est pavé que de… mauvaises intentions. Le président français est ainsi tout à fait cohérent avec lui-même et avec ses amis politiques quand, tout au plus, il condescend à « ressentir » « la traite et l'esclavage comme des crimes contre l'humanité », mais *jamais, au grand jamais, le colonialisme*, cette grande œuvre de civilisation qui, comme toute œuvre humaine a eu, bien sûr, ses dérapages et ses ratés… Et d'ailleurs, à bien y réfléchir, n'est-ce pas d'abord le bien de l'« homme noir » que recherchaient les colonialistes qui « ont voulu convertir l'homme africain […] le façonner à leur image », ne commettant ainsi qu'un simple « péché d'orgueil de l'Occident » ?

On est là au cœur du système de communication politique de M. Sarkozy qui fascine toutes les droites du monde, celle d'Amérique en premier : mauvaise foi, cynisme, culot, le tout habillé de casuistique flamboyante.

Il peut donc tout se permettre de dire ou de taire en « regardant en face » les victimes actuelles ou leurs descendants et ayants droits historiques, y compris progressistes « blancs » européens, en révisant l'histoire, en plaçant les criminels sur le même piédestal de l'innocence que ceux dont ils ont plus que fracassé l'humanité, et en sommant les protestataires de finir de « ressasser [...] le passé [...] d'en tirer ensemble les leçons afin de regarder ensemble l'avenir » ! D'autant que si « victimes » de ce passé il y a, elles ne sauraient si facilement se tirer d'affaire et réclamer quelque compensation, puisqu'elles prirent bel et bien part à leur propre malheur.

Parlant de « notre histoire commune », le chef de l'État français proclame en effet avec la déconcertante assurance dont il est coutumier : « L'Afrique a sa part de responsabilité dans son propre malheur », avant d'enchaîner sur un retentissant : « On s'est entre-tué en Afrique *au moins* autant qu'en Europe » (souligné par moi), en mettant manifestement une relation de cause à effet entre ces deux assertions pour mieux diluer les responsabilités et dissiper en définitive celle des conquérants et de leurs commanditaires, papes, rois et reines, roitelets, princes et princesses, seigneurs et autres féodaux de tout acabit, brigands de toutes conditions, venus en bandes armées assoiffées de sang et d'or, déstabiliser, voire annihiler, des sociétés entières pour des intérêts mercantiles étrangers à ceux des masses paysannes et plus tard ouvrières de l'Europe négrière et coloniale… Comme si la collaboration du régime de Vichy devait incriminer tous les Français comme complices du nazisme, du seul fait de l'origine française de ses membres…

En définitive, ce discours de Dakar devant des Africains n'était qu'une pâle représentation théâtrale de la pièce néo-conservatrice que joue Nicolas Sarkozy dans le champ politique français, depuis qu'il a compris *après* Jean-Marie Le Pen, tout le bénéfice qu'il pourrait tirer de la flatterie des bons et mauvais sentiments passéistes et nostalgiques des secteurs les plus obscurs d'une « opinion » française déboussolée par l'évolution d'un monde de plus en plus « dur à comprendre » et *a fortiori* à maîtriser et à façonner. D'une opinion lasse et donc malléable à souhait que ne secouent que les provocations extrêmes et les pires contrevérités, pourvu qu'elles portent sur l'« autre », qu'il soit « Juif » (« Durafour crématoire »…), « musulman » ou « Arabe » (la figure représentée du terrorisme, le « foulard »…), « Noir » (« les odeurs qui rendent fous » de l'ami Chirac), etc., le tout sur fond de chasse aux sorcières anti-immigrés qui fait insulte à toutes les valeurs fondamentales du peuple de France.

L'Histoire dira si Nicolas Sarkozy croit vraiment ce qu'il dit. Mais ce qui est sûr, c'est qu'il a dit, avant les élections, et a demandé à être élu sur ce credo, qu'il n'y aura pas lieu à quelque repentance que ce soit de la part de l'État français sur quelque pratique détestable, criminelle de son passé. Au contraire, l'histoire française, à l'aune de son néoconservatisme, est une et indivisible dans sa grandeur et dans la totalité du mouvement identitaire qui l'anime. Le 26 janvier 2007, dans un autre discours (à Poitiers), il s'exclama :

« Je veux dire à tous les Français que nous sommes les héritiers d'une seule et même histoire dont nous avons *toutes les raisons d'être fiers.* Si on aime la France, on doit *assumer* son histoire et celle de tous les Français qui ont fait de la France une grande nation. » Or, « assumer » c'est non seulement prendre en charge la responsabilité d'un fait ou d'un acte, mais surtout s'en sentir solidaire, y adhérer subjectivement. C'est la *revendiquer* comme venant ou relevant de soi, en tant que témoignage de sa liberté de décision. De cette posture revendicative, il dénoncera donc la « gauche » qu'il accuse de « communautarisme historique » du fait qu'elle proclame que « l'Ancien Régime ce n'est pas la France, que les croisades ce n'est pas la France, que la chrétienté ce n'est pas la France, que la droite (vichyste sans doute ?) ce n'est pas la France ». Il est aisé de placer dans la citation, comme interprétation sarkozyenne de la « grandeur » de la France, la traite négrière et le colonialisme opportunément « oubliés » dans cette fresque majestueuse des grandes œuvres historiques françaises.

Donc tous les crimes de l'histoire de France commis au nom de la France sont *assumés,* revendiqués comme parts imprescriptibles et inaliénables de l'identité de la Grande France dont les Français doivent être fiers et pour lesquels aucune repentance ne saurait être exigée. Car, précisera-t-il dans un autre discours du 14 janvier 2007, « au bout du chemin de la repentance et de la détestation de soi, il y a, ne nous y trompons pas, le communautarisme et la loi des tribus ».

Voilà donc d'où Nicolas Sarkozy tire sa position quasi religieuse de refus de toute repentance à l'égard des crimes historiques de la « France éternelle », à l'égard de son propre peuple et *a fortiori* des peuples étrangers, et dont il s'est borné à Dakar à en rappeler, en des termes à peine moins exaltés, les raisons profondes et définitives.

Si, paraît-il, concluant la Révolution, Napoléon a dit : « De Clovis au Comité de Salut public, j'assume tout », Sarkozy parodiant son idole aurait donc pu s'écrier à l'université Cheikh Anta Diop : « De la traite des nègres au massacre du camp de Thiaroye, j'assume tout ! »

Du « pacte de Renaissance » de l'Afrique de Sarkozy

L'Afrique en ce moment crucial de son histoire n'est pas « convoitée » mais courtisée. C'est à qui, entre les grandes puissances individuelles (USA, Japon, Chine, Inde...) ou groupées (Union européenne), pourrait le mieux justifier et étayer aux yeux des Africains (qui n'en croient pas encore leurs yeux et leurs oreilles) les raisons du moindre « partenariat stratégique » à conclure avec le continent noir. Donnée il y a peu pour économiquement morte ou « inutile », l'Afrique se trouve comme brutalement réveillée par les appels de coopération les plus pathétiques, les propositions de codéveloppement les plus mirobolantes. On redécouvre ses fabuleuses matières premières que les économistes des grandes années de redéploiement industriel planétaire des années 1980 en Occident avaient définitivement disqualifiées dans la « nouvelle économie virtuelle » en gestation et dans celle de l'avenir. Les chiffres officiels alors étaient parlants et désespérants, qui indiquaient en quoi la disparition subite de l'Afrique et de ses Africains aurait eu moins de poids économique que celui d'une plume dans une tourmente... Sauf que l'Histoire est sourde aux imprécations et aux prédictions des économistes de laboratoire.

La chute de l'Union soviétique et la disparition graduelle des zones d'influence exclusive des puissances traditionnelles, l'élargissement des marchés et l'accélération concomitante du processus de financiarisation de l'économie mondiale, l'émergence de nouveaux pôles de développement, en particulier la Chine et sa croissance prolongée fabuleuse, les faiblesses structurelles des grandes économies occidentales, leurs signes de stagnation, voire de régression, et les tendances renforcées de délocalisation de leurs grandes entreprises dans les nouveaux marchés émergents, etc., tout cela va contribuer au changement graduel mais de plus en plus évident de la place du continent et de son image dans le reste du monde. Simultanément à ce vent irrésistible de l'Histoire, partout en Afrique, souvent dans la confusion et la souffrance, se lèvent, longtemps comprimées, des forces de changement politiques, économiques, sociales, culturelles... que renforcent constamment ces nouveaux facteurs de développement et de progrès dans les relations internationales. L'Afrique change. Une autre Afrique naît dans la douleur de l'enfantement. Tout le monde aujourd'hui le comprend ainsi ou le « ressent » : et, en conséquence on y afflue non seulement pour ses réserves de matières premières stratégiques, mais aussi pour ne pas rater sa part dans cette imminente nouvelle frontière de l'économie mondialisée.

Tout le monde, sauf peut-être le nouveau président de France Nicolas Sarkozy, y vient, certes, avec les meilleures intentions mercantiles du monde, mais paré de ses binocles néoconservateurs et de ses préjugés néo-« néocoloniaux » mesquins. C'est une autre Afrique que continue de « ressentir » Nicolas Sarkozy, à moins qu'il ne fasse mine de n'apercevoir que celle qu'il voudrait voir perdurer : l'Afrique sauvage du rêve perdu des néoconservateurs et de leurs ancêtres coloniaux.

L'Afrique de Nicolas Sarkozy est d'abord, côté carte postale, celle pour laquelle il se plaît à citer, à Dakar, le président Senghor. C'est l'Afrique de la sensibilité, voire de la sensualité, celle à laquelle, nous fait-il croire, « l'art moderne doit presque tout », celle dont « l'influence [...] a contribué à changer non seulement l'idée de la beauté, non seulement le sens du rythme, de la musique, de la danse, *mais même*, la manière de *marcher* ou de *rire* du monde du XXe siècle ». Plaisants et éternels Africains, exportateurs nets de « manières » premières de marcher ou de rire, sans doute puisées « dans l'imaginaire africain que [leur] ont légué [leurs] ancêtres [...] dans les contes, dans les proverbes, dans les mythologies, dans les rites, dans ces formes qui, depuis l'aube des temps, se transmettent et s'enrichissent de génération en génération »... Voilà donc ces valeurs de la « civilisation africaine » qu'adore Nicolas Sarkozy et qu'il somme l'« homme moderne », si assoiffé de se réconcilier avec la nature, d'« apprendre de l'homme africain qui vit en symbiose avec la nature depuis des millénaires » et qui donc, sans doute, a le secret de l'élixir de jeunesse éternelle ou, à défaut, « l'antidote au matérialisme et à l'individualisme qui asservissent l'homme moderne »...

Mais, pour que cette Afrique-là puisse vivre en harmonie avec le reste du monde, en particulier avec l'Europe, il faut qu'elle fasse l'effort surhumain de dépasser certaines de ses limites primordiales, à savoir d'abord la manie de « toujours répéter, de toujours ressasser » ; il faut qu'elle « se libère du mythe de l'éternel retour » ; qu'elle quitte ses limbes et prenne « conscience que l'âge d'or qu'elle ne cesse de regretter ne viendra pas pour la raison qu'il n'a jamais existé ».

L'Afrique et les Africains doivent être adultes, mûrs et rompre définitivement avec « la nostalgie du paradis perdu de l'enfance ». Mais, tout en se prémunissant de ces rêves d'enfance dorée, de cet eldorado perdu et mythique, l'Afrique doit aussi cesser de se préparer constamment « au retour du malheur, comme si celui-ci devait indéfiniment se répéter »... Maître Wade a raison sur cette partie précise du discours : son auteur n'a sûrement pas relu ce passage, ou alors s'est davantage préoccupé de « style » (la « provoc' ») que de sens...

Certes, devant un parterre d'universitaires et d'hommes politiques africains, Nicolas Sarkozy ne peut que reconnaître, témoigner et proclamer publiquement que « l'homme africain est aussi logique et raisonnable que l'homme européen », mais ce n'en est pas moins insuffisant. L'homme africain est à fabriquer ou plutôt à parachever tant il apparaît encore par trop redevable de son état de nature. Vivant exagérément (tout excès n'est-il pas mauvais au corps et à l'esprit ?) en symbiose avec la nature, avec sa danse et ses sculptures, isolé dans son imaginaire, cet autiste « n'est pas assez entré dans l'Histoire ». Prenez le paysan par exemple, qui en est l'incarnation la plus authentique et la plus actuelle sans doute. Eh bien, lui « qui depuis des millénaires, vit avec les saisons, dont l'idéal de vie est d'être en harmonie avec la nature, ne connaît que l'éternel recommencement du temps rythmé par la répétition sans fin des mêmes gestes et des mêmes paroles ». Il vit dans « cet imaginaire où tout recommence toujours, il n'y a de place ni pour l'aventure humaine, ni pour l'idée de progrès ». L'antihéros universel et, surtout, l'antithèse parfaite de la figure paysanne universelle !

En conséquence, l'homme africain est le grand raté de l'histoire mondiale, confiné « dans cet univers où la nature commande tout [et où il] reste immobile au milieu d'un ordre immuable où tout semble écrit d'avance », lui qui « jamais [...] ne s'élance vers l'avenir », lui à qui il ne vient jamais « l'idée de sortir de la répétition pour s'inventer un destin »... Triste et risible Afrique !

Ayant voulu sans doute de bonne foi corriger cet état de choses moralement inacceptable, les colons ont « fauté » en ne sachant pas trop s'y prendre. Ils ont donc aggravé le mal africain plutôt que de le guérir. En particulier, en voulant « blanchir » le Noir, le « façonner à son image », les colons maladroits (mais de bonne foi, il faut le répéter encore et encore...) « ont abîmé un art de vivre. Ils ont abîmé un imaginaire merveilleux. Ils ont abîmé une sagesse ancestrale » avec les terribles conséquences, les ravages qui en résultent encore de nos jours sur le mental, la psychologie africaine marquée par « une angoisse, un mal de vivre » profonds. L'Africain, par conséquent, est un être « nourri [de] haine », non « assuré de son identité, de ses valeurs, de ses convictions », un être fragile, moralement fluet, perdu, qui « avait fini par ne plus avoir confiance en lui, [...] par ne plus savoir qui il était », un amorphe manquant d'audace et qui s'est laissé « gagner par la peur de l'autre, par la crainte de l'avenir ». Pour finir, l'Africain, cet éternel ancien colonisé, a vu détruire l' « estime de soi [et] naître dans son cœur cette haine de soi qui débouche toujours sur la haine des autres »...

En résumé, l'image sarkozyenne de l'Africain est celle d'un être haineux, violent, vil et faible à la fois. Cela ne suffirait-il pas pour expliquer « toutes les difficultés actuelles de l'Afrique » ? Comment, au vu de ce tableau cauchemardesque de la nature et des caractères de l'Africain, l'Afrique pourrait-elle échapper à la fatalité des « génocides », des

« dictateurs », du « fanatisme », de la « corruption », de la « prévarication », des « gaspillages » et de la « pollution », ces sept plaies qui la rongent et pourraient la condamner à l'enfer éternel du désespoir, si elle n'en est sauvée par des âmes aussi généreuses qu' impitoyables pour son bien, telle celle de Nicolas Sarkozy, l'ami « franc et sincère » ?

Si lui, le président Nicolas Sarkozy, a pu se livrer avec autant de déconcertante facilité au diagnostic du mal mystérieux qui ronge l'Afrique, s'il a pu en remonter les sources en plongeant dans son histoire à la fois la plus récente et la plus éloignée, s'il a pu lire aussi profondément dans cette âme africaine si mystérieuse, pour y découvrir les gènes défaillants de son humanité, c'est que les Africains et le reste du monde n'attendaient que lui pour corriger la trajectoire de la déperdition du continent et le ramener dans le giron de l'humanité complète, l'humanité vraie, l'humanité blanchie des néoconservateurs. Et « Il » est donc venu. « Il » a compris avant tous que ce sont les jeunes qui sont au cœur du drame historique. C'est à eux qu'il faut inoculer le remède absolu : la parole de Vérité, dans le meilleur des styles possible aujourd'hui, celui des télévangélistes américains si efficaces pour la guérison des âmes et des esprits désespérés.

« Il » leur a donc parlé et leur a dit ces paroles ailées qui résonneront longtemps après la fin du monde, dans l'auguste enceinte de l'amphi de l'université Cheikh Anta Diop, sans doute prédestinée à accueillir un tel prophète : « Je suis [...] venu vous dire qu'il y a en vous, jeunes d'Afrique, deux héritages, deux sagesses, deux traditions qui se sont longtemps combattues : celle de l'Afrique et celle de l'Europe. Je suis venu vous dire que cette part africaine et cette part européenne de vous-mêmes forment votre identité déchirée. »

Nous avons déjà eu la primeur de cette part africaine : l'immobilisme, la répétition, le ressassement perpétuel et la tendance irrépressible à la régression qu'elle implique malgré son côté senghorien, révéré par nos amis francs et sincères, à savoir la « manière de rire et de marcher » qui va avec la spiritualité africaine. On pourrait à bon droit et sans aucune arrière-pensée ni jeu de mots dire que c'est la part sombre, obscure de cette identité déchirée africaine de Nicolas Sarkozy.

Quant à la « part d'Europe » des Africains, nous dit-il, les jeunes d'Afrique doivent comprendre qu'elle « n'est pas indigne » : « Car elle est l'appel de la liberté, de l'émancipation et de la justice et de l'égalité entre les femmes et les hommes. Car elle est l'appel à la raison et à la conscience universelles. » C'est la part éclatante, blanche, civilisée de l'Afrique qu'elle a précisément du mal à accepter, que les colonialistes dans leur immense mais maladroite générosité ont voulu imposer en vain aux Africains en ne récoltant en définitive que les ravages que nous avons relevés précédemment. Le grand défi de l'Afrique, singulièrement de ses jeunes, c'est d'accepter cet apport occidental, en toute conscience cette fois-ci, d'assumer le métissage, puisque les Européens eux, ont déjà accepté cette part africaine qui est en eux, sans drame ni conflit, même dans leur manière de marcher et de rire, à plus forte raison de danser, de peindre, etc.

Pour guérir l'Afrique de tous ses maux, il faut donc briser (oh ! avec douceur, bien sûr...) toute velléité chez elle de résister à cette « part d'Europe » qui fourmille en elle et la travaille comme une inextinguible réalité historique, et qui est définitivement l'autre face d'elle-même. L'Afrique doit accepter de n'être elle-même que métissée avec l'Europe, greffée à l'Europe, afin alors de « s'approprier les droits de l'homme, la démocratie, la liberté, l'égalité, la justice comme l'héritage commun de toutes les civilisations et de tous les hommes », s'appropriant par la même occasion « la science et la technique modernes comme le produit de toute l'intelligence humaine », puisque l'humanité africaine serait alors réellement achevée…

On le voit, l'enjeu majeur de ce discours de Sarkozy n'est rien de moins que de témoigner d'une rencontre entre une haute civilisation, généreuse quoique parfois maladroite (celle de la colonisation) et une civilisation inachevée, inaccomplie (l'Afrique immobile, mystérieuse, etc.). Nicolas Sarkozy se donne pour mission de mener à son terme l'œuvre mal accomplie, inachevée des colons, en l'accomplissant cette fois-ci dans les règles de l'art et jusqu'au bout. Il ne peut se « repentir » du colonialisme puisque le « métissage », cette part d'Europe que cette dernière croyait infuser ou insuffler à ce continent mystérieux, réfractaire au progrès, en utilisant la brutalité (des conquêtes) et l'ardeur (religieuse) des bâtisseurs de civilisations – ce métissage, il le reprend à son compte. Il l'assume. Et sur cette base néo-« néocoloniale » (au sens fort et noble du terme..) fondée sur le socle identitaire d'airain d'une nouvelle Afrique, mi-africaine, mi-européenne, mi-ange mi-démon, mi-figue mi-raisin, il propose à la jeunesse africaine, aux peuples africains et aux dirigeants africains (médusés ou non), un programme de rédemption, un programme de « Renaissance » qui leur fera également « assumer » leur héritage colonial et le « métissage » qui en résulte pour eux.

À ces jeunes d'Afrique qui sont ses si soudains nouveaux alliés, lui qui sait « leur envie de partir », leur « tentation de l'exil », lui qui les comprend tant en tous points, il dit : « Cette Renaissance, je suis venu vous la proposer. Je suis venu vous la proposer pour que nous l'accomplissions ensemble parce que de la Renaissance de l'Afrique dépendent pour une large part la Renaissance de l'Europe et la Renaissance du monde. »

À condition de combattre toute tentative de repli sur soi, de « pureté » identitaire, de refus de l'européanité de l'Afrique, tout est possible. Y compris faire entrer l'homme africain dans l'Histoire où il « n'est pas assez entré ». La recette du métissage ne peut évidemment que marcher, venant de l'inventeur du ministère de l'Immigration et de l'Identité nationale, du chef du camp suprême des apôtres du contrôle génétique du regroupement familial des étrangers en France, singulièrement des Africains…

Non, il faut oublier ces points de détail de l'actualité française récente, oublier les attaques verbales ciblées contre les descendants d'esclaves, de colons et d'immigrés africains en France, ces enfants des banlieues, désormais assimilés à des voyous haineux congénitaux par le marais néoconservateur et sa légion de théoriciens en tous genres, philosophes vrais-faux soixante-huitards ou non, lettrés de toutes académies, journalistes spécialisés en tous genres, experts psy reconnus, bonimenteurs professionnels de la communication politique et commerciale, casqués et armés de Kärcher, décidés et prêts à rendre à la France sa pure identité française, chrétienne, européenne, occidentale et, pourquoi pas, blanche.

Ayant posé si faussement, de façon si scandaleusement insultante pour l'Afrique et les Africains, le fondement de cette « Renaissance africaine », le discours de Sarkozy laisse cependant transparaître la seule vérité incontestable de toute son envolée de bois vert anti-africaine, à savoir que « de la Renaissance de l'Afrique dépendent pour une large part la

Renaissance de l'Europe et la Renaissance du monde ». L'on sait aujourd'hui de certitude absolue que, sans la Renaissance de certains pays de l'ancien tiers-monde et de certains pays de l'ex-bloc soviétique, une partie considérable du dynamisme économique des grands pays industrialisés occidentaux, à commencer par les tout premiers d'entre eux (USA, Grande-Bretagne, Allemagne, France...) aurait été difficilement soutenue, voire impossible. On le sait tout particulièrement en ce qui concerne les rapports économiques très particuliers que ces pays ont tissés avec la République Populaire de Chine dont la Renaissance a littéralement porté celle d'une partie de leurs économies. Il faut y ajouter l'effet de cumul des autres économies émergentes : Inde, Brésil, Afrique du Sud – et l'apport de celles fondées sur une fabuleuse manne financière comme les pays arabes du Golfe. Cette nouvelle réalité économique explique le bouleversement des schémas traditionnels de partage du « développement » et les grandes orientations d'investissements dans le monde qu'exprime l'émergence de nouveaux pôles de croissance et, graduellement, de développement dans diverses régions. Ce sont là des faits objectifs, indépendants de la volonté de qui que ce soit, indépendants des préjugés les plus divers et les mieux enracinés dans la conscience de ceux qui, jusqu'au président Sarkozy, se considèrent encore, à perpétuelle demeure, comme les dépositaires du progrès universel, l'Esprit et l'Âme du monde. L'Histoire, imperturbable, poursuit son mouvement. L'Asie est presque entièrement précipitée dans ce tourbillon. L'Amérique latine et l'Afrique, chacune suivant ses particularités propres et compte tenu de ses contraintes internes et extérieures spécifiques, suivent à leur rythme ce grand mouvement d'ensemble de la vie des nations et des peuples du XXIe siècle.

À l'aune de ces formidables réalités, que paraissent dérisoires les questions-réponses des vieux jeux concours radiophoniques de Sarkozy adressées aux jeunes Africains : « Vous voulez le développement, vous voulez la croissance, vous voulez la hausse du niveau de vie. Mais le voulez-vous vraiment ? » Ou encore : « Voulez-vous qu'il n'y ait plus de famine sur la terre africaine ? » et autres invraisemblables banalités présidentielles.

La France veut vendre ses produits de haute technologie (ses centrales nucléaires civiles, ses avions civils et militaires, ses TGV, etc.), son savoir-faire et même son savoir-vivre. Elle veut gagner des marchés qui fassent vivre des Français de plus en plus inquiets de mille et une choses : l'avenir de leurs retraites (la France vieillit et a de plus en plus de mal à équilibrer le renouvellement de ses générations), le chômage, la faiblesse, voire l'absence, de débouchés pour ses produits soumis à rude concurrence... À défaut de la développer, elle veut maintenir sa puissance globale à un rang acceptable pour elle. Elle veut sortir de la torpeur dans laquelle l'ont maintenue, des décennies durant, les facilités fâcheuses que lui accordaient (sur un long terme brutalement raccourci par les inattendus de l'Histoire), son immense empire colonial et son arrière-cour néocoloniale, en Afrique tout particulièrement. Pour affronter ces nouvelles réalités très désagréables à laquelle elle ne s'est jamais préparée, son intérêt serait, parodiant son président devenu VRP du *made in France*, de « regarder la réalité dans les yeux afin d'y faire face ». Mais à condition de la regarder d'une tout autre façon qu'elle s'était paresseusement habituée à le faire, en particulier en Afrique, à la manière des néoconservateurs notamment.

L'intérêt bien compris de la France dans la Renaissance de l'Afrique n'est vrai dans le discours de Sarkozy que s'il la replace dans ces nouvelles perspectives historiques de développement du continent à la fois endogène et ouvert. Faire en sorte que, non seulement les matières premières du continent, mais également ses productions agricoles et industrielles (et pas seulement les produits culturels ou naturels pour touristes en goguette, ses masques et tam-tam) dégagent la plus value nécessaire aux pays africains pour acheter les produits français dont ils continueront longtemps à avoir besoin. C'est la voie chinoise de la Renaissance à effet de diffusion mondiale et dont la France et l'Europe auront de plus en plus un besoin vital pour leurs propres équilibres économiques internes et externes, voire leur survie comme grandes puissances économiques.

Mais en plaçant cette perspective globale dans la seule voie néo-« néocoloniale », en la conditionnant par on ne sait quel changement d'identité du continent par adhésion à des « machins » européens comme cette fumeuse « Union méditerranéenne », « pivot » de la non moins mystérieuse Eurafrique, tout cela sous l'égide d'une mystificatrice européanité (ou semi-européanité) de l'Afrique, les néoconservateurs risquent de compromettre les chances de la France et de l'Europe de participer aux premières loges à cette inéluctable Renaissance africaine à laquelle tendent toutes les énergies vitales du marché mondial et à laquelle aspirent de toutes leurs forces les peuples d'Afrique.

Que répondre au discours de Dakar ?

Le président Sarkozy, il faut le reconnaître, a été conséquent, de bout en bout de ce discours sûrement pas aussi improvisé qu'il y paraît. Chaque mot, chaque phrase valent leur pesant de néoconservatisme. Rien n'y a été laissé au hasard. Sarkozy s'y reconnaît nécessairement et ce serait lui faire la pire insulte que de ne pas l'imaginer fier de ses effets en Afrique où l'objectif était rien de moins que de troubler « la bonne conscience » anticoloniale qui, à son goût, n'a que trop duré dans ces contrées. Il veut une politique de rupture. Il commence donc par un discours de rupture…

Pour l'Afrique et les Africains, le message est clair : la France sans complexe et débarrassée de ses entraves et préventions morales, de sa langue de bois du passé, est là et il faut compter avec elle.

La pire des réponses des Africains serait de se placer sur le même terrain identitaire, stérile.

Nicolas Sarkozy fait aux Africains un discours d'une invraisemblance violence verbale, qui heurte leur honneur, insulte sans raison la mémoire de ceux des leurs que la colonisation a réduits à la pire condition humaine : la dépendance à l'égard d'autrui et la perte de souveraineté qu'elle implique. Il est du devoir des Africains d'y répondre en se plaçant sur le seul terrain qui vaille de nos jours : celui de la recherche de la compréhension mutuelle, de l'ouverture maîtrisée et de la tolérance active et non de la confrontation entre les peuples, les cultures et les civilisations, tout en contribuant par la pratique à l'émergence et à la consolidation de cette autre Afrique « pacifique et prospère » qu'attendent ses fils depuis si longtemps.

Ce discours est donc d'une grande richesse négative, par le ton autant que par ses assertions, affirmations ou insinuations. Deux points essentiels méritent toute l'attention des intellectuels et des décideurs africains, tant ils interpellent le sort commun, la vision d'une communauté de destin de tous les Africains. Tout le reste n'est que de la très mauvaise littérature. Il s'agit :

1. Du refus de toute repentance à l'égard du colonialisme de la part de l'État français ;

2. De la proposition d'une Union méditerranéenne comme « pivot » de l'Eurafrique.

Un débat vrai, approfondi, sans tabou est nécessaire sur ces sujets. Mais il faut simplement se souvenir que les termes dans lesquels Nicolas Sarkozy pose la question de la repentance n'est pas ceux qu'emploient nombre d'Africains assoiffés de justice historique, mais réalistes et peu enclins à verser dans le sentimentalisme revanchard à l'égard de quelque peuple, culture ou civilisation non africaine que ce soit. Il s'agit pour eux, au contraire, de distinguer dans l'Histoire les crimes imputables à des systèmes économiques et sociaux, des crimes individuels même accomplis au nom des peuples. À ce titre, le colonialisme apparaît bien comme un « crime historique », un crime systémique comme l'esclavage ou l'apartheid. Un crime d'État. De nombreuses résolutions internationales le proclament. Il s'agit pour les Africains de faire en sorte de prendre les mesures juridiques individuelles et collectives qui criminalisent toute tentative de révisionnisme négationniste en la matière, en minimisant ou justifiant l'injustifiable. Exactement comme l'a fait l'Assemblée nationale française à l'égard du « crime d'autrui » que fut pour elle le « génocide arménien » imputé à la Turquie. Il en va de même de la Shoah. Pourquoi n'en serait-il pas de même du révisionnisme pro-colonial ? Quant à la « repentance », elle déterminera sans doute, dans un avenir peut-être plus proche que l'on ne croit, la qualité des relations franco-africaines.

Si les Français, dans un monde en mutation et de très forte concurrence, veulent des relations particulières, chaleureuses, mutuellement avantageuses avec les Africains, ils devront nécessairement solder ce passif humanitaire existant avec eux. C'est ce que le très fin politique Nicolas Sarkozy a « ressenti » ou pressenti à sa manière et qui l'a amené à l'aborder de front, sans se faire prier, à Dakar. Il faut s'en féliciter et lui rendre la monnaie de sa pièce. Il faut lui dire qu'il y a un énorme abcès de fixation dans les relations franco-africaines. Qu'un fossé mental considérable ne cesse de s'élargir de part et d'autre de la Méditerranée entre Africains et Européens. Son discours ne fait qu'en exprimer l'ampleur sans précédent. Cet abcès, cet abîme ont pour nom : refus du tort colonial et de ses versions néocoloniales plus subtiles, sur fond de préjugés négatifs de tous ordres, y compris le racisme, la xénophobie et leurs différentes variantes plus ou moins édulcorées.

C'est lui-même, M. Nicolas Sarkozy, qui, pour la première fois dans l'histoire officielle des deux continents, a abordé dans des termes non diplomatiques, décomplexés, la question des responsabilités des uns et des autres devant l'histoire commune et celle de l'identité des uns par rapport aux autres. Qu'à cela ne tienne. Il faut l'en remercier et lui dire que, outre les conquêtes coloniales proprement dites et les systèmes de pillages de richesses et d'exploitation éhontée et raciste instaurés, la France officielle est également responsable non de toutes les guerres sanglantes que se font les Africains entre eux, certes, mais de nombre d'entre elles. En suscitant ou entretenant pour des raisons multiples (en particulier mercantiles ou géostratégiques) des haines de toutes natures : tribales, régionales, ethniques, etc. ; en recourant parfois directement à l'intervention armée grâce à des artifices juridiques que réprouve le droit international (« accords » d'ingérence militaire pour soutenir des régimes contestés, souvent dictatoriaux, ou des factions armées), en utilisant même les services de mercenaires (comme Bob Denard aux Comores ou au Bénin). « Elle n'est pas responsable des génocides », mais a dû former une commission parlementaire pour essayer de se laver de l'infamante accusation de complicité de génocide au Rwanda (l'un des deux ou trois pires massacres de l'histoire de l'humanité !), tant sa proximité avec les génocidaires était intime lors de l'exécution du forfait. « Elle n'est pas responsable des dictateurs », mais a directement participé au couronnement de l'« empereur » Bokassa, d'abord installé au pouvoir et soutenu par elle, comme bien d'autres dictateurs dont la main criminelle aurait pu être arrêtée par la France. « Elle n'est pas responsable de la corruption, de la prévarication », alors même que les réseaux de la Françafrique maintenaient chacune des dictatures africaines de l'époque du pré carré dans les mailles du filet d'acier de la « coopération franco-africaine »... et que ces relations occultes ont largement financé le jeu des partis politiques de l'Hexagone...

La France se doit de prendre ses responsabilités en participant au règlement de cette immense dette historique, coloniale et néocoloniale avec l'Afrique et en crever l'abcès. Ce faisant, les dirigeants français, dans le souci d'un avenir réellement partagé, présenteront au nom des leurs les *excuses* qu'attendent les descendants des colonisés vis-à-vis d'une France qui alors, « assumera » réellement cette partie désagréable, cette face hideuse de son histoire. Cet acte sera suffisant pour remettre à zéro le compteur de la longue marche de nos peuples vers un commun progrès. Elle n'humilie pas la France car, par ce geste, celle-ci se démarque d'une entreprise criminelle historique – au même titre que l'ont été la traite des esclaves ou le nazisme –, honore la meilleure part d'elle-même et enterre tout ressentiment et toute récrimination à son égard. C'est en soldant ses comptes avec les Africains que la France sera réellement l'amie franche et sincère dans un monde où les sentiments, la subjectivité jouent un rôle de plus en plus important dans la marche des affaires…

Concernant le grand projet de l'Union méditerranéenne que la France a proposé à tous les pays riverains de la Méditerranée, il est destiné, d'après le président français, à servir de « pivot » à l'Eurafrique. Les Africains du Maghreb devraient en avoir une claire vision, l'analysant en fonction de leurs intérêts certes régionaux, mais également continentaux et en s'appuyant sur leur appartenance à l'Union africaine. Toute autre approche serait préjudiciable à l'Union et, à terme, à ses intérêts stratégiques. Du moins en ce qui concerne la nouvelle version sarkozyenne de l'Union méditerranéenne. En effet, celle-ci est d'abord destinée à gérer le dossier délicat de l'adhésion de la Turquie à l'Union européenne, que refuse avec obstination le président français pour des raisons de conception identitaire extrémiste de droite de l'Europe et de son « héritage historique ». L'Union méditerranéenne sert donc à contenir la masse musulmane turque dans un environnement méditerranéen où pourrait se fondre son islamité, loin de l'Union européenne d'un autre héritage culturel (judéo-chrétien). Les Africains du Maghreb pourraient-ils accepter d'être de simples faire-valoir tactiques dans le grand jeu européen actuel, en se coupant de leurs racines et de leurs arrières africains ?

Quant à l'« Eurafrique » à laquelle cette Union servirait de marchepied, les Africains ont d'autant plus de raisons de s'en méfier que le président Sarkozy lui assigne l'étrange mission de permettre à l'Afrique rien de moins que de *parachever son humanité*. C'est en effet, d'après lui, seulement lorsque ce « grand rêve de paix et de prospérité » qu'est l'Eurafrique aura été conçu que « l'enfant noir de Camara Laye, à genoux dans le silence de la nuit africaine, saura et comprendra qu'il peut lever la tête et regarder avec confiance l'avenir ». Alors et alors seulement, il sentira réconciliées en lui les deux parts de lui-même. *Et il se sentira enfin un homme comme tous les autres hommes de l'humanité* ». Autrement, en dehors de cette réunion des deux parts de lui-même, européenne et africaine, l'enfant Camara Laye, l'homme africain, jamais ne pourrait se sentir enfin un homme comme tous les autres hommes de l'humanité. L'Eurafrique *achèvera* donc l'humanité de l'Africain. Quelle formidable continuité avec le « grand rêve colonial » et ses missions de « civilisation » de l'Afrique !

L'Afrique peut-elle accepter une telle version fantaisiste, unilatérale, néoconservatrice, du « métissage » des cultures et des civilisations eurafricaines qui, au fond, est peut-être le vrai mystère de cet étrange discours ? Tel est peut-être, au-delà des tours d'illusionniste de Nicolas Sarkozy, l'un des enjeux majeurs de la nécessaire et franche rupture d'avec la Françafrique et la normalisation des rapports franco-africains, dans un monde qui a *déjà* changé…

Des propos sidérants sur l'Afrique

Louise-Marie Maes Diop

Louise-Marie Maes Diop est docteur d'État en géographie humaine. Elle est l'auteure d'*Afrique noire, démographie, sol et histoire*, Présence africaine / Khepera, Paris / Dakar, 1996.

Le discours adressé à l' « élite de la jeunesse africaine » et à l' « Afrique tout entière » le 26 juillet 2007 par le président de la République française, Nicolas Sarkozy, lors de sa visite dans la capitale sénégalaise, Dakar, appelle un certain nombre de mises au point qui doivent être portées à la connaissance du public.

Reprenons, un à un, divers passages sélectionnés.

« À vous qui vous êtes tant battus les uns contre les autres et souvent tant haïs. »

Les Européens, les Français entre autres, sont particulièrement mal placés pour une telle interpellation, leur propre histoire étant remplie de guerres de toutes sortes accompagnées de massacres massifs : l'écrasement des Albigeois, la Saint-Barthélemy, la guerre vendéenne, la répression de la Commune..., les croisades, les guerres de Religion, les guerres d'Italie, les guerres de Louis XIV et de Napoléon..., les deux grandes guerres mondiales. De plus, ils ont attaqué et envahi les autres continents, presque exterminé les indigènes des trois Amériques et plus encore les Tasmaniens et les Namibiens. Ils y ont transporté même leurs propres rivalités. Ils ont enrôlé de force des Africains pour combattre d'autres Africains. Enfin, très souvent, ce sont les interventions arabes et surtout européennes, depuis le XVIe siècle, qui ont provoqué des guerres et des conflits intra-africains... et ce, jusqu'à présent.

« Cette foi mystérieuse qui vous rattache à la terre africaine […] et que l'exil lui-même ne peut effacer. »

Que peut avoir de mystérieux et de spécifiquement africain l'attachement de chacun à sa terre natale, à son pays, à son continent ? Faut-il rappeler le célèbre sonnet de Joachim du Bellay ?

« L'Afrique n'a pas besoin de mes pleurs. »

Ce dont l'Afrique a sûrement besoin, c'est de réparations, car les Arabes et plus encore les Européens ont, grâce aux armes à feu, détruit politiquement, socialement, psychologiquement, économiquement les sociétés noires africaines qui étaient déjà bien structurées aux XIVe, XVe et XVIe siècles. L'ethnologue allemand Léo Frobénius s'en était bien rendu compte : « Des campagnes couvertes de champs […] de grands États bien ordonnés, et cela dans les moindres détails, des industries opulentes […] civilisés jusqu'à la moelle des os[1] », ajoutant : « Ce qu'ont raconté tous ces anciens capitaines […] est vrai, on peut le contrôler[2]. » Avant l'utilisation des armes à feu, la traite arabe était restée marginale par rapport à l'ensemble de l'économie, par rapport à l'ensemble de la population. Le mode de production africain n'était pas esclavagiste. Il est clair que *c'est l'intervention et la sollicitation extérieures qui provoquèrent une grande extension et une prolifération de l'esclavage en Afrique subsaharienne*, où les « esclaves » étaient plutôt des « dépendants » qui pouvaient même être représentés par l'un d'eux au sein du gouvernement, par exemple dans le royaume mossi (Moose). Dans une lettre adressée au roi du Portugal Jean III en 1526, le roi congolais christianisé Alphonso s'élève contre la traite esclavagiste : « Notre volonté est que dans ces royaumes [du Congo] il n'y ait jamais ni commerce ni marché d'esclaves. » La traite européenne et l'esclavage européen ont littéralement déshumanisé les captifs, les ont réifiés. Les attaques avec les armes à feu disloquèrent les anciens royaumes et empires. Les principautés furent dès lors quasi automatiquement amenées à se faire la guerre afin d'avoir des prisonniers qui seuls permettront d'acquérir des fusils devenus indispensables pour pouvoir se défendre. Chacune d'elles se trouvait devant le dilemme suivant : posséder des prisonniers de guerre ou disparaître !

« Nul ne peut demander aux fils de se repentir des fautes de leurs pères. »

Certes, mais les États, si. États directement agresseurs, donc fauteurs de guerre, comme tout fauteur de guerre (1871, 1918, 1945) et occupants jusque dans les années 1960. Il importe donc maintenant de remettre les pays africains en état de se redévelopper par l'instruction scientifique et technique de leurs enfants jusqu'ici réservée à un nombre dérisoire de jeunes par rapport à l'ensemble de la population. Il ne s'agit donc pas d'une « aide » mais d'une « réparation », contrairement à ce qu'écrivait la géographe Sylvie Brunel en octobre 2003 dans le numéro spécial de la revue *L'Histoire* consacré à l'esclavage (p. 78-79), en toute ignorance de l'histoire de l'Afrique noire. Pour qui connaît cette histoire, le seul titre de son article, *La traite a-t-elle fait le malheur de l'Afrique ?*, ne peut provoquer que l'indignation[3].

« Je suis venu vous proposer, [...] non de ressasser ensemble le passé, mais d'en tirer ensemble les leçons. »

S'il ne faut pas « ressasser » le passé, encore faut-il au moins le bien connaître. Or, jusqu'à présent, on transmet une histoire falsifiée et trouée d'omissions volontaires. Quelles leçons peut-on tirer d'une histoire faussée, sinon de fausses leçons et de fausses conclusions ? Il faut donc, d'abord, restituer dans les manuels scolaires et universitaires, ainsi que dans les médias, le véritable passé de l'humanité et de l'Afrique. Par exemple, le premier Homo sapiens sapiens ou « Homme moderne » connu n'est pas l'« homme de Cro Magnon », souvent présenté comme tel, ainsi, dans le journal *L'Express* du 13 décembre 2004, p. 43, le post-scriptum ; cet homme fossile représente conventionnellement le premier homme moderne arrivé en Europe il y a à peu près 40 000 ans. Or, le plus ancien Homo sapiens sapiens reconnu est le fossile Omo1, découvert dans le sud de l'Éthiopie, dans la vallée de l'Omo, et daté de 195 000 ans[4]. L'écriture la plus ancienne n'est pas née en Mésopotamie, mais à Abydos, en Haute-Égypte (Égypte du Sud), inventée par un peuple noir ; en effet, l'archéologue allemand Gunter Dreyer a trouvé des petites plaques en ivoire sur lesquelles sont gravés des hiéroglyphes ; elles sont datées d'au moins 3 250 ans avant J.-C.[5] La métallurgie du fer en Afrique occidentale date du milieu du troisième millénaire avant J.-C. et non du premier[6] ; il est donc très antérieur au fer hittite. La nigrité du peuple égyptien ancien, avant l'invasion des Hyksos, continue d'être celée ; sa langue était négro-africaine, etc.[7]. Un code moral universel existait en Égypte ancienne bien avant Moïse et bien avant le contact avec les Hébreux, de même le monothéisme ; la mathématique de l'Égypte ancienne n'était pas

« empirique[8] ». Au Mali, non loin de l'actuelle Jenné, une première cité, Jenné-Jeno, était née au IIIe siècle avant J.C., en même temps que les premières agglomérations urbaines d'Éthiopie[9]. Du XIIIe au XVIe siècle, des réseaux de villes moyennes et de gros villages s'étaient largement développés en Afrique subsaharienne[10]. Les effets destructeurs, directs et indirects, des attaques arabes et portugaises, et des différentes traites, restent largement méconnus, ainsi que les méfaits de la conquête et de la colonisation directe.

« Le colonisateur a pris […] mais il a aussi donné. »

Ponts, routes, chemins de fer, hôpitaux, dispensaires, établissements scolaires ont été conçus dans l'intérêt des occupants, pour acheminer les produits d'exportation et d'importation, pour stopper l'amenuisement de la main-d'œuvre et de la réserve de recrues pour les armées, pour former les cadres intermédiaires indispensables. C'est subsidiairement que, à partir de 1930, les populations en ont partiellement profité. D'ailleurs, les travaux publics ont été réalisés par le travail forcé d'une population réquisitionnée ou déportée. Ces infrastructures ne furent donc pas un don ; leur legs, au départ des colons, compense-t-il le prix des heures de travail non rémunéré et des multiples souffrances endurées ?

« Il a rendu fécondes des terres vierges. »

Ces terres anciennement cultivées, pour beaucoup d'entre elles, avaient été reconquises par la brousse ou la forêt en raison des effets désastreux, directs et indirects, des traites cumulées et de la conquête coloniale[11].

« La colonisation n'est pas responsable de toutes les difficultés actuelles de l'Afrique. »

C'est oublier l'impact de quatre siècles de traites simultanées de plus en plus intensives et de près de quatre-vingts ans de colonisation directe sur la société, sur la structure politique et les institutions, sur la démographie, sur l'économie, sur la psychologie individuelle et sociale, sur les comportements… : dislocation des anciens royaumes et empires, disparition de dizaines de millions d'individus « énorme quantitativement et catastrophique qualitativement » (cf. colloque d'Haïti, 1978, Unesco), « militarisation de la société au détriment des coutumes anciennes de contrôle du pouvoir » et propagation de la violence, régression de la civilisation négro-africaine, racialisation de l'esclavage et « aggravation des tensions sociales et interethniques, mentalité anti-économique », extraversion économique et culturelle, aliénation, meurtre mental et culturel, action historicide, exemplarité de la corruption, ne serait-ce que par la collusion entre l'administration et les sociétés concessionnaires ou la corruption électorale et le truquage des élections…

« [La colonisation] n'est pas responsable des guerres sanglantes que se font [actuellement] les Africains entre eux. Elle n'est pas responsable des génocides. Elle n'est pas responsable des dictateurs […] Elle n'est pas responsable de la corruption et de la prévarication, […] des gaspillages et de la pollution…

Ces propos sont stupéfiants. Qui fournit sciemment les armes et les machettes ? Qui a mis en place ou maintenu sur leur trône les dictateurs ? Qui a formé des policiers tortionnaires ? Qui a manœuvré pour écarter, voire éliminer, les défenseurs intègres des intérêts des peuples noirs lorsque ces intérêts ne coïncidaient pas avec ce qu'on supposait être les intérêts de la France ? Qui pratique aussi la corruption, la prévarication, le gaspillage au plus haut niveau[12] ? Qui est principalement responsable de la pollution ?[13]

« Ne cédez pas à la tentation de la pureté [...] qui est ce qu'il y a de plus dangereux au monde. »

Mais de quelle pureté s'agit-il ici ? Pureté ethnique, nationaliste, raciale, intégrisme religieux ? Tout cela semble avoir été étranger à l'univers mental des Noirs africains avant le contact avec les Arabes et les Européens. On peut même avancer qu'ils ont été victimes de leur xénophilie (cf. Alphonso, ci-dessus). Par ailleurs, la recherche historique a montré que l'origine de l'opposition Hutu/Tutsi date de l'occupation allemande relayée par la colonisation belge, et enfin, par l'intervention française. Pour autant qu'on puisse en juger, les rapports vainqueurs/vaincus, chez les Noirs africains, différaient beaucoup de ce qu'ils étaient en Europe. En 1473, par exemple, le roi songhay Sonni Ali, ayant vaincu la résistance de Jenné, reçut cordialement l'envoyé de la ville, un tout jeune homme, le prit par la main, le fit asseoir auprès de lui sur son tapis et s'écria : « Comment ! C'est contre un enfant que cette guerre a duré si longtemps ? » Un courtisan l'informa que le père du jeune homme était mort durant le siège en laissant le trône à son fils... Le Sonni demanda la main de la mère du jeune homme et l'épousa, envoya un de ses chevaux de selle pour aller chercher sa femme et la ramener à son camp. Dès qu'elle fut arrivée, il renvoya au jeune sultan de Jenné, à titre de cadeau, le cheval qui l'avait portée, ainsi que tout le harnachement. L'enjeu était d'obliger Jenné à reconnaître la suzeraineté du roi songhay. Cette anecdote est révélatrice et significative[14].

« Ce destin commun a été scellé par le sang des Africains qui sont venus mourir dans les guerres européennes. »

Lyrisme émouvant, mais la pension versée aux anciens combattants africains survivants, elle, n'a pas été commune.

« Vous trouverez l'imagination et la force de vous inventer un avenir qui vous soit propre, [...] où vous vous sentirez enfin libres [...] La part d'Europe qui est en vous [...] est l'appel de la liberté, de l'émancipation et de la justice. »

Savez-vous que des griots maliens ont transmis une *Déclaration des droits de l'homme*, datant du XIIIe siècle, dont voici des extraits[15] :

Toute vie humaine est une vie...
Une vie n'est pas supérieure à une autre vie
Tout tort causé à une vie exige réparation.
Que nul ne cause du tort à son prochain
Que nul ne martyrise son semblable
Que chacun veille sur son prochain
Que chacun vénère ses géniteurs
Que chacun éduque ses enfants
Que chacun veille sur le pays de ses pères
Par pays ou patrie il faut entendre aussi et surtout les hommes.

La faim n'est pas une bonne chose
L'esclavage n'est pas non plus une bonne chose
Personne ne sera non plus battu
L'homme se nourrit d'aliments et de boissons
Mais son âme, son esprit vit de trois choses :
Voir celui qu'il a envie de voir
Dire ce qu'il a envie de dire
Et faire ce qu'il a envie de faire
Chacun dispose désormais de sa personne,
Chacun est libre de ses actes dans le respect des interdits des lois de la patrie.
Tel est le serment du Manden à l'adresse des oreilles du monde entier.

Savez-vous que dans la tradition des peuples noirs, antérieurement à l'influence de l'islam et du christianisme, la femme avait des moyens personnels de subsistance, autrement dit, une indépendance financière (cultures de case, commerce, activité artisanale, biens propres) et qu'elle participait à la direction des affaires publiques « dans le cadre d'une assemblée féminine siégeant à part, mais jouissant de prérogatives analogues à celles de l'assemblée des hommes »[16] ?

Savez-vous que le voyageur arabe Ibn Battuta, visitant l'empire du Mali au milieu du XIVe siècle, a noté ceci :

« Parmi les belles qualités de cette population nous citerons :

- Le petit nombre d'actes d'injustice que l'on y observe, car les nègres sont de tous les peuples, celui qui l'abhorre le plus…,

- La sûreté complète et générale dont on jouit dans tout le pays ; le voyageur, pas plus que l'homme sédentaire, n'a à craindre les brigands, ni les voleurs, ni les ravisseurs.

- Les Noirs ne confisquent pas les biens des hommes blancs [arabo-berbères à l'époque], qui viennent à mourir dans leur contrée, quand même il s'agirait de trésors immenses. Ils les déposent au contraire chez un homme de confiance d'entre les Blancs, jusqu'à ce que les ayants droit se présentent et en prennent possession[17]. »

Il est clair que ce sont les « Blancs » qui ont annihilé « la liberté, l'émancipation et la justice » en Afrique noire par le règne de la violence, avant d'en réintroduire les principes tardivement, avec la création de quelques écoles. Le travail forcé ne fut aboli qu'en 1946.

« L'homme africain n'est pas assez entré dans l'Histoire. Le paysan africain [...] vit avec les saisons [...] »

C'est l'homme africain qui, avant tout autre, est entré dans la préhistoire et dans l'Histoire qu'il a même créée, puisque c'est lui qui, le premier, a inventé l'écriture. Ce sont les Européens qui, au XIXe siècle, ont décrété qu'il n'y était jamais entré... et qui ont entravé son développement – une longue parenthèse qui n'est pas encore vraiment refermée malgré les indépendances nominales des années soixante. Quant aux paysans africains, c'est comme tous les paysans de la planète (sauf ceux qui cultivent sous serres chauffées) qu'ils vivent avec les saisons. Il leur manque seulement des écoles et des informations adéquates. On a, par ailleurs, redécouvert les vertus des cultures associées qu'ils pratiquaient.

« Le défi de l'Afrique, [...] c'est de s'approprier la science et la technique moderne. »

Enfin une phrase qu'on ne peut qu'approuver ! Elle recoupe absolument la principale recommandation de Cheikh Anta Diop dont le nom a été curieusement tu dans ce discours prononcé au sein de l'université qui porte aujourd'hui ce nom. Cheikh Anta Diop a pourtant monté et fait fonctionner avec succès, dès les années soixante, dans cette université, un laboratoire de datation par le carbone 14 (à l'époque, technique de pointe), et dans un article[18] il a expliqué, à titre d'exemple, dans la langue comprise par 80 % des Sénégalais, la théorie des ensembles, la physique mathématique et théorique, l'organisation de la matière au niveau subquantique et quantique, la relativité restreinte et générale et la chimie quantique. Cet article est bilingue, français/wolof. (Le couplet sur les langues qui figure dans ce discours est donc périmé depuis longtemps déjà.) Plus des trois quarts des jeunes Noirs Africains n'ont pas le moindre accès au savoir scientifique et technique même élémentaire.

1. L'utilisation de la *seule langue de l'ancien colonisateur dans l'enseignement* est l'une des causes de nombreux abandons et redoublements dans les différents degrés d'enseignement. Que se passerait-il en Europe si l'enseignement et l'administration s'exerçaient en japonais ? Un tel système entraîne par ailleurs divers effets pervers d'ordres familial, social, politique, administratif, économique (cf. par exemple, *Le Mandat*, d'Ousmane Sembène).

2. L'*ajustement structurel* empêche systématiquement d'avoir suffisamment de moyens financiers pour l'éducation. Au moment où se multiplient dans le monde des livres bilingues, des collèges et des lycées bilingues et multilingues

qui ont fait leurs preuves, il serait opportun et particulièrement bénéfique d'élaborer des manuels scientifiques et techniques bilingues (pages de gauche en français/pages de droite dans la langue véhiculaire du pays ou de la région) et de créer des établissements d'enseignement secondaire et technique bilingues et plurilingues, sans plus attendre, à partir de la première année du collège, afin d'obtenir rapidement des cadres éducatifs, administratifs, industriels, bilingues comme en Finlande (suédois/finnois).

3. D'autre part, le *système économique mondial* pénalise mécaniquement les pays non industrialisés, principalement l'Afrique subsaharienne : concurrence déloyale (coton, sucre), prix bas imposés à l'exportation (uranium), surfacturations des services et produits importés, non-réinvestissements des bénéfices sur place, zones franches… D'où le non-développement, la persistance de la pauvreté paralysante. Une cour internationale de justice économique devrait être créée[19].

Ce sont autant de facteurs qui conditionnent, et l'appropriation par l'Afrique des sciences et des techniques, et le sort des jeunes Africains.

« Le désengagement du monde qui a rendu [longtemps l'Afrique] si vulnérable. […] Le métissage […] est la vraie force et la vraie chance de l'Afrique [maintenant]. »

De quel long « désengagement » s'agit-il ? Durant le Moyen Âge européen, les contacts n'ont pas cessé avec l'Asie et avec l'Afrique septentrionale. Et les Portugais arrivent dès le xve siècle. Le résultat a été catastrophique. Le métissage n'est bénéfique que quand chacune des civilisations communique pacifiquement à l'autre ou aux autres ce qu'elle a de bon ; par exemple, ses meilleures méthodes pédagogiques, administratives, organisationnelles, industrielles, thérapeutiques… et ses recettes culinaires.

« L'Afrique a réveillé les joies simples [de l'enfance], les bonheurs éphémères et […] ce besoin de croire plutôt que de comprendre, ce besoin de ressentir plutôt que de raisonner. »

Et nous voici revenus dans une vision raciale et raciste de l'humanité ! Rappelons donc que c'est un peuple noir africain qui a inventé plus de 4 000 ans avant J.-C. le calendrier sidéral fondé sur l'observation de l'étoile Sirius, d'une périodicité de 1 460 ans, et le calendrier solaire de 365 jours dont nous sommes aujourd'hui les héritiers. C'est auprès de ce peuple noir que les anciens Grecs venaient puiser leur savoir[20].

« Ce besoin [de l'Africain] d'être dans l'harmonie plutôt que d'être dans la conquête. »

Les phrases suivantes laissent à penser que la recherche de l'harmonie est assimilée à une « arriération », un « enfantillage », car on croit dédouaner la culture négro-africaine en rappelant que « la Grèce antique qui nous a tant appris sur l'usage de la raison avait aussi ses sorciers, ses devins, ses cultes à mystères, ses sociétés secrètes, ses bois sacrés et sa mythologie […] inestimable trésor de sagesse humaine. » Quels amalgames ! En quoi « raison » et « sagesse » sont-elles antinomiques ? En quoi la recherche de l'harmonie serait-elle forcément liée aux superstitions ? Assimilerait-on ici raison et conquête qui seraient opposées à sagesse et harmonie ? Étranges conceptions ! Il paraît plus évident d'associer harmonie, raison et sagesse, en mettant à part le terme « conquête ». Ce discours présente l'esprit de conquête comme préférable et supérieur à l'esprit d'harmonie. Or, les synonymes de « conquête » sont : appropriation, assujettissement, domination, prise, soumission. Dans le domaine historique, qu'est-ce qu'un conquérant, sinon un gangster international qui vole ses voisins et se les assujettit illégitimement, qui fait main basse sur le jardin des autres, qui tue, qui impose par la force ? La confédération, la fédération, le rattachement volontaire sont les seules voies humainement valables. Et il est aberrant de continuer à proposer à l'admiration des jeunes les grands conquérants du monde. Dans le domaine de la nature, on vient enfin de prendre conscience de la nécessité de la ménager, de vivre autant que possible en harmonie avec elle… Dans le domaine du droit, le maintien de l'harmonie sociale est un idéal vers lequel la morale tend. Et, justement, en droit pénal, la tradition des peuples noirs pose que « les juges ne sont pas là pour punir, mais pour aider à l'établissement de la vérité, préalable nécessaire à la réconciliation des adversaires et à la réparation[21] ». Il n'est qu'un domaine où l'esprit de conquête est recommandable, c'est celui de l'acquisition du savoir ; mais alors mieux vaut parler de soif de connaissances et d'esprit de recherche. Et l'on confond, ici, « esprit de conquête » et « esprit d'entreprise ».

« Le problème de l'Afrique, ce n'est pas de s'inventer un passé plus ou moins mythique pour s'aider à supporter le présent. »

Nous avons montré ci-dessus que ce sont les Européens qui se sont inventé un passé européocentriste et qui ont nié l'histoire de l'Afrique noire ; les résultats de toutes les recherches scientifiques et objectives le prouvent. Les historiens africains et les historiens du monde ont le droit et le devoir de restituer le véritable passé de l'humanité à la lumière des découvertes récentes. La simple déontologie l'exige.

« Si vous choisissez la démocratie, la liberté, la justice et le droit, alors la France est prête à s'associer à vous pour les construire. »

Ce n'est pas vraiment ce qu'elle a fait jusqu'à présent… et le mot reconstruire serait sans doute plus approprié. Tout le monde sait qu'il ne peut y avoir de démocratie quand les gouvernés ne comprennent pas la langue des gouvernants, de l'administration et de l'appareil judiciaire… Si la France veut œuvrer pour la démocratie et pour la renaissance en Afrique, cet aspect fondamental devrait être pris en considération. Autrement dit, il conviendrait de favoriser systématiquement le bilinguisme et le plurilinguisme en s'inspirant des exemples finlandais et norvégiens.

« Vous voulez une autre mondialisation avec plus d'humanité, avec plus de justice, avec plus de règles. […] La France le veut aussi. »

Quelles règles nouvelles propose-t-elle ? Jusqu'à présent, elle-même subventionne son sucre, impose des prix bas aux produits primaires africains, pratique la surfacturation… C'est un Français socialiste qui est à la tête de l'OMC, de même, maintenant, à la tête du FMI. On ne peut qu'attendre et voir quelles seront leurs propositions et les moyens qu'ils auront de les faire respecter si elles vont vraiment dans le sens de la justice économique.

« Voulez-vous que l'État [...] soit allégé des bureaucraties qui l'étouffent, libéré du parasitisme, du clientélisme [...] »

Sous ces vocables péjoratifs, qui frappent l'opinion, car ces trois maux sont à combattre, ce que vous proposez, en fait, c'est seulement la privatisation à tout va et l'on connaît votre programme qui a pour effet réel d'appauvrir la grande majorité de la population et d'enrichir les plus riches sans supprimer le clientélisme, ni le favoritisme (forme de parasitisme), ni, en outre, la corruption. Quant à la bureaucratie, ce sont ses excès, ses dérives, ses inadaptations qu'il faut dénoncer. Il est insupportable d'entendre qualifier de « moderne » ce qui n'est qu'un retour à la jungle socio-économique du XIXe siècle ; ce système est actuellement une machine à fabriquer des travailleurs pauvres et des chômeurs. Autant le libéralisme politique est une excellente chose, autant le libéralisme économique et financier quasi illimité est critiquable et mène à l'aggravation des disparités sociales et internationales, conduisant aux pires injustices, à la déshumanisation, aux guerres civiles et internationales. Entre un socialisme excessif et un libéralisme économique débridé, il peut exister une société équilibrée et harmonieuse justement, à la fois rationnelle, équitable et suffisamment solidaire qui ne freinerait en rien, au contraire, les initiatives individuelles et associatives, mais où l'aménagement du territoire, la programmation, une planification, non pas autoritaire, mais démocratisée, éclairée, décentralisée, multisectorielle et contrôlée, conserveraient un rôle important. Comme l'a écrit Jean-Paul Fitoussi[22] : « Recherchons inlassablement la troisième voie » (différente de celle de Tony Blair), qui peut, même à l'ère de l'ordinateur, trouver dans les vieilles structures socio-économiques et politico-administratives de l'Afrique noire, des éléments qui sont toujours valables. Par exemple, la représentation directe des corps de métiers et des différentes catégories sociales auprès du gouvernement central et de l'exécutif provincial, *mutatis mutandis*, donner au Conseil économique et social une composition plus représentative et une fonction délibérative, voire un droit d'initiative... En tout cas, il y a lieu de rechercher un système politique et socio-économique où l'on n'est pas à la merci des bulles financières, des marchés financiers, des PDG hurluberlus et surpayés, des boursicoteurs maîtres de l'enrichissement sans cause et sans mérite et responsables de pertes abyssales, aux niveaux tant mondial que national. Rappelons deux réflexions éminemment rationnelles et restées on ne peut plus actuelles : « Tout le monde ne peut pas en même temps importer moins et exporter plus [essentiellement en ce qui concerne des produits similaires][23] » ; le transport sur de longues distances de ce qu'on peut produire ou fabriquer sur place « est anti-économique chaque fois qu'il peut être évité » (Alfred Sauvy) ; il est aussi anti-écologique.

L'idée d'Eurafrique proposée ici date de plus d'un demi-siècle. Dans l'état actuel des choses ce projet serait un partenariat entre dominant et dominé... Commençons, avant toute autre chose, à œuvrer pour l'enracinement de la science en Afrique, pour la formation d'un grand nombre d'ingénieurs, de techniciens, d'entrepreneurs autonomes, tous bilingues et multilingues ; alors vous verrez diminuer le flux des immigrants comme vous le souhaitez tant... Il est intéressant de noter que la majeure partie du commerce extérieur des nations industrialisées se fait entre elles.

Ce discours présidentiel apparaît comme une juxtaposition d'interpellations pour la plupart décalées et effarantes pour qui connaît l'histoire réelle des peuples noirs africains, de la préhistoire à nos jours, telle qu'elle s'établit par la recherche scientifique et objective.

Ce discours est le reflet de l'ambiance idéologique dominante régnant au sein de l'intelligentsia française, héritière des postulats racistes élaborés au cours des derniers siècles par nombre de philosophes et hommes de science occidentaux. À la décharge du rédacteur de ce discours (et de ceux de sa génération) reconnaissons qu'ils ont été eux-mêmes victimes de la mauvaise foi de la grande majorité des africanistes, historiens, intellectuels et politiques européens et européo-américains qui refusent de reconnaître clairement et de diffuser la véritable histoire de l'humanité et celle de l'Afrique en particulier.

Retenons néanmoins la proposition constructive : favoriser l'appropriation par les Africains de la science et de la technologie moderne. Espérons que la France saura contribuer de façon adéquate à cette appropriation.

Notes

1. Cf. Léo Frobenius, *Histoire de la civilisation africaine*, Paris, Gallimard, 1952, p. 14-18.

2. Cf. sur ce point, Basil Davidson, *L'Afrique avant les Blancs*, Paris, PUF, 1962 et *Mère Afrique*, Paris, PUF, 1965 ; Louise-Marie Maes Diop, *Afrique noire, démographie, sol et histoire*, Paris, Présence africaine/Khepera, 1996.

3. Cf. *Le Monde diplomatique*, novembre 2007, supplément sur

la mémoire de la traite négrière, p. IV, « Conséquences sur l'Afrique ».

4. Cf. la revue internationale *Nature*, 17 février 2005, p. 733 ; même en Europe, l'homme de Cro Magnon a été précédé par les « Hommes modernes » de Grimaldi dont les deux squelettes, de type africain intertropical, étaient associés à l'industrie aurignacienne du paléolithique supérieur, et se trouvaient, avec cette industrie, au fond d'une fosse creusée dans une couche moustérienne, c'est-à-dire du paléolithique moyen.

5. Gunter Dreyer, *Recent Discoveries at Abydos Cemetery U*, in E.C.M. van den Brink (ed.), *The Nile Delta in Transition : 4th-3rd Millenium BC*, Tel Aviv, Privately Published, 1992, p. 293-299.

6. Cf. l'archéologue français Gérard Quéchon, *Journal des africanistes*, 62, 2, 1992, p. 55-68.

7. *Histoire générale de l'Afrique*, Unesco, vol. 2, chap. 1 et l'annexe : le « Rapport de synthèse » du colloque international tenu au Caire en 1974 sur le peuplement de l'Égypte ancienne, ainsi que les ouvrages de Cheikh Anta Diop, Théophile Obenga, Aboubakry M. Lam, Babacar Sall…

8. Cheikh Anta Diop, *Civilisation ou Barbarie*, Paris, Présence africaine ; et la revue *Ankh* n° 4/5, p. 223-245.

9. Cf. les travaux de R. et S. Mac Intosh.

10. Graham Connah, *African Civilizations, Precolonial Cities and States in Tropical Africa*, Cambridge University Press,1987 ; B. Davidson et L. M. Maes Diop, *op. cit.*

11. Cf. par exemple, Charles Becker, « De la traite à l'esclavage ». Actes du colloque de Nantes, tome 2, CRHMA / SFHOM, 1985, p. 76.

12. Cf. l'affaire Elf, par exemple.

13. Pour l'ensemble de ce paragraphe, voir diverses publications, notamment celles de Mongo Beti et de François-Xavier Verschave, celles de Soyinka, de Chinweizu…

14. Cf. Sa'di, *Tarikh es Soudan*, Paris, Maisonneuve, 1964.

15. Youssouf Tata Cissé, *Soundiata, la gloire du Mali, la grande geste du Mali*, tome 2, Karthala / Arsan, p. 39-41.

16. Cheikh Anta Diop, *Les Fondements économiques et culturels d'un État fédéral d'Afrique noire,* Paris, Présence africaine, 2000, chap. 6.

17. Ibn Battuta, *Voyages*, tome 3, Paris, La Découverte, 1982, p. 426.

18. « Comment enraciner la science en Afrique », *Bulletin de l'IFAN,* Dakar, tome 37, série B, n°1, 1975.

19. J. Echeveria, *Le Monde diplomatique*, février 1980.

20. Serge Sauneron, *Les Prêtres de l'ancienne Égypte,* Paris, Points-Seuil, 1988.

21. Fatou Kiné Camara, *Pouvoir et justice dans la tradition des peuples noirs. Philosophie et pratique,* Paris, L'Harmattan, 2004.

22. Jean-Paul Fitoussi, *Le débat interdit*, Paris, Arléa, 1995, p. 314.

23. Joseph Klatzmann, *Les Politiques agricoles,* Paris, PUF, 1972, p. 148.

Résonances outre-atlantiques

Kettly Mars

Kettly Mars est née et vit en Haïti. Nouvelliste et romancière, elle peint avec vivacité et réalisme le tableau de la société haïtienne déchirée entre ses antagonismes culturels, politiques et spirituels.

Ses principaux ouvrages :

Un parfum d'encens, nouvelles, L'Imprimeur II, Haïti, 1999.

Mirage Hôtel, nouvelles, L'Imprimeur II, Haïti, 2001.

Kasalé, roman, L'Imprimeur II, Haïti, 2003 ; Vents d'Ailleurs, France, 2007.

L'Heure hybride, roman, Vents d'ailleurs, France, 2005.

À Dakar, le président Nicolas Sarkozy s'est adressé à la jeunesse sénégalaise en interpellant son passé, ses malheurs, son être-en-soi, ses ancêtres, sa génétique. « Je ne suis pas venu, jeunes d'Afrique, pour pleurer avec vous sur les malheurs de l'Afrique… » Un discours qui a fait couler beaucoup d'encre. Haïtienne, j'ai pensé aux arrière-arrière-arrière-petits frères et sœurs restés là-bas, au Bénin, au Congo, au Cameroun, en Sierra Leone et à cette part d'un lointain passé que nous partageons. Que savez-vous de ce passé ? Que peut savoir et comprendre aujourd'hui une jeune Malienne ou un jeune Togolais de ses affinités avec Haïti ? Probablement aussi désespérément peu qu'un jeune de mon pays à propos de l'Afrique.

Le passé est un terrain miné. Aujourd'hui encore, partout à travers le monde, des contentieux remontant à plusieurs siècles continuent à opposer des nations et des États… Mais, s'il n'est pas le tremplin qui nous projette chaque jour vers un avenir meilleur, le retour au passé peut se dégrader, selon les cas, en masturbation politique, autoflagellation hypocrite ou autosatisfaction stérile. Voilà ce que ne semble pas avoir compris Nicolas Sarkozy quand il s'écrie de manière d'ailleurs bien inutilement théâtrale : « […] à vous qui vous êtes tant battus les uns contre les autres et souvent tant haïs, qui parfois vous combattez et vous haïssez encore […]. » Pourquoi cette obstination à ne voir dans notre volonté de rester au contact de nos ancêtres que du mal-vivre et de la haine ? Le moins qu'on puisse dire, c'est que le président français n'a pas prêché l'exemple à l'université Cheikh Anta Diop de Dakar. Il n'a, en effet, cessé d'y ressasser le passé tout en prétendant en conjurer les démons. Force est de constater qu'en ce qui concerne l'Afrique et surtout les pays qui y furent ses colonies, la France est en panne de discours. Entre paternalisme périmé et impérialisme agressif, elle ne trouve pas le langage de l'empathie véritable. Sous prétexte de situer clairement les responsabilités des uns et des autres, Nicolas Sarkozy n'a rien trouvé de mieux que de jeter à la figure de ses jeunes auditeurs une histoire faite de mille et une souffrances et angoisses. On peut dire, en utilisant une métaphore sportive, que pour sa première visite en Afrique subsaharienne, il a pris un bien « mauvais départ ».

J'écris d'Haïti, nation occupant aujourd'hui le tiers d'une île des Caraïbes, en Amérique centrale. Découverte en 1492 par Christophe Colomb, elle était habitée par quelques centaines de milliers d'Indiens caraïbes qui furent soumis à l'esclavage dans les mines d'or de l'île et progressivement exterminés par les premiers conquérants. L'île d'Haïti, appelée Saint-Domingue durant trois siècles d'esclavage, fut longtemps la plus riche colonie de la France et a contribué à l'édification de la puissance économique française. Elle devint en 1804 la première république noire indépendante du Nouveau Monde. Les nègres de Saint-Domingue se sont proclamés indépendants à la face de l'Occident au début d'un XIXe siècle où la plupart des grandes nations d'Europe s'enrichissaient encore de l'esclavage. Nous sommes afro-caribéens. Mais notre histoire commence au XVIe siècle, au lieu-dit « Porte du non-retour », sur la plage d'Ouidah, en pays bénin, royaume de l'ex-Dahomey, dernière étape des captifs africains vers un destin funeste. Dernière image de la terre d'Afrique avant d'embarquer à bord de négriers faisant voile pour l'Amérique et qui, pendant trois siècles, ont transporté plus de cent millions de déportés vers l'enfer des colonies d'Amérique.

Que vous dire de l'esclavage à Saint-Domingue ? Ce fut l'asservissement de l'homme par l'homme, la réduction à l'état d'animal de l'homme par l'homme, l'exploitation scientifique et systématique de l'homme par l'homme à des fins d'enrichissement et de puissance ; la déshumanisation systématique par les plus atroces tortures physiques et morales, sous la justification de l'Occident d'apporter à des sauvages, êtres mi-hommes et mi-animaux, nous autres Africains, la lumière de la connaissance spirituelle seule capable de nous sauver de notre bestialité.

Haïti est l'unique pays où les Noirs ont pris le pouvoir et aboli l'esclavage par les armes, mettant fin à près de quatre siècles de servitude. Les puissances réactionnaires d'Europe et d'Amérique du Nord se sont liguées pour s'assurer depuis deux cents ans que ce mauvais exemple qui mettait en danger l'hégémonie de l'Occident en Amérique, et dans le monde, le demeure. Pour la reconnaissance de son indépendance, Haïti a accepté de payer à la France une indemnité de plusieurs millions de francs-or. Un handicap historique, une hémorragie politique et un embargo avant l'heure préludant à toutes les corruptions pour cette nation qui se retrouve seule, écrasée par la grandeur de son destin. Un mauvais exemple, nous le sommes encore à ce jour. Le goût amer de la liberté, le fruit empoisonné de l'indépendance, nous les partageons avec l'Afrique.

En dehors des accoutrements et du langage, il est difficile de distinguer un Haïtien d'un Sénégalais ou d'un Congolais. Nous avons en commun une mémoire vieille de plusieurs siècles et, aujourd'hui, nos rapports postcoloniaux avec la France et le reste du monde. Nous ne sommes pas une diaspora africaine qui se cherche dans les ambitions d'universitaires en mal d'affirmation. Je ne sais de l'Afrique que des clichés, les images d'un monde d'une déchirante beauté, d'une misère à la mesure de la violence qui la couve. Je n'ai de l'Afrique qu'une mémoire mal entretenue, volontairement dénaturée par des personnes que je ne connais pas. Une main dans l'ombre a décidé pour moi et des générations avant moi que moins j'en savais de l'Afrique, mieux cela valait pour forger mon humanité. Le projet colonial était pour nous autres Haïtiens de casser l'Afrique, de renier l'*alma mater*. Je suis caraïbe. Je suis à une croisée des chemins, au carrefour de la rencontre des races. « Tous les chemins du monde nous mangent dans la main », écrivait Saint-John Perse à propos de la Caraïbe.

Mais, ironie du sort, six siècles après l'envoi des premières fournées d'esclaves vers ce qu'on pourrait qualifier de four crématoire de l'Amérique, nous souffrons des mêmes maux que les enfants restés sur le continent. La postcolonie. L'indépendance nominale. Le sous-développement. Les coups d'État. L'exode. Les dictatures. La faim. La soif. Le sida. Intéressant. Ces plaies se retrouvent dans la plupart des anciens pays colonisés qui apportent leur culture à cette partie du monde : le Brésil, Haïti, Cuba.

Une subtile contradiction dans le discours sarkozyen dit et se défend de dire à la fois, et lui cause un déficit de crédibilité. « Je ne suis pas venu, jeunes d'Afrique, pour m'apitoyer sur votre sort parce que votre sort est d'abord entre vos mains. Que feriez-vous, fière jeunesse africaine de ma pitié ? » S'apitoie-t-il ou ne s'apitoie-t-il point ? Un discours qui suscite la méfiance sur la sincérité des intentions et des élans manifestés plus avant.

Je me suis posé la question de savoir si Nicolas Sarkozy aurait parlé de telle manière en s'adressant aux jeunes Haïtiens d'aujourd'hui. S'il parlerait du passé en nous disant : « Et l'homme noir qui éternellement "entend de la cale monter les malédictions enchaînées, les hoquettements des mourants, le bruit de l'un d'entre eux qu'on jette à la mer." Cet homme noir qui ne peut s'empêcher de se répéter sans fin : "Et ce pays cria pendant des siècles que nous sommes des bêtes brutes." Cet homme noir [...] a le visage de tous les hommes du monde. » Voilà pour l'histoire, le passé réglé en un coup de plume. Mais ce n'est pas seulement cela le passé, c'est aussi un héritage.

Où en est Haïti aujourd'hui ? Pour arriver à savoir ce que nous sommes, il nous faut remonter loin dans le temps. Parler du *moyen moral.* « À Saint-Domingue, près de 450 000 esclaves sont contenus par environ 30 000 Blancs [...] Il est donc physiquement impossible que le petit nombre de Blancs puisse contenir une population aussi considérable d'esclaves, si le moyen moral ne venait à l'appui des moyens physiques. Ce moyen moral est dans l'opinion qui met une distance immense entre l'homme noir et l'homme de couleur, entre l'homme de couleur et l'homme blanc, dans l'opinion qui sépare absolument la race des ingénus des descendants des esclaves à quelque distance qu'ils soient ; c'est dans cette opinion qu'est le maintien du régime des colonies et la base de leur tranquillité, du moment que le nègre qui, n'étant pas éclairé, ne peut être conduit que par des préjugés palpables, par des raisons qui frappent ses sens ou qui sont mêlées à ses habitudes; du moment qu'il pourra croire qu'il est l'égal du Blanc, ou du moins que celui qui est dans l'intermédiaire est l'égal du Blanc, dès lors, il devient impossible de calculer l'effet de ce changement d'opinion [...] Ce régime est absurde, mais il est établi et on ne peut y toucher imprudemment sans entraîner les plus grands désastres[1]. » Sans trop élaborer sur la nature des « moyens physiques » comme corollaires de poids de cette philosophie, les recommandations lucides d'Antoine Barnave dans son intervention à l'Assemblée parlementaire du 23 septembre 1791 disent éloquemment un travail conscient, cynique et objectif de déshumanisation.

C'est aussi cela le passé dont je veux vous parler. Une partie de la mémoire de l'humanité. Mais il y a plus. La problématique blanc-noir est objet d'exploration dans le domaine de la psychologie des profondeurs. Dans le monde tel que nous le connaissons aujourd'hui : « C'est un fait acquis en psychologie jungienne que les peaux claires projettent leur "ombre" sur les peaux sombres et que ce fait est à la base de la plupart des problèmes raciaux. [...] Les peaux sombres sont dotées "d'âmes sombres et sales" parce que les peaux claires ne peuvent assumer leurs qualités négatives ou incontrôlées et imaginent alors qu'elles se retrouvent chez les peaux sombres. Les effets psychiques et les comportements relatifs à ces projections colorent éventuellement les âmes des peaux sombres, comme les esclaves américains, qui d'une certaine façon doivent en endurer les conséquences. Le problème est compliqué par le fait que la projection est inconsciente et laisse les peaux claires dans une croyance authentique de l'infériorité des peaux sombres. Même Abraham Lincoln croyait en l'infériorité des nègres[2]. » Une théorie à ne point perdre de vue et qui devrait nous porter à nous dire que l'assimilation au Blanc, les préjugés racistes des nègres entre eux ne changent rien aux schèmes mentaux irréversibles de la majorité des « peaux claires ». Notre salut dépend de nous-mêmes, de ce que nous sommes, de notre culture, de notre mentalité, de nos croyances, de notre solidarité et de la manière dont nous arrivons à les intégrer dans le monde autour de nous, à les enrichir en les confrontant à d'autres réalités.

Mais pourquoi vous dire cela ? Parce que, de Hegel à Gobineau, les stéréotypes ont la vie dure et que bien des grands de ce monde en sont prisonniers. Ces stéréotypes deviennent des références, des paroles d'évangile, des promesses électorales, des stratégies, de la politique. Ces clichés maintiennent le statu quo, la machine internationale. Ces stéréotypes sont dangereux car ils infectent les esprits en déformant les perceptions, en perpétuant des schémas qui contiennent en germe le syndrome de l'afro-pessimisme. Le moyen moral prend d'autres formes, aux mêmes fins. Il se nomme corruption des mentalités et des principes, résurgence des archaïsmes.

Voila déjà des décennies que la marée noire de l'afro-pessimisme a touché les rives d'Haïti. Depuis les indépendances, nous parviennent, sous des formes différentes, les échos d'une terre immense dont les fils et les filles ne se retrouvent pas, de jeunes nations au futur compromis par les luttes fratricides, les génocides, la corruption, les coups d'État, les dictatures. Des jeunes nations handicapées par ce cadeau maudit qu'est la fausse « liberté », liberté « accordée » avec la pompe des grands jours de l'Histoire pour être aussitôt confisquée et conservée par des moyens détournés et cyniques. François Papa Doc Duvalier, Gnassingbé Eyadéma, Jean-Claude Baby Doc Duvalier, Mobutu, fils et fruits d'une même communauté d'histoire, enfantés par une même mécanique. Auraient-ils pu concrétiser leurs délires sans la subtile perversion néocoloniale ? Puisque c'est de postcolonie qu'il s'agit.

Cette marée noire de l'afro-pessimisme a contribué à engluer nos esprits et renforcer nos convictions depuis longtemps acquises d'une malédiction de la race noire. Comment douter de la sincérité du questionnement du professeur Elikia M'Bokolo : « Haïti serait-elle maudite ? N'est-ce pas la race noire qui, dans son ensemble serait maudite et dont Haïti ne serait que l'exemple le plus douloureux[3] ? » Haïti ne peut pas donner de leçons à l'Afrique. Notre pays, qui n'en finit pas de naviguer entre défaites et déceptions, ne le sait que trop bien. Notre peuple peut toutefois renvoyer à ses frères africains des images, lui rappeler que cinquante ans d'indépendance ne sont rien, mais que deux cents ans d'Histoire passent vite. « Haïti est une sorte de laboratoire d'une réalité qui se profile en Afrique. Il constitue la préfiguration simulée d'une mécanique que l'Occident a mise en place avec la colonisation et qu'elle entretient depuis sous des formes diverses[4]. » Créoles et Bossales se sont battus, entre-tués, trahis, sacrifiés pour enfin aboutir au 1er janvier 1804, mais ils ont échoué dans leurs projets de construction d'un État. Et notre chute continue ; on pourrait même parler de descente aux Enfers. Il est temps de faire une autre lecture de l'Histoire. Nous devons la vérité aux générations futures. Nous devons à l'Afrique notre vérité. Et c'est justement parce que cette histoire a été déformée par les vainqueurs et savamment parsemée par eux de trous de mémoire qu'il est vital, pour l'Afrique et sa diaspora, de la réécrire, de la « ressasser », n'en déplaise à Sarkozy, pour transmettre d'essentielles vérités aux générations futures. Nous sommes désormais sur ce chemin-là et le président français et ses semblables doivent bien savoir qu'ils ne pourront jamais nous en détourner.

Nicolas Sarkozy a martelé *ad nauseam* aux étudiants et aux autorités de Dakar que la France n'était pas responsable des guerres sanglantes, des génocides, des dictateurs, du fanatisme, de la corruption, et j'en passe. Pas si simple. La France est partie prenante de l'aventure des peuples d'une bonne partie de l'Afrique et d'Haïti dans tous ses aspects : partenaire du juteux commerce des chefs de guerre qui vendaient sur les rives d'Afrique les esclaves captifs, promoteur des guerres tribales dont la vente d'esclaves représentait une plus-value considérable, colonisateur dont les empreintes survivent et constituent une part de notre héritage de peuple, néo-colonisateur dont l'hégémonie sur l'Afrique épouse des formes hybrides depuis les indépendances. La France se retrouve à la genèse et à la chute de bien des dictatures de la Françafrique, au cœur de bien des foyers d'agitation et de violence. La France ne peut prétendre faire l'économie de ces aspects de sa filiation avec l'Afrique et décerner des palmes à Léopold Sédar Senghor, Aimé Césaire et Toussaint Louverture grâce à la francophonie, cette belle machine à récupérer ceux qui *contribuent au rayonnement de la France*. Toussaint Louverture au Panthéon de Paris ? De quoi faire frémir les restes virtuels du général[5]. Ou ne serait-ce que promesse en l'air d'un candidat aux élections présidentielles trop impétueux ? Mais paradoxalement, Haïti, le gouvernement, la presse et l'opinion haïtienne en général sont restés sans réaction face à cette dernière trouvaille sortie dans le feu d'une campagne électorale. Afro-pessimisme ? Haïtiano-zombitisme ? Toussaint Louverture au Panthéon de Paris, aux côtés de Jean-Jacques Rousseau, Voltaire, Napoléon Bonaparte… Il faut le voir pour le croire. Le président de France ne veut-il pas comprendre qu'un tel geste ne serait rien de plus qu'une ingérence dans nos affaires de mémoire, le seul lieu où nous voudrions encore décider pour nous-mêmes ? Un luxe que nous refuse l'impérialisme cognitif depuis les temps coloniaux. Nous vivons à ce jour dans l'indignité de la dépendance, nous vivons de la charité internationale, et l'on voudrait s'approprier cette dernière part de nous-mêmes.

« Cet homme fut une nation », a dit Lamartine à propos de Toussaint Louverture. Sous-entendait-il alors une nation française ? Toussaint Louverture écrivant à Bonaparte à la fin du XVIIIe siècle commençait ainsi sa dépêche : « Du premier des Noirs au premier des Blancs ». Pourquoi le premier citoyen français ne viendrait-il pas honorer Toussaint Louverture, ici, avec nous, en Haïti, dans notre panthéon national ? Nous ne lui demanderions pas de venir parler de repentance ni d'éprouver nos déchirures et nos souffrances. Mais plutôt de faire en sorte que notre nationalisme ne soit pas un vain mot, qu'il soit un moteur pragmatique de notre grand sursaut, puisque Toussaint Louverture est digne de dormir aux côtés des plus grands de la France. Après le Fort de Joux où il est mort de froid et de privations, pourquoi vouloir emprisonner sa mémoire sous les dalles de marbre d'un mausolée d'un pays où il n'aurait jamais choisi de mourir ?

Les étrangers reprochent souvent aux Haïtiens leur nationalisme exacerbé. Ce mot nationalisme devient chez nous presque péjoratif. Ils nous voient tels des insectes englués dans la toile d'un passé mythique, ne pouvant sortir de notre histoire quand l'enseignement même de cette histoire est étonnamment lacunaire dans l'école haïtienne. Nous avons fait, il est vrai, de cette histoire le prétexte à toutes nos petitesses, toutes nos dérives. Ils auront raison tant que nous nous haïrons. Ils auront raison tant que nous

nous croirons maudits. Après plus de deux cents ans, la nation haïtienne, dans son acception républicaine, reste encore à construire. De combien de douleurs devrons-nous payer nos appétits voraces, notre égoïsme, nos mentalités rétrogrades, nos préjugés de race ? Toussaint Louverture… statue d'airain aux pieds d'argile. Des historiens, écrivains et chercheurs haïtiens remettent aujourd'hui en question l'Olympe des héros de l'indépendance d'Haïti. Vertus Saint-Louis, Leslie Péan, Laennec Hurbon, Jean-Claude Fignolé – qui par l'analyse sans concession des faits socio-historiques, qui dans le cadre plus libre de la fiction – questionnent le legs de nos « aïeux ». Ils mettent à nu des hommes. Toussaint Louverture, Fatras Baton, Le centaure de la savane. Stratège sublime. Politique aux actions questionnables. Despote pour certains. Toussaint Louverture, Dessalines, Pétion Boyer… que les Haïtiens doivent découvrir. Pour tirer les leçons de l'Histoire. Tous les tyrans haïtiens se réclament de nos aïeux. Certains s'en prétendent même la réincarnation…

Haïti ne peut donner de leçons à l'Afrique. Mais elle peut lui offrir l'hospitalité de son vécu, le partage de ses erreurs, la faible lueur de ses tâtonnements. Nous autres Haïtiens ne pouvons observer la situation des enfants d'Afrique aujourd'hui, et particulièrement de la Françafrique, sans ressentir de fortes, de très fortes résonances. Aujourd'hui, plus qu'avant, s'impose la nécessité pour les dirigeants des peuples noirs d'Afrique, de la Caraïbe et d'ailleurs de se réveiller non pour défendre des intérêts communs, non pour chercher ensemble dans les pages jaunies de l'Histoire des justificatifs à nos malheurs et nous renvoyer les torts, mais pour reprendre la réflexion et la lutte, chacun à sa manière et dans un esprit d'échange, contre toutes les hégémonies psychologiques, morales, physiques et économiques qui veulent nous maintenir dans la croyance d'une prétendue incapacité raciale. Nos différends, nos complexes, notre ignorance réciproque raffermissent la position de l'Autre qui n'a rien de mieux à faire que d'approfondir nos dissensions. Nicolas Sarkozy a le mérite d'être direct et sans détour sur ses véritables sentiments. Répondons-lui plutôt par notre vision de l'avenir. Sans émotion. Sans tomber dans le piège de la provocation. Mais avec lucidité. Une vision s'appuyant sur le postulat d'un refus du présent tel que l'acceptent nos dirigeants, dans l'indignité, l'humiliation et la dépendance.

Notes

1. Antoine Barnave, « Intervention de Barnave », Archives parlementaires, première série, tome 31, séance du 23 septembre 1791, cité dans Florence Gauthier, « De la Révolution de Saint-Domingue à l'indépendance d'Haïti. Comment sortir de l'esclavage ? 1789-1804 », *Pour Haïti*, n°46 à 49, 2004, et sur http://revolution-francaise.net/2005/12/29/15-de-la-revolution-de-saint-domingue-a-lindependance-dhaiti-comment-sortir-de-lesclavage-1789-1804

2. Stephen Diggs, « Alchemy of the Blues », p. 17, in James Hillman, Henry Hogarth, Judi Bertoia, Charles Boer *et al.*, *Haiti or the Psychology of Black*, Woodstock, Spring Publications, 1997.

3. Elikia M'Bokolo, « Préface », in Giulia Bonacci, Dimitri Béchacq *et al.*, *La Révolution haïtienne au-delà de ses frontières*, Paris, Karthala, 2006, p. 11.

4. Leslie Péan, *Haïti, économie politique de la corruption*, tome IV, *L'Ensauvagement macoute et ses conséquences (1957-1990)*, Paris, Maisonneuve et Larose, 2007.

5. Dans l'article mis en ligne le 8 avril 2007 sur le site de la radio haïtienne *Kiskeya*, http://radiokiskeya.com/ on peut lire : « Toussaint Louverture pourrait être admis bientôt au Panthéon de Paris : Une promesse du favori de la présidentielle française, Nicolas Sarkozy qui voudrait voir parmi les grands hommes de France Léopold Sédar Senghor, Charles Péguy et Louverture, le général noir décédé dans le froid glacial du Fort de Joux, il y a exactement 204 ans. »

Je suis venu vous dire…
Anatomie d'un discours néocolonial en langue de caoutchouc

Mwatha Musanji Ngalasso

Je me méfie de l'étranger qui vient décider, à ma place, des solutions aux problèmes de mes propres greniers.

Proverbe sénégalais

Professeur de sociolinguistique et de linguistique africaine à l'université Michel de Montaigne - Bordeaux 3, Mwatha Musanji Ngalasso dirige en outre le CELFA (Centre d'Études Linguistiques et Littéraires Francophones et Africaines).

Le dernier ouvrage qu'il a dirigé est *Littératures, savoirs et enseignement*, Presses universitaires de Bordeaux, 2007.

Un jour, un discours

Le 26 juillet 2007, Nicolas Sarkozy s'est adressé aux étudiants de l'université Cheikh Anta Diop de Dakar, lors de son premier voyage officiel en Afrique. Ce discours, rédigé par un conseiller spécial de l'Élysée[1] et tenu pour fondateur d'une nouvelle relation franco-africaine, était attendu. Car il était annoncé par son auteur, pendant et après la campagne présidentielle, comme porteur d'une rupture radicale avec les discours de ses prédécesseurs, critiqués pour la politique « françafricaine » menée depuis cinquante ans, pour les complicités de Paris avec des régimes africains corrompus, pour les errements de la démocratie, pour les échecs de la coopération au sein de ce qui s'appelle l'« espace francophone ». On attendait donc, à bon droit, la rupture. Ce fut la cassure. Pas seulement avec la classe intellectuelle africaine qui a réagi vigoureusement aux propos du président français, mais avec l'ensemble de la société civile qui n'en revient toujours pas de cette allocution étonnante dans la forme comme dans le fond du message. Nicolas Sarkozy a rassuré les pouvoirs en place. Mais il s'est aliéné les jeunes, les dirigeants de demain. Rarement président français aura fédéré autant de voix contre lui, tant il a été critiqué, conspué, vilipendé au sein même du « pré carré » francophone. Pour cause. Au lieu d'expliquer les changements concrets qu'il entend imprimer aux relations entre la France et les pays africains, le nouvel hôte de l'Élysée s'est lancé dans un long développement historico-philosophique, aussi inutile que hasardeux, sur l'essence de l'« homme africain », ses problèmes passés, présents et à venir, sur le bien-fondé de la colonisation et le refus de la repentance. Le tout administré sur un ton sermonneur et moralisateur qui a profondément déplu.

Le discours, jugé arrogant, paternaliste et néocolonialiste, fumeux, archaïque et ringard, démagogique à souhait, peuplé d'erreurs historiques et de trous de mémoire incompréhensibles, d'omissions coupables et d'appréciations erronées sur l'homme africain et sa relation au monde d'aujourd'hui, a d'abord surpris, puis indigné et finalement exaspéré tous ceux qui l'ont entendu ou lu. Beaucoup d'Africains ont reçu ce texte invraisemblablement caricatural comme insultant, voire injurieux, de la part d'un responsable de haut rang supposé au fait des choses concernant un continent auquel son pays est lié par une longue histoire coloniale toujours actuelle[2]. On attendait un pétard. Ce fut un pet-en-pot bruyant mais sans consistance. Ceux qui croyaient à la révolution ou espéraient un cap décisif dans les relations franco-africaines en ont donc été pour leurs frais. Le discours de Dakar, tel qu'il a été ressenti par l'auditoire et tel qu'il apparaît à l'analyste, n'est rien autre chose qu'une banale profession de foi qui se place, délibérément et sans complexe, dans la continuité des pratiques discursives et politiques héritées de l'*imperium* colonial et perpétuées depuis le de Gaulle de la Communauté franco-africaine jusqu'au Chirac du musée des Arts premiers. On pourrait considérer que le ton outrageusement discourtois et peu diplomatique employé par le nouveau président révèle un personnage qui n'habite pas encore la haute fonction de premier magistrat, un acteur qui n'a pas encore enfilé son costume de scène. Il serait cependant naïf de croire la démarche innocente comme si le propos avait été improvisé.

Beaucoup a été dit et écrit, en Afrique[3] comme en France[4], au sujet de cette allocution controversée. L'exercice auquel je voudrais me livrer consiste en une analyse formelle de ce discours[5]. L'analyse portera sur le texte écrit tel qu'il a été lu[6] par Nicolas Sarkozy devant le public réuni dans la salle des conférences de Dakar. Il ne sera donc question ici que des mots et des marqueurs verbaux explicites, à l'exclusion de toute considération d'ordre non verbal (non-dit, gestuelle, posture et autres données proxémiques) ou paraverbal (accent, intonation, intensité articulatoire, timbre de la voix, rythme ou débit de l'énonciation) observables uniquement en situation d'oralité. Ces marqueurs seront, chaque fois, mis en rapport avec le contenu du message, la fonction langagière privilégiée et la relation que l'orateur entend établir avec son public actuel ou potentiel. À cet égard ils devront rendre compte de la distance ou de la proximité entre l'orateur et son auditoire, témoigner de la hiérarchie et des positions de pouvoir, et manifester le degré de consensus recherché ou de conflit latent dans l'interaction. Les mots et les énoncés ne seront donc pas étudiés pour eux-mêmes mais dans le but de comprendre la manière dont l'orateur s'y inscrit en tant qu'énonciateur.

Un discours, surtout s'il est protocolaire, est un événement langagier dont la forme et la fonction se rapprochent de celles d'un cours magistral, d'une leçon publique, d'un sermon ou d'une conférence prononcée *ex cathedra* : il se prépare longtemps à l'avance, il est mûrement réfléchi, il se documente abondamment et s'oblige à contrôler rigoureusement et méthodiquement ses sources d'information afin de ne pas trahir la vérité et d'être à la hauteur des attentes de ceux à qui il est destiné et avec lesquels l'orateur entend tisser une relation de confiance. Voilà qui rend le discours crédible et véritablement digne d'être écouté avec attention.

Le discours, comme le cours ou la conférence, est une communication phatique qui se déroule dans un rapport de face à face. Cela veut dire que tous les énoncés, même ceux qui offrent un contenu informationnel fort, possèdent, en plus, une importante valeur relationnelle qui se manifeste par la quête permanente du consensus, le désir rarement dissimulé d'être approuvé ou d'avoir raison, la volonté affichée, avec sincérité ou non, de ménager la face de l'Autre au lieu de la lui faire perdre. Ce qui distingue un discours d'un cours ou d'une conférence, et qui apporte, comme dans un sermon, un avantage indéniable à celui qui le profère, c'est le fait que, bien qu'il s'exprime en présence d'un public qui n'est pas nécessairement son unique destinataire, l'orateur ne peut être directement ni réfuté, ni contredit, ni interpellé. On est dans une situation d'authentique monologue même si l'orateur, tel un prédicateur, officiant *in praesentia*, s'adresse directement au public en se comportant comme en situation de dialogue. L'absence de réactivité de l'auditoire et d'interactivité entre celui-ci et l'orateur place ce dernier dans une position passablement confortable, mais faussement sécurisante, qui n'est pas sans comporter quelques vrais risques : par exemple, celui du dérapage ou de la démagogie. Des orateurs inexpérimentés ou peu enclins à la probité échappent rarement à cette tentation facile.

Le discours de Nicolas Sarkozy à l'université de Dakar sur le rôle positif de la colonisation, sur l'homme africain et son essence, a pris, tour à tour, les allures d'un sermon, d'un cours et d'une conférence adressés à des auditeurs[7] pris pour de grands enfants. C'est en cela qu'il est apparu paternaliste et néocolonialiste, donc inacceptable. Il a néanmoins délivré un message qui a le mérite incontestable de la clarté. Je voudrais montrer en quoi sa formulation, dans une expression éloignée de la langue de bois[8] coutumière aux politiciens, caractérisée par l'opacité et la non-transparence du message, relève de ce que j'appelle la « langue de caoutchouc », porteuse d'une fausse transparence. En quoi il est le modèle même des discours « vulgaires » dont parle Achille Mbembe[9], brillants sans être convaincants, fondés sur des lectures rapides et superficielles, partielles ou partiales, d'auteurs soigneusement choisis en fonction des propres thèses de l'auteur, et s'inspirant d'une pseudo-science ambiante qui demeure, la plupart du temps, sourde à l'évolution réelle des connaissances et des idées. Une telle pratique n'est inquiétante, dans le cas qui nous occupe, que parce qu'elle est revêtue du sceau de l'autorité d'un chef d'État.

La langue de caoutchouc

Les politiciens ont la fâcheuse réputation de trop faire usage de la langue de bois dans le but de plaire à leur public, de le bluffer et de gagner des voix aux élections. Pour y parvenir ils s'appliquent à éviter, dans le choix des mots, à la fois la digression facile et la prise de risque excessive susceptibles de compromettre leurs intérêts ou de les disqualifier aux yeux de ceux qui les écoutent. L'objectif étant d'impressionner son interlocuteur à peu de frais pour tirer de la situation le profit optimal, ils n'hésitent pas à balancer des vérités irréfutables, des idées incontrôlables, des faits invérifiables (par exemple des dates lointaines ou des statistiques mirobolantes), à jeter de la poudre aux yeux, à faire des propositions malhonnêtes ou démagogiques. Sans en avoir l'air. Cette langue du « politiquement correct » s'apparente, par certains côtés, à la « novlangue » décrite par George Orwell dans son célèbre roman intitulé *1984* [10].

Nicolas Sarkozy, lui, c'est l'anti-langue de bois. Du moins se présente-t-il ainsi. Il aime le langage direct et franc. Il a une parole précipitée[11], au propre comme au figuré, et se vante d'être l'homme du franc-parler, du « parler-vrai[12] », ce langage libre et sans retenue, volontiers dur et brutal, qui passe généralement pour un signe d'honnêteté et de sincérité et qui permet de dire tout haut ce que tout le monde pense tout bas. Il l'utilise comme une arme pour rallier l'opinion publique à ses idées concernant certaines causes sensibles comme la délinquance, l'insécurité ou l'immigration. Tout cela en surfant habilement sur les attentes populaires. En exploitant à fond l'émotion suscitée par les faits divers, en particulier ceux qui mettent en cause des étrangers vite assimilés aux délinquants et aux agents de l'insécurité. Et ça marche. Le stratagème s'est avéré payant aux dernières élections présidentielles en France puisqu'il a permis au candidat de l'UMP de ravir à l'extrême droite une partie non négligeable de ses électeurs et, une fois l'élection gagnée, de débaucher nombre de cadres du parti socialiste en mal de carrière, en préconisant une politique dite « d'ouverture ». Nicolas Sarkozy, qui n'est pas issu des rangs de l'Ena et qui n'est pas un universitaire, ignore les mots difficiles et recherchés, les formules subtiles et alambiquées dont il se méfie. Il ne sait pas dire « jeunesse en situation difficile ou en mal de vivre et qui le fait savoir à la société en troublant la tranquillité des honnêtes gens ». Il dit « racaille ». Il ne dit pas « éduquer, former, prévenir, protéger » mais « nettoyer au

Kärcher ». C'est simple. C'est clair. Efficace ? Pas sûr. Mais ça c'est une autre affaire. Le cadet de ses soucis.

S'agissant de la colonisation, qu'il reconnaît formellement comme une *faute*, voire comme un *crime*, et de ses méfaits sur les pays du Sud, Nicolas Sarkozy, juriste de formation et politicien de métier, rejette, en un tournemain, toute idée de *repentance*, arguant du principe de la non-rétroactivité de la loi. La formule est lapidaire et sans appel :

« Nul ne peut demander aux générations d'aujourd'hui d'expier ce crime perpétré par les générations passées. Nul ne peut demander aux fils de se repentir des fautes de leurs pères. »

Nicolas Sarkozy est un franc-tireur qui ne joue pas les violettes. Quand il n'emploie pas le langage qui bouscule et qui attire à la fois, il recourt à la « langue de caoutchouc », une façon de parler située à mi-chemin entre la langue de bois et le franc-parler, un bling-bling plus proche de la première que du second. À la différence de la langue de bois qui cultive l'opacité du message afin de plaire à son interlocuteur en lui faisant une forte impression, la langue de caoutchouc cherche avant tout à ne pas déplaire en feignant la franchise, en se couvrant d'une fausse transparence, en évitant, autant que possible, les chemins de traverse et la violence directe des propos, en empruntant des détours, parfois très longs, pour arriver à l'objet précis du discours. À la différence du franc-parler réputé brutal et violent, parce qu'il se déploie sur le mode agonique[13] (qui favorise le conflit), la langue de caoutchouc fait appel à un mode de communication faussement irénique[14] (qui recherche la paix et la bonne entente) : l'orateur caresse son public dans le sens du poil, tient des propos lénifiants, use de la diversion, de la flatterie et de la duplicité. L'exercice permet de concentrer l'attention du public sur la performance de l'orateur davantage que sur le contenu du message. Ce que la langue de caoutchouc partage avec la langue de bois c'est l'absence, partielle ou totale, de transparence dans la communication, c'est l'ostentation (l'envie de faire la démonstration d'un savoir, d'un savoir-faire ou d'un savoir-dire), l'occultation (l'envie de cacher quelque chose) et la mystification (l'envie de tromper) : l'orateur n'a pas peur de mentir, de se payer de mots, de se payer la tête de ses interlocuteurs.

La langue de caoutchouc, comme la langue de bois, met en avant plusieurs fonctions, notamment la fonction poétique (préoccupation de briller à tout prix et sur tous les fronts, par la magie des mots, sans nécessairement convaincre), la fonction émotive (volonté d'émouvoir sans nécessairement faire réfléchir), la fonction conative (recherche de l'effet de mobilisation ou d'entraînement), la fonction phatique (souci de ne pas perdre la main ni le contact), la fonction mythique (volonté plus ou moins délibérée d'abuser autrui). Tout cela se fait au détriment de la fonction référentielle ou cognitive (recherche de l'efficacité de la communication par la vérité ou la vraisemblance du message). Ce qui explique que, malgré le prétendu franc-parler, le discours de M. Sarkozy à Dakar fait diversion, en parlant essentiellement de la colonisation et de l'homme africain, et développe une stratégie d'évitement des sujets cruciaux mais qui fâchent (comme la Françafrique, la coopération, le Rwanda, l'immigration, etc.). D'où la surabondance des mots et des formules à faible contenu sémantique (*codéveloppement*, *Renaissance*, *politique des réalités*), et la multiplication des propositions irréalistes (*pôles de compétitivité communs* [à la France et à l'Afrique], *universités communes*, *laboratoires communs*) dont on voit mal comment ils fonctionneraient dans le concret.

Le discours de Nicolas Sarkozy est, en réalité, susceptible d'une double lecture : il y a les mots, qui se veulent empathiques et se donnent pour sincères, et il y a ce que ces mots portent en filigrane, qui fait douter des intentions et de la sincérité de celui qui les profère autant que de son argumentaire. Il a recours à une communication caractérisée par la redondance, jusqu'à la saturation, des marques discursives de l'*amitié*, du *respect* et de la *franchise* :

« Je suis venu vous parler avec la franchise et la sincérité que l'on doit à des amis que l'on aime et que l'on respecte. J'aime l'Afrique, je respecte et j'aime les Africains. »

Nicolas Sarkozy dit aimer l'*Afrique* et les *Africains*. Un refrain qu'il n'est pas le premier à réciter[15]. Et sans doute pas le dernier. Le zèle à le dire fait douter de l'ardeur à le faire. La vérité est que Nicolas aime Sarkozy et vice versa. À la folie. Son discours à Dakar montre bien qu'en dépit de ses protestations d'amitié, il n'a que mépris et condescendance pour les Africains, leur passé, leur présent et leur devenir. Pour atténuer ou dissimuler la violence de ses propos et leur potentiel effet dévastateur il procède, par simple précaution oratoire, à la glorification superficielle des mérites de l'Afrique que les colonisateurs auraient, par inadvertance, méconnus :

« Ils [les colonisateurs] n'ont pas vu la profondeur et la richesse de l'âme africaine. Ils ont cru qu'ils étaient supérieurs [...]. Ils ont abîmé un art de vivre. Ils ont abîmé un imaginaire merveilleux. Ils ont abîmé une sagesse ancestrale. »

Pour appuyer sa douteuse ligne argumentaire en faveur de la précellence des valeurs européennes sur les civilisations africaines, Nicolas Sarkozy a besoin d'une caution autochtone qu'il trouve dans les écrits les plus contestables de

Léopold Sédar Senghor nourris aux sources de l'essentialisme dix-huitiémiste[16], essentialisme qui se retrouve partout, y compris dans le rapport du français aux langues africaines :

« [...] Si nous sentons en nègres, nous nous exprimons en français, parce que le français est une langue à vocation universelle [...] le français nous a fait don de ses mots abstraits – si rares dans nos langues maternelles. Chez nous les mots sont naturellement nimbés d'un halo de sève et de sang ; les mots du français eux rayonnent de mille feux, comme des diamants. Des fusées qui éclairent notre nuit. »

Le style de Nicolas Sarkozy est « décontracté », très « people », populaire voire populiste. Où l'on voit que l'auteur (ou son plumitif), brouillé avec la vérité historique et l'évolution des idées, est aussi, parfois, fâché avec la grammaire et la sémantique de la langue française :

« Je parle de la femme et de l'homme dans son *acceptation*[17] [*sic*] générale. [...] La colonisation n'est pas responsable [...] des guerres sanglantes..., des génocides..., des *dictateurs*[18] [*sic*]..., du fanatisme..., de la prévarication. [...]C'est le temps des magiciens, des sorciers et des chamanes[19] [*sic*] [...]Alors entendez, jeunes d'Afrique, combien Rimbaud est africain quand il met des couleurs sur les voyelles comme *tes*[20] [*sic*] ancêtres en mettaient sur leurs masques [...].Ce que veut la jeunesse africaine c'est de ne pas être à la merci des passeurs sans scrupules qui jouent avec *votre*[21] [*sic*] vie. Vous voulez l'unité africaine ? La France *le*[22] [*sic*] souhaite aussi. »

Enfin on observe que cet orateur habile et rusé, à la fois lion et renard, selon le précepte machiavélien[23], ne craint pas la contradiction, par exemple quand il parle de « tant de civilisations brillantes » présentées, quelques lignes plus haut, comme l'obstacle majeur au progrès et au développement du continent ; ou quand il écrit : « Le défi de l'Afrique c'est [...] de puiser en elle l'énergie, la force, l'envie, la volonté d'écouter et d'épouser sa propre histoire [...], c'est de rester fidèle à elle-même sans rester immobile », tout en déplorant le fait que « l'homme africain n'est pas assez entré dans l'Histoire ».

Le prêchi-prêcha de Dakar

Nicolas Sarkozy a prononcé à Dakar un véritable sermon. Ce qui caractérise cette péroraison, c'est la distance et la hiérarchie qu'elle introduit d'emblée entre l'orateur et son auditoire, par son autoritarisme, sa condescendance, son côté mégalomane, présomptueux et péremptoire : « Je suis venu vous dire..., je veux m'adresser à tous les Africains... » La démarche est loin d'être innocente. Le propos est prémédité. Le choix des mots judicieusement opéré.

Le sermon a ceci de caractéristique qu'il met en avant la fonction émotive centrée sur le destinateur (c'est-à-dire celui qui parle, le locuteur, l'orateur). Celui-ci peut ainsi exprimer directement ses états d'âme et son attitude à l'égard de ce dont il parle et de ceux à qui il parle. Le résultat, qui n'est pas garanti à l'avance, est variable : l'orateur peut émouvoir son auditoire en le faisant pleurer, rire ou rager. Dans le texte que nous examinons, le destinateur c'est Nicolas Sarkozy s'exprimant en tant que président de la République française. Il n'a pas eu l'heur de faire rire son public dakarois ni même de le faire pleurer. Mais de l'enrager à pleurer. La fonction émotive, véhiculée par les mots qui « touchent », est grammaticalement symbolisée par l'emploi de la première personne, qui est l'indice du locuteur (*je* et *nous* de majesté ou de pluralité), mais aussi par l'emploi abondant des adjectifs qualificatifs (*ce continent meurtri, cette foi mystérieuse, des guerres sanglantes, votre identité déchirée, l'éternel recommencement, un ordre immuable, une pureté des origines totalement imaginaire, la grande voix du président Senghor, ce grand poète et ce grand Africain, les joies simples, les bonheurs éphémères, un inestimable trésor de sagesse humaine, une démographie trop forte pour une croissance économique trop faible*), des relatives à valeur adjectivale (*un mythe que chacun reconstruit pour les besoins de sa cause, la rareté qui suscite la violence, le développement qui ne va pas assez vite, un grand continent qui a tout pour réussir et qui ne réussit pas*), des syntagmes complétifs à valeur qualificative (*ses cultes à mystères, des formes de beauté, la politique des réalités, la politique des mythes, la répétition sans fin des mêmes gestes et des mêmes paroles*).

En mettant face à face l'orateur et son public, le sermon exploite également la fonction dite conative, incitative ou persuasive, tournée vers le destinataire (celui qui reçoit le message, l'allocutaire, l'auditeur) qui se voit ainsi interpellé, exhorté à faire quelque chose ou dissuadé d'agir. Le destinataire ici, c'est l'ensemble des auditeurs et lecteurs du discours prononcé par Nicolas Sarkozy à l'université de Dakar. Trop poli, hospitalité africaine oblige, pour s'abstenir d'applaudir, maigrement il est vrai, son illustre hôte. Les marqueurs linguistiques de la fonction conative sont le pronom de la deuxième personne, indice de l'allocutaire (*tu* et *vous* de politesse ou de pluralité), les termes d'adresse au vocatif (*mesdames et messieurs, jeunes d'Afrique*[24], *jeunesse africaine, fière jeunesse africaine, mes amis africains, mes chers amis*) et le mode impératif, positif ou négatif (*écoutez, entendez, n'écoutez pas, ne vous coupez pas*, etc.).

Le discours de Dakar est donc bâti à la première personne du singulier. *Je*, pôle émetteur de l'énonciation, parle, évidemment, au nom de Nicolas Sarkozy, président de la République française et, par là même, au nom de la France, mais aussi, ce qui peut intriguer, au nom de l'Europe. Ce triple *je* s'adresse à un *vous*, qui constitue le pôle récepteur, identifié à l'auditoire de l'université Cheikh Anta Diop, à l'élite de la jeunesse sénégalaise et plus généralement africaine, aux Africains, à l'Afrique tout entière, vue comme un bloc monolithique et homogène, un peu comme un pays ou comme une région de France. L'orateur n'a pas manqué de remarquer que les Africains sont « différents les uns des autres ». Mais cela apparaît à ses yeux comme un mystère, « le premier mystère de l'Afrique ». Autre mystère insondable pour Nicolas Sarkozy, le fait que des Africains se soient battus dans le passé et, parfois, se battent encore tout en continuant de se sentir Africains[25] :

« Je veux, ce soir, m'adresser à tous les Africains qui sont si différents les uns des autres [...] et qui pourtant se reconnaissent les uns les autres comme des Africains. Là réside le premier mystère de l'Afrique. Oui, je veux m'adresser à tous les habitants de ce continent meurtri et, en particulier aux jeunes, à vous qui vous êtes tant battus les uns contre les autres et souvent tant haïs, qui parfois vous combattez et vous haïssez encore, mais qui pourtant vous reconnaissez comme frères [...] à travers cette foi mystérieuse qui vous rattache à la terre africaine... »

Le *je* énonciateur (avec ses variantes pronominales *moi* et *me*, et ses variantes lexicales *président de la République française*, *la France* et ailleurs, *l'Europe*) est ici un sujet heureux, comme Ulysse[26] retour d'un long voyage, plein de sagesse et de raison, sans honte et sans repentance. Il est fier de son histoire (française[27], évidemment), sûr de lui, arrogant, dominateur. Le désormais maître du monde hexagonal qui sera, en 2008, président de toute l'Europe pour six mois, n'est pas venu à Dakar pour écouter qui que ce soit, apprendre quoi que ce soit, *pleurer, s'apitoyer* ou *parler repentance.* C'est lui, naturellement, qui détient la vérité, c'est lui qui a des choses à dire à l'Afrique entière qu'il regarde de haut :

« Je ne suis pas venu pour pleurer avec vous sur les malheurs de l'Afrique [...], pour m'apitoyer sur votre sort [...], effacer le passé [...], nier les fautes [...], vous parler de repentance. *Je suis venu vous dire...* »

Dans un accès de scrupule passager, M. Sarkozy se défend de jouer les pères fouettards, d'être venu *donner des leçons* et *faire la morale* : « Je ne suis pas venu, jeunes d'Afrique, vous donner des leçons. Je ne suis pas venu vous faire la morale. » Mais il est immédiatement rattrapé par les faits car tout son discours n'est, en réalité, qu'un long sermon, énonçant des vérités absolues, distribuant bons et mauvais points, expliquant aux Africains ce qu'a été leur histoire, qui ils sont, où ils vont, ce qu'ils font, doivent faire ou ne pas faire, leur montrant le chemin à suivre pour « entrer dans l'Histoire ».

On est face à un *je* calé dans ses certitudes et infatué de sa personne s'adressant à un *vous*, les jeunes d'Afrique, voire les Africains en général, indistincts et indifférenciés, supposés sinon incultes et ignorants du moins immatures et incapables de réfléchir et de décider par eux-mêmes. Le style se veut direct puisque l'orateur s'adresse à des auditeurs présents dans la salle, captifs et tout ouïe. Bien qu'elle soit directe, la communication demeure cependant unilatérale (elle procède uniquement de celui qui l'émet, l'orateur-[al]locuteur) et unidirectionnelle (elle s'adresse à un auditeur-allocutaire muet, qui ne dispose d'aucune possibilité de retour de parole ou de réponse). Elle est autoritaire car elle émane de celui qui détient (ou croit détenir) le savoir, en même temps que le pouvoir, et qui, seul, est habilité à le transmettre, à la manière du pasteur en chaire.

L'objet du prêche est clair : souligner le rôle positif de la colonisation, pointer du doigt la responsabilité de l'Afrique dans son propre malheur, préparer l'argument sur lequel l'orateur viendra asseoir le message qui lui tient à cœur : la question de l'immigration. Le président français assène à son auditoire médusé, sans ménagement et sans la moindre retenue, des vérités toutes subjectives. Il s'arroge même le droit de tancer ses hôtes, de les humilier comme il n'oserait le faire nulle part ailleurs, avec aucun autre interlocuteur qui l'accueillerait chez lui. Voilà qui a choqué et scandalisé plus d'un auditeur et lecteur. Et pas seulement parmi les Africains. Étienne Smith, chercheur au CERI (Centre d'Études et de Recherches Internationales) s'interroge[28] avec étonnement :

« Imagine-t-on un seul instant que M. Sarkozy se rende en Chine, en Inde ou aux États-Unis et qu'au lieu de parler des relations de la France avec ces pays, il prétende tirer à leur place les leçons de leur histoire, faire la liste de leurs fautes et de leurs charmes, leur dire ce qu'il faut faire, ce qu'il ne faut pas faire, ce qu'il aurait fallu faire et ce qu'il aurait fallu ne pas faire ? Ce genre de discours serait proprement impensable dans les pays de l'Afrique anglophone. Imagine-t-on le président français se rendant au Vietnam et s'adresser à l'"Asie" et aux "Asiatiques"[...] ? En somme, M. Sarkozy ne semble pas s'être libéré du complexe colonial qu'il décrit pourtant si bien. Les colonisateurs ont fauté, nous dit-il, car "ils ont dit à tes pères ce qu'ils devaient penser, ce qu'ils devaient croire, ce qu'ils devaient faire". C'est sans doute ce qui autorise M. Sarkozy à dire aux fils ce qu'ils doivent penser, ce qu'ils doivent croire et ce qu'ils doivent faire… »

Jean-François Bayart[29], directeur de recherche au CNRS et enseignant à l'Institut d'études politiques de Paris, se dit « stupéfait » par les propos tenus par Nicolas Sarkozy à l'université de Dakar. Il constate avec consternation : « On devine le Président assez ignorant des sciences sociales. Pourtant il se dit soucieux de les rendre "utiles" grâce à la réforme de l'université et du CNRS. En l'occurrence ce fut une belle occasion perdue de les exploiter. En effet, la lecture de quelques-uns des nombreux livres d'histoire et d'anthropologie écrits, entre autres, et pour nous en tenir aux plus facilement accessibles, par les chercheurs français depuis une cinquantaine d'années auraient appris à Nicolas Sarkozy que les sociétés africaines ont bien entendu une histoire. Que celle-ci est très ancienne et qu'elle a véhiculé des idées autochtones de "progrès" telles que la notion d'*olaju* (littéralement les "Lumières") chez les Yoruba du Nigeria. [...] Ce petit exercice de lecture lui aurait également enseigné que les Africains d'aujourd'hui, à l'instar de leurs ancêtres, ne sont pas étrangers à l'aventure et savent "s'élancer vers l'avenir". Telle est la signification de l'émigration… »

M. Sarkozy croit savoir ce qui est bien pour l'Afrique et pour les Africains, et s'attelle à le proclamer. Voilà qui est proprement stupéfiant : alors que dans d'autres espaces on parle sous, contrats et affaires, en Afrique noire, comme en terre conquise, on prêche morale, on parle coopération et développement. Sans d'ailleurs jamais les pratiquer : ici *coopération* signifie « aide et assistance », *développement* veut dire « perpétuation du sous-équipement, donc de la dépendance »[30].

La vérité est que Nicolas Sarkozy est venu à l'université de Dakar délivrer un seul message : la France, « terre d'accueil » et pays de l'ouverture, « ne peut accueillir toute la misère du monde[31] » (entendez « toute la misère venue d'Afrique ») ; elle ne peut s'ouvrir à toutes les cultures du monde. En clair, les Africains doivent rester chez eux[32]. Cette vérité simple il est venu l'assener en faisant un long et bien inutile détour par la colonisation et son rôle positif, tout en se risquant dans les arcanes malaisés d'une anthropologie mal digérée pour expliquer la cause du mal africain.

Le président français sait que l'explication un peu courte de la responsabilité des Africains dans leurs propres malheurs n'est pas convaincante si elle est détachée de toute autre considération sociologique dans un monde globalisé où il n'est plus possible, pour personne, de vivre en totale autarcie. Pour donner à ses propos un semblant d'objectivité et de sincérité, il reconnaît, du bout des lèvres, les *fautes* et les *crimes* commis par la colonisation et, indirectement, les méfaits de l'ingérence européenne en terre africaine :

« [...] car il y a eu des fautes et il y a eu des crimes. Il y a eu la traite négrière, il y a eu l'esclavage, les hommes, les femmes, les enfants achetés et vendus comme des marchandises. »

Il ajoute même, placide et implacable, ces jugements d'une apparente sévérité concernant l'attitude *conquérante* des Européens en Afrique, leur caractère *dominateur*, leur *mépris* des cultures locales, finalement leur *rôle négatif* dans l'élan des peuples africains vers leur propre destin :

« Les Européens sont venus en Afrique en conquérants. Ils ont pris la terre de vos ancêtres. Ils ont banni les dieux, les langues, les croyances, les coutumes de vos pères. Ils ont dit à vos pères ce qu'ils devaient penser, ce qu'ils devaient croire, ce qu'ils devaient faire. Ils ont coupé vos pères de leur passé, ils leur ont arraché leur âme et leurs racines. [...] Ils n'ont pas vu la profondeur et la richesse de l'âme africaine. Ils ont cru qu'ils étaient supérieurs [...]. »

Puis il en vient à une autre idée qui lui tient à cœur, idée selon laquelle, au final, en construisant des ponts, des routes, des dispensaires et des écoles, la colonisation a été bien plus bénéfique que néfaste au développement de l'Afrique, quel que soit le prix payé par les populations locales en termes culturels (perte de la personnalité et de la liberté de s'autodéterminer) et socio-économiques (pillage des richesses du continent et confiscation du fruit du travail des gens) :

« Le colonisateur est venu, il a pris, il s'est servi, il a exploité, il a pillé des ressources, des richesses qui ne lui appartenaient pas. Il a dépouillé le colonisé de sa personnalité, de sa liberté, de sa terre, du fruit de son travail. Il a pris, mais je veux dire avec respect qu'il a aussi donné. Il a construit des ponts, des routes, des hôpitaux, des dispensaires, des écoles. »

Poursuivant son argumentaire, à bien des égards discutable, en faveur de la colonisation, Nicolas Sarkozy décline, avec une délectation et une jubilation à peine dissimulées, un certain nombre de lapalissades :

« La colonisation n'est pas responsable de toutes les difficultés actuelles de l'Afrique. Elle n'est pas responsable des guerres sanglantes que se font les Africains entre eux. Elle n'est pas responsable des génocides. Elle n'est pas responsable des dictateurs. Elle n'est pas responsable du fanatisme. Elle n'est pas responsable de la corruption, de la prévarication. Elle n'est pas responsable des gaspillages et de la pollution. »

Pas la peine de s'attarder sur l'énumération des maux actuels de l'Afrique : guerres, génocides, dictateurs, etc. Constatons seulement que l'expression *guerres sanglantes* est tautologique, car il n'existe pas de « guerres non sanglantes ». Même pas en Europe. Surtout pas en Europe où les prodigieux progrès de la technologie ont d'abord été utilisés pour anéantir l'Autre. Il n'existe pas de « guerre civilisée ». Le pluriel de *génocides* surprend, comme la présence de *dictateurs* dans une liste de phénomènes sociaux (au lieu de *dictatures*, cf. *supra*). Quant au *fanatisme*, à la *corruption*, à la *prévarication*, aux *gaspillages* et à la *pollution*, ce sont là des fléaux qui ne sont pas spécifiquement africains. Bref. S'il s'était donné un peu la peine de s'informer avant de se rendre à Dakar, comme l'aurait fait n'importe quel voyageur prudent, en consultant d'autres sources que les voix partisanes de quelques thuriféraires zélés et intéressés, M. Sarkozy aurait appris que c'est depuis près de cinq décennies que les intellectuels africains eux-mêmes, scientifiques[33] et écrivains[34] réunis, dénoncent tout à la fois les méfaits du discours nostalgique sur le passé idyllique de l'Afrique et ceux du discours naïf et irresponsable qui consiste à attribuer tous ses malheurs à la colonisation alors que depuis cinquante ans, le temps qu'a duré la colonisation dans certains pays[35], l'Afrique a mis en place, souvent avec la complicité de Paris, des systèmes dictatoriaux pires que la colonisation. Or voilà qu'il poursuit, péremptoire :

« Je veux le dire ici, tous les colons n'étaient pas des voleurs, tous les colons n'étaient pas des exploiteurs. »

Bien sûr que non, et personne de sensé en Afrique ne le pense ni ne l'a jamais pensé. Et l'on pourrait dire ici, avec la même assurance et la même objectivité, en changeant à peine de sujet, et en comparant ce qui est comparable :

« Tous les immigrés en France ne sont pas des voleurs, des usurpateurs, des délinquants, des fanatiques, des intégristes, des polygames, des hors-la-loi, des ennemis de la France et des Français, etc. »

Le président de la République française dit : « L'Afrique a sa part de responsabilité dans son propre malheur. » Qui pourrait raisonnablement le nier ou en douter ? Mais est-ce une raison pour réhabiliter et relégitimer la colonisation en en minimisant les torts, en refusant le *devoir de repentance* que l'on préconise ailleurs[36], en heurtant la mémoire des peuples ? Le raisonnement est fondé sur un syllogisme bancal, un sophisme reposant sur une majeure et une mineure malhabilement, sinon malhonnêtement, articulées qui consiste à dire : « La colonisation a causé des torts à l'Afrique. Or l'Afrique a sa part de responsabilité dans son propre malheur. Donc la colonisation n'a pas à s'excuser des méfaits qu'elle a causés à l'Afrique. » Le bon sens qui est, selon Descartes, « la chose du monde la mieux partagée »[37], commande un raisonnement différent : « La colonisation a causé des torts à l'Afrique. Tout tort doit être réparé. Donc la colonisation doit réparer les torts qu'elle a causés au continent africain. » Dans ces conditions la repentance, parce qu'elle relève de l'ordre du symbolique, est la moindre des réparations que la victime est en droit d'attendre du bourreau ou de l'agresseur. Il n'y a rien d'infamant à reconnaître et à assumer ses erreurs passées. On se grandit à le faire. Comme l'Allemagne d'aujourd'hui l'a fait s'agissant des crimes commis par le régime nazi dont le peuple allemand n'était en aucune manière responsable.

M. Sarkozy se croit obligé de rappeler à la jeunesse africaine, au cas où elle l'aurait oublié, qu'elle est à la jonction de deux cultures différentes et passablement antagoniques :

« Jeunes d'Afrique, vous êtes les héritiers des plus vieilles traditions africaines et [...] la civilisation européenne vous appartient aussi. »

Rappelons que la question de la double culture, donc du métissage, est au cœur de tous les écrits depuis les années 1930, y compris ceux de Léopold Sédar Senghor dont se gargarise le couple Guaino-Sarkozy. C'est précisément au nom de ce *double héritage*, au-delà du droit fondamental d'aller et venir dont dispose tout être humain, que la jeunesse africaine, comme d'autres jeunesses du monde, cherche à aller voir ce qui se passe ailleurs. C'est ce double héritage que le président français n'entend pas honorer dès qu'il est question de l'immigration en France où elle (l'immigration) est toujours considérée comme une menace[38] alors que dans d'autres espaces européens, mais aussi américains (notamment au Canada et aux États-Unis), on commence à la percevoir comme une possible ressource pour l'avenir. Tzvetan Todorov, un grand scientifique français d'origine bulgare[39], s'exprimant au sujet de la dernière campagne présidentielle française, disait dans une interview à l'hebdomadaire *Elle*[40] :

« [...] la vie politique telle qu'elle se révèle au cours de cette campagne ne me semble pas porter remède aux vrais maux. Elle favorise la démagogie et le populisme. Dernier exemple en date, le "ministère de l'Immigration et de l'Identité nationale", proposé par Sarkozy. Pour flatter une partie de l'électorat dans le sens du poil, on confond tout : l'identité nationale, fruit de l'histoire, et les principes universels d'égalité, de respect pour l'individu, la laïcité. L'immigration doit être contrôlée, mais elle n'est pas une menace en soi, elle peut même être une solution de certains de nos problèmes ».

Mais revenons au discours de Dakar. M. Sarkozy, explique aux jeunes d'Afrique qu'ils doivent être fiers des *valeurs de la civilisation africaine* :

« Je suis venu vous dire que vous n'avez pas à avoir honte des valeurs de la civilisation africaine, qu'elles ne vous tirent pas vers le bas mais vers le haut. »

Vers le bas, c'est ce que la colonisation leur a fait accroire. Mais, et c'est de notoriété publique, la jeunesse africaine se bat, depuis longtemps, pour affirmer ces *valeurs identitaires de civilisation* dans tous les domaines de l'art, y compris en littérature.

Quant à « la *Renaissance* dont l'Afrique a besoin » et que Nicolas Sarkozy est venu proposer, ignorant qu'elle (la Renaissance) est, elle aussi, dans tous les débats en Afrique depuis quelques années[41], aucun esprit rationnel ne pourrait admettre qu'elle repose sur un enfermement dans les particularismes au lieu d'être une ouverture sur l'universel que prônait Senghor à travers son fameux « rendez-vous du donner et du recevoir ». Aimé Césaire, cet autre grand prophète de la négritude, aimait à dire, quant à lui, avec une totale perspicacité, qu'il y avait autant de danger à s'enfermer dans les particularismes qu'à se fondre dans l'universel.

À Dakar, Nicolas Sarkozy a choisi de s'adresser exclusivement à la jeunesse, « ce peuple [...] d'apparition récente », selon l'expression d'Alain Finkielkraut[42], qui focalise désormais l'attention de tous les responsables politiques. La jeunesse africaine est, tour à tour, prise à témoin ou à partie. Elle est interpellée et sermonnée. Elle reçoit, en même temps qu'un *vade-mecum* pour le futur, conseils, remontrances, injonctions et interdictions de toutes sortes. Elle est surtout exhortée à « se prendre en main » et à « inventer son avenir [...] sur place en Afrique ». Nous sommes là en plein dans la fonction conative, marquée grammaticalement par l'emploi du mode impératif :

« Jeunes d'Afrique, ne cédez pas à la tentation de la pureté [...] ne vous coupez pas de ce qui vous enrichit, [...] ne vous laissez pas voler votre avenir, [...] n'écoutez pas ceux qui veulent vous empêcher de prendre votre part dans l'aventure humaine [...] Écoutez plutôt [...] la grande voix du président Senghor [...]. Alors entendez [...] combien Rimbaud est africain quand il met des couleurs sur les voyelles [...]. »

Le discours de Dakar a les allures du « Sermon sur la montagne », avec son énumération des béatitudes mais surtout la liste des *faiblesses* et des *problèmes* qui accablent le continent noir, des *défis* qui lui restent à relever pour espérer « entrer dans l'Histoire » :

« Le défi de l'Afrique, c'est d'entrer davantage dans l'Histoire. [...] Le problème de l'Afrique c'est de cesser de toujours répéter [...] Le problème de l'Afrique, c'est de rester fidèle à elle-même sans rester immobile. [...] La faiblesse de l'Afrique [...] ce fut longtemps de ne pas participer assez à ce grand métissage. »

Afin de donner aux Africains les armes nécessaires pour maîtriser l'avenir, M. Sarkozy, magistral dans sa toge d'anthropologue nouvellement converti, explique à la jeunesse africaine les raisons du retard pris par leur continent.

Homo africanus ou l'anthropologie à l'encre violette

Nicolas Sarkozy prétend d'abord stigmatiser l'attitude de ceux qui « n'ont pas vu la profondeur et la richesse de l'âme africaine, [qui] ont cru qu'ils étaient supérieurs [...], ont cru qu'ils avaient tous les droits [...], ceux qui jugent *la culture africaine arriérée* ». Il fustige « ceux qui tiennent *les Africains pour de grands enfants* ». Il enfonce même des portes ouvertes en affirmant : « L'homme africain est aussi *logique et raisonnable* que l'homme européen. » Il poursuit : « Je veux vous dire, jeunes d'Afrique, que le drame de l'Afrique n'est pas dans *une prétendue infériorité* de son art, sa pensée, de sa culture. Car, pour ce qui est de l'art, de la pensée et de la culture, c'est l'Occident qui s'est mis à l'école de l'Afrique. »

Cette façon de procéder paraît, d'emblée, suspecte. Elle relève d'une rhétorique de la dissimulation qui cache les vrais sentiments du sujet parlant à l'égard de l'objet dont il parle et laisse entrevoir des conclusions inattendues. De fait, quelques pages plus loin, Nicolas Sarkozy, enlevant le masque et les gants, opérant à tête découverte et à mains nues, se lâche. Le verbe n'est plus dubitatif mais assertif : « L'homme africain n'est pas assez entré dans l'Histoire. » Il explique doctement que, si l'Afrique a tant de mal à décoller, à *s'élancer vers l'avenir*, à *s'inventer un destin*, c'est parce que l'*homme africain*, contrairement à l'*homme moderne* (entendez l'*homme européen*), est resté *en marge de l'histoire* universelle, *immobile* au milieu d'un *ordre immuable*, ignorant toute idée d'*aventure* et de *conquête*, partant toute possibilité de *progrès* :

« Le drame de l'Afrique, c'est que l'homme africain n'est pas assez entré dans l'Histoire. Le paysan africain, qui depuis des millénaires, vit avec les saisons, dont l'idéal de vie est d'être en harmonie avec la nature, ne connaît que l'éternel recommencement du temps rythmé par la répétition sans fin des mêmes gestes et des mêmes paroles. Dans cet imaginaire où tout recommence toujours, il n'y a de place ni pour l'aventure humaine ni pour l'idée de progrès.

Dans cet univers où la nature commande tout, l'homme échappe à l'angoisse de l'Histoire qui tenaille l'homme moderne mais l'homme reste immobile au milieu d'un ordre immuable où tout semble être écrit d'avance. Jamais l'homme ne s'élance vers l'avenir. Jamais il ne lui vient à l'idée de sortir de la répétition pour s'inventer un destin. »

Cette affirmation concernant l'essence de l'*homo africanus* est de celles qui ont le plus étonné et choqué, en raison de son caractère à la fois gratuit et excessif. Mais aussi du fait qu'il recycle, sans aucun discernement, un fatras de poncifs éculés, une enfilade de clichés, de préjugés et de stéréotypes forgés au XIXe siècle par les théoriciens du racisme tels que Georg Wilhelm Friedrich Hegel (1770-1831)[43] et Joseph Arthur de Gobineau (1816-1882)[44] et vulgarisés au début du XXe siècle par leurs épigones comme Lucien Lévy-Bruhl (1857-1939)[45] et, dans une certaine mesure, Leo Frobenius (1873-1938)[46] et Placide Tempels (1906-1977)[47]. Décidément la bibliothèque de Nicolas Sarkozy est vieille et poussiéreuse : la plupart de ses références datent de la période coloniale ou d'avant. L'Afrique d'aujourd'hui se réduirait donc au *paysan africain* vivant *au rythme des saisons*, cherchant à vivre en *harmonie avec la nature* plus qu'à la dominer, vivant de *sensation*, d'*instinct*, de *mythe* et d'*intuition* plus que de raison, tenaillé par le besoin de *croire* plus que par celui de comprendre, de *ressentir* plus que de raisonner ! Comme au temps de l'*enfance* de l'humanité :

« Car chaque peuple a connu ce temps de l'éternel présent, où il cherchait non à dominer l'univers mais à vivre en harmonie avec l'univers. Temps de la sensation, de l'instinct, de l'intuition. Temps du mystère et de l'initiation. Temps mystique où le sacré était partout, où tout était signes et correspondances. C'est le temps des magiciens, des sorciers et des chamanes. [...] L'Afrique a fait se ressouvenir à tous les peuples de la terre qu'ils avaient partagé la même enfance. L'Afrique en a réveillé les joies simples, les bonheurs éphémères et ce besoin, ce besoin auquel je crois moi-même tant, ce besoin de croire plutôt que de comprendre, ce besoin de ressentir plutôt que de raisonner, ce besoin d'être en harmonie plutôt que d'être en conquête. »

Voilà qui rappelle l'opposition que faisaient les Grecs entre le *mythos* et le *logos* dans une démarche herméneutique tendant à asseoir la primauté et la précellence de la philosophie sur la mythologie. Plus près de nous, cela fait inévitablement penser à la fameuse formule de Léopold Sédar Senghor affirmant : « L'intuition est nègre, la raison hellène. » Recherchant à tout prix une caution autochtone à ses affabulations, l'orateur, ou sa plume, ne s'est pas aperçu qu'il s'agit là de l'une des idées du « grand poète » de la négritude les plus critiquées en Afrique.

La fonction langagière privilégiée dans cette partie du discours est clairement la fonction référentielle ou cognitive tournée vers ce dont on parle, ici l'*homme africain*, une pure construction de l'imaginaire fantasmagorique occidental. Elle est symbolisée grammaticalement par l'emploi du pronom de la troisième personne (*il, elle, ils, elles*) et lexicalement par un vocabulaire particulièrement connoté recouvrant les champs conceptuels de l'immobilisme (*depuis des millénaires, mêmes gestes, mêmes paroles, écrit d'avance, éternel présent, éternel recommencement du temps, homme immobile, ordre immuable, répétition sans fin, toujours répéter, toujours ressasser, de génération en génération, de siècle en siècle, nostalgie du paradis perdu*), de la mythologie (*temps du mystère, temps mystique, temps des magiciens, des sorciers et des chamanes, passé mythique, mystique, religiosité, besoin de croire, mentalité africaine*), de la sensibilité voire de la sensiblerie (*temps de la sensation, besoin de ressentir, de l'instinct, de l'intuition,*) et de l'oralité (*temps de la parole, des légendes*) caractéristiques de l' « homme premier » qui se satisfait des *joies simples* et des *bonheurs éphémères.*

Du point de vue discursif, ce qui domine, ce sont surtout des énoncés assertifs de forme négative (*L'homme africain n'est pas assez entré… Le paysan africain… ne connaît que… Dans cet imaginaire… il n'y a de place ni pour…, ni pour… Jamais l'homme ne s'élance vers l'avenir. Jamais il ne lui vient à l'idée de…*).

Or l'une des caractéristiques les plus marquantes de la fonction référentielle c'est le fait que l'énoncé peut être mis à la forme interrogative (*L'homme africain n'est-il pas assez entré dans l'histoire ? Le paysan africain vit-il avec les saisons ? Reste-t-il immobile au milieu d'un ordre immuable ? Vit-il dans l'éternel présent ?* etc.) et le message peut être soumis à l'épreuve de vérité. À cet égard, les réponses apportées par la science historique, philosophique ou anthropologique aux interrogations que voilà contredisent évidemment toute affirmation hâtive et ringarde concernant l'homme africain : l'Afrique de l' « éternel présent » ou de l' « ordre immuable » n'existe pas et n'a jamais existé. Sauf dans le chef des ignorants et des iconoclastes.

En construisant de l'Afrique une image mythique destinée à servir un argumentaire tendancieux, en empruntant le ton pseudo-scientifique pour énoncer un amas de clichés concernant *l'homme africain*, en théorisant sa propre ignorance, Nicolas Sarkozy s'inscrit clairement dans le sillage de cette « anthropologie à l'encre violette » qui véhicule, à la manière de *Tintin au Congo*, l'image d'une « Afrique

Banania » inspirée des écrits les plus racistes qui soient. Il confirme, à son corps défendant, la suprématie de l'Europe sur le reste du monde, singulièrement sur l'Afrique : l'Europe représenterait, *dixit* Sarkozy, « l'appel de la liberté, de l'émancipation et de la justice et de l'égalité entre les femmes et les hommes [...], l'appel à la raison et à la conscience universelles ». Il se place ainsi, *de facto*, en position hiérarchique haute (celle du maître qui possède le savoir, en même temps que le pouvoir et l'autorité de dire, d'évaluer et de sanctionner) et assigne autoritairement à son auditoire (constitué des étudiants universitaires mais aussi de l'élite intellectuelle locale et des représentants de la classe politique sénégalaise, parmi laquelle le président Abdoulaye Wade, son hôte) la position basse (celle du disciple inculte et ignorant soumis au devoir d'écouter et d'apprendre. Cette attitude relève de la vanité et, bien plus encore, du colonialisme[48].

Les habits neufs du colonialisme

Le discours de Nicolas Sarkozy a été jugé « néocolonialiste » par un grand nombre d'observateurs en Afrique et en France. Avec raison. Certains, comme Boubacar Boris Diop, l'ont trouvé « négrophobe[49] » tandis que d'autres, comme Bernard-Henri Lévy, n'ont pas hésité à le taxer de « raciste[50] ». Ses défenseurs, à commencer par son rédacteur, Henri Guaino, se scandalisent qu'on ait pu être scandalisé des propos tenus dans le discours de Dakar. Dans un article paru dans *Le Nouvel Observateur*[51] Henri Guaino s'indigne :

« On a osé parler de racisme parce qu'il y était question

de l'*homme africain*. Aimé Césaire est-il raciste quand il parle de l'*homme noir* ? Sont-ils racistes tous ceux qui ont parlé de l'*homme occidental* ou de l'*homme européen* ? [...] On a tiré un passage hors de son contexte et on a crié au scandale : "*Le drame de l'Afrique, c'est que l'homme africain n'est pas assez entré dans l'Histoire.*" Mais on oublié la suite : "*Chaque peuple a connu ce temps de l'éternel présent* [...]." Où est le scandale ? »

Le scandale est dans le fait d'affirmer en 2007, comme le faisaient, au XIXe siècle, les idéologues suprématistes et théoriciens de la colonisation, que si tous les peuples ont connu le « temps de l'éternel présent », l'Afrique, elle, y est toujours restée. Ce qui a servi d'argument à l'occupation coloniale et à sa prétendue « mission civilisatrice ». Si la colonisation consiste à occuper matériellement le territoire d'autrui et à l'exploiter à son propre avantage, le colonialisme est un état d'esprit qui consiste à occuper symboliquement l'espace et le temps de l'Autre en l'empêchant de maîtriser son territoire et son histoire, en lui imposant ses modes de penser, de dire et de faire, supposés « supérieurs », en lui ravissant le droit à la parole et le pouvoir de se définir par lui-même, de nommer son propre univers (localisation spatiale ou temporelle, environnement matériel ou spirituel), de mettre en valeur ses propres moyens d'expression artistiques, linguistiques et littéraires, d'interpréter sa propre destinée, de retracer son propre trajet historique et de dessiner son propre projet d'avenir. Le colonialisme consiste à se poser en sujet et à ravaler l'Autre au rang d'objet. À se conduire chez autrui comme chez soi. À prendre la position de l'hôte accueillant quand on est un hôte accueilli. Bref, à emprunter la posture du « commandant de cercle », comme à l'époque coloniale.

Le trait distinctif majeur du colonialisme c'est l'autoritarisme ou la propension à commander, ordonner, juger, décréter, dicter, diriger, diligenter. Cela se manifeste, dans le discours de Nicolas Sarkozy, par l'arrogance (incapacité à écouter, apprendre, discuter), le paternalisme (tendance à imposer sa domination sous couvert de protection, donc à donner des leçons, à faire la morale), le mépris de l'Autre (déni de son histoire, viol de son discours, violence portée à sa mémoire). Par le refus de la repentance qu'il considère comme inopportune et indue il se met dans la posture paradoxale de « juge et partie ». La posture du voleur se mêlant à la foule de ses poursuivants pour crier plus fort que tous : « Au voleur ! »

Le discours sarkozyste recourt régulièrement aux actes de langage qui traduisent l'expression du pouvoir autoritaire : l'interpellation (*jeunes d'Afrique, jeunesse d'Afrique*), la sommation et l'injonction (*ne cédez pas, n'écoutez pas, ne vous laissez pas, écoutez, entendez, ouvrez les yeux, il faut revenir bâtir l'Afrique* [...]. *Il faut mettre un terme au pillage des élites africaines dont l'Afrique a besoin pour se développer*).

La marque linguistique la plus évidente de l'autoritarisme c'est l'usage, sans autorisation, du tutoiement. En l'occurrence il s'agit d'un *tu* colonial dont le pluriel, *vous*, est la somme de *tu* + *tu* + *tu*. Son emploi est accompagné des termes d'adresse spécifiques (*jeunesse africaine, jeunes d'Afrique, mes amis africains*) et du mode impératif.

Fondé sur des certitudes inébranlables et sur un ego exorbitant, le discours sarkozyste recourt abondamment à l'emploi des verbes de volonté (*vouloir* et, dans une moindre mesure, *souhaiter*) qui ont comme sujet le *je* énonciateur ou ses substitutifs pronominaux (*nous*) et lexicaux (*la France* et *l'Europe*) :

« *Je veux,* ce soir, m'adresser à tous les Africains [...] Ce que *veut* faire *la France* avec l'Afrique c'est [...] *La France veut* se battre avec l'Europe, *elle veut* se battre avec l'Afrique, *elle veut* se battre avec tous ceux, qui dans le monde [...] Vous voulez l'unité africaine ? *La France* le *souhaite* aussi. [...] Si l'Afrique, la France et l'Europe le *veulent* ensemble, alors *nous* réussirons. Mais *nous*[52] ne pouvons pas exprimer une volonté à *votre* place. »

Le discours de Nicolas Sarkozy est bâti sur un mode de communication autoritaire où les injonctifs jouent le rôle prépondérant et où les désirs supposés de l'interlocuteur sont définis et exprimés par le locuteur. Par la volonté de *je* le verbe *vouloir* a également comme sujet le *tu* énonciataire ou ses substitutifs pronominaux (*vous*) et lexicaux (*la jeunesse d'Afrique, les jeunes d'Afrique, l'Afrique, les Africains*) :

« Ce que *veut la jeunesse d'Afrique* c'est de ne pas être à la merci des passeurs sans scrupules qui jouent avec votre vie.[...] Ce que *veut l'Afrique*, ce n'est pas que l'on prenne son avenir en main, [...] Ce que *veut l'Afrique* est ce que veut la France [...] Jeunes d'Afrique, *vous voulez* le développement [...] Mais le *voulez-vous* vraiment ? *Voulez-vous* que cessent l'arbitraire, la corruption, la violence ? [...] *Voulez-vous* que partout règne l'État de droit [...] Si *vous le voulez*, alors la France sera à vos côtés. »

À côté des verbes volitifs (*vouloir* et *souhaiter*) il y a les verbes du type *savoir*, *croire*, *pouvoir*, *devoir* dont la fréquence est significativement élevée:

« *Je sais* l'envie de partir qu'éprouvent un si grand nombre d'entre vous confrontés aux difficultés de l'Afrique. *Je sais* la tentation de l'exil [...], ce que la plupart d'entre eux *doivent* affronter comme épreuves, [...] qu'ils iront parfois jusqu'à risquer leur vie, [...] que rien ne les retiendra. *Je ne crois pas* que la jeunesse africaine ne soit poussée à partir que pour fuir la misère. *Je crois* que la jeunesse africaine s'en va parce que, comme toutes les jeunesses, elle veut conquérir le monde. [...] La jeunesse africaine *doit* avoir le sentiment que le monde lui appartient..., que tout deviendra possible comme tout semblait possible aux hommes de la Renaissance [...] la jeunesse africaine *ne doit pas* être la seule jeunesse du monde assignée à résidence. Elle *ne peut pas* être la seule jeunesse du monde qui n'a le choix qu'entre la clandestinité et le repliement sur soi. »

Bien que dépourvu de la solennité traditionnellement attachée à ce type d'événements médiatiques, le ton adopté par Nicolas Sarkozy est péremptoire et magistral, tour à tour assertif (*l'homme africain n'est pas..., l'Afrique a sa part de responsabilité..., la colonisation n'est pas responsable..., le colonisateur est venu, il a pris, il s'est servi..., le problème de l'Afrique c'est...*), interrogatif[53] (*Voulez-vous que cessent l'arbitraire, la corruption, la violence ? Voulez-vous qu'il n'y ait plus de famine sur la terre africaine ?*) et injonctif (*N'écoutez pas ceux qui..., ne vous laissez pas voler...; écoutez plutôt la voix du Président Senghor qui..., entendez combien Rimbaud est africain quand..., ouvrez les yeux et ne regardez plus...*). Le président français ne manque pas de poser des conditions à l'aide, toute symbolique, que pourrait octroyer la France à ses partenaires africains (*Vous voulez la paix sur le continent africain ?... La France le souhaite aussi.*).

Ce ton foncièrement infantilisant pour ses interlocuteurs, fait appel à l'émotion plus qu'à la raison, remplace le repentir du bourreau par la culpabilisation de la victime, la révolte de la jeunesse par son inféodation à la France. Il traduit, par là même, l'hypocrisie des pseudo-solutions proposées pour résoudre les vrais problèmes qui se posent aux Africains aujourd'hui : problèmes des infrastructures et de l'énergie, de l'alimentation et de la santé des populations, de l'éducation et de la formation, de la démocratie et de la bonne gouvernance, du commerce et des termes de l'échange, de la pollution, etc.

On s'étonne de l'insistance que met Nicolas Sarkozy à vouloir fixer les jeunes d'Afrique à la terre africaine, parce que la France ne peut les accueillir tous. Alors que dans le même temps il déclare :

« La jeunesse africaine doit avoir le sentiment que le monde lui appartient comme à toutes les jeunesses de la terre. […] Elle ne peut pas être la seule jeunesse du monde qui n'a le choix qu'entre la clandestinité et le repliement sur soi. »

Mais la France n'est plus, semble-t-il, la destination privilégiée des candidats à l'émigration. Quand ils prennent « des risques pour leur vie » beaucoup pensent à la Grande-Bretagne, au Canada, aux États-Unis, voire à l'Australie et à la Chine[54].

On s'étonne finalement que Nicolas Sarkozy s'adresse exclusivement aux « jeunes », en les culpabilisant, eux qui sont les premières victimes des politiques françafricaines successives menées en complicité avec les régimes corrompus locaux, au lieu d'envoyer un message fort aux gouvernants africains en place, principaux responsables des maux du continent.

La rupture introuvable

Même en cherchant à la loupe, on ne trouve pas dans le discours de Dakar l'ombre d'une idée neuve ou originale qui soit engageante et dynamisante. On ne trouve rien sur le nouveau mode de coopération franco-africaine. Rien sur l'exigence démocratique. Rien sur les droits de l'homme. Rien sur l'agonisante Françafrique.

L'*Eurafrique* ? Voilà une vraie-fausse-idée-neuve puisqu'elle fut déjà proposée par Gaston Defferre et Léopold Sédar Senghor[55] dans les années 1950. Et abandonnée par ses propres auteurs dès l'accession des États africains à l'indépendance, pour être troquée contre celle justement, nettement plus rutilante parce que plus immédiatement rentable, de Françafrique. L'engagement du président français à vendre de l'Europe à l'Afrique paraît, dans ces conditions, d'autant plus surréaliste, sinon irréaliste, qu'il suppose une décision collégiale qui dépasse la France. Qu'en pensent l'Allemagne, l'Italie, la Pologne, la Bulgarie, Malte, Chypre… ? Le projet Eurafrique est désormais présenté en liaison avec l'autre « grand projet » avancé par Nicolas Sarkozy, celui de l'*Union méditerranéenne*, dont le but, totalement négatif, est d'empêcher l'entrée de la Turquie dans l'Union européenne.

Si les problèmes soulevés par le discours de Dakar sont bien réels (malgouvernance dans des États impécunieux et surendettés, corruption et prévarication, famine et violence, etc.), force est de constater que les solutions concrètes font défaut. Annoncé comme un moment fort de la « rupture » chère à Nicolas Sarkozy ce discours n'a pas tenu ses promesses : il a déçu tous ceux qui l'ont écouté. C'est une intervention ahurissante où l'arrogance le dispute à l'ignorance, un discours outrancier, à la limite de la provocation gratuite, de l'insulte, voire de l'injure.

Ce discours préconise pour l'Afrique, comme pour la France et l'Europe, une forme de rupture, qu'il nomme la *Renaissance* et dont il ne précise ni les axes ni les contours.

Au demeurant l'allocution du président français, élu depuis quelques mois, ressemble étrangement à un discours de campagne qui n'en finit pas : velléitaire plus que volontariste (*je veux, la France veut, l'Europe veut*), mais sans contenu clair. Au total, un discours peu crédible, peu rassurant, peu mobilisateur. On a affaire à un texte écrit sans la langue de bois coutumière des politiciens, mais dans la langue de caoutchouc qui est son pendant démagogique, qui caresse l'auditoire dans le sens du poil tout en le mystifiant sur l'essentiel. En jouant avec la magie des mots[56], ce culte de la verbosité, ou du verbiage, met en avant un catalogue d'idées aussi générales que vagues, séduisantes au premier abord mais dont la substance s'évanouit au moindre examen :

« Ce que veut faire la France avec l'Afrique, c'est [...] faire la politique des réalités et non plus la politique des mythes. [...] c'est le codéveloppement, c'est-à-dire le développement partagé. La France veut avec l'Afrique des projets communs, des pôles de compétitivité communs, des universités communes, des laboratoires communs. Ce que la France veut faire avec l'Afrique, c'est élaborer une stratégie commune dans la mondialisation. [...] c'est une politique d'immigration négociée ensemble, [...] c'est une alliance de la jeunesse française et de la jeunesse africaine [...], c'est préparer l'avènement de l'Eurafrique, ce grand destin commun qui attend l'Europe et l'Afrique. »

Qu'est-ce qu'une *politique des réalités* ? Qu'est-ce que le *codéveloppement* ? Qu'est-ce qu'une *politique d'immigration négociée*[57] ? En quoi consistent les *projets communs*, les *pôles de compétitivité communs*, la *stratégie commune* dans la mondialisation ? Comment fonctionneront *les universités et les laboratoires communs* ? Mystère. Et cette mirobolante *alliance de la jeunesse française et de la jeunesse africaine* ? Rien de clair. Rien de précis. Rien de concret. Rien que de la poudre aux yeux. Un écran de fumée.

Pour la rupture, jeunes d'Afrique, il faudra donc continuer d'attendre. Ou la faire vous-mêmes… sur place. Sinon aller voir ailleurs.

Notes

1. Henri Guaino considéré comme « le gourou du Président », « le ventriloque de Sarko », « la plume », « le plumitif » ou « le nègre (blanc) de M. Sarkozy ». (Cf. le dossier que lui a consacré *Le Nouvel Observateur*, n° 2245, 15 au 21 novembre 2007).

2. Il existe encore dans l'océan Indien, au large du continent africain, des départements et territoires français.

3. Voir notamment Achille Mbembe, « L'Afrique de Nicolas Sarkozy » dans le quotidien camerounais *Le Messager*, 1er août 2007 ; ID., « France-Afrique : ces sottises qui divisent », *Le Messager*, 9 août 2007, et sur le site http://www.africultures.com ; Raharimanana *et al.*, « Lettre ouverte à Nicolas Sarkozy », *Libération*, 10 août 2007 ; Fayçal Metaoui, « Sarkozy, le « civilisateur », *El Watan* (Alger), 29 juillet 2007 ; Ali Bahmane, « La repentance avec ou sans Sarkozy », *El Watan*, éditorial du 20 août 2007.

4. Voir par exemple Jean-François Bayart, « Y a pas rupture, patron », dans le quotidien camerounais *Le Messager*, 8 août 2007 ; Etienne Smith, « L'Afrique de M. Sarkozy » sur le site http://www.mouvements.info/spip.php?article143 daté du 7 août 2007 ; Catherine Coquery-Vidrovitch, Gilles Manceron et Benjamin Stora, « La mémoire partisane du président », *Libération*, 13 août 2007 ; Philippe Bernard, « Le faux pas de Sarkozy », *Le Monde*, 24 août 2007 ; Anne-Cécile Robert, « L'Afrique au Kärcher », *Le*

Monde diplomatique, septembre 2007 ; la série d'articles publiés par Catherine Coquery-Vidrovitch dans *L'Humanité*, début décembre 2007 autour du thème « Nicolas Sarkozy et l'Afrique ».

5. Sur l'analyse du discours, lire notamment Dominique Maingueneau, *Initiation aux méthodes de l'analyse du discours*, Paris, Hachette, 1976 ; *L'Analyse du discours*, Paris, Hachette, 1997 ; Patrick Charaudeau, *Langage et discours. Éléments de sémiolinguistique (théorie et pratique)*, Paris, Hachette, 1983 ; *Le Discours politique. Les masques du pouvoir*, Paris, Vuibert, 2005 ; Francine Mazière, *L'Analyse du discours. Histoire et pratiques*, Paris, PUF, 2005.

6. Il existe au moins deux versions de ce discours, l'une, originale, écrite par Henri Guaino et distribuée aux journalistes (Sarkozy s'adresse à la jeunesse africaine en la tutoyant) ; l'autre, celle qui a été réellement lue, se trouve sur le site officiel de l'Élysée (ici la jeunesse est vouvoyée). C'est cette dernière version que j'utilise.

7. Trié sur le volet, le public qui a écouté Nicolas Sarkozy dans la salle des conférences était en majorité constitué de non-étudiants : essentiellement des membres du gouvernement sénégalais, des députés, des membres du corps diplomatique, des représentants des institutions internationales, des hommes d'affaires, des autorités universitaires, des dignitaires locaux et, seulement, quelques étudiants. Le discours à la jeunesse avait quelque chose de décalé.

8. Sur la langue de bois, lire Françoise Thom, *La Langue de bois*, Paris, Julliard, 1987, ainsi que le n° 21 de la revue *Mots* (1989), « Langues de bois ? ».

9. Achille Mbembe, *La Postcolonie. Essai sur l'imagination politique dans l'Afrique contemporaine*, Paris, Karthala, 2000, p. 11.

10. Écrit en 1948 (jeu sur l'inversion des deux derniers chiffres).

11. Dans la biographie qu'elle lui consacre Catherine Nay écrit : « Il est fait pour commander, impulser, décider. Mais son hyperréactivité, son impulsivité, ses émotions qu'il n'a jamais verrouillées, l'entraînent à être parfois trop hâtif dans ses jugements, à tenir des propos qui surprennent, à faire des promesses dont il n'a

pas toujours mesuré la portée. Il lui arrive d'avouer en souriant : "je suis mon meilleur ennemi". »

12. Titre d'un ouvrage de Michel Rocard publié en 1979 au Seuil.

13. Du grec *agônia*, « combat, lutte ».

14. Du grec *eirênê*, « paix ».

15. Lire Vincent Hugeux, *Les Sorciers blancs. Enquête sur les faux amis français de l'Afrique*, Paris, Fayard, 2007.

16. C'est Voltaire (1694-1778), Condillac (1715-1780) et Rivarol (1753-1801) qui sont, au siècle des Lumières, les champions du génie universel de la langue française, génie fondé sur ce qui serait la vertu propre et naturelle du français : la clarté. Cette idéologie est le pendant des théories relativistes et vitalistes développées en Allemagne par les philosophes du langage tels que Johann-Gottfried Herder (1744-1803) et Wilhelm von Humboldt (1767-1835), qui aboutissaient à la hiérarchisation des langues du monde.

17. Pour *acception*.

18. Pour *dictatures*.

19. Pour *chamans*.

20. Pour *vos*. Rappelons que le texte était, au départ, écrit à la deuxième personne du singulier : l'auteur emploie le tutoiement pour s'adresser à la jeunesse africaine. L'orateur n'a pas réussi à tout réadapter.

21. Pour *sa*.

22. Pour *la*.

23. Dans *Le Prince*, Machiavel explique que le politique avisé doit savoir compter à la fois sur la force et sur la ruse : « Pour s'élever d'une condition médiocre à la grandeur, la ruse sert plus que la force […] Puisqu'un prince est obligé de savoir bien user de la bête, il doit choisir le renard et le lion. Ceux qui s'en tiennent seulement au lion n'y entendent rien. » Lire *Le Prince et autres textes*, préface de Paul Veyne, Paris, Gallimard, 1980, p. 223 sq.

24. Ce terme d'adresse est le seul qui a une occurrence statistiquement élevée : il apparaît vingt-deux fois dans le texte et

fonctionne comme un vrai phatique tout le long du discours. Les autres termes n'apparaissent chacun qu'une fois, comme des hapax.

25. On pourrait dire la même chose des Européens dont l'histoire est jalonnée de guerres et qui, pourtant, n'ont jamais cessé de se sentir Européens. D'ailleurs, dans un discours prononcé à Moscou le 10 octobre 2007 devant les étudiants de l'université Bauman, Nicolas Sarkozy lui-même déclarait ceci : « La France et la Russie se sont parfois combattues. Mais nos deux peuples ne se sont jamais haïs. [...] Ils savent au fond d'eux-mêmes que ce qu'ils ont en commun est plus fort que ce qui les sépare. » Pourquoi en irait-il autrement en Afrique ?

26. Sonnet de Joachim Du Bellay (1524-1560), *Heureux qui, comme Ulysse*, tiré de son recueil *Les Regrets.*

27. Nicolas, Paul, Stéphane Sarközy de Nagybocsa est fils d'un immigré hongrois. Son père, Pál Sárközy de Nagybocsa, s'exile de Hongrie en 1948. Biographie récente : Catherine Nay, *Un pouvoir nommé désir*, Paris, Grasset, 2007.

28. Lire son article déjà cité.

29. Lire son article déjà cité.

30. Sur cette question, lire Ngalasso Mwatha Musanji, « L'impact des politiques sociales dans les stratégies du développement en Afrique », *África : Parcerias para o desenvolvimento. Actas do Colóquio (Comemorações do dia de Africa)*, Lisbonne, Novo Imbondeiro Editores, 2007, p. 47-62.

31. Formule utilisée par Michel Rocard, ancien Premier ministre socialiste.

32. En France, en raison du passé colonial, l'immigration africaine a toujours été traitée, par les gouvernements de gauche et de droite, comme un sujet à part. Sur ce point Nicolas Sarkozy n'a pas innové. Après Dakar, il a prononcé, le 27 novembre 2007, un discours devant les étudiants de l'université Qinghua de Pékin dans lequel il déclarait : « Il y a 3 000 étudiants français en Chine et beaucoup plus d'étudiants chinois puisque je pense que l'on doit être aux alentours de 25 000 ou 30 000. Je voudrais vous dire que

la France considère qu'il n'y a pas encore assez d'étudiants chinois dans ses universités. Les étudiants chinois sont les bienvenus en France, ils sont sérieux, travailleurs, ils apportent beaucoup à nos universités. » Source : http://www.elysee.fr À titre de comparaison, en 1998 il y avait en France 62 990 étudiants africains. Source : http://www.diplomatie-gouv.fr

33. Lire par exemple Joseph Ki-Zerbo, *L'Histoire de l'Afrique noire*, Paris, Hatier, 1972 ; Eboussi Boulaga, *La Crise du Muntu*, Paris, Présence africaine, 1977 ; Vumbi Yoka Mudimbé, *The Invention of Africa. Philosophy and the Order of Knowledge*, Bloomington, Indiana University Press, 1988.

34. Lire notamment les romans de Yambo Ouologuem, *Le Devoir de violence*, Paris, Seuil, 1968 ; Amadou Kourouma, *Les Soleils des indépendances*, Paris, Seuil, 1970 ; *En attendant le vote des bêtes sauvages*, Paris, Seuil, 1998, *Allah n'est pas obligé*, Paris, Seuil, 2000 ; Alioum Fantouré, *Le Cercle des tropiques*, Paris, Présence africaine, 1972 ; Sony Labou Tansi, *La vie et demie*, Paris, Seuil, 1979, *L'État honteux*, Paris, Seuil, 1981 ; et quelques autres qui sont des peintures sans concession des nouveaux pouvoirs africains et de leurs responsabilités dans la situation actuelle du continent.

35. Par exemple dans l'actuelle République Démocratique du Congo, l'ex-Congo belge, la colonisation a duré officiellement cinquante-deux ans, de 1908 à 1960.

36. On pense irrésistiblement aux cas des Arméniens et des Juifs dans l'histoire récente.

37. *Discours de la méthode*, Paris, Garnier-Flammarion, 1966, p. 33.

38. Dans son livre intitulé *La Défaite de la pensée* (Paris, Gallimard, 1987, p. 121-122), Alain Finkielkraut fait état de « la fraction de l'opinion publique qui dénonce "l'invasion" progressive de l'Europe par les ressortissants des pays sous-développés. Pour la "nouvelle droite" [...], les indigènes, ce sont aujourd'hui les habitants du Vieux Continent et les colons ce sont les millions d'hommes qui, conformément à la prophétie de Houari Boumedienne, délaissent "les parties méridionales pauvres du monde pour faire

irruption dans les espaces relativement accessibles de l'hémisphère nord à la recherche de leur propre survie". Colons faméliques sans doute, mais qui, par leur afflux massif, seraient en passe de submerger et de dépersonnaliser les peuples européens. [...] ce qu'ils [les tenants de la nouvelle droite] veulent, c'est soustraire l'Europe à l'influence nocive d'usages étrangers, c'est préserver l'écart différentiel de leur société avec le monde extérieur ».

39. Il est spécialiste de littérature, sémiotique et linguistique, et auteur de plusieurs ouvrages pionniers dans ces domaines.

40. Accessible sur le site de l'hebdomadaire : http://www.elle.fr/elle/societe/interviews/tzvetan-todorov-philosophe/(gid)/104296

41. « Renaissance africaine » est le thème du troisième Festival mondial des Arts nègres qui sera organisé à Dakar (Sénégal) en juin 2008.

42. Alain Finkielkraut, *op.cit.*, p. 172.

43. *La Raison dans l'histoire*, Paris, 10/18, 2003 (cours dispensé à l'université de Berlin entre 1822 et 1831).

44. *Essai sur l'inégalité des races humaines*, 1853 et 1855.

45. *La Mentalité primitive*, 1921. Dans son dernier ouvrage (posthume), *Carnets* (Paris, PUF, 1949), il est revenu sur l'essentiel de sa pensée.

46. *Und Africa sprach* (« Et l'Afrique parla »), 1910. Il est vrai que cet auteur a été l'un des premiers à parler des « civilisations africaines ». Cf. son ouvrage intitulé *Histoire des civilisations africaines*, traduit par Dr H. Back et D. Ermont, Paris, Gallimard, 1936 [1e éd. 1933], qui a exercé une grande influence sur les fondateurs de la négritude, Léopold Sédar Senghor et Aimé Césaire.

47. *La Philosophie bantoue*, Elisabethville, Lovania, 1945.

48. Sur le colonialisme, lire Aimé Césaire, *Discours sur le colonialisme*, Paris, Présence africaine, 1955 ; Albert Memmi, *Portrait du colonisé*, précédé du *Portrait du colonisateur*, préface de Jean-Paul Sartre, Paris, Corrêa, 1957 et *Portrait du décolonisé arabo-musulman et quelques autres*, Paris, Gallimard, 2004 ; Frantz Fanon, *Peau noire, masques blancs*, Paris, Seuil, 1952 et *Les Damnés de la terre*, préface de Jean-Paul Sartre, Paris, Maspéro, 1961.

49. Lire l'article de Boubacar Boris Diop déjà cité. Voir aussi le titre de son ouvrage (avec Odile Tobner et François-Xavier Verschave), *Négrophobie*, Paris, Les Arènes, 2005.

50. Ce qui a donné matière à ce bel échange d'amabilités qui ne volait pas haut : B.-H.L. : « Guaino il est raciste. […] Ce discours est un discours raciste. » H.G. : « Ce petit con prétentieux ne m'intéresse pas. […] Il a la bave aux lèvres, avec la haine qui suinte de partout. » Transcendantal !

51. N° 2245, 15 au 21 novembre 2007, p. 18.

52. Il est intéressant de noter ici l'usage qui est fait de *nous*. Celui-ci est inclusif la première fois (*nous* = l'Afrique, la France et l'Europe) et exclusif la seconde fois (*nous* = la France et l'Europe, sans l'Afrique qui redevient *vous*).

53. Il s'agit d'une interrogation purement oratoire.

54. Dans un dossier intitulé « Les étudiants africains s'intéressent de plus en plus à la Chine » sur un site chinois on trouve cette information : « Selon les récentes statistiques du ministère chinois de l'Éducation, à la fin du mois de septembre 2007 la Chine avait enregistré 21 000 entrées d'étudiants africains venus de 50 pays bénéficiant d'une bourse du gouvernement chinois, ainsi que 8 000 autres entrés à leurs propres frais ». Source : http://www.chine-informations.com/export

55. Voir *Liberté 2. Nation et voie africaine du socialisme*, Paris, Seuil, 1971, p. 90 « L'Eurafrique unité économique de l'avenir » (séance du 17 janvier 1952 de l'Assemblée nationale française).

56. Sur la magie des mots voir le numéro 64 de la revue *Politique africaine* (1996) « Démocratie : le pouvoir des mots » (sous la direction de Ngalasso Mwatha Musanji).

57. Notons qu'il n'a pas été question une seule fois de l'« immigration choisie » chère à l'ancien ministre de l'Intérieur.

Lettre au benjamin

Patrice Nganang

Écrivain camerounais, Patrice Nganang est professeur de théorie littéraire à la State University of New York, Stony Brook. Il a publié trois romans, des contes citadins, de nombreux essais ainsi que deux recueils de poèmes. Son roman *Temps de chien* (Le Serpent à plumes, 2001) a obtenu le Grand Prix de la littérature d'Afrique noire, ainsi que le prix Marguerite Yourcenar. Ses œuvres sont traduites en plusieurs langues. Son dernier livre publié est *Manifeste d'une nouvelle littérature africaine. Pour une écriture préemptive* (Homnispheres, 2007).

Cher Benjamin,

Je sais que tu n'as pas lu la lettre de Sarkozy à la jeunesse africaine, quand elle a été reprise au Cameroun dans le quotidien *Mutations*. Tu n'en avais rien à cirer, comme tu me dis souvent de mes conseils. Et les discours, ils te rasent, toi qui depuis ta naissance il y a vingt-cinq ans, en as écouté déjà de si nombreux, de toutes les couleurs, et cela du même individu, Paul Biya, discours qui toujours ne sont suivis d'aucun acte autre que la pérennité de son pouvoir. Je comprends donc pourquoi tu n'as même pas jugé nécessaire de t'indigner cette fois-ci. Combien tu as raison ! Il est des hommes pour qui même l'indignation est une marque d'attention, donc de reconnaissance. Et pour ce président français qui aime plus que tout entendre l'écho de sa propre voix, rien n'est plus efficace que la simple, banale indifférence. L'indifférence de la jeunesse africaine, de la majorité totale de la jeunesse africaine à son discours, a donc été le meilleur manifeste anti-Sarkozy possible. Je t'entends d'ailleurs hausser les épaules et dire : « Bof ! » Ah, que les dirigeants africains – Thabo Mbeki en premier – n'ont pris au sérieux ta leçon d'autonomie ?

Pourquoi donc cette lettre-ci ? Elle est la continuation d'un dialogue que nous entretenons déjà depuis la découverte émerveillée de ta première parole, mais surtout devant l'élaboration de tes premières questions que tu m'avais jadis adressées. Je préparais alors un voyage au Cameroun, voyage dont les débris étaient financés par la France, et t'avais appelé pour t'informer de mon arrivée. Et je me rappelle ta réponse : « Toi aussi, tu es avec eux ? » Une question rapide, que je n'ai pas encore oubliée, car elle révélait, je crois, autant la présence d'une confiance que tu croyais trouver en moi, tacitement, que la vision d'une trahison, la mienne. En même temps, elle m'a cependant montré l'évidence de ce que j'avais de la peine à formuler clairement, tant la sphère de notre intelligence, quand elle s'exprime en français, est encore prisonnière de l'État français, quand l'Afrique, la tienne, vit de toute évidence sans la France. Au fond, ta question simple était, je crois, une surprise devant le retard de mon réveil à l'indifférence collective du continent devant les prétentions de suprématie de la France en Afrique.

Par ta question, par ta surprise, par ta mise au fait, tu formulais cette indifférence continentale, et j'entendais en réalité autant le souffle inexorable de l'histoire africaine que la reconnaissance de la trahison de l'élite africaine, l'étonnement devant le poussif réarrangement de celle-ci à cette indifférence des plus intéressante, parce que des plus productive. Or cette indifférence, c'est la formulation dans le concret, dans le quotidien, dans le jour le jour, de l'autonomie qui est au début même de notre histoire : c'est l'exercice plein de notre liberté. Si la majorité des Africains est née libre, la jeunesse africaine l'est encore plus. La majorité des Africains n'a jamais reçu de leçons d'aucun Français, n'a jamais écouté aucun discours d'aucun président français, et dans ses évidences, qui sont les tiennes, elle a l'habitude de cette santé mentale. Au matin de son réveil citoyen en 1960, dans les capitales et campagnes du continent, elle est née, cette majorité, avec au-dessus de sa tête un ciel libéré du colon, et dans la plupart des cas, le tien de toutes les façons, elle a grandi à l'ombre d'aînés, de parents, de grands-parents, sur une terre, la terre du pays bamiléké, ensanglantée en 1957 par le tragique de consciences libres, des Ernest Ouandié, Félix Moumié, Nya Thaddée, même si dans l'éléphantiasis d'États encore enchaînés. Il y a trois ans à peine, le 9 novembre 2004, elle a encore montré à Abidjan comment elle pouvait mettre en déroute les prétentions françaises.

Paris n'est pas le centre du monde. Voilà la vérité qui fait de toi un Africain libre, car né dans la reconnaissance de l'ouverture du ciel et de la terre, de l'infini de tes destinations et de l'avenir, de l'immensité de tes possibilités et de ta vision. Nul autre que toi ne m'a montré et ne me montre tous les jours que la liberté, moins que la fermeture du ciel, c'est au contraire la multiplication de ses choix, la reconnaissance du fait que la vie est un incessant carrefour. Cette naissance à l'immensité du monde, n'est-elle pas en même temps la restriction de la France à cela qu'elle est en réalité, c'est-à-dire une simple province de la terre ? Car vu du monde, à partir duquel toute conscience libre se regarde, tout discours à un continent libre, quel qu'il fût, ne peut qu'être ridicule ! La liberté, la tienne, tu ne la cries pas sur les toits, non, tu la vis de toute évidence, car tu sais qu'à la différence de tes parents, tu n'as connu ni la colonisation ni l'esclavage ; tu n'as pas connu la génuflexion devant le Blanc, ni encore l'indignité d'être nommé « boy » par des gamins du fait de la seule couleur de leur peau ; tu n'as surtout pas connu l'opprobre d'être tutoyé à cause de la couleur de ta peau, ou alors de ton âge, par des gens qui ne t'ont jamais rencontré mais croient te connaître, qui estiment indigne de vouvoyer un Noir. Tu sais surtout que, même lorsqu'il t'arrive de penser à l'émigration, ce n'est pas la France qui, en premier lieu, te vient en tête, bien au contraire !

Comme toi, la majorité des Africains est jeune, et comme toi cette majorité-là devient citadine, Kinshasa, Luanda et Lagos étant de plus en plus des mégapoles, dont la croissance est la plus forte de la planète. Or le mouvement de ces populations ne montre pas qu'elles se jettent toutes aux portes de la France, cela tu le sais ! Le dynamisme de ton quotidien ne t'a pas seulement enseigné la débrouillardise, il t'a aussi enseigné à ne croire finalement qu'en tes seules possibilités, car tu sais que jamais la majorité des Africains ne quittera l'Afrique. Ce savoir pratique, c'est certainement le résultat des quarante années de dictature qui ont succédé aux indépendances de nos pays. Elles ont fabriqué avec toi une génération qui ne croit plus qu'en elle-même, sinon en rien du tout. L'acquisition de cette deuxième autonomie est le fondement de ton indifférence, car elle fait qu'en fin de compte, tu as cessé d'écouter quelque voix que ce soit, sinon la tienne seule. Et cette voix, bâtie qu'elle est sur les évidences d'États qui, même moribonds, t'ont au moins présenté l'évidence de ce que le président de ton pays est noir comme toi, et que le drapeau qui flotte dans les cours des bâtiments officiels est celui de ton pays avant tout, a inscrit dans ta chair la certitude que tu as les armes pour comprendre ton passé, ton présent, et pour inventer ton avenir. Ton indifférence, si légitime qu'elle soit, vient du fait que tu sais ce que l'Afrique est et ce qu'elle vaut ; en même temps tu découvres tous les jours combien elle a de la peine à devenir ce qu'elle mérite. Ah, si comme toi ceux-là qui nous gouvernent pouvaient d'abord ne compter que sur eux-mêmes !

Tu es intelligent, et tu n'es pas une exception. Le monde dans lequel tu vis a ouvert ton esprit, car l'ouverture permanente à l'immensité de la terre est le quotidien que tu vis. Les difficultés multiples dans lesquelles les élites africaines ont plongé leurs pays, ont jeté dans la rue des milliers de jeunes, des bacheliers, des licenciés, des maîtrisards, et même des docteurs, suffisamment formés pour comprendre les mécanismes les plus complexes du monde, et qui d'ailleurs en parlent tous les jours entre eux dans des « parlements », dans des « agoras » et des « sorbonnes ». L'émigration de certains de tes amis vers l'Afrique du Sud, le Sénégal, l'Inde, les États-Unis, l'Allemagne, l'Espagne, est d'ailleurs une réaction à cette ouverture de l'esprit de la jeunesse africaine au monde. Les cultures de rente avaient déjà obligé même les paysans, nos grands-parents, à ouvrir leurs oreilles aux fluctuations des prix du cacao et du café, fixés tous dans des marchés lointains, et à s'alphabétiser dans les méandres des commerces internationaux. Ils n'avaient pas le choix, car combien de fois les gouvernants de nos pays ont-ils renvoyé la responsabilité de leur destruction planifiée de notre richesse à la « détérioration des termes de l'échange », aux « bailleurs de fonds », au « FMI » et à la « Banque mondiale » ? Même dans le marché le plus reculé de villages comme Bazou, au Cameroun, tu sais que nos parents utilisent le téléphone cellulaire – et ils ne sont pas les seuls –, par lequel je peux les joindre, moi qui vis aux États-Unis, tout comme toi tu l'utilises souvent pour communiquer avec eux, toi qui vis à Yaoundé. Quant au paysan le plus dépourvu, il ne peut plus s'arracher au fait que le passage de la colonisation dans l'histoire africaine ait inscrit en lui l'évidence que son monde est rompu. L'engrais qu'il utilise est la preuve de sa dépendance, et donc de sa liaison familière avec l'Occident. Le tic-tac du monde rebondit dans le rythme de ses cultures. Le café, le chocolat, le coton, le caoutchouc qui se marchandent sur la place parisienne, à Londres ou à Francfort, sont les fruits de son dur labeur.

L'Occident, ce n'est pas seulement la France, tu le sais, car comment peux-tu oublier qu'à cause de la triple aventure coloniale de notre pays, le Cameroun, notre grand-père parlait anglais et allemand, en plus des nombreuses autres langues des villages voisins du sien qu'il utilisait dans le quotidien ? La réalité est que le village, le nôtre, a toujours été cosmopolite, car son entrée au monde a été plutôt brutale. Combien de traces brûlantes l'esclavage a-t-il laissé dans l'imagination de nos aïeux, cela nous est révélé par les contes nombreux qui disent la terreur de la mer lointaine, même s'ils nous enseignent aussi le courage devant la mort. Les recherches historiques dans le Grassfield nous ont montré des traces de commerces avec des peuples aussi lointains que ceux d'Afrique de l'Ouest, tandis que les productions artistiques des peuples nok et du voisin Bénin, de l'actuel Nigeria, nous ont enseigné que l'antiquité de nos régions paysannes était le moment d'une culture des plus classique. Oui, la campagne africaine que tu connais est fondamentalement hybride, ouverte au monde, et elle l'a d'ailleurs toujours été, ancrée qu'elle est, surtout dans le pays bamiléké d'où nous venons, dans la centaine de langues que comporte ce pays, dans les échanges entre le Nord musulman et la côte christianisée, entre les pôles de Kano, cette capitale précoloniale du royaume Haoussa, Bamenda, dans la profondeur du Grassfield, et Fumban, chez les Bamum. Il est impensable que nos aïeux aient été immobiles, avec autant d'activité autour d'eux, avec autant de marchés proches, avec autant de trésors dans leurs passés, avec une histoire qui dès le XVIIe siècle, les a jetés au cœur des plus grands conflits du monde.

Même citadin, tu n'as jamais méprisé le paysan, car c'est avant tout ton grand-père. Et d'ailleurs tu sais, parce que tu l'as appris à l'école, que nos grands-parents, ces paysans africains, avaient produit un savoir que la colonisation a effacé, oui, qu'ils avaient inventé une modernité qui a été interrompue, et de force remplacée par celle de l'Occident. Et tu sais que je ne parle pas des fameux « rites ancestraux » autour desquels les ethnologues organisaient la vie de nos ancêtres, comme si la leur tournait elle aussi autour du carnaval ou de la fête de Noël. Tu n'as jamais fait de cette modernité paysanne suspendue ton cheval de bataille – tu as d'autres occupations, oui –, mais tu sais cependant que dans le Grassfield, la région d'où nous venons, dans l'ouest du Cameroun, par exemple, de nombreuses écritures ont été inventées, et des livres écrits. Et je me rappelle le jour où tu m'as montré des caractères de l'écriture bagam qui, même perdue aujourd'hui, était tout de même utilisée depuis 1917 dans des bourgades villageoises comme Bagam, Bamesso, Bomborroh, Bamendjing, Bamumkumpele, Bati, Gasho, Baminyam…, c'est-à-dire par des paysans de nos villages[1] ! Je peux te certifier d'ailleurs que sa perte a été planifiée systématiquement, car écoute un peu comment sa présentation dans une revue scientifique de l'époque, le *Journal of the Royal African Society*, a été accueillie par l'éditeur : « Il est suffisant de dire que ses caractères sont, pour la plupart, des imitations ou des perversions des caractères romans ou autres signes que l'on trouve sur les marchandises de commerçants européens[2]. » Il aurait eu, cet éditeur, H.H. Johnson comme il s'appelait, des yeux pour voir l'inventivité du paysan, c'est-à-dire qu'il aurait été moins aveugle devant le génie d'un peuple, que certainement il aurait eu une autre vision, véritable, de ce qui peut naître d'un village africain !

Bien évidemment l'exemple de l'écriture bagam n'est pas unique, car en réalité elle-même n'est que le fruit d'un développement autonome de l'écriture inventée par le sultan Njoya des Bamum[3], et enseignée dans les écoles créées dans son palais de Fumban. Et tu sais, oui, parce que tu l'as appris à l'école, que Njoya avait institué des écoles à travers les villages de sa principauté, dans lesquelles il enseignait les caractères d'une écriture qu'il avait inventée depuis 1896, écriture dont les sept évolutions successives incluront les caractères *mbima, nyi nyi, rii nyi 1* et 2, *akauku, mfemfe*[4]. « Il a développé l'industrie et l'art dans son sultanat, en copiant sans doute, mais en faisant tout de même de bonne copie. Il a inventé une langue pour son peuple, espérant dans sa vanité mettre un obstacle à la diffusion des langues européennes[5]. » Voilà le mépris avec lequel les colons français accueillirent cette écriture endogène, qu'ils interdiront en fin de compte. Tu sais cependant que les premières fleurs de la littérature camerounaise ne sont pas sorties de l'école missionnaire, européenne donc, ni d'ailleurs de la cité coloniale, mais d'une maison de campagne, d'un hameau de paysan, le fameux *Saa'ngam* écrit par le sultan Njoya et ses scribes, et achevé le lundi 19 juin 1921 dans la petite bourgade paysanne de Mantum, à l'ouest du Cameroun. Tu sais aussi que Njoya inventera une langue artificielle, le *shümum,* qui ne peut être comparée qu'avec l'*esperanto*[6], et qu'armé de son écriture il écrira et fera écrire de ce coin en retrait de la cité coloniale, qu'il ne quittera d'ailleurs que très peu, de nombreux livres, une correspondance volumineuse, ainsi que de nombreux traités de droit – y compris d'ailleurs un manuel sexuel, le *Lewa Nuu Nguet* – qui sont actuellement traduits en des langues européennes !

Mais les campagnes africaines ne sont pas seulement le lieu où ont été produits des savoirs, des plus modernes qui soient, elles sont aussi les lieux qui ont trouvé le courage de défendre la France quand celle-ci avait abdiqué sa liberté.

Le petit Nicolas voulait se mettre dans l'ombre gigantesque du grand Charles, dit-on, qui tint à Brazzaville un discours historique à l'Afrique le 30 janvier 1944. Jamais il n'a été aussi vrai que l'Histoire se joue toujours deux fois, la première fois comme tragédie, la seconde comme farce. Car Nicolas Sarkozy sait-il seulement le commencement et la complexité de l'histoire africaine de De Gaulle qui déboucha sur ce discours ? Sait-il seulement qu'avec l' « effondrement » en France de la République, c'est-à-dire avec la décision de l'État français vaincu de collaborer avec l'occupant allemand le 17 juin 1940, ce sera vers ces campagnes d'Afrique centrale que le général de Gaulle, bien seul à Londres après son appel du 18 juin 1940, se tournera ? Mais toi, Benjamin, tu sais, oui, parce qu'une fois de plus tu l'as appris à l'école et parce que les documents l'attestent, la signature en France de l'armistice résonnera différemment dans les oreilles d'un seul gouverneur de tout l'empire colonial français, Félix Éboué, le seul qui soit noir ! Et tu sais que Félix Éboué contactera lui-même de Gaulle par télégramme, lui offrant ses services, que dès le 16 juillet 1940 le Général lui répondra enthousiaste. Dans le même temps au Sénégal, le haut commissaire de l'État français de toute l'Afrique française, le général Boisson, sur qui le chef de la France libre avait d'abord posé quelques espoirs, changeait de veste, montait ses soldats, défaisait les hommes de De Gaulle et de Churchill le 25 septembre 1940, les empêchant de débarquer à Dakar, et maintenait cette partie de l'Afrique sous le régime de Vichy. Tu sais tout aussi bien que Félix Éboué au contraire entretiendra son insubordination, ralliera le Tchad à la France libre dès le 26 août 1940, et qu'avec lui les terres du Cameroun, de l'Oubangui-Chari, et même du Gabon d'abord récalcitrant, accueilleront de Gaulle du 8 octobre au 17 novembre 1940, quand nulle part ailleurs il n'avait d'autorité territoriale[7].

C'est de cette base-ci, c'est-à-dire en réalité, du dos de quarante mille paysans, mobilisés dans un « effort de guerre » qui seront entraînés pour aller se battre et le plus souvent mourir sur de nombreux fronts, en Algérie comme à Paris, à Tripoli comme à Strasbourg, que la libération effective de la France sera lancée. Et, d'ailleurs, c'est à partir de ce territoire africain, de cette « brousse », que jusqu'au 10 juin 1943, avec la constitution du Comité français de libération nationale, étape préliminaire du Gouvernement provisoire d'Alger et de l'Assemblée consultative du 23 juin 1943, que sera fabriquée la première véritable autorité de la France libre. Faut-il rappeler ici le travail idéologique de Radio Brazzaville, « qui va permettre », comme nous le dit si justement Mouralis dans sa remarquable introduction au livre biographique de Maran, *Félix Éboué, grand commis et loyal serviteur*, « à la France libre de disposer pendant toutes ces années d'un émetteur puissant et indépendant de la BBC[8] ». Pourquoi dis-je tout cela, cher Benjamin ? Eh bien, parce qu'il n'y a pas de substitut pour le savoir, chez qui veut inscrire sa parole dans l'Histoire. Et ce savoir nous apprend que, si le discours de De Gaulle était une nécessité historique, venu au bout d'un parcours dramatique d'où autant la France que les Africains étaient sortis changés, celui de Sarkozy, infâme, est une vraie imposture de parvenu. Défendre le paysan africain, c'est donc défendre le savoir de nos grands-pères qui aujourd'hui sont presque tous morts, et qui à leur manière ont donné chair à la liberté de ta réaction devant les discours de ceux qui comme Sarkozy découvrent leur arrogance sur le tard, et croient pouvoir nous définir. Comment ne pas leur opposer ton indifférence ? C'est que ton indifférence est basée sur ton savoir de l'histoire de notre terre, sur ton savoir de qui tu es et de ce que tu vaux – de ce que le paysan africain, notre grand-père, a toujours valu. Le savoir, c'est le socle de ton autonomie, alors que la vanité de ceux qui déforment notre histoire pour se plaire est fondée sur l'ignorance. Défendre le paysan africain, c'est aussi, oui, c'est certainement défendre la France, car c'est voir que c'est dans la « brousse » du paysan africain que s'est constituée la République française dont Nicolas Sarkozy est aujourd'hui le président !

Le président français serait-il allé au Panthéon qu'il y aurait fait face sans doute à Félix Éboué, dont même le cadavre lui aurait dit le courage, salutaire pour son pays, du paysan africain qu'il insulte ; aurait-il réfléchi sur l'utilisation politique de la formule « jouer le jeu » qu'utilise le Medef qui le soutient tant, qu'il aurait retrouvé les principes de l'action politique de Félix Éboué, formulés déjà en 1937 à Pointe-à-Pitre, à la Guadeloupe ; et aurait-il feuilleté les *Mémoires de guerre* de De Gaulle qu'il y aurait trouvé ces phrases simples mais si parlantes : « Au Tchad, les conditions semblaient meilleures encore. Le gouverneur Félix Éboué avait tout de suite réagi dans le sens de la résistance. Cet homme d'intelligence et de cœur, ce Noir ardemment français, ce philosophe humaniste, répugnait de tout son être à la soumission de la France et au triomphe du racisme nazi[9]. » Aurait-il d'ailleurs étudié l'histoire des institutions de son pays à qui ses idéologues refusent aujourd'hui de reconnaître un passé de la collaboration qu'il aurait sans doute découvert que cette République, qui ne peut être venue à l'existence de manière spontanée, en 1940, est bien née dans les campagnes tchadiennes, camerounaises et congolaises, ou pendant trois ans, du 26 août 1940 au 10 juin 1943, elle aura survécu dans les actes d'Éboué, de Leclerc, et de Marchand, ces illuminés aux ordres de De Gaulle, avec autour d'eux des soldats de fortune. Il aurait su que ces soldats de fortune étaient en fait des paysans arrachés à leurs terres, qui avaient accepté de porter le fusil parce qu'ils savaient qu'il est des idées qu'il est important de défendre, que la République en est une, et qu'elle est en danger quand elle tombe entre les mains de parvenus, pour qui la biologie – hier la classification hiérarchique des races, comme aujourd'hui le test d'ADN – est une mesure de citoyenneté. Il n'est pas plus dangereux que franchise qui se méfie de l'Histoire !

Aurais-tu lu le discours de Sarkozy à Dakar, cher Benjamin, que comme moi tu n'aurais pas été indigné, je le sais. Au contraire, tu aurais souri, amusé, car tu te serais rendu compte combien inculte est ce président de France qui ne sait rien de notre grand-père paysan et veut parler de lui en professeur. Tu aurais compris combien peu il est informé, ce président de France, sur ceux devant qui il parlait, et donc combien courte est sa vision politique, malgré l'agitation rectangulaire de ses phrases. Quand elle s'habille du manteau du professeur, l'ignorance fait rire. Pourtant, personne dans la salle de Dakar ne s'est esclaffé devant le visage de Sarkozy. Ah, cette politesse paysanne qui nous retient tous ! Devant un parterre de jeunes Africains qui représentent autant les fruits que l'avenir du continent, formés qu'ils sont dans un système éducatif qui, en quarante ans, même en boitant, leur a enseigné d'où ils viennent, qui ils sont et ce qu'ils valent, le président français s'est mis dans une position où même le plus cancre des étudiants lui aurait donné une leçon d'histoire. Aurait-il parlé du réchauffement climatique, des dangers écologiques qu'encourt notre planète, de la disparition calculée de nos écosystèmes sous la pression unidimensionnelle du progrès, et mobilisé chaque jeune Africain à transformer le retard technologique évident de l'Afrique en atout dans la recherche de solutions alternatives de maîtrise et d'exploitation intelligente de l'environnement – comme en une génération intellectuelle l'Inde se sera approprié la révolution de l'information bien que n'ayant pas encore trouvé le moyen de nourrir toute sa population – qu'il aurait, ce président de France, certainement frappé quatre grands coups aux portes du destin. Oh ! qu'il aurait été visionnaire pour peu qu'il ait respecté le paysan africain ! Mais le mot « révolution verte » avec lequel il habille aujourd'hui sa découverte soudaine de la nature, quelques mois après son emportée contre les paysans, s'il l'avait utilisé à Dakar, n'aurait d'ailleurs peut-être réveillé dans des mémoires que les discours de l'ancien président du Cameroun, Ahidjo, dans les années 1970-1980, qui déjà mettaient le paysan à l'honneur. Et à ceux qui auraient compris à quel passé cette « révolution verte » renvoie, cela aurait montré combien rétréci est le caleçon avec lequel le président français s'habille, car cette formule aurait fait hausser les épaules, enflée qu'elle est de toute l'hypocrisie politique de ces années qui ne mettait le paysan sur un piédestal que pour mieux, dans son dos, livrer les richesses pétrolières de son pays à des compagnies françaises. En fin de compte, cher Benjamin, tu as eu raison de faire « bof ! » : le meilleur anti-Sarkozy, c'est vraiment ton indifférence.

Ton frère,
Patrice Nganang

Notes

1. Konrad Tuchscherer, « The lost script of the Bagam », in *African affairs*, volume 98, Oxford University, 1999, p. 55-77.

2. Cf. L.W.G Malcolm, « Short notes on the syllabic writing of the Eyap-Central Cameroons », *Journal of the Royal African Society*, volume 20, n° 78, Oxford University, 1920-1921, p. 127.

3. Alfred Schmitt, *Die Bamum-Schrift*, Harrassowitz, Wiesbaden, 1963.

4. Cf. I. Dugast et M.D.W. Jeffreys, *L'Écriture bamum. Sa naissance, son évolution, sa valeur phonétique, son utilisation*, mémoire de l'Institut français d'Afrique noire, Centre du Cameroun, 1950.

5. Note confidentielle signée Carde au commandant Martin, 14 novembre 1919, in Claude Tardits, *Le Royaume bamoum*, Paris, Armand Colin, 1980, p. 982.

6. Maurice Delafosse, « Naissance et évolution d'un système d'écriture de création contemporaine », *Revue d'ethnographie et des traditions populaires*, tome 3, Paris, 1922.

7. Cf. René Maran, *Félix Éboué, grand commis et loyal serviteur (1884-1944)*, Paris, L'Harmattan, réédition 2007, avec une introduction de Bernard Mouralis.

8. *Ibid.*, « Introduction », p. xix.

9. *Ibid.*, p. xvii.

L'HOMME NOIR CULPABILISÉ

Djibril Tamsir Niane

Djibril Tamsir Niane est historien, écrivain et éditeur. Membre du Comité scientifique international pour la rédaction de l'histoire générale de l'Afrique (Unesco), il fut le directeur de publication du volume IV d'*Histoire générale de l'Afrique. L'Afrique du XIIe au XVIe siècle* (Présence africaine/Edicef/Unesco, 2000). Membre du comité scientifique international de « Route de l'Esclave » (projet Unesco), il est aussi président de la Société africaine d'édition et de communication (Conakry) et président de l'Organisation pour la Mémoire et le Patrimoine (OMP).

Il est l'auteur de *Soundjiata ou l'Épopée mandingue* (Présence africaine, Paris, 1960), des *Contes d'hier et d'aujourd'hui* (Présence africaine, 1985), du *Soudan occidental au temps des grands empires* (Présence africaine, 1975).

Lors de son voyage en Afrique, après son élection à la présidence de la République, M. Nicolas Sarkozy, a prononcé à Dakar le 26 juillet 2007 à l'université Cheikh Anta Diop, un discours qui restera dans l'Histoire. Les propos du président de la République ont tranché nettement avec ceux de ses prédécesseurs. Ces voyages des présidents français en Afrique ont toujours eu pour but de renforcer la coopération entre l'ancienne métropole et les États issus du démembrement de l'empire.

La courtoisie était toujours au rendez vous dans ces visites très protocolaires. Mais le discours du président Nicolas Sarkozy relèverait plus de l'ethnologie avec vocation à l'endoctrinement que de science politique. Manifestement, le président de la République – bien qu'il s'en défende – était venu dans l'intention arrêtée de faire la leçon aux Africains en stigmatisant leurs défauts et autres tares qui font d'eux des attardés, lents à s'embarquer dans le train de la modernité. M. Nicolas Sarkozy est venu s'adresser aux Africains en ami sincère du « continent meurtri ». Il a surtout choisi de s'adresser plus particulièrement à la jeunesse, ferment d'avenir, porteuse d'avenir. Son but n'est rien moins que de sortir les Africains de leur torpeur millénaire !

D'entrée de jeu, il plante le décor : « Je ne suis pas venu, jeunes d'Afrique, pour pleurer avec vous sur les malheurs de l'Afrique […] »

Si l'Afrique a l'habitude, hélas, d'entendre des donneurs de leçons, c'est bien la première fois qu'on voit un président de la République monter en chaire et jouer à l'africaniste, en « connaisseur de l'Afrique » !

On croyait définitivement enterrées les thèses racistes de « ceux qui voulaient rapporter des preuves biologiques de l'infériorité de certaines races – dont les Noirs –, les thèses surannées sur la mentalité prélogique d'un Lévy-Bruhl [1] ». D'un bout à l'autre, le discours respire le paternalisme.

« Je ne suis pas venu effacer le passé car le passé ne s'efface pas. Je ne suis pas venu nier les fautes ni les crimes car il y a eu des fautes et il y a eu des crimes. »

Et il expose de manière expéditive et doctrinale des sujets comme la traite négrière et l'esclavage, la colonisation et la culture africaine. Surtout le Président fait à sa manière le procès de la traite négrière, demandant aux Africains de « dépasser » cette douleur. La colonisation, quant à elle, est présentée comme le fruit d'un « grand péché de l'Occident », mais qui, en définitive, n'apporta que bienfaits à l'Afrique ! Cependant, le plus grave est que M. Sarkozy s'arroge le droit de lire et d'interpréter l'histoire de l'Afrique à l'intention des Africains. C'est la raison pour laquelle il faut répondre à ce discours, prononcé à l'université où, précisément, les thèses racistes furent pulvérisées, où Cheikh Anta Diop, l'historien et l'homme de culture dont l'université de Dakar porte le nom, a travaillé à la réhabilitation de l'histoire africaine, de la culture africaine. Selon toute vraisemblance, ni le président de la République française ni ses conseillers ne semblent avoir eu connaissance de Cheikh Anta Diop et de son œuvre.

On peut se poser la question sur les motivations du Président. Pourquoi un tel discours et surtout pourquoi cette attention toute particulière pour les jeunes d'Afrique ?

Pour le comprendre, il nous faut mettre en lumière le

contexte dans lequel s'inscrit le discours du président de la République, un contexte de difficultés pour les États de l'Afrique au sud du Sahara, frappés de plein fouet par des crises, des guerres civiles et des famines qui obligent les jeunes en mal d'emploi à tourner les yeux vers l'Europe considérée comme l'Eldorado. On les voit, ces jeunes, par dizaines, par centaines, par milliers, affronter déserts, mers et océans, cherchant à gagner à tout prix l'Europe… l'autre rive, et fuir les misères du continent. Des sentiments de culpabilité et de découragement secouent toute la société africaine face à cette situation ; la jeunesse n'est pas loin de croire à une malédiction, à une fatalité. Après l'esclavage et la colonisation, l'indépendance serait-elle un leurre ? Pour toutes ces raisons, il faut répondre à M. Sarkozy qui vient tel un prophète indiquer aux Africains, aux jeunes, la voie à suivre. Historiens, anthropologues, hommes de culture, sont interpellés.

La traite négrière est un crime contre l'humanité

La traite négrière est une question sensible aussi bien pour les Africains que pour les Européens, organisateurs et grands bénéficiaires du commerce triangulaire. Pour des raisons évidentes, plus d'un siècle et demi après les faits, le sujet est resté tabou en Europe. Il est important de noter que nombreuses sont les études, les thèses sur l'expansion européenne, le développement de l'Europe au cours des XVIIe-XVIIIe siècles ; l'enrichissement de l'Europe, grâce à une maîtrise totale des océans et des mers, fut couronné par l'avènement du machinisme et de l'industrialisation au XIXe siècle. La recherche des matières premières et des débouchés tout naturellement poussa l'Europe à la colonisation du reste du monde. Ainsi toute l'Afrique fut conquise ou presque.

Mais peu d'études portent sur le commerce des esclaves, peu de thèses, peu d'études consacrées à la traite négrière, qui a été une dimension essentielle de l'enrichissement de l'Europe ; on comprend que ce commerce des esclaves, que les consciences réprouvent depuis son abolition, n'ait pas beaucoup attiré les chercheurs. Ainsi, une chape de plomb recouvre la question et un mur de silence se dresse pour cacher ce pan d'histoire. L'historien français Michel Deveau peut écrire en 1994 : « L'histoire de la traite a été occultée, elle l'est encore en partie aujourd'hui. »

Depuis longtemps, les intellectuels et chercheurs d'Afrique et de la diaspora bataillaient pour dénoncer la traite, la faire reconnaître comme crime contre l'humanité. L'Organisation des Nations unies pour la science, la culture et l'éducation (Unesco) se saisit du dossier et pour l'instruire, créa un projet appelé « La route de l'esclave », dont l'objectif était de mettre en lumière de manière scientifique les causes, les raisons profondes, les modalités, le processus, les conséquences du commerce transatlantique. Un comité scientifique international fut constitué sous la présidence d'Amadou Makhtar Mbow, ancien directeur général de l'Unesco. Dix ans durant, de 1994 à 2004, ce comité organisa des colloques, des ateliers, la collecte de traditions orales, identifia des lieux de mémoire en Afrique et dans les Amériques, etc. Qu'il nous suffise de dire ici que sous son impulsion plusieurs pays procédèrent au classement et à l'informatisation des documents relatifs à la traite négrière (livres de bord des bateaux négriers, archives des ports négriers), des sites des monuments du temps de la traite furent inscrits sur la liste du patrimoine mondial de l'Unesco. Rappelons que, depuis

1978, Gorée était déjà inscrite sur cette liste. En dix ans, une immense documentation fut rassemblée et rendue accessible aux chercheurs gagnés par une décrispation salutaire. Le mur du silence s'effondrait lentement. « Le bourreau tue toujours deux fois, écrit Elie Wiesel, la deuxième fois par le silence. » Ainsi, grâce à la vaste campagne lancée par l'Unesco, l'esclavage et la traite négrière ne sont pas tombées dans l'oubli. Il importe de rappeler le rôle joué par la France dans la conscientisation de l'opinion internationale. Peu avant le lancement de « La route de l'esclave », la ville de Nantes, qui fut le plus grand port négrier de France, abattit un pan important du mur du silence en organisant une exposition appelée « Les anneaux de la mémoire ». Les descendants et héritiers des armateurs et autres négriers des XVIIe et XVIIIe siècles acceptèrent de sortir des caves de leurs palais et hôtels particuliers les chaînes, les entraves, les chaudrons et autres objets et instruments d'époque. L'exposition, qui eut lieu au château des ducs de Bretagne, connut un grand retentissement ; l'opinion internationale fut ébranlée. Le Nantais Yvon Chotard créa une structure denommée Association des Anneaux de la Mémoire, avec la ferme volonté d'élargir l'action nantaise à d'autres villes d'Europe et d'Amérique. Jusque-là, les villes, les ports atlantiques d'Europe étaient restés muets sur l'origine de leur richesse commerciale.

Cependant, le résultat le plus important fut certainement la reconnaissance de la traite négrière et de l'esclavage par le Parlement français en 2001, comme crime contre l'humanité. C'était une première dans le groupe des pays organisateurs du commerce des esclaves. Il nous paraît de la plus haute importance de reproduire ici le percutant exposé des motifs de la loi Christiane Taubira-Delannon et Jean-Marc Ayrault :

Il n'existe pas de comptabilité qui mesure l'horreur de la traite négrière et l'abomination de l'esclavage. Les cahiers des navigateurs, trafiqués, ne témoignent pas de l'ampleur des razzias, de la souffrance des enfants épuisés et effarés, du désarroi désespéré des femmes, du bouleversement accablé des hommes. Ils font silence sur la commotion qui les étourdit dans la maison des esclaves à Gorée. Ils ignorent l'effroi de l'entassement à fond de cale. Ils gomment les râles d'esclaves jetés, lestés, par-dessus bord. Ils renient les viols d'adolescentes affolées. Ils biffent les marchandages sur les marchés aux bestiaux. Ils dissimulent les assassinats protégés par le Code noir. Invisibles, anonymes, sans filiation ni descendance, les esclaves ne comptent pas. Seules valent les recettes. Pas de statistiques, pas de preuves, pas de préjudice, pas réparations. *Les non-dits de l'épouvante qui accompagna la déportation la plus massive et la plus longue de l'histoire des hommes sommeillèrent, un siècle et demi durant, sous la plus pesante chape de silence...* (Souligné par nous.)

La France qui fut esclavagiste avant d'être abolitionniste, patrie des droits de l'homme ternie par les ombres et les misères des lumières, redonnera éclat et grandeur a son prestige aux yeux du monde en s'inclinant la première devant la mémoire des victimes de ce crime orphelin. »

Cette loi passa à peu près inaperçue en France et en Afrique. Le gouvernement socialiste qui la fit voter n'eut pas le temps de mettre en œuvre les décrets d'application : après sa victoire aux élections législatives de 2002, la droite bloqua tout. Les commissions mises en place par la gauche fonctionnèrent au ralenti.

M. Sarkozy connaît bien sûr cette loi. Pourquoi n'y fait il aucune allusion, ne serait ce que pour souligner le mérite de la France face aux pays qui marquent le pas pour « aller à Canossa » et laver leur conscience ? Pourquoi ne pas citer cette loi et s'engager résolument dans la voie de la réhabilitation et des réparations comme le demande la loi Taubira à son article 4 :

> Il est instauré un comité de personnalités qualifiées parmi lesquelles des représentants des associations défendant la mémoire des esclaves, chargées de proposer sur l'ensemble du territoire national, des lieux et des actions qui garantissent la pérennité de la mémoire de ce crime à travers les générations. La composition, les compétences et les missions de ce comité sont définies par un décret en Conseil d'État pris dans un délai de six mois après la publication de la loi tendant à la reconnaissance la traite négrière et de l'esclavage en tant que crimes contre l'humanité.

Oui, on aurait aimé que le Président du premier pays qui a reconnu la traite et l'esclavage comme des crimes contre l'humanité parlât au moins de réhabilitation, de réparations morales. Au lieu de cela, M. Nicolas Sarkozy lance à la face des Africains :

« Nul ne peut demander aux générations d'aujourd'hui d'expier ce crime perpétré par les générations passées. Nul ne peut demander aux fils de se repentir des fautes de leurs pères. Jeunes d'Afrique, je ne suis pas venu parler de repentance. Je suis venu vous dire que je ressens la traite et l'esclavage comme des crimes contre l'humanité. Je suis venu vous dire que votre attitude et votre souffrance sont les nôtres et sont donc les miennes. [...] Je suis venu vous proposer, jeunes d'Afrique, non de ressasser ensemble le passé, mais d'en tirer ensemble les leçons afin de regarder ensemble l'avenir. […] L'Afrique a sa part de responsabilité dans son propre malheur. »

Le président français n'est pas venu pour pleurer avec les Africains qui passent le temps à pleurer sur le passé ! Il leur demande de prendre conscience qu'ils sont comptables de leur propre malheur. Voilà qui est dit, voilà à quoi voulait en venir le président français : culpabiliser l'homme noir.

Mais une fois le crime reconnu, est-on quitte pour autant ? Ne faut-il pas envisager les réparations, ne serait-ce qu'au plan moral ? Le président de la République a pris son parti. Cependant, on n'évacue pas aussi simplement une question aussi grave. Le Président doit se placer dans la ligne tracée par la loi Taubira : elle a ouvert la voie pour la réhabilitation des pays victimes d'un holocauste qui aura duré plus de trois siècles et fait plusieurs dizaines de millions de victimes. On veut que les Africains cessent de parler de la traite négrière et de l'esclavage, on veut qu'ils « dépassent » la souffrance qu'ils ont générée. On ne demande pas au peuple juif de dépasser l'Holocauste. Penser à l'Holocauste pour les Juifs, c'est être toujours sur ses gardes, veiller que ce qui a permis le massacre de millions de Juifs ne revienne pas. On flétrit le crime et on enseigne dans les écoles comment et pourquoi il a été perpétré, afin que les jeunes générations comprennent. Ce n'est point passéisme, mais prise de conscience, vigilance pour empêcher la répétition du crime.

La traite négrière est un mal qui a sévi plus de trois siècles ; des régions entières ont été vidées de leurs populations ; les guerres endémiques qu'elle a provoquées ont créé un climat d'insécurité et une véritable psychose. La peur du lendemain incertain, l'angoisse, le « mal de vivre » sont devenus une part de l'âme africaine. Quand survint la conquête coloniale, l'Afrique était exsangue, dépeuplée ; contrairement à l'Asie, elle n'avait pas le nombre pour résister à l'invasion européenne de la fin du XIXe siècle. Aussi fut-elle dépecée, partagée par les grandes puissances. En effet, au congrès de Berlin en 1885, il s'était agi de définir les modalités pratiques de ce partage, et les Européens se partagèrent l'Afrique sans états d'âme, en bons « civilisés », sans se quereller autour du gâteau.

L'Afrique a une histoire

Il apparaît clairement à la lecture du discours du président de la République qu'en dépit de tout une grande partie de l'élite française continue à se nourrir d'exotisme, toujours incapable de comprendre ce qui se passe au sud du Sahara ; la récurrence des schémas surannés, des clichés d'un autre âge est pour le moins affligeante. Le plus grave ici est que M. Nicolas Sarkozy semble croire que l'Afrique n'a pas d'histoire ; il n'y a eu en Afrique ni rois, ni princes, ni royaumes, ni empires. Près de deux siècles après Hegel, il voit « l'homme africain en symbiose avec la nature depuis des millénaires ». Il exprime cette idée avec une force et une conviction déroutantes :

« *Le drame de l'Afrique, c'est que l'homme africain n'est pas assez entré dans l'Histoire* [souligné par nous]. Le paysan africain qui, depuis des millénaires, vit avec les saisons, dont l'idéal de vie est d'être en harmonie avec la nature, ne connaît que l'éternel recommencement du temps rythmé par la répétition sans fin des mêmes gestes et mêmes paroles. Dans cet imaginaire où tout recommence toujours, il n'y a de place ni pour l'aventure humaine, ni pour l'idée de progrès. Dans cet univers ou la nature commande tout, l'homme échappe à l'angoisse de l'Histoire qui tenaille l'homme moderne, mais l'homme reste immobile au milieu d'un ordre immuable où tout semble écrit d'avance. Jamais l'homme ne s'élance vers l'avenir. Jamais il ne lui vient à l'idée de sortir de la répétition pour s'inventer un destin. »

Est-il permis en 2007 à un président français d'ignorer les transformations que l'Afrique a connues depuis au moins cinq décennies ? Peut-on croire que les conseillers et autres collaborateurs du Président soient à contre-courant de la science pour afficher une totale méconnaissance des travaux historiques, archéologiques ou autres faits en Afrique, sur l'Afrique, ne serait-ce que depuis les indépendances (1960) ?

Il faut savoir qu'après leur accession à l'indépendance, la réhabilitation du passé et de la culture africaine a été au centre des préoccupations des jeunes États sortis de la nuit coloniale. Il faut savoir que les Africains se sont réapproprié leur histoire et le grand Cheikh Anta Diop a été l'un des pionniers de la lutte de libération culturelle. En effet, c'est en 1955 qu'est paru son livre *Nations nègres et Culture*[2], thèse si audacieuse et iconoclaste que la Sorbonne la rejeta. Mais le premier coup de boutoir était donné à la solide bâtisse de l'histoire de l'Antiquité construite par les Européens. La thèse de Cheikh Anta Diop rendit l'Égypte à l'Afrique. Si la thèse d'une « Égypte noire » a été difficilement admise par les scientifiques et autres anthropologues européens, du moins reconnaît-on la présence et l'apport du Noir dans la civilisation pharaonique. Il n'y a pas eu que des esclaves noirs en Égypte, on compte aussi des pharaons noirs ! Une nouvelle lecture de l'Histoire a été imposée par l'historien africain. Il faut en convenir, des historiens occidentaux, hommes de science ayant rompu avec la vision européocentrique des choses, ont donné une contribution remarquable à l'historiographie africaine ; c'est le cas de Basil Davidson, journaliste, avec son beau livre *Old Africa Rediscovered*[3], traduit sous le titre *L'Afrique avant les Blancs*. Dans cet ouvrage, l'auteur décrit une Afrique précoloniale et ses brillantes civilisations. Citons aussi les travaux de Georges Balandier : son livre *Sociologie actuelle de l'Afrique noire, dynamique sociale en Afrique centrale*[4] est un hommage à l'homme africain ; il y a là un effort de compréhension remarquable, à une époque d'« africanisme » paternaliste. Soulignons-le, à la faveur de l'indépendance, les centres de recherches, les universités firent une véritable mutation en Afrique ; Dakar, Ife, Ibadan, Makerere, lancèrent de nombreux étudiants dans la recherche historique ; l'histoire de l'Afrique se trouva à la mode avec des émissions radiophoniques comme « Mémoire d'un continent », animées par l'historien africain Ibrahima Baba Kake, qui fit connaître à l'Afrique et au monde les grandes figures de l'histoire africaine.

M. Sarkozy parle de l'« enfermement » de l'Afrique, laissant entendre que, si l'Afrique est en retard, c'est parce qu'elle n'a pas su s'ouvrir au reste du monde, elle n'a pas su entrer dans le système du donner et du recevoir et prendre sa part à la civilisation universelle. C'était jadis la théorie des anthropologues et autres historiens selon lesquels les océans qui entourent l'Afrique et le Sahara ont coupé le continent du reste du monde. En réalité, l'océan Indien a été plutôt un trait d'union entre l'Afrique, l'Inde, la Chine et l'Arabie. On sait que, depuis le début de l'ère chrétienne, la côte swahili a noué des relations commerciales avec les pays cités. Il s'est développé là, sous le signe de l'islam, des cités-États comme Kilwa, qui tiraient leur fortune du commerce maritime. On sait également que des empereurs du Mali ont regardé du côté de l'océan Atlantique ; l'un d'eux, Aboubacar II, conduisit une expédition sur le grand océan, mais n'en revint pas. Il reste que l'esprit d'aventure n'a jamais fait défaut.

Le Sahara ne fut pas toujours un désert implacable. Les relations commerciales entre l'Ouest africain et le monde méditerranéen ont connu leur apogée entre les XIIe et XVIe siècles. Le commerce transsaharien fit la fortune des empires et royaumes sahéliens : Ghana, Mali, Songhay. Tombouctou, ville marchande, métropole religieuse, centre universitaire, brille de mille feux aux XVe et XVIe siècles, recevant la visite des marchands et des érudits du Maghreb et d'Égypte. Le commerce du livre y était des plus florissant. Il n'est pas inutile de rappeler que pèlerins et marchands mandingues et sarakollés étaient nombreux à Fez, à Kairouan et au Caire. Le monnayage du monde méditerranéen du XVIe siècle était fondé sur l'or provenant des royaumes et empires sahéliens ; les commerçants mandingues, soninké et haoussa étaient installés dans les villes du Maghreb et d'Égypte. Les ressortissants du Ghana et du Mali étaient très nombreux au Caire. Et c'est auprès des ambassadeurs de ces royaumes qu'Ibn Khaldoun[5], le grand historien arabe (1332-1406), recueillit d'inestimables renseignements sur les dynasties noires de l'Afrique de l'Ouest. Ainsi, les marchands de Gao, de Koumbi ou de Niani avaient-ils une bonne connaissance du monde connu de l'époque. L'Afrique noire s'est donc ouverte à l'islam très tôt et a connu un métissage culturel bien avant que le poète-président Léopold Sédar Senghor, que cite M. Sarkozy, parlât et prêchât pour le « métissage » enrichissant. L'enfermement et l'isolement de l'Afrique font partie des clichés surannés qui ont la vie dure, qu'un demi-siècle de « lumière » n'a pas su détruire. Les souverains du Ghana et du Mali étaient connus au Caire, en Espagne musulmane et même en Europe : le pèlerinage célèbre de l'empereur mandingue Mansa Moussa à La Mecque, en 1324, défraya la chronique dans les pays arabes. Il inonda d'or le Caire et les Lieux saints, au point que le cours du métal précieux chuta. En 1375, le Mali figura sur la carte d'Abraham Cresque de Majorque, avec le portrait du Mansa assis sur son trône et tenant une pépite d'or en main. Les villes ouest-africaines comme Djenne, Gao, Tekrour, Tombouctou étaient connues des marchands de Gênes et de Venise, qui tentèrent à plusieurs reprises d'envoyer des agents commerciaux à Tombouctou et à Gao, mais les marchands arabes leur barrèrent systématiquement la route des pays de l'or.

Les voyageurs et géographes arabes, notamment Ibn Khaldoun et Ibn Battuta[6] qui visita l'empire du Mali en 1352, Léon l'Africain qui séjourna à Gao et Tombouctou, témoignent de l'intensité des échanges aussi bien commerciaux que culturels entre l'Afrique noire, le monde méditerranéen, l'Arabie, l'Inde et la Chine. Les fouilles archéologiques ont enfin permis de mettre au jour des vestiges de cités, des pièces de monnaie attestant de l'intensité de ces relations.

Le besoin d'histoire était cruellement ressenti au lendemain des indépendances, rappelons que les États africains demandèrent à l'Unesco, dès 1964, à travers la Conférence générale en sa 16e session, d'entreprendre la rédaction d'une histoire générale de l'Afrique. Un comité scientifique international fut mis en place à cet effet sous la direction du Pr Joseph Ki-Zerbo et réalisa la monumentale *Histoire générale de l'Afrique* en huit volumes[7]. À cette occasion, les historiens rompirent avec la division ternaire de l'histoire (Antiquité-Moyen Âge-Temps modernes) pour se régler sur les séquences et césures découlant de l'évolution du continent. La première décennie des indépendances fut véritablement un « printemps historique » – l'expression est d'Alioune Diop, fondateur de Présence africaine.

Les chercheurs africains réhabilitèrent la tradition orale, mine de connaissances authentiques, qui prit place dans les sources historiques. Les doyens Amadou Hampâté Bâ et Boubou Hama furent les initiateurs de ce mouvement. La formule lancée par Amadou Hampâté Bâ a fait fortune : « En Afrique, un vieillard qui meurt est une bibliothèque qui brûle. » Une véritable chasse aux griots, aux anciens fut organisée pour recueillir, enregistrer sur bandes magnétiques, les cosmogonies, les récits historiques, les légendes et sagesse… L'art de la parole et la conservation par la mémoire des choses du passé était naguère cultivé, enseigné dans des « écoles » villageoises. Il existe de véritables textes oraux, des « hiéroglyphes parlés » pour reprendre l'expression de Joseph Ki-Zerbo, auteur d'une monumentale *Histoire de l'Afrique noire*[8], qui est aujourd'hui une référence pour qui veut connaître le passé de l'Afrique au sud du Sahara.

Comment le président de la République peut-il ignorer le bouillonnement intellectuel et scientifique qui a marqué le début des indépendances, qui a permis à l'Afrique, grâce à l'effort de ses fils et des forces de progrès, de se faire une place dans les sciences humaines ? La première génération des historiens africains, qui s'est attachée à exploiter la tradition orale, a fait connaître des pans entiers de l'histoire précoloniale, la période des grands empires ouest-africains : Ghana, Mali, Songhay, et ses figures attachantes comme le Kaya Maghan, Soundjata et Askia Mohamed, entre autres. Nul doute que les historiens européens auraient continué à considérer ces personnages comme des figures légendaires ou mythiques, si des documents écrits extérieurs n'avaient fait mention d'eux.

À juste raison, on a pu se poser la question : pourquoi cette résistance de l'exotisme, cette récurrence des clichés et des postulats surannés ? Les sociétés africaines continuent à être perçues à travers les yeux des ethnologues et anthropologues du temps colonial. On s'aperçoit que ni dans les écoles ni dans les médias de France il n'est fait place à l'histoire de l'Afrique. De plus, un humanisme tapageur, toujours à l'affût des catastrophes, n'a pas aidé à donner une image valorisante de l'Afrique sur le petit écran.

La colonisation ne fut pas qu'une faute

Le voyage à Dakar a offert au président de la République l'occasion de blanchir la colonisation, d'en montrer les bienfaits. Le débat n'est pas clos. M. Sarkozy ne pouvait trouver meilleure tribune pour sa défense *pro domo*. On le sait, la question des bienfaits de la colonisation est à l'ordre du jour : du temps qu'il était ministre de l'Intérieur, M. Nicolas Sarkozy, après la crise des banlieues, s'y était particulièrement intéressé et avait bénéficié de l'expertise de certains spécialistes des questions d'« outre-mer » ; le discours de Dakar s'inspire de maints passages du rapport qui lui a été présenté (*Libération*, 30 décembre 2005).

Cependant, personne n'a dépeint la colonisation sous son vrai visage, personne n'a su avec autant de réalisme, de vérité, camper la situation coloniale que le président Sarkozy. Écoutons-le :

« Mais il est vrai que jadis, les Européens sont venus en Afrique en conquérants. Ils ont pris la terre de vos ancêtres.

Ils ont banni les dieux, les langues, les croyances, les coutumes de vos pères. Ils ont dit à vos pères ce qu'ils devaient penser, ce qu'ils devaient croire, ce qu'ils devaient faire. Ils ont coupé vos pères de leur passé, ils leur ont arraché leur âme et leurs racines. Ils ont désenchanté l'Afrique. Ils ont eu tort. [...] Ils ont voulu convertir l'homme africain, ils ont voulu le façonner à leur image, ils ont cru qu'ils avaient tous les droits, ils ont cru qu'ils étaient tout puissants [...] Ils ont abîmé un art de vivre. Ils ont abîmé un imaginaire merveilleux. Ils ont abîmé une sagesse ancestrale. Ils ont eu tort. Ils ont créé une angoisse, un mal de vivre. Ils ont nourri la haine. Ils ont rendu plus difficile l'ouverture aux autres, l'échange, le partage parce que pour s'ouvrir, pour échanger, pour partager, il faut être assuré de son identité, de ses valeurs, de ses convictions. Face au colonisateur, le colonisé avait fini par ne plus avoir confiance en lui, par ne plus savoir qui il était, par se laisser gagner par la peur de l'autre, par la crainte de l'avenir. [...] Ils croyaient donner la liberté, ils créaient l'aliénation. Ils croyaient briser les chaînes de l'obscurantisme, de la superstition, de la servitude. Ils forgeaient des chaînes bien plus lourdes, ils imposaient une servitude plus pesante, car c'étaient les esprits, c'étaient les âmes qui étaient asservis. »

Voilà des propos, des accents que n'eût pas désavoués un auteur anticolonialiste ! Cependant le président Sarkozy ne tire pas la conclusion logique qui découle de la condamnation qu'il prononce. « Ils ont eu tort », s'écrie-t-il après l'énoncé des vilenies et l'opprobre infligés aux Africains. Mais il y a là plus qu'un simple tort, en vérité : créer l'aliénation chez un peuple et asservir les esprits et les âmes, ce n'est rien moins qu'un crime, s'il faut appeler les choses par leurs noms. Cependant, en compensation des maux, le Président veut montrer les bienfaits supposés, bien plus importants, de la colonisation.

« Le colonisateur est venu, il a pris, il s'est servi, il a exploité, il a pillé des ressources, des richesses qui ne lui appartenaient pas. Il a dépouillé le colonisé de sa personnalité, de sa liberté, de sa terre, du fruit de son travail. »

Mais voilà en retour : « *Il a pris, mais je veux dire avec respect qu'il a aussi donné. Il a construit des ponts, des routes, des hôpitaux, des dispensaires, des écoles. Il a rendu fécondes des terres vierges. Il a donné sa peine, son travail, son savoir. Je veux dire ici, tous les colons n'étaient pas des voleurs, tous les colons n'étaient pas des exploiteurs* [souligné par nous]. »

Mais, pour nous, la cause est entendue depuis longtemps. La « mission civilisatrice » imposée à coups de canon ne mystifie plus personne. Il faut savoir que les routes, les chemins de fer qui éventrent savanes et forêts ont été construits à la sueur des Africains morts par milliers dans les carrières, dans les chantiers. André Gide dans son *Voyage au Congo*, le journaliste Albert Londres dans ses articles ont horrifié les populations européennes de l'époque par les révélations faites sur les atrocités commises par les colons. N'a-t-on pas dit à l'époque que chaque traverse de chemin de fer d'Afrique représente le corps d'un travailleur noir tombé ! Il n'y a guère longtemps, l'Assemblée nationale française voulut créer une loi reconnaissant les bienfaits de la colonisation. Le tollé que souleva ce projet découragea définitivement l'Assemblée. Oui, on ouvre aujourd'hui le dossier de la colonisation, on parle des « brûlures » de la colonisation et des « trous de la mémoire coloniale ». Le film *Indigènes* indique clairement qu'il y a encore beaucoup de non-dits : on n'est qu'au début du grand déballement.

« Le colonisateur n'est pas responsable de toutes les difficultés actuelles de l'Afrique. » Personne en Afrique ne nie la responsabilité des gouvernants : la corruption, la gabegie, le népotisme et bien d'autres maux sévissent dans nos États. C'est vrai, les guerres civiles, l'insécurité, la famine déciment les populations. Il est non moins vrai que l'attrait des ressources naturelles du continent, les convoitises européennes sont pour beaucoup dans nos malheurs. Le pétrole, les richesses minières sont devenues une malédiction pour le Congo, le Tchad, le Darfour. Écoutons Jean Suret-Canale sur ce chapitre :

« L'Afrique noire a-t-elle été pourrie par la contagion de la civilisation technicienne ? Les drames d'aujourd'hui ne sont-ils que la continuation de ces drames d'autrefois, sous un nouveau manteau, comme voudrait nous le faire croire tel littérateur à la mode, trop empressés à oublier le rôle d'une colonisation qui, pour être aujourd'hui, honnie par tous, n'en prolonge pas moins son existence sous des formes inédites[9]. »

Ces « formes inédites » d'exploitation minent l'Afrique indépendante et rendent dérisoire la souveraineté de ses États, ainsi placés en coupe réglée. Voilà la cruelle réalité d'aujourd'hui. Lucide et soucieux de comprendre l'Afrique et ses difficultés, Jean Suret-Canale poursuit :

« Ou bien, derrière ce qui nous paraît incompréhensible, n'y a-t-il pas le cheminement douloureux vers le progrès et la liberté qui est celui de toute l'humanité, cheminement qui ne nous paraît obscur que parce que nous ignorons un passé et des réalités sociales qui diffèrent profondément des nôtres[10] ? »

Au moment où j'écris ces lignes, le président Sarkozy rentre de sa visite d'État en Algérie. Comme elle tranche avec son voyage au sud du Sahara ! Là, il n'a été question que de coopération, de partenariat. Le ton du discours était tout autre. Avec la manière directe qu'on lui connaît, il a tout de suite planté le décor.

« C'est en m'exprimant devant vous que j'ai souhaité commencer cette visite d'État. Parce que je suis venu en Algérie pour parler d'avenir. Par ce que je suis venu pour bâtir. *Bâtir entre nos deux peuples un partenariat d'exception* [souligné par nous]. »

C'est la coopération tous azimuts ! *Quid* du contentieux colonial avec l'Algérie ? Le président Nicolas Sarkozy a rendu un verdict définitif, la condamnation du système colonial fut sans appel :

« Parler d'avenir, ce n'est pas ignorer le passé. Je suis convaincu depuis toujours que pour bâtir un avenir meilleur, *on doit au contraire regarder le passé en face* [*sic*]. C'est d'ailleurs ce que nous avons fait en Europe. C'est ce travail de mémoire que je suis venu proposer au peuple algérien. *Oui, le système colonial a été profondément injuste, contraire aux mots fondateurs de notre République : liberté, égalité, fraternité* [souligné par nous]. »

La colonisation, contraire aux trois mots qui fondent les droits de l'homme ! Plus personne ne peut parler de ses bienfaits. Mais il fallait s'exprimer ainsi, puisqu'on est venu en Algérie pour négocier des contrats ; il fallait flatter le sentiment national algérien, il fallait rassurer et montrer que l'esprit colonial et le paternalisme qui l'accompagne sont bien morts ! Ici, M. Nicolas Sarkozy n'y est pas allé de main morte, il n'a pas été avare en propositions plus concrètes, plus alléchantes les unes que les autres. « Il faut, s'écrie-t-il, encourager nos entreprises à participer à l'effort de modernisation de l'Algérie. » Quand on signe des contrats de plus de cinq milliards d'euros en quelques jours, on s'engage à fond aux côtés du partenaire ; ainsi le Président aidera l'Algérie « à entrer dans l'OMC ». « Nous aiderons également à la création du futur Institut supérieur de technologie, à la réforme des grandes écoles, sans parler des bourses que nous accordons à des étudiants algériens ; je soutiens, ajoute-t-il, l'ambitieux projet d'université algéro-française qu'il faudra réaliser un jour et arrêter d'en parler. » Voilà de quoi galvaniser la jeunesse algérienne. Comme on est loin des vagues promesses faites aux jeunes en Afrique noire !

Pourquoi cette différence de ton ? Les propos tenus en Algérie, la déférence et le respect manifestés au peuple algérien s'opposent au paternalisme du discours de Dakar. Oui, au sud du Sahara, on est encore dans le pré carré ! On peut faire la leçon aux jeunes ! Au sud du Sahara, on est encore maître du jeu ! Hélas ! Les chefs d'État au sud du Sahara ne sont-ils pas des affidés apostés par l'Élysée, Londres, Bruxelles ou Lisbonne ? Voilà le coup de massue final que le président Sarkozy assène après avoir énuméré les « défis » et les « problèmes » de l'Afrique : « La réalité de l'Afrique, c'est celle d'un continent qui a tout pour réussir et qui ne réussit pas parce qu'il n'arrive pas à se libérer des mythes. » Ajoutons : les mythes si chers à ceux qui refusent de voir autre chose en Afrique que ce qui flatte leur imaginaire.

Une jeunesse consciente et responsable

À entendre le président de la République, on pourrait croire qu'il est venu aider concrètement la jeunesse africaine à trouver le bout du tunnel. On attendait donc des propositions concrètes de nature à aider les jeunes à rester en Afrique ; on s'attendait à des propositions pour faire un meilleur sort à ceux qui seront accueillis en France. Mais le Président est resté vague à souhait. Mais comment briser le cercle vicieux dans lequel se trouve l'Afrique et l'engager dans la voie du progrès ? Le Président indique le chemin : « Ouvrez les yeux, jeunes d'Afrique, et ne regardez plus, comme l'ont fait trop souvent vos aînés, la civilisation mondiale comme une menace pour votre identité, mais la civilisation mondiale comme quelque chose qui vous appartient. »

Tout simplement, le Président exhorte les jeunes d'Afrique à la révolte contre les aînés, à la rupture avec la tradition. N'est-ce pas une provocation ?

« N'écoutez pas, jeunes d'Afrique, ceux qui veulent faire sortir l'Afrique de l'histoire au nom de la tradition parce qu'une Afrique ou plus rien ne changerait serait de nouveau condamnée à la servitude.»

Mais la jeunesse africaine n'est pas celle que pense M. Sarkozy : de grands enfants attendant qu'on les prenne par la main pour marcher. Il faut savoir que la jeunesse du continent comprend parfaitement les enjeux de notre temps. Les jeunes rappeurs africains sont certainement ceux qui expriment le mieux le drame de l'Afrique contemporaine, ils sont les porte-voix des masses africaines. Leur engagement est total, ils ont des chants, des productions de très belle facture. Ce sont les plus sévères criuques des gouvernements actuels. Ils dénoncent avec des accents acerbes la gabegie, la corruption. Mais ils savent aussi que les grandes puissances sont pour beaucoup dans le malheur du continent. Les jeunes Africains sont loin d'être les enfants que le président

Sarkozy imagine. Les Ivoiriens Alpha Blondy, Tiken Jah Fakoly, le Sénégalais Didier Awadi sont parmi les chanteurs et les rappeurs les plus engagés. Leurs prises de position font d'eux les vrais défenseurs du peuple. Les titres de certains chants sont révélateurs. Quand un Fakoly chante : « Quitte le pouvoir, Président mal élu ! », vous n'avez qu'à suivre son regard, vous identifierez plus d'un président africain tripatouilleur d'élections. « L'Afrique doit du fric », ici Jah Fakoly pointe du doigt et les patrons de Bretton Woods et l'aide paternaliste ou autres G8.

La jeunesse africaine est déboussolée, mais sa détermination à s'en sortir égale celle du peuple à se battre pour son propre avenir. Ces jeunes n'ont pas attendu le président Sarkozy pour savoir qu'il faut lutter et se faire une place au soleil. Ils le font sur deux fronts : pour mettre fin à la gabegie congénitale de l'État postcolonial, et pour dénoncer les ingérences des maîtres du monde, dénoncer l'injustice.

« La jeunesse africaine doit avoir le sentiment que tout deviendra possible comme tout semblait possible aux hommes de la Renaissance. »

L'européocentrisme persistant parle, mais il faut savoir que les jeunes d'Afrique ne connaissent pas les « hommes de la Renaissance » (européenne), ils ont d'autres modèles qu'ils tirent du passé de l'Afrique : c'est Soudjata, c'est Chaka, c'est Samory. Mais M. Sarkozy, qui ignore tout du passé de l'Afrique, leur propose comme modèles les « hommes de la Renaissance », qu'il considère comme les paradigmes inégalés de l'audace créatrice.

« Jeunesse africaine, vous voulez la démocratie, vous voulez la liberté, vous voulez la justice, vous voulez le droit ? C'est à vous à en décider. La France ne décidera pas à votre place. Mais si vous choisissez la démocratie, la liberté, la justice et le droit, alors la France s'associera à vous pour les construire. »

La belle générosité ! Les jeunes d'Afrique veulent tout ce que cite le président Sarkozy, mais Tiken Jah Fakoly, Awadi et leurs frères savent que, malgré les injonctions d'un président français conditionnant l'aide au respect des principes démocratiques, la France n'en a pas moins continué à accorder subsides et autres aides à des présidents décriés, fabricants d'élections truquées ! Les jeunes d'Afrique ne sont pas naïfs. Les belles intentions que le Président prête à la France, ne sont que des intentions. Déjà entendues…

En conclusion, que propose le Président à Dakar ? La réalisation d'une Eurafrique. Or le défi de l'Afrique est plutôt dans la construction de l'unité africaine. En dépit de tout, la marche irrésistible vers cet objectif a commencé : une structure est en place qui a nom « Union africaine » ; en dépit de tout, cette organisation est devenue le partenaire incontournable qui négocie avec l'Union européenne et autres grandes puissances du monde. De fait, l'intégration continentale n'est point utopie ; des unions sous-régionales la sous-tendent qui en constituent les piliers. L'effort africain pour la construction d'un grand ensemble se poursuit malgré les guerres intestines, les famines tant médiatisées ; les acquis s'accumulent : la Communauté des États de l'Afrique de l'Ouest (Cedeao) qui regroupe quinze États, a déjà instauré la libre circulation des personnes et des biens. Il existe déjà un passeport unique permettant de voyager de Dakar à Lagos en passant par Bamako et Lomé sans visa ! La monnaie unique est en gestation. On parle des États-Unis d'Afrique : ce n'est point utopie, les étapes pour la réalisation de ce vaste projet sont en train d'être précisées. Il s'agit d'un cheminement lent certes, mais inexorable ; l'unité africaine comme objectif a été à l'ordre du jour dès 1963, à la création de l'Organisation de l'Unité Africaine (OUA), qui a conduit la décolonisation jusqu'à son terme avant de céder la place à l'Union africaine.

Notes

1. Abdoulaye Wade : voir Abdoulaye Wade répond à Bernard Lugan, auteur de *L'Afrique : L'histoire à l'endroit*, in Conférence internationale des intellectuels et des hommes de culture, Dakar 21-26 mai 1996, 2004, p. 207.

2. Cheikh Anta Diop, *Nations nègres et culture*, Paris, Présence africaine, 1955.

3. Basil Davidson, *Old Africa rediscovered*, London, Gollancz, 1959.

4. Georges Balandier, *Sociologie actuelle de l'Afrique noire, dynamique sociale en Afrique centrale*, Paris, PUF, 1963.

5. Ibn Khaldoun (1332-1406) : historien arabe, auteur de *La Muqaddima, Prolégomènes* et du *Kitab al Ibar wa Diwan al mublada wa-l-khabar* (*Histoire des Berbères*).

6. Ibn Battuta (1304-1368) : voyageur arabe auteur de *Tuhfat al nuzzar fi ghara'ib al amsar wa adja'ib al asfar*… (*Voyages*). Traduit sous le titre : *Textes et documents relatifs à l'histoire de l'Afrique, extraits tirés des voyages d'Ibn Battuta*, Dakar, 1966, en collaboration avec R. Mauny, V. Monteil, A. Djenidi, S. Robert et J. Devisse.

7. *Histoire générale de l'Afrique*, 8 volumes, Paris, Présence africaine / Edicef / Unesco, 1982-1999.

8. Jospeh Ki-Zerbo, *Histoire de l'Afrique noire*, Paris, Hatier, 1972.

9. Jean Suret-Canale, *L'Afrique*, Martinsart, Paris, 1973, p. 83.

10. *Ibid.*

Africanismes eurocentristes : source majeure des maux en Afrique

Théophile Obenga

Théophile Obenga, professeur de langue égyptienne, de linguistique comparée et d'histoire culturelle ancienne, a enseigné dans plusieurs universités en Afrique (Congo, République Démocratique du Congo, Côte-d'Ivoire, RCA, Gabon) et aux USA (Philadelphie, San Francisco). Auteur de nombreux ouvrages et articles, il est également directeur d'*ANKH, Revue d'Égyptologie et des Civilisations africaines.*

Voici une sélection de ses principaux ouvrages :

Les Bantu. Langues-Peuples-Civilisations, Présence africaine, Paris, 1985.

La Philosophie africaine de la période pharaonique 2780-330 avant notre ère, L'Harmattan, Paris, 1990. [Traduit en anglais : *African Philosophy. The Pharaonic Period : 2780-330 BC*, Popenguine (Sénégal), Per Ankh, 2004.]

Origine commune de l'égyptien ancien, du copte et des langues négro-africaines modernes. Introduction à la linguistique historique africaine, L'Harmattan, Paris, 1993.

La Géométrie égyptienne. Contribution de l'Afrique antique à la mathématique mondiale, L'Harmattan / Khepera, Paris, 1995.

Cheikh Anta Diop, Volney et le Sphinx. Contribution de Cheikh Anta Diop à l'historiographie mondiale, Présence africaine / Khepera, Paris, 1996.

L'Égypte, la Grèce et l'École d'Alexandrie. Histoire interculturelle dans l'Antiquité. Aux sources égyptiennes de la philosophie grecque, L'Harmattan / Khepera, Paris, 2005.

Il est à croire que l'intelligentsia africaine actuelle a atteint, depuis quelques décennies, en réflexion critique, un point de non-retour. S'affirmer en toute autonomie et défendre ce qu'elle estime positif, dans l'intérêt des peuples africains : elle est dorénavant à même de le faire, de façon exemplaire. D'où les nombreuses réactions, toutes pertinentes, au discours officiel du président de la République française, à Dakar, le 26 juillet 2007. Ce qui motive le commentaire qui suit s'inscrit dans ce refus global africain. On mettra néanmoins l'accent sur une donnée de fond : le multi-séculaire paradigme africaniste eurocentriste qui a inspiré et soutenu, du début à la fin, l'adresse présidentielle.

L'épistémologie prônée par l'africanisme eurocentriste entend soustraire aux Africains toute idée de devoir et de responsabilité dans l'histoire humaine. Au Maghreb, ce paradigme propose une alliance privilégiée avec l'Union européenne : l'Union méditerranéenne. À l'Afrique subsaharienne, ce même africanisme eurocentriste décide, unilatéralement, de l'Eurafrique. Il n'y a que ruse politicienne, et c'est cela qui fait grand mal.

Le mauvais scénario du président-de-la-rupture

Les pions semblent bien en place : une élite politique accrochée à la coquille de la démocratie formelle, loin des problèmes essentiels ; des paysans aux méthodes peu novatrices, ainsi que le veut le système des cultures de rente ; des ouvriers à peine syndiqués, habitués aux salaires de misère ; des fonctionnaires d'État surexcités par les illusions de la mondialisation ; des jeunes, innombrables, figés dans le désespoir et le non-emploi…

Alors, tout est en ordre pour continuer le pompage de l'Afrique dans le cadre fictif du « codéveloppement », du « dialogue Nord-Sud », du « nouveau partenariat », de la « Françafrique », de la « remise de la dette africaine », etc. Même les singes de nos forêts n'y croient plus.

Peut-être, dans ce scénario d'ensemble, manque une donnée : la jeunesse estudiantine africaine, c'est-à-dire la relève, dans si peu de temps.

Les africanistes de l'Élysée ont donc su convaincre le président de la République : les « prés carrés traditionnels » s'avèrent être déjà des cercles d'incapacité, sinon de corruption. En conséquence, la France-de-la-rupture doit s'affirmer auprès de la jeunesse africaine pour consolider l'échiquier européen en Afrique. Stratège politique, heureux de ses succès, le Président a suivi ses conseillers. Il s'est donc rendu à Dakar, sans avoir rompu au préalable avec les vieilles mythologies de l'africanisme eurocentriste.

Et le prévisible se produisit. L'arrogance intellectuelle, il s'en faut, de nos jours, n'est pas une vertu.

Felix culpa

Composé à la hâte, le discours présidentiel est abondant, mais plat, banal, presque fade. Trop de redites. Aucun effet stylistique. Aucune réflexion qui puisse inciter à la méditation. Cependant, le fond n'est guère innocent, et l'intention politique des plus autoritaire. La France tendra la main à la jeunesse africaine organisée selon le vœu des autorités politiques françaises, car l'Eurafrique est l'unique tracé valable pour les peuples africains au XXIe siècle.

Pas un mot ni même une rapide allusion, de la part du président de la République française, sur l'Union africaine, le panafricanisme, la Renaissance africaine, l'État fédéral africain continental, le patriotisme africain. Même sur des choses simples, le Président s'est fourvoyé en mettant volontairement entre parenthèses les traditions universelles de courtoisie et de l'hospitalité. L'université de Dakar porte un nom, que le Président n'a même pas prononcé, s'enfermant ainsi dans le mépris. Il a moins bien fait qu'un gouverneur de colonie, jadis.

Il y a manifestement faute politique grave, malheureuse pour lui, heureuse pour l'intelligentsia africaine soudainement alertée, inquiétée et questionnante sur le devoir de civilisation.

Devoir de civilisation

Dans un texte d'une profondeur exceptionnelle, *Hind Swaraj*, écrit en 1909, réédité en 1997, puis en 2007, et qui peut se rendre ainsi : *Règle domestique pour l'Inde*, Mahatma Gandhi (1869-1948) entend par « civilisation » ce qui indique véritablement à l'être humain le chemin du devoir (*farajj*).

Quand un peuple, une nation, un État perd partiellement ou totalement sa mémoire culturelle, son sens historique, la conscience de sa civilisation, alors il perd, non moins dramatiquement, le sens du devoir dans l'histoire de l'humanité. Devoir et responsabilité sont deux exigences de civilisation. L'irresponsabilité est barbarie, absence de devoir. La civilisation est expression du devoir. *Civilisation ou Barbarie*, tel est le titre d'un puissant ouvrage de Cheikh Anta Diop : développer la barbarie et se développer dans la barbarie n'est pas le bon choix. Le bonheur humain s'accroît dans le développement comme devoir et responsabilité de civilisation.

Or l'Occident, pour sauvegarder ses intérêts, s'est acharné, depuis des siècles, à effacer tout sentiment de devoir et de responsabilité humaine chez le Noir d'Afrique.

Le discours du président de la République française est destructeur à souhait : laissez donc tomber vos mythes et venez au devoir, à la responsabilité, à la civilisation, à l'histoire, grâce à la France, à l'Europe, à l'Occident. En vérité la France enseignera l'universalité aux nègres d'Afrique, soit le principe de perfectibilité, en place et lieu de leur destin naturel dans l'immédiateté.

La substance du discours du président de la République française n'est qu'idéologie du paradigme africaniste eurocentriste. Les racines de celui-ci sont à trouver dans les œuvres des plus puissants esprits européens.

Bases historiques des africanismes eurocentristes contemporains

Orientalisme, évolutionnisme, fonctionnalisme, primitivisme, diffusionnisme, structuralisme, etc., tous les africanismes eurocentristes sont des formes de racisme occidental vivace dont voici rapidement les fondements historiques, juridiques et philosophiques.

Montesquieu (1689-1755) établit, dans son ouvrage de grande influence en Occident, *L'Esprit des lois*, que le nègre d'Afrique n'a ni bonne âme ni bon sens ou raison à cause simplement de la couleur noire de sa peau, de la tête aux pieds ; par conséquent, sans ironie aucune, la dignité humaine n'est pas bafouée quand on fait du nègre un esclave, un animal quadrupède, pour produire le sucre de canne et autres nécessités vitales pour l'Occident : l'être humain africain de peau noire est exclu de l'humanité par tout l'Occident pour justifier l'esclavage, la traite négrière.

Voltaire (1694-1778) est le premier à faire état de la mensuration du crâne (crâniométrie) pour déterminer le Quotient Intellectuel (QI) à partir de l'indice céphalique et de l'âge de l'individu. Déduire le degré de l'intelligence humaine en se basant sur des techniques craniométriques est purement et simplement illusoire. Voltaire est cependant convaincu que l'approche comparative montrera nécessairement que le Noir d'Afrique est, en matière d'intelligence, bien inférieur au Blanc d'Europe ; par conséquent, la traite négrière et l'esclavage au Nouveau Monde ne sont pas si offensants vis-à-vis de l'humanité, puisqu'on a affaire à des êtres inférieurs et inintelligents, le tout pour le meilleur des mondes possibles. Les fantaisies de la *Bell Curve* d'une certaine psychologie américaine des années 1990 obéissent au même paradigme raciste.

Hume (1711-1776), dans ses *Essais moraux, politiques et littéraires* (1777), se dit être en mesure de « suspecter que les nègres sont *naturellement* inférieurs aux Blancs[1] ». En conséquence : pas de nation civilisée chez les nègres ; pas d'individu éminent au plan de l'action ou de la spéculation ; pas de manufactures ingénieuses, pas d'arts, pas de science chez les nègres d'Afrique. Et pourquoi cette infériorité ? C'est la nature qui a fait une distinction originelle entre les races humaines, privant les nègres du moindre symptôme d'ingéniosité, à part peut-être la faculté d'imitation.

Kant (1724-1804) reprend l'argumentation de David Hume dans ses *Observations sur le sentiment du beau et du sublime* (1764) en écrivant : « Les nègres d'Afrique n'ont *par nature* [je souligne] aucun sentiment qui s'élève au-dessus du puéril. » La couleur noire de la peau est signe d'infériorité. Du coup, les capacités intellectuelles sont moindres ou simplement absentes. Les peuples de couleur, particulièrement les Noirs d'Afrique, ont une odeur spécifique, d'après l'anthropologie kantienne. Cette odeur du nègre dit son extrême émotion, sa sexualité incontrôlable : un système d'instincts primaires attache le nègre d'Afrique à la nature, tel l'animal.

Hegel (1770-1831) est de cette même lignée de penseurs racistes. Et toujours la nature est cause première de l'infériorité de la race noire africaine. Le nègre (*der neger*) est bien à sa place en tant qu'être humain naturel (*natürlichen Menschen*) dans toute sa sauvagerie (*in seiner ganze Wildheit*) et rudesse (*Unbändigkeit*), c'est-à-dire violence et turbulence. Le nègre d'Afrique est naturel, sauvage et rude par décret idéologique et raciste.

Et l'esclavage ? Quelle est la position de Hegel ? Quelle est sa logique ? L'esclavage, admet Hegel, est en soi et pour soi injustice (*Die Sklaverei ist an und für sich Unrecht*), car l'essence de l'homme est la liberté (*denn das Wesen des Menschen ist die Freiheit*).

Cependant, dans le cas du nègre brut, naturel, sauvage, inapprivoisé, violent et capricieux, c'est-à-dire non civilisé, l'esclavage est dialectiquement nécessaire en tant qu'une étape, une phase, un moment d'éducation (*ein Moment der*

Erziehung), de culture (*Bildung*) pour l'esclave auprès du maître. L'esclave apprend la liberté auprès du maître. L'esclavage est bon et bénéfique en tant que moment pédagogique, éducationnel. Le crime contre l'humanité est ainsi faussement justifié par Hegel. Et le maître apprend à être libre auprès de qui ? Quel est le maître du maître ?

Toutes les épistémologies africanistes eurocentristes contemporaines dérivent de Montesquieu, Voltaire, Hume, Kant et Hegel.

Le président de la République française, à Dakar, le 26 juillet 2007, a repris à son compte toute l'idéologie occidentale africaniste et raciste. Il n'a corrigé ni Montesquieu, ni Voltaire, ni Hume, ni Kant, ni Hegel en leurs écrits racistes. Le Président s'inscrit ainsi, de lui-même, dans la longue tradition des préjugés et de l'ignorance de l'Europe des XVIIIe et XIXe siècles concernant l'Afrique et les Noirs de ce continent.

La politique raciste de l'immigration du Président obéit à sa structure mentale profonde, à son émotion raciale, à sa raison nourrie de gros préjugés : immigration choisie, immigration au cas par cas, immigration du codéveloppement.

Le Président ternit ainsi dangereusement l'image de la France en Afrique noire francophone : par ignorance, par préjugé, par idéologie africaniste raciste, par manque de critique.

Il lui aurait été facile de relire Jean-Jacques Rousseau (1712-1778), auteur du *Contrat social* et presque seul intellectuel éclairé, en plein contexte du Code noir de Colbert, à défendre l'égalité de tous les êtres humains et à considérer, en conséquence, l'esclavage comme un crime contre l'humanité. Rien, absolument rien, ne justifie l'exclusion d'un être humain de l'humanité. Les africanistes de l'Élysée ont préféré les anthropologues eurocentristes (Lévy-Bruhl, Franz Boas, Paul Radin, Lévi-Strauss...), à la suite de Montesquieu, Voltaire, Hume, Kant et Hegel. Ces anthropologues, à travers leurs chaires et leurs écoles, ont créé des mythes qu'on voudrait faire passer pour de la véritable science.

Création des mythes anthropologiques par les écoles africanistes occidentales des « études africaines »

À base de gros préjugés, l'idéologie africaniste eurocentriste a engendré des mythes qui ont complètement faussé l'entendement sain de l'histoire générale de l'Afrique. Certains d'entre nous, intellectuels africains, sommes encore paralysés par les frontières culturelles africaines tracées par l'africanisme eurocentriste. Voici quelques-uns de ces mythes fabriqués par l'idéologie africaniste.

Le mythe de l'Elam. L'Elam, ancien royaume de l'Asie du Sud-Ouest, correspondant au Khuzistan, sud-ouest de l'Iran actuel, a joué un rôle inaugural dans la fabrication de l'Égypte pharaonique. L'égyptologue du Louvre, Christiane Ziegler, reprend tout de go le mythe élamite en 2002[2]. Or les fouilles en Elam, notamment à Suse, la capitale, ne montrent rien de pharaonique : ni hiéroglyphes, ni momies, ni pyramides, ni simples peignes à grosses dents. Le mythe de Sumer apprenant l'écriture à l'Égypte pharaonique est tout aussi fantaisiste.

On a peur de localiser l'Égypte pharaonique au nord-est du continent africain et d'attribuer cette grandiose civilisation à des nègres nilotes.

Le mythe chamito-sémitique ou afro-asiatique. Ce mythe linguistique est fort répandu de nos jours, depuis sa création par Theodor Benfey en 1844, et sa reprise par Marcel Cohen dans les années 1940, enfin sa codification par Joseph H. Greenberg dans les années 1960. Aucun chercheur utilisant la méthode de la linguistique historique n'est parvenu à reconstruire des formes communes prédialectales, unissant les langues sémites, les dialectes berbères, la langue égyptienne (pharaonique et copte), les langues couchitiques, les langues tchadiques ; il est impossible d'établir, entre toutes ces langues attestées, des correspondances phonétiques régulières, sur des faits de langue hérités. En revanche, il est tout à fait probant d'établir la parenté linguistique génétique de l'égyptien avec toutes les autres langues négro-africaines modernes.

Le mythe du monde hamite pour créer l'opposition « Hutu-Tutsi », assez artificiellement. Belges, Français, Allemands ont poussé à des génocides atroces, en forgeant des mythes de « Juifs noirs », de « Hamites » dispersés depuis les temps de Salomon, allant chercher de l'or à Ophir (Mwana Mutapa/Monomotapa, au Zimbabwe méridional actuel, au Zambèze). La « Nation hamite » serait ainsi dispersée en Afrique (Érythrée-Éthiopie-Somalie-Uganda-Rwanda-Burundi, etc.).

Le mythe des Sabéens-Arabes, bâtisseurs des constructions cyclopéennes de Zimbabwe au Mwana Mutapa : temples, tours coniques, observatoires astronomiques, palais, académies, tous immenses établissements en pierre.

Le mythe des navigateurs carthaginois coulant les bronzes d'Ile-Ife au Benin (Edo), Nigeria.

Le mythe des traces de races blanches dans le golfe de Guinée parties de l'Égypte pharaonique : Jukun, Edo, Yoruba, Fon, Akan, Baule, Ashanti, Fanti, Tiv... seraient ces Blancs mythiques.

Le mythe des Sao légendaires au Tchad actuel : leurs immenses urnes funéraires ne peuvent pas appartenir au continent africain.

Le mythe des langues semi-bantoues de M. Guthrie : des langues qui seraient « moitié bantoues » et « moitié autre chose » – tout ce qui relève de la fantaisie, sauf de la science critique. Et la classification, par ce même chercheur, des langues bantoues par « lettres » et « chiffres » (C-20, C-15) n'a absolument rien de « scientifique ». C'est une classification « ésotérique », commode pour l'auteur, mais qui n'a absolument rien de contraignant : jamais les langues du monde n'ont été désignées et classées de façon minéralogique, comme des plaques de voitures.

Le mythe de l'éros noir standardisant la sexualité africaine comme une luxure débordante, bestiale, excessive, en son caractère inné presque pathologique, et le stéréotype persiste sur les énormes proportions des organes génitaux masculins et féminins africains, jusqu'à la création de la « Vénus hottentote », livrée à la curiosité maladive des Anglais au début du XIXe siècle, puis triturée par Cuvier (1769-1832), fondateur de l'anatomie comparée et père de la paléontologie, au Jardin des plantes, Muséum d'histoire naturelle de Paris[3].

Le mythe de l'ethno-philosophie qui ne voit en Afrique noire que des « systèmes de pensée africains », mais guère de philosophie au sens usuel et académique du terme : ce mythe de la non-pensée spéculative en Afrique noire a été démoli par le Camerounais Marcien Towa et le Béninois Paulin Hountondji.

Le mythe du fétichisme animiste négro-africain, échafaudant totems sur totems, grottes ancestrales dans des bosquets interdits où séjournent les esprits des dieux, déesses et autres forces cosmiques : tout existant est expression de force vitale, et cette prétendue « force vitale » n'est pas elle-même thématisée dans la marche historique des peuples.

Le mythe de la fixité des temporalités sociales africaines : tous les domaines de la vie sont cycliquement immuables, les travaux champêtres, les rites agraires, les techniques aratoires, les cycles épiques, les techniques artisanales ; les mêmes idées et les mêmes peurs constituant l'héritage du passé et formant un patrimoine spirituel commun, rigoureux mais sans mobilité ; la tradition africaine n'est qu'une imitation statique du même, toujours le même. Les cultes ne sont pas séparés du mythe. D'où les scepticismes modernes sur les capacités temporelles de restauration et de renaissance des peuples africains contemporains.

Le mythe civilisateur et bienfaisant de la colonisation, apportant aux Africains les parlements, les sénats, les assemblées et l'opinion publique. Mais tout cela a bel et bien existé dans les royaumes et empires africains précoloniaux, sans les idées occidentales de corruption politico-financière (« abus de biens sociaux », « recel », « blanchiment d'argent », « pots-de-vin colossaux » : l'affaire récente de la Sofremi, par exemple). Or, dans la réalité, toute colonisation militaire est expression de terreur, de destruction massive, de pillage (« art nègre »), de viol, de barbarie. Travaux forcés, exécutions sommaires, apartheid, anthropologie coloniale, monographies tribales, bidonvilles et ghettos, lavage de cerveau. César a rasé les Gaules. Cortès et Diaz ont saccagé les civilisations mexicaines. Faidherbe, criminel, a incendié et massacré au Sénégal. Guerres coloniales entre puissances de conquête, un peu partout sur le continent africain : aucune colonisation n'est innocente, humaniste, substantiellement généreuse, philanthropique. Toute colonisation sert uniquement les intérêts du colonisateur :

routes, ports, hôpitaux, écoles, églises, administration, justice, politique culturelle et linguistique. Les « retombées bénéfiques » sur la vie du colonisé sont le fait du hasard, et parfois des luttes contre l'oppression coloniale. On colonise pour dominer, et non pour libérer.

Dès lors, quoi d'inquiétant si le président de la République française, sûr de lui, heureux, arrogant, dominateur, ignore l'histoire des peuples noirs d'Afrique, caricaturés par Montesquieu, Voltaire, Hume, Kant, Hegel et tous les africanistes eurocentristes contemporains. Que voulez-vous qu'il fît puisque son instinct le plus fort lui enseigne que l'Afrique noire n'est pas civilisée, ignore le temps qui court (l'« accélération de l'histoire ») et tourne constamment le dos au progrès ! Le président de la France aurait réussi son exercice oratoire, son entreprise de conquête, « s'il n'eût point fait de fautes » : *non havesse fatto errore alcuno*[4].

C'est sur l'erreur fatale française à Dakar, ce 26 juillet 2007, qu'il convient de méditer, de réfléchir : erreur voulue en Afrique noire à cause de la naïveté politique africaine actuelle ; erreur impossible en Chine à cause du sérieux chinois. Rompre définitivement avec le paradigme africaniste eurocentriste, c'est encore trop demander aux élites intellectuelles africaines subsahariennes. À tort ou à raison, le président de la République française a misé sur cela.

Urgence d'une rupture épistémologique avec l'africanisme eurocentrisme

L'africanisme, lui, sait s'adapter selon les circonstances : il est omnipotent et arrogant aux XVIe, XVIIe, XVIIIe et XIXe siècles ; il étouffe les chercheurs africains sérieux au XXe siècle, tout en favorisant les compromis ; il entend opérer des « révisions épistémologiques » en ce début du XXIe siècle.

Enseignants africanistes, centres d'étude et de recherche, laboratoires des langues et mutations, bourses d'étude, encadrement des doctorants, missions de coopération, festivals de francophonie, prix d'outre-mer, émissions radiophoniques et télévisuelles strictement sélectionnées et programmées, conférences et séminaires qui favorisent l'enfermement culturel, boycottage systématique de l'œuvre de Cheikh Anta Diop par tout l'africanisme eurocentriste, musées aux orientations fondamentalement racistes, refus maladif d'aborder la « question » de l'Égypte nègre pharaonique, falsifications continues de l'histoire africaine, sanctification de la traite négrière occidentale, de l'esclavage et de la colonisation : voilà le bien que nous propose l'africanisme.

C'est-à-dire si les images, les désirs, les mentalités et les volontés des Africains sont contrôlés, au plan décisif de la culture, alors les nations nègres, dépossédées, affaiblies, extraverties et infériorisées, obéiront, sans résistance, sans critique, à tout ce que l'Occident leur offrira : faux partenariats, contrats léonins, immigration choisie, codéveloppement sans développement, programmes de misère et de pauvreté dits d'ajustement structurel, bases militaires, pompage des matières premières, mirages culturels.

Il y a donc lieu de comprendre, clairement, une fois pour toutes, que le paradigme culturel est l'une des grandes clés de la solution à nos problèmes, car ce paradigme concerne l'être humain en son essence même. Voilà pourquoi Cheikh Anta Diop a posé ce paradigme dès le départ de sa réflexion : *Nations nègres et Culture*, c'est-à-dire, conscients de leur histoire depuis l'Égypte des pharaons, de tout leur immense patrimoine culturel continental, de leurs grandes potentialités dans le monde scientifique et technologique moderne, les Africains, unis, solidaires, panafricains, désireux de justice et de vérité (la *maāt* pharaonique), peuvent encore créer et enrichir l'humanité.

Or c'est l'abandon africain qui a favorisé le discours du président de la République française à Dakar, ce 26 juillet 2007 : abandon politique des grands problèmes culturels africains, abandon de la jeunesse africaine estudiantine et citadine, abandon des structures pédagogiques si peu financées, abandon des bibliothèques publiques, abandon de l'esprit critique.

Si nous avions fait mieux, l'autre ne nous aurait pas retiré son respect. La dignité humaine est une conquête de soi sur soi. Le vide ne favorise pas la considération d'autrui. La peur de soi, la peur de sa propre histoire, la peur du monde, la peur instinctive de l'ancien colonisateur, la peur de dire sa pensée sérieuse : voilà qui donne à l'autre l'occasion de dominer, de dicter sa volonté, de rire, de minimiser, de mépriser.

Pour rompre urgemment avec l'africanisme eurocentriste, cause majeure de nos maux psychologiques et politiques, il faut impérativement intensifier la communication culturelle en Afrique, du nord au sud, de l'est à l'ouest, partout à travers le continent. Une mentalité africaine commune, à dimension continentale, panafricaine, est absolument requise pour la restauration et la renaissance de l'Afrique entière, dans le monde d'aujourd'hui. Se connaître est source de paix et de plénitude. Se connaître, c'est saisir son sens du devoir, sa responsabilité de civilisation.

Le travail à faire porte par conséquent sur la conscientisation des Africains, à partir des traditions culturelles africaines, avec l'aide des paradigmes méthodologiques internes.

Dans son magnifique ouvrage intitulé *The Eloquence of the Scribes* (Popenguine, 2006), Ayi Kwei Armah mentionne ceux et celles qui ont contribué, ces temps-ci, au développement de la conscience africaine : Rév. Gaddiel Acquaah et Plaatje, Thomas Mofolo et Peter Abrahams, Djibril Tamsir Niane et Mamadou Kouyaté (le Griot), Fagunwa et Wole Soyinka, Tata Youssuf Cissé et Wa Kamissoko (le Griot), Bassirou Dieng, Amadou Hampâté Bâ, Babacar Sall, Aboubacry Moussa Lam et, bien évidemment, Cheikh Anta Diop.

À quoi il faut ajouter le travail considérable des historiens et historiennes africains, ces temps-ci, par exemple : Joseph Ki-Zerbo, K.O. Dike, B. A. Ogot, J. F. Ade Ajayi, A. Adu Boahen, Kimambo, Henriette Diabaté, Jean-Noël Loucou, Emmanuel Ghomsi, Thierno Bah, E. Mveng, Prince Dika Akwa Nya Bonambela, Ibrahima Kake, Mody Sékéné Cissoko, Mme Ly, les Konare, Pathé Diagne, Boubacar Barry, Boubé Gado, O. Ikime, B. I. Obichere, Elikia M'Bokolo, Isidore Ndaywel è Nzièm, Sabakinu, Simão Souindoula, A. J. Temu, A. I. Asiwaju, E. Ayandele, Abraham Ndinga Mbo, Abba Paulos Tzadua (qui a traduit du ge'ez l'ancien droit éthiopien, le droit monarchique), Avarro, Chinweizu, M. H. Y. Kaniki, T. B. Kabwegyere, Ratanga, Steve Biko, Wa Thiong'o, B. Andah, John S. Mbiti, Wande Abimbola, Honorat Aguessy, Bolaji Idowu, Chinua Achebe…

Les chercheurs et intellectuels africains ont travaillé sur la paléontologie humaine, l'archéologie préhistorique, l'Antiquité nubienne et égyptienne, les royaumes et empires de jadis en Abyssinie (Aksum), en Afrique de l'Ouest médiévale, en savanes et en forêts des régions tropicales et équatoriales. Les grandes épopées ont été exhumées, analysées, publiées. Les voies commerciales ont été découvertes et cartographiées. Les migrations africaines internes ont été analysées selon des méthodes variées. Certains produits ont connu des évolutions, de la production artisanale à l'industrialisation. L'unité culturelle et linguistique du continent africain, inconnue des africanistes eurocentristes, a été démontrée et affinée. La vision du futur est la seule issue viable de l'unité politique et de l'État africain fédéral continental.

Tout autre est la perspective des « études africaines » africanistes eurocentristes : maintenir la tutelle, dominer, exploiter, proposer des ensembles politiques sans lendemain, du genre « Françafrique », « Eurafrique », etc. La Banque mondiale et le Fonds monétaire international (FMI) n'ont jamais été institués pour la misère africaine, pour le développement de l'Afrique. La philosophie véritable de la Banque mondiale et du FMI n'est pas de créer la richesse africaine, le bonheur des peuples africains. Leur règle directrice n'est que l'exploitation de l'Afrique, en dépit des nuances verbales et diplomatiques. Ces institutions financières occidentales *« internationales »* n'ont aucun scrupule d'ordre moral. Aucune éthique, sinon celle de la corruption, du scandale financier, de la dissimulation. Les « études africaines » africanistes eurocentristes travaillent de concert avec ces institutions financières occidentales « internationales » issues des accords de Bretton Woods pour dominer l'Afrique.

L'Occident tient l'Afrique noire soumise grâce à ce paradigme africaniste eurocentriste séculaire qui détermine tout le reste : détruire la conscience africaine en infusant partout le sentiment de subordination et d'infériorité, rendre nécessaire et sans alternative la soumission africaine, refuser toute promotion africaine quand cela entend redonner aux

Africains les sentiments de dignité et de responsabilité historique, feindre de travailler pour le développement de l'Afrique (remise des dettes, aides, programmes, comités, coopérations, etc.).

On juge superficiellement quand on déclare que le discours du président de la République française est « paternaliste », « condescendant », « colonial » ou « néocolonial » : il s'inscrit, en vérité, dans une très longue tradition occidentale de dédain, de mépris, de racisme européen vis-à-vis des peuples noirs d'Afrique.

Il est urgent et nécessaire de ne plus faire cas, en aucune façon, des « études africaines » africanistes eurocentristes qui perpétuent ce racisme occidental séculaire. Elles inspirent des attitudes, des programmes et des discours à l'instar de celui, très raciste, du président de la République française. Il n'y a que les Noirs d'Afrique à être traités de cette manière, et ceci par la faute, il faut bien le dire, des Africains eux-mêmes qui s'imaginent et se perçoivent comme inférieurs, conformément aux idéologies occidentales du plus pur racisme.

La question de l'inégalité des races humaines : credo constant de l'idéologie occidentale

Ce discours préparé, médité, voulu, du président de la République française s'inscrit ainsi dans une très longue tradition de l'idéologie raciste occidentale : les « races » humaines sont inégales et celle, noire africaine, est inférieure.

Cette croyance occidentale de l'inégalité des différentes variétés biologiques humaines (« races humaines ») n'est explicable que par l'idéologie, depuis la Grèce antique

(« classique ») à notre époque de grandes découvertes scientifiques en biologie moléculaire et en génétique.

Platon (427-347 av. notre ère), dans un contexte de guerre et d'oraison funèbre, reconnaît, admet et loue la haine raciale des Grecs d'Athènes pour tout élément humain étranger, s'expliquant ainsi :

Il y a des Barbares de nature, des Barbares naturellement non civilisés (*phusei barbaroi ontes*) : Perses, Asiatiques, Africains. On pense au « nègre naturel » de Hegel, c'est-à-dire sauvage par décret naturel et, de ce fait, encore tout proche de l'animal : le « nègre naturel » est donc un être inférieur, non civilisé, aux instincts non apprivoisés.

Il y a des Grecs qui le sont devenus par la loi, des Grecs par la loi (*nomō Hellēnes*), c'est-à-dire des étrangers légalisés par le droit de cité grec, comme, de nos jours, des immigrés acceptés, choisis, tolérés et à qui le droit du pays d'accueil donne des papiers légaux de séjour dans la république des citoyens natifs, aborigènes, autochtones, indigènes, mais la règle est celle de la République qui bannit tout signe culturel particulier (voile, etc.).

Il y a, enfin, des Grecs eux-mêmes, purs, authentiques, originaires du terroir (*autoi Hellēnes*), sans mixture, sans alliage de sang barbare (*ou miksobarbaroi*). Dans le métissage Blanc-Noir, le produit est instinctivement classé dans la part noire du mélange biologique. De même, jadis, en Grèce, notamment à Athènes, un Grec mélangé avec du sang barbare n'est plus Grec authentique. Le « sang barbare » ou le « sang noir » corrompt le « sang blanc », dont la meilleure qualité est le « sang aryen », le « sang teutonique », qui va faire naître le code civil nazi (des anciens jeunes nazis recevront des prix Nobel de littérature !).

Il s'ensuit, toujours d'après Platon, que la ville d'Athènes, métropole des arts et des lettres du monde hellène, est imprégnée, imbibée d'une haine (*mīsos*) profonde pour l'étranger, c'est-à-dire le non-Grec, le Barbare[5].

Aujourd'hui, partout, dans l'univers Schengen, l'immigré (noir ou autre) est profondément haï, traité comme un non-humain. Depuis plus de mille ans, l'Occident n'a pas changé : son racisme est même devenu plus violent, plus agressif, plus terroriste. La barbarie est codifiée comme le sera l'esclavage avec les Codes noirs espagnol et français, en toute intelligence et en toute chrétienté.

Le droit du citoyen est en fait né en Grèce et à Rome : par haine viscérale de l'étranger, par sentiment de vaine supériorité, par profond racisme. Parce que différent, au plan du phénotype, de la société et de la culture, l'étranger doit être soit assimilé, soit rejeté (on est grec ou on ne l'est pas ; on aime la France ou on ne l'aime pas : aucune différence n'est tolérée).

À cause de cette intolérance culturelle ethnique, le christianisme romain est né dans le sang des martyrs, hommes et femmes. En effet, le premier grief (*primam causam*) que Tertullien (vers 160-225 de notre ère) formule devant les magistrats de l'Empire romain est l'iniquité de la haine (*iniquitatis odii*) qu'ils ont vis-à-vis des chrétiens[6].

Parfois, cette haine profonde occidentale pour tout ce qui n'est pas occidental se transforme en curiosité exotique ou en pure et simple moquerie : comment peut-on être Huron d'Amérique ou nègre d'Afrique ? Comment peut-on être Persan, parlant mamamouchi ? Les « chinoiseries » traduisent quelle psychologie collective dans le mental occidental ?

Bref, l'Occident (Europe-USA-Canada) a tout mélangé et utilisé pour thématiser et justifier son immense haine de l'autre :

Dieu, le Créateur, ne pouvait pas se tromper en sa bonté au point de doter le nègre d'Afrique d'une âme pure comme le Blanc d'Occident : Montesquieu, Gobineau, Lévy-Bruhl. En conséquence, le nègre n'est qu'émotion, et non raison, car sa mentalité est naturellement primitive.

Les Saintes Écritures, la Bible, sont exploitées, avec malice et mauvaise foi, pour faire de la fiction des frères Japhet, Sem et Cham, fils de Noé, une source de la malédiction de la race noire issue de Cham.

La théologie occidentale chrétienne représente le mal, le démon comme de couleur noire, même si le damné est un Blanc d'Europe : le blanc symbolise l'innocence, tandis que le noir, le mal, l'impureté et la perdition.

L'anatomie, l'anthropologie médicale : G. Cuvier et le sexe de la Vénus hottentote ; Samuel Morton et les crânes de l'Égypte antique.

La biologie et la génétique modernes, quand le prix Nobel Watson déclare, en octobre 2007, que le Noir est d'intelligence inférieure par rapport au Blanc occidental.

La psychométrie américaine contemporaine, qui est très raciste et illusoire avec les tests QI : C. Murray et R. J. Hernstein, *The Bell Curve* (1994) – le livre le plus fantaisiste de toute la littérature psychologique nord-américaine.

L'ethnographie, l'ethnologie et l'anthropologie, qui ont créé des notions idéologiques et erronées comme « mentalité primitive », « pensée sauvage », « peuples sauvages et non civilisés », « religions animistes », « nègres et négroïdes », « tribus et ethnies d'hommes de couleur », « tiers-monde », « mode de production asiatique », etc.

Le discours africaniste eurocentriste, repris avec emphase par la plus haute autorité de l'État français, est de tout temps agressif, violent, mensonger. En voici des exemples :

1. Mary Lefkowitz, *Not Out of Africa. How Afrocentrism became an excuse to teach myth as history*, New York, Basic Books, 1996.

L'auteur a une connaissance fort médiocre du grec ancien. Son idéologie raciste la conduit à commettre des erreurs sur des textes grecs assez faciles. Ainsi, à la page 84, elle attribue à tort une phrase à Diogène Laërce, parce qu'elle a mal lu le grec. Elle n'a pas traduit l'adverbe *kathá*, le prenant pour la préposition *katá* : très grave erreur. Il faut traduire correctement : « En accord avec ce qu'affirme (de façon vraie) Hermodore » (*kathá phēsin Hermodōros*), Platon a été en Égypte, pour ses études et recherches. Mary Lefkowitz qui se réfère bien à Diogène Laërce (III, 6) traduit faussement : « *According to Diogenes Laertius, in the third century A.D. Plato went to Egypt to study with Egyptian seers.* » Le fait est que Diogène Laërce, qui écrit effectivement au IIIe siècle de notre ère, utilise une notice biographique de Platon établie par Hermodore, disciple de Platon, du vivant même du philosophe. Mary Lefkowitz cache ce fait décisif pour accréditer sa théorie des mythes culturels fabriqués par les afrocentristes. De deux choses, l'une : ou bien Mary Lefkowitz a une connaissance très approximative du grec ancien, ou bien elle triche par idéologie raciste. Elle ne connaît pas le grec, en confondant *kathá* et *katá*, l'adverbe et la préposition (avec génitif ou accusatif). Or, il n'y a ni génitif ni accusatif dans la phrase grecque ici en question. Cet adverbe *kathá* tient pour *kath'há*, le *há* étant l'accusatif pluriel neutre du pronom relatif : « Justement comme affirme (de façon vraie) Hermodore », Platon s'est rendu en Égypte[7].

2. Fr.-X. Fauvelle-Aymar, J.-P. Chrétien et Cl.-H. Perrot (dir.), *Afrocentrismes. L'histoire des Africains entre Égypte et Amérique*, Paris, Khartala, 2000.

Cet ouvrage s'inscrit clairement dans l'idéologie raciste de l'inégalité des races humaines. J'ai indiqué, en son temps, les innombrables faiblesses historiographiques, égyptologiques, linguistiques et politiques de cet ouvrage conçu et écrit par des racistes notoires[8].

3. David O'Connor et Andrew Reid (dir.), *Ancient Egypt in Africa*, University College London Press, 2003.

L'Égypte pharaonique est sur le continent africain. Mais elle n'a rien à voir avec le reste de l'Afrique noire, hormis quelques interactions culturelles presque insignifiantes, négligeables. L'idéologie raciste persiste, avec des ignorances.

Comment attribuer au nègre de l'Afrique les pyramides, les obélisques, les temples, les palais, les statues colossales, les momies, les hiéroglyphes ? Comment ? Comment lui attribuer la civilisation mère ?

Le paradigme africaniste eurocentriste, qui est foncièrement raciste, doit fonctionner : l'Égypte pharaonique est « asiatique », « proche-orientale », « caucassoïde », « méditerranéenne-orientale », « carrefour », « extra-terrestre » : tout sauf ce qu'elle est, c'est-à-dire africaine, noire, nègre, nilotique, égypto-nubienne, appartenant totalement à l'univers culturel négro-africain, et fondement des humanités ou études classiques africaines, de nos jours.

Au XIXe siècle, Anténor Firmin, avocat, homme d'État haïtien, membre de la Société d'anthropologie de Paris, produit une œuvre exceptionnelle, réfutant l'axiome fondamental de l'anthropologie descriptive raciste : *De l'égalité des races humaines (anthropologie positive)*, Paris, Librairie Cotillon, 1885.

Au XXe siècle, Cheikh Anta Diop, sociologue, historien, philosophe, physicien, homme politique, a établi, de façon définitive, les fondements historiques et culturels de la conscience africaine contemporaine, pour la restauration et la renaissance des peuples africains. C'est l'orientation décisive de *Nations nègres et Culture*, Paris, 1954.

La lecture attentive d'Anténor Firmin et de Cheikh Anta Diop aurait mieux équipé le président de la République française en son discours – appel à la jeunesse africaine. Le discours africaniste eurocentriste l'a discrédité auprès de toute l'intelligentsia africaine consciente et panafricaine.

Conclusion

L'Occident ne peut pas créer une grande ère d'espoir pour l'Afrique. Ce serait contre le sens de l'Histoire. L'espoir africain ne peut provenir que des Africains eux-mêmes, de leur sueur, de leur travail. Cet espoir africain confère le sens du devoir, lequel augmente le sens de responsabilité au vu des intérêts africains majeurs, vitaux. Il n'y a pas de civilisation sans devoir ni responsabilité.

Atteindre le culturel, détruire le mental, accroître le sentiment d'inégalité et d'infériorité, déstabiliser les sociétés, trouver des esprits assez dociles et accommodants pour assurer le pompage facile de l'Afrique, constamment minimiser, mépriser, dédaigner et ridiculiser le Noir africain (« puéril », « inférieur », « malodorant », « paresseux »,

« insouciant », « aimant le vice », « capricieux », « primitif », « ennemi du progrès », « vide de toute idée de devoir et de responsabilité », « peu enclin à connaître et défendre ses véritables intérêts », « toujours disposé à plaire au maître colonial ou postcolonial », etc.), constamment développer des concepts racistes (« tiers-monde », « immigration choisie », « pays très endettés » au lieu de « pays très exploités », etc.) : ainsi fonctionne pragmatiquement le discours africaniste eurocentriste, de Montesquieu au président actuel de la République française.

Et tel est le choix : entre l'africanisme eurocentriste manipulateur, dominateur, corrupteur, et le panafricanisme démocratique conséquent, libérateur, restaurateur de la conscience africaine en vue de la renaissance Africaine et de l'État fédéral africain continental, au cours du XXIe siècle. Les aises et les compromis perdront le véritable sens existentiel africain. Le bon choix patriote et panafricain servira l'Afrique et l'humanité.

Notes

1. David Hume, *Essais moraux, politiques et littéraires* (1777), Paris, Éditions Alive, 1999, p. 267. Souligné par moi. L'axiome est fallacieux, car la nature n'a pas privé le nègre d'Afrique d'intelligence, d'ingéniosité, d'inventivité, de créativité, de réflexion, de spéculation.

2. Voir Christiane Ziegler (dir.), *Les Pharaons*, Paris, Flammarion, 2002, p. 20.

3. Rachel Holmes, *African Queen. The Real Life of the Hottentot Venus*, New-York, Random House, 2007. Il s'agit de Saartjie

Bartman, native de l'Afrique du Sud, expédiée à Londres à l'âge de vingt et un ans, et devenue objet de curiosité du sadisme sexuel européen à Londres et Paris. Georges Cuvier, savant anatomiste, s'est comporté avec une extrême indécence criminelle. Saartjie mourut en 1815 et fut inhumée, avec rites et dignité, chez elle en Afrique du Sud, aux frais de l'État, en août 2002.

4. Nicolas Machiavel, *Il Principe* (Rome, Blado, 1532) / *Le Prince* (trad. 1571, Jean Gohory) / *Le Prince* (trad. 1682-1692, Amelot de la Houssaie), Paris, Ivrea, 2001 ; éd. originale, chap. III : « si au reste il n'eust commis aucune faulte » (Jean Gohory, 1571).

5. Platon, *Ménexène*, 245 d. Texte établi et traduit par Louis Méridier. Dans la collection « Loeb Classical Library », texte et traduction par R. G. Bury.

6. Tertullien, *Apologétique*, 4 : « *Hanc igitur primam causam apud vos collocamus iniquitatis odii erga nomen Christianorum.* » Le nom de « chrétien » vaut haine.

7. Diogène Laërce, *Vies de philosophes illustres*, texte grec, « Loeb Classical Library », vol. I, livre III, p. 280. Pour l'adverbe *kathá*, voir Liddell et Scott, *Greek-English Lexicon*, Oxford, Clarendon Press, 1889, 1997.

En Égypte, Platon étudia la géométrie et les sciences réservées aux prêtres : *Prolégomènes à la philosophie de Platon*, texte grec établi par I. G. Westerink, traduit par J. Trouillard, Paris, Les Belles Lettres, 2003, p. 6 : « Ayant ensuite appris que les Pythagoriciens tenaient de l'Égypte (*apo Aiguptou*) le principe de leur philosophie, il [Platon] alla en Égypte (*eis Aigupton*) et ne quitta ce pays qu'après s'être rendu maître sur place de la géométrie et de l'art hiératique. »

8. Théophile Obenga, *Le Sens de la lutte contre l'africanisme eurocentriste*, Paris, L'Harmattan / Khepera, 2001.

Le silence français

Raharimanana

Raharimanana, né à Madagascar, vit en région parisienne. Il a publié huit ouvrage dont *Nour, 1947* (Le Serpent à plumes, 2001), *L'arbre anthropophage* (Joëlle Losfeld, 2004), *Za* (Philippe Rey, 2008). Il est également l'auteur de l'essai, *Madagascar, 1947* (Vents d'ailleurs, 2007) – travail de mémoire remarqué sur l'insurrection malgache –, et est à l'origine des collectifs *Dernières nouvelles de la Françafrique* (2003) et *Dernières nouvelles de la colonisation* (2006), publiés chez Vents d'ailleurs.

Et si c'est la France qui se débat avec sa mémoire et qui accuse les pays africains de revendications inacceptables ? Et si c'est la France qui, n'arrivant pas à surmonter ses contradictions, cherche des boucs émissaires ? Les repentants, les flagellants…

La victime bien souvent vit avec sa douleur, se la rappelle, entame un travail de mémoire nécessaire pour sa survie, nécessaire pour sa dignité. Ainsi les procès, qui reconnaissent la douleur et le statut de la victime, constituent non le point d'achèvement du travail de la mémoire, mais bien son début : la parole légitimée peut alors se libérer, les témoignages sont délivrés du soupçon de l'invention et de l'exagération. Sans procès, la victime est vouée au cri, à l'imprécation et bientôt, face à l'amertume qui s'empare de lui, au silence, à un ressassement intérieur de son malheur, qui le mine, qui peut l'amener jusqu'à la haine, à un aveuglement et à une certaine exagération, afin de continuer à se souvenir, à ne pas oublier. Le discours sur l'Histoire n'a plus alors de sens, la douleur prenant le pas sur tout, la réaction à cette douleur n'en est pas moins irrationnelle : compassion, culpabilité, rejet…

L'émotion prenant le dessus, les idéologies peuvent alors s'installer : la culpabilisation systématique d'un côté – stratégie récurrente des dictatures africaines pour se maintenir au pouvoir, *tout est la faute du colon* –, d'un autre côté la disqualification de la parole de la victime pour ne point reconnaître de responsabilité – *l'Afrique des ethnies qui ne cesse de se massacrer, sa population qui ne peut résoudre ses conflits que par la violence, les Noirs en fait…*

Est-ce à dire que l'Afrique demande procès ? Chaque pays colonisé ? Chaque individu ayant subi les affres de la colonisation ? Quel serait le procès de la colonisation ? À l'instar de Nuremberg, est-ce qu'on dira bientôt le *procès de Dakar*, de *Bamako* ou de *Bobo Dioulasso* ?

La colonisation fera probablement partie de ces faits historiques qui ne connaîtront jamais cette issue, tout comme la majorité des faits, en vérité. Un procès sur l'histoire n'est possible que lorsque le bourreau est à terre ou tout au moins lorsqu'on trouve ses failles. Ainsi de Nuremberg, l'Allemagne nazie, le questionnement absolu sur le fait de juger ou non l'Histoire.

Sans procès, la victime peut toutefois développer une autre stratégie afin de ne pas sombrer dans la haine : ressassement toujours, mais doublé cette fois d'une transmission réelle.

Ce travail de la mémoire, l'Afrique, concernant la colonisation, l'a entamé depuis bien longtemps. Car on oublie souvent une chose lorsqu'on parle de colonisation : c'est un fait historique qui a touché plusieurs générations, c'est une douleur multiple qui s'est étendue sur le siècle. L'Afrique luttant contre le projet colonial, l'Afrique du temps des « pacifications », affrontant l'armée des Faidherbe, des Gallieni, ou des Lyautey, n'est pas l'Afrique des premiers tirailleurs, arrachés souvent de force à leurs pays pour défendre celui de leurs oppresseurs, l'Afrique des « grands travaux », des « travaux forcés » – soixante jours de l'année au service du colon, l'Afrique devant vivre selon le code de l'indigénat, à l'origine de bien de soulèvements et rebellions (Sétif 1946, Madagascar 1947), ce n'est pas l'Afrique des premières indépendances. Chaque génération a eu des douleurs différentes, chaque génération a eu sa propre stratégie de mémoire. Chaque génération a dû intégrer dans sa douleur celle de sa devancière, a dû assimiler, ingérer le traumatisme de ses aînés pour trouver la force d'affronter l'oppression toujours présente. Les indépendances n'ont pas forcément évacué ces douleurs ni clos cette transmission de l'expérience coloniale. Au contraire…

Le travail de mémoire, on le sait, ne rejoint pas toujours la restitution historique de l'événement traumatisant. C'est avant tout une tentative de vivre avec sa douleur, d'exprimer la stupeur qui a ébranlé au moment des faits, cet indicible qui vous a rabaissé dans la dignité humaine. C'est pouvoir se reconstruire enfin, ne pas oublier cette violence qui a frappé de plein fouet et pouvoir transmettre pour que *cela ne se reproduise plus*, dire et faire comprendre *plus jamais ça* à ceux qui n'ont pas vécu le traumatisme…

Or cette parole, *plus jamais ça*, on la refuse à l'Afrique. Qu'invoque-t-on lorsque des Africains prononcent cette phrase ? La concurrence victimaire, la comparaison indécente, la complaisance dans la douleur et enfin le refus d'accepter sa propre responsabilité… La concurrence victimaire : parler de sa propre douleur, c'est se mettre en concurrence avec l'autre ? La comparaison indécente : y aurait-il des horreurs qu'on peut commettre ? Mais l'histoire a toujours été violente ? On n'a qu'à accepter notre sort d'éternelle victime ? L'esclavage, la colonisation, les dictatures reconnues et favorisées par l'ancien maître ? L'Afrique responsable de son propre malheur ? Il est vrai que c'est souvent le cas des irresponsables… L'article de loi du 23 février 2005 sur le rôle positif de la colonisation renforce ce déni à la mémoire africaine. Si la colonisation a pu être bénéfique pour l'Afrique, rien n'empêche alors de la refaire. *Plus jamais ça* dans ce cas n'a aucune valeur ! Pourquoi condamner alors, pourquoi perdre son temps à un travail de mémoire qui soulève la boue et rappelle les mauvais souvenirs ? Il suffit de se remémorer le bon temps qu'on a passé ensemble ! Le bon petit colonisé et le bon vieux colon ! On chantera tous : *qu'il était bon le temps des colonies*. Sourire Banania et casque colonial, viens sur mon dos, bwana, pour traverser le fleuve...

Mais il est juste aussi de dire que la colonisation ne fut pas un Auschwitz permanent, il est juste de sortir du piège de l'émotion pour analyser sereinement l'histoire. Et contrairement à ce que l'on croit, de bouche à oreille, dans les contes et dans les chants, hors du contrôle du maître et du colon, avant les travaux universitaires menés sur la colonisation, le travail de mémoire a commencé depuis longtemps pour l'Afrique. Ainsi les épopées de Samory, ou de celle d'El Hadj Omar Tall, glorifiant leurs longues résistances à l'avancée française, inspirèrent nombre de griots, résonnant les soirs de veille quand l'Afrique colonisée pensait à ses droits bafoués, complotait pour ses luttes et ses rêves d'indépendance.

Ces textes oraux, anonymes, mémoires des premières résistances à la colonisation furent bientôt assumés par une autre génération, celle qui délaissa l'oralité et l'affrontement armé pour adopter la littérature et la politique :

Senghor dans *Chants d'ombre* :

J'étais moi-même le grand-père de mon grand-père
J'étais son âme et son ascendance, le chef de la maison d'Elissa du Gâbou
Droit dressé ; en face, le Fouta-Djallong et l'Almamy du Fouta.

« On nous tue, Almamy ! On ne nous déshonore pas ».
Ni ses montagnes ne purent nous dominer, ni ses cavaliers nous encercler ni sa peau claire nous séduire
Ni ne nous abâtardir ses prophètes.
Ma sève païenne est un vin vieux qui ne s'aigrit, pas le vin de palme d'un jour.
Et seize ans de guerre ! Seize ans le battement des tabalas de guerre des tabalas de balles !
Seize ans les nuages de poudre ! Seize ans de tornade sans un beau jour un seul [...]
« On nous tue, Almamy ! »
Sur ce haut bûcher, j'ai jeté toutes mes richesses poudreuses : mes trésors d'ambre gris et de cauris
Les captifs colonnes de ma maison, les épouses mères de mes fils
Les objets du sanctuaire, les masques graves et les robes solennelles
Mon parasol mon bâton de commandement, qui est de trois kintars d'ivoire
Et ma vieille peau.

Rabemananjara, du fond de sa geôle au lendemain de la rébellion de 1947, évoquant la mythique Dzirah, princesse du Mangabe dont le pouvoir sacré n'est plus que cendres après le pouvoir colonial :

Dzirâh aux yeux d'arc-en-ciel !
Dzirâh chante, Dzirâh danse :
Liberté !

Dzirâh au nom de légende,
conçue avec le soleil
du miracle de ta baie !

Du haut d'octante saisons,
Dzirâh vire, Dzirâh crie :
Liberté !

Dzirâh, forme de ta forme,
symbole de ta Fierté !
Une fleur de l'origine
plantée au cœur des remous.
Dzirâh aime, Dzirâh prie :
Liberté !

Le même poète livrant ses vers pour le retour des cendres de la reine Ranavalona III, exilée en Algérie par Gallieni, morte loin de son île :

Que de voix ont chanté le retour de tes cendres !
Ton cœur en eût frémi dans le riche cercueil
Fait de pierre polie et de noir palissandre.
Jamais tu n'as rêvé de voir un tel accueil

Toi qui bus dans l'exil la coupe d'amertume,
Tandis que le chagrin débordait de ton cœur,
O Reine, pensais-tu qu'une gloire posthume
Devrait de ton destin apaiser la rigueur ?

Ainsi, plus tard, Ahmadou Kourouma fit de Samory le lien qui unit pratiquement tous ses livres. Dans *Monnè, outrages et défis* :

– J'ai été guidé par le sens des vols des charognards et celui des marches des hyènes. Tout convergeait vers vous, vous, l'Almamy.

– *C'est possible… Les derniers jours ont été difficiles; mes* sofas *ont beaucoup combattu. Nous n'absolvons plus ceux qui refusent le combat contre les nazaréens. Les cadavres des traîtres, des infidèles et des menteurs appellent plus de charognards que les restes des croyants.*

– Qu'Allah nous préserve de l'irréligion et nous apporte la paix.

– Nous aurons la paix quand nous repousserons les « Nazaras » de la Négritie. Nous les repousserons quand nous saurons tout refuser, tout sacrifier.

Son dernier livre – livre inachevé – porte un titre édifiant : *Quand on refuse, on dit non…*, phrase attribuée à Samory lui-même. Mais Kourouma sait que Samory n'est pas que ce résistant idéalisé : « Samory était un empereur nègre du XVIIIe siècle. Il en avait la mentalité. C'était la guerre totale qu'il menait, la guerre totale contre les Africains qui ne voulaient pas se joindre à lui, la guerre totale contre les Européens. Il se livrait à des massacres. » (Cité par Madeleine Borgomano, *Ahmadou Kourouma*, L'Harmattan, 1998.)

La mémoire n'est pas l'Histoire, Samory ne peut être réduit à sa résistance à la colonisation. Ce fut également un conquérant sanguinaire, qui par le sabre et le feu tenta d'imposer son empire. La mémoire ne retenant que la plus grande des douleurs, la question de la colonisation occulta le reste.

Si les rois et reines furent célébrés dans la mémoire malgache car remplacés par le pouvoir colonial, symbolisant ainsi la perte de la liberté ressentie par toute une nation, l'histoire ne les montre pas toujours à leur avantage :

Voici maintenant l'autre geste de cruauté de Radama, qui va bien au-delà du premier, et incitera la postérité à le maudire, à le considérer comme l'être le plus cruel qui vécût jamais à

Madagascar. Après le renouvellement du traité, en 1820, voyant qu'il ne pourrait plus, comme auparavant, exporter les captifs pris à la guerre, il se trouva très embarrassé de ce qu'il devait en faire [...] *Après mûre réflexion sur le sujet, et consultation par le roi de ses grands officiers et de ses juges, peut-être aussi de Mr Hastie, on considéra judicieux, pour l'avenir, de les mettre tous à mort, c'est-à-dire d'exécuter les hommes, à partir de l'âge de dix ans environ. Ceux qui n'auraient pas atteint cet âge ne seraient pas massacrés mais gardés esclaves* [...]. *En application à cette loi, nouvellement établie, des milliers et des milliers de malheureux, hommes et enfants, furent assassinés de sang-froid. Des vieillards, que leur grand âge avait déjà conduits aux portes de la mort, partagèrent le même sort, car ils avaient plus de dix ans !* (Raombana, *Histoires, 1854.*)

Toute l'histoire de la littérature africaine démontre ce travail sur la mémoire, cet engagement, cette obsession de l'Histoire. Les auteurs de la négritude ont placé la question de la défense de l'homme noir et du rétablissement de leur dignité au cœur de leurs démarches de création. Les deux congrès des écrivains et artistes noirs – le premier la Sorbonne à Paris, en 1956, le second à Rome en 1959 – ont mis la question de l'engagement au centre des débats. L'Histoire n'a jamais quitté la littérature africaine, à tel point qu'un auteur prenant ses libertés vis-à-vis de ce thème se voit reprocher son non-engagement, son refus de porter la mémoire de son peuple, perdant pratiquement son identité et son statut d'« écrivain africain ». On comprend ainsi l'émotion suscitée par l'écrivain togolais Kossi Effoui : « L'Afrique n'existe pas. » Ne parlait-il pas simplement de cette Afrique qu'on nous présente à longueur de journée, l'Afrique des savanes, l'Afrique des masques, l'Afrique des danses et du rythme, l'Afrique fantasmée. La réelle n'existe pas dans le champ de l'imaginaire français ? La réelle n'existe pas dans la bouche de ceux qui chantent *la terre d'Afrique* et *ses mystères qui venaient du fond des âges.*

La création de Présence africaine et d'autres maisons d'édition comme les NEA, L'Harmattan, Karthala, outre leurs objectifs littéraires et scientifiques, participent à cette préoccupation de témoigner de la mémoire et de l'histoire africaines.

D'autres outils permettent ou favorisent ce travail de mémoire. Paradoxalement, les monuments érigés à la gloire de la France coloniale l'ont servi dans les pays colonisés : les statues des Gallieni et des Faidherbe, des Brazza et des Lyautey qui essaiment les rues des capitales africaines renvoient inexorablement leurs habitants à cette mémoire. Les chemins de fer, l'architecture, les ruines des casernes, les églises, les hôpitaux, les écoles (fierté de certains), nos lieux de vie en somme, tout nous rappelle la colonisation ! Jusqu'à nos frontières, la lecture de nos cartes, ces frontières absurdes, lignes droites si implacables, traces intolérables des règles des Bismarck et des Léopold, les noms de nos villes – Brazzaville, Léopoldville, Saint-Louis, Fort-Dauphin –, tout, mais tout nous ramène à ce passé. Jusqu'aux mots que nous avons en bouche, issus des langues officielles qu'elles sont pour nous maintenant – le français, l'anglais, le portugais, l'allemand, l'espagnol… nos mots de tous les jours, les langues que nous utilisons, nous ramènent à l'histoire. Perpétuellement. Intimement. C'est un travail de mémoire permanent, trop présent même pour nous qui voulons passer à autre chose. Rire alors (pour ne pas céder à la colère) en lisant : « Dans cet univers où la nature commande tout, l'homme [africain] échappe à l'angoisse de l'Histoire qui tenaille l'homme moderne, mais l'homme reste immobile au milieu d'un ordre immuable ou tout semble être écrit d'avance. Jamais l'homme ne s'élance vers l'avenir. Jamais il ne lui vient à l'idée de sortir de la répétition pour s'inventer un destin. »

Est-il illégal en terre démocratique de mépriser des propos issus d'une bouche présidentielle ?

Ce travail de mémoire est-il audible ? Audible pour la majorité des autorités africaines qui ont pris la place du colon ? Audible pour l'État français ? Les hommes, politiques ou intellectuels, qui ont osé entreprendre ce travail de mémoire n'ont pas fait long feu. Qui a fait le ménage ? L'ancien colonisateur ou ses multiples clones « démocratiquement élus » ? Patrice Lumumba n'a même pas commencé ! Assassiné, criblé de balles, corps dissous à l'acide – fantasme ? En tout cas cadavaré, comme dit notre bon Zao ! Thomas Sankara eut des discours retentissants, cadavaré ! Ben Barka, des *j'accuse* mémorables, cadavaré ! Norbert Zongo n'a pas retenu la leçon, cadavaré ! Ali Soilih, cadavaré ! Ratsimandrava, cadavaré ! Longue liste noire de cadavarés…

La France a-t-elle prêté l'oreille à ce travail ? L'État français peut-être ? S'il existe au moins une seule âme, une seule ombre… Et elles existent, ces âmes qui fouillent et farfouillent dans la mémoire. Elles existent, ces âmes qui tentent de dépasser la mémoire et de toucher à l'histoire. Jamais ce sujet ne fut autant l'objet des recherches des historiens français : Pierre Vidal-Naquet, Marc Ferro, Pascal Blanchard, Benjamin Stora, Alain Ruscio, pour ne citer que les plus connus. Les thèses soutenues dans les universités, les sites, les blogs, la pétition des historiens qui a amené l'abrogation de l'article sur le rôle positif de la colonisation alors que pratiquement, à l'exception de l'Algérie, pas un État africain ne s'est insurgé…

Et l'État français ? Chirac le premier, à Madagascar en 2005, a reconnu le caractère « inacceptable » des « dérives du système colonial », a initié le « musée des Arts premiers », mais il le fit en fin de mandat, après avoir soutenu tous les dictateurs imaginables sur le continent. Pour tirer révérence dans la peau d'un personnage historique ? Celui qui aurait réconcilié la France avec son passé colonial ? On retiendra de lui ces coups fourrés à l'origine du terme *Françafrique*. Terme accepté bientôt dans le dictionnaire ou faut-il attendre la fin du mandat d'Hélène Carrère d'Encausse ?

Ce travail de mémoire... audible pour quelle partie de la population française ? La culture coloniale a-t-elle réellement quitté l'esprit de l'« homme français » ? Cette culture civilisatrice, missionnaire et bienfaitrice d'humanité ? Le voici l'« homme français » exportant la statue de la Liberté et la regardant irradier le monde ! Porter l'universalité de sa culture et de sa langue pour sauver le monde des ténèbres. Kadhafi – barbare, terroriste, Libyen le plus crasse – en visite officielle dans le pays des droits de l'homme aurait compris le message du discoureur de Dakar. Ce dernier ne l'accompagne-t-il pas sur les chemins du progrès et de la civilisation ? Qu'importent les crimes passés.

Mémoire, mémoire...

On comprend alors mieux ce genre d'argumentation : « Le colonisateur est venu, il a pris, il s'est servi, il a exploité, il a pillé des ressources, des richesses qui ne lui appartenaient pas. Il a dépouillé le colonisé de sa personnalité, de sa liberté, de sa terre, du fruit de son travail.

« Il a pris, mais je veux dire avec respect qu'il a aussi donné. Il a construit des ponts, des routes, des hôpitaux, des dispensaires, des écoles. Il a rendu fécondes des terres vierges, il a donné sa peine, son travail, son savoir. Je veux le dire ici, tous les colons n'étaient pas des voleurs, tous les colons n'étaient pas des exploiteurs. »

La France de bon teint a préféré délaisser un pan de sa mémoire plutôt que de l'analyser et de le remettre en cause, un pan de sa mémoire portant sur une culture coloniale florissante. Oubliée cette littérature exotique exaltant l'œuvre coloniale, ces récits de voyages décrivant ces aventures invraisemblables aux pays des nègres, ces romans de gare qui invitent au dépaysement dans l'Empire. Reléguées dans les puces et les greniers ces « revues scientifiques et d'exploration » qui résume définitivement la supériorité de l'« homme blanc » sur l'« homme africain ». Écran noir pour ce cinéma d'aventure africaine qui ramasse tous les fantasmes sur ce continent perdu, ces forêts inexplorées, ces bêtes féroces, ces tam-tams « lancinants », ces cannibales irréductibles. Place maintenant aux expéditions zoologiques camouflées dans des circuits touristiques dans les grandes savanes africaines qui n'existent plus que de nom (savanes circoncises pour le seul usage des touristes, zones de protection de la nature et des espèces protégées) ! Voici que l'ethnologie retrouve une respectabilité certaine, elle qui aura été la discipline source de tant de justifications de la présence coloniale, sœur de la religion, sœur des armes, le terme de race aujourd'hui banni des études, tout simplement banni des expressions, comme sur une mauvaise conscience seulement, sans réellement une remise en cause profonde. N'est-ce pas cette disparition subite et non assumée qui a permis en partie la montée de l'extrême droite, laquelle revendique cette culture ? Défense de la « grandeur » et de l'« identité » de la France ! Que de mémoires de vieux généraux nostalgiques sur les stands de certains salons ! Et quelles mémoires ! Les exploits dans les terres éloignées de toute civilisation ! Les grands travaux entamés et les bienfaits qu'on a tenté d'apporter ! Mais hélas ! hélas ! Le traumatisme d'avoir quitté les colonies ! L'indépendance bradée à des gens sans compétence ! Hélas ! Hélas ! Un pays si beau ! C'est à peine une ironie ! Comment effectivement ne pas être traumatisé en quittant ces belles contrées ? Ces pays devenus leurs ? La situation coloniale a créé des paradoxes où le colon devint à son tour « apatride », les pieds-noirs qui en France ne se sentiront jamais complètement chez eux, les harkis qui en suivant leurs alliés n'ont jamais trouvé d'amis, parqués dans des cités, traités en sous-hommes, traités toujours de traîtres... Douleurs réelles qui n'ont jamais été considérées par le pouvoir et la société française. Les colonies n'existent tout simplement plus. Les colons qui y étaient, revenus, se réinstallant, n'existent tout simplement pas. Et l'immigration qui en découle n'existe pas. C'est juste à cause de la pauvreté du continent, à cause des guerres, à cause de la mondialisation...

Cette France colonisée par le langage de la mission civilisatrice qui flatte son désir de supériorité (l'homme, d'où qu'il soit, veut toujours croire à son excellence !) ne parvient pas à prendre de la distance avec sa propre culture. N'a-t-il pas les meilleurs vins du monde ? La tour Eiffel et Brigitte Bardot ? Paris ! Ah, Paris ! La capitale mondiale de la mode ! Cette mémoire, au lieu de basculer dans le questionnement, a perpétué l'idée coloniale de l'excellence française.

Français ! Promenez-vous dans le Jardin des plantes et observez ces arbres qu'on a rapportés des colonies ! Rappelez-vous le duc d'Orléans, grand chasseur, grand explorateur, grand tueur de fauves ! Restez encore dans ce même Jardin des plantes où se tinrent des zoos humains, accueillant maintenant la galerie de l'Évolution (un petit pas en arrière, n'est-ce pas, il manque dans la galerie l'espèce africaine, l'homme africain si allégrement exhibé), la mémoire des colonies est toujours dans vos quotidiens ! Ce matin, vous irez par la rue Gallieni, traverserez l'avenue de Faidherbe, irez vous poser place du Trocadéro, joyaux de la grandeur française ! Et la tour Eiffel en face, star de l'Exposition universelle qui a vu la plus grande célébration de l'action civilisatrice française dans les colonies ! Imaginez-vous un instant le trouble de l'« homme africain » devant toutes ces marques de son histoire, de votre histoire que vous persistez à ne pas regarder ?

L'immense majorité des Africains n'attend de la France ni excuses ni repentir. Depuis longtemps elle a pardonné... Nos dirigeants sont souvent crocodiles qui prétendent représenter la parole des poissons ! Ne croyez pas que c'est parce que nous habitons le même fleuve que nous délivrons les mêmes bulles ! Faites un tour en Afrique, rencontrez les simples gens et vous verrez... Ce que l'Afrique attend, c'est la fin de l'occultation des faits historiques, car le travail de mémoire qu'elle a entamé depuis longtemps, pour qu'il touche à la vérité historique qui reconstruit et qui réconcilie avec le passé, a besoin de la fin des fermetures des archives militaires et coloniales. Afin de reprendre des liens basés sur l'égalité, des liens d'amitié au mieux, du respect mutuel au pire...

Pour finir, voici un extrait de la *Lettre à la France nègre* de Yambo Ouloguem (1969) : « Je sais que la France n'est ni l'Amérique des *Black Power*, ni l'Afrique du Sud. Mais la France a été habitée par l'Afrique, et l'Afrique hantée par la France.

« Alors... »

Entre ruse et archaïsme

Bamba Sakho

Bamba Sakho, docteur en science et diplômé en économie, a servi dans différentes organisations internationales.

Le discours prononcé par Sarkozy à Dakar le 26 juillet 2007 a été l'occasion d'une diatribe rarement prononcée par un leader politique de son rang en territoire étranger. Ses propos heurtent sans conteste les convenances diplomatiques et marquent de manière indiscutable un tournant dans les relations entre la France et l'Afrique. À ce titre, ils méritent qu'on s'y attarde afin d'en saisir la portée et les enjeux sous-jacents.

L'archaïsme au cœur du discours

Alors qu'on croyait définitivement révolu le discours racialiste sur la hiérarchie des sociétés, Sarkozy les ressuscite dans une allocution à mi-chemin entre le discours politique et la dissertation académique. Le texte tire ses références de l'ethnologie coloniale qui a précédé et accompagné l'aventure coloniale occidentale entre le XVIe et le XIXe siècle, aujourd'hui relayée avec plus de subtilité par les études africanistes. On retrouve tour à tour, en toile de fond, les thèses ethno-raciales de Hegel (1770-1831), David Hume (1711-1776), Carl von Linné (1707-1778)… sur l'Afrique « ahistorique » : « Le problème de l'Afrique, c'est de cesser de toujours répéter, de toujours ressasser, de se libérer du mythe de l'éternel retour, c'est de prendre conscience que l'âge d'or qu'elle ne cesse de regretter, ne reviendra pas pour la raison qu'il n'a jamais existé », dixit Sarkozy.

En opposant l'« homme moderne » à l'« homme africain », Sarkozy s'approprie les poncifs éculés du racisme sur la hiérarchie des races, théorisée notamment par Voltaire (1694-1778) pour qui « la race des nègres est une espèce différente de la nôtre ». Dans la même veine, on retrouve en filigrane les préjugés sur les croyances africaines jugées primitives et la mentalité prélogique du Noir, enfermée dans l'immédiateté et incapable de se projeter dans l'avenir (Lévy-Bruhl [1857-1939], Montesquieu [1689-1755]...). Sarkozy voit en la personne du paysan africain l'archétype de cette représentation : « Le paysan africain, qui depuis des millénaires, vit avec les saisons, dont l'idéal de vie est d'être en harmonie avec la nature, ne connaît que l'éternel recommencement du temps rythmé par la répétition sans fin des mêmes gestes et des mêmes paroles. »

Jules Ferry (1832-1893), partisan zélé de l'expansion coloniale et défenseur de la mission civilisatrice des races supérieures sur les races inférieures, intervient également dans le dispositif conceptuel sarkozyen : « La civilisation musulmane, la chrétienté, la colonisation, au-delà des crimes et des fautes qui furent commises en leur nom et qui ne sont pas excusables, ont ouvert les cœurs et les mentalités africaines à l'universel et à l'histoire. » Jules Ferry, lui, affirmait ceci : « Est-il possible de nier que dans l'Inde, et malgré les épisodes douloureux qui se rencontrent dans l'histoire de cette conquête, il y a aujourd'hui infiniment plus de justice, plus de lumière, d'ordre, de vertus publiques et privées depuis la conquête anglaise qu'auparavant ? » Le parallèle est saisissant.

Partant de ces postulats, Sarkozy ne peut envisager le devenir de l'Afrique que sous l'angle du « métissage », perçu non pas en tant que réalité anthropologique humaine et processus universel d'enrichissement valable pour tous les peuples, mais comme le seul moyen d'élévation, de maturation de l'« homme africain » qui « vit trop le présent dans la nostalgie du paradis perdu de l'enfance ». La référence au stéréotype du « nègre grand enfant » n'est pas non plus fortuite.

Et lorsqu'il cite Senghor en appui à sa thèse du métissage, c'est pour davantage stigmatiser les cultures africaines : « Le français nous a fait don de ses mots abstraits – si rares dans nos langues maternelles. Chez nous les mots sont naturellement nimbés d'un halo de sève et de sang ; les mots du français eux rayonnent de mille feux, comme des diamants. Des fusées qui éclairent notre nuit » (Senghor). Que la langue française possède un génie qui lui soit propre est une évidence pour toute personne sensibilisée aux questions linguistiques et dotée d'un esprit d'ouverture. C'est aussi une donnée scientifique que cette caractéristique est commune à toutes les langues, comme le rappelle Noam Chomsky, pour qui l'idée de la supériorité d'une langue par rapport à une autre relève d'une vision politique et idéologique. Mais plus concrètement, dans une perspective de développement, l'usage du français en Afrique, en particulier dans les systèmes éducatifs, s'est avéré un désastre. De l'avis unanime des spécialistes, une des causes profondes des contre-performances de l'éducation dans les pays dits « francophones » est liée à la prééminence accordée à la langue française au détriment des langues nationales. Et sur le plan économique et des relations internationales, il va sans dire que le prestige acquis par la langue anglaise dans le monde des affaires milite en faveur de l'adoption de cette dernière comme principale langue étrangère.

Dès lors qu'on se place dans le raisonnement sarkozyen et ses *a priori* sur l'Afrique et la nécessité pour elle de s'élever par le métissage, on comprend le sens de sa critique du projet de Renaissance africaine, pensé par les Africains pour les Africains et aujourd'hui porté par des personnalités politiques de premier rang. Ce projet serait à ses yeux inconsistant dans un continent où le sentiment d'appartenance commun relève du mystère, où les peuples n'ont pas la même langue ni la même religion, se haïssent et s'entretuent : « Je veux m'adresser à tous les Africains qui sont si différents les uns des autres, qui n'ont pas la même langue, qui n'ont pas la même religion, qui n'ont pas les mêmes coutumes, qui n'ont pas la même culture, qui n'ont pas la même histoire et qui pourtant se reconnaissent les uns les autres comme des Africains. Là réside le premier mystère de l'Afrique. Oui, je veux m'adresser à vous, habitants de ce continent meurtri, et, en particulier, aux jeunes, à vous qui vous êtes tant battus les uns contre les autres et souvent tant haïs, qui parfois vous combattez et vous haïssez encore, mais qui pourtant vous reconnaissez comme frères, frères dans la souffrance, frères dans l'humiliation, frères dans la révolte, frères dans l'espérance, frères dans le sentiment que vous éprouvez d'une destinée commune, frères à travers cette foi mystérieuse qui vous rattache à la terre africaine, foi qui se transmet de génération en génération et que l'exil lui-même ne peut effacer. »

Ces affirmations aux relents paternalistes défient la raison, le minimum du sens critique, à moins qu'ils soient un élément de plus de la rhétorique de la manipulation. Sarkozy n'est pas sans savoir que les guerres et les atrocités les plus sanglantes de l'histoire contemporaine de l'humanité se sont déroulées sur les terres européennes. Mais à l'inverse des conclusions qu'il tire lorsqu'il s'agit de l'Afrique, c'est le contexte d'instabilité géopolitique et la volonté de pacification de l'espace européen qui ont servi de catalyse et d'accélérateur au processus d'intégration dans cette Europe aussi hétéroclite sur les plans linguistique et religieux. Par ailleurs, la proximité géographique, le vécu partagé des tragédies de l'histoire, l'appartenance à des aires communes de civilisation, la parenté linguistique des langues « négro-africaines », attestée par la linguistique comparée, la convergence des intérêts économiques, sont autant de raisons essentielles, en dépit des différences existantes, qui autorisent les Africains à envisager librement et volontairement leur destin de manière collective.

Fidèle à sa démarche ethnocentrique et paternaliste, Sarkozy suggère aux pays africains, comme perspective de développement, l'attelage à la locomotive européenne en sus du métissage compris comme un renoncement de soi. À ses yeux, l'Afrique ne peut s'envisager de manière endogène. L'Eurafrique, concept obsolète aux contours incertains, est la nouvelle trouvaille du président français. Celle-ci s'imbriquerait dans le projet de l'Union méditerranéenne dans une hiérarchie bien établie, où l'Europe impériale assurerait le leadership et le commandement.

Dans son dernier ouvrage, *Du racisme français, quatre siècles de négrophobie* (Les Arènes, 2007), publié trois mois après la sortie de Sarkozy à Dakar, Odile Tobner livre les clés de compréhension de la négrophobie exprimée sans complexe par le président français, par une immersion dans les origines lointaines de ce racisme endémique. On comprend encore mieux le poids des préjugés que d'aucuns cherchent aujourd'hui à raviver.

L'émergence d'un révisionnisme officiel

Dans le sillage des thèses diffusées par les Pétré-Grenouilleau, Gallo, Bruckner, Finkielkraut, Smith et autres intellectuels de leur acabit, Sarkozy s'approprie le discours révisionniste sur l'esclavage et la colonisation, qui vise en réalité à étouffer le travail de mémoire entrepris par les Africains et Afro-descendants.

Du haut de ces certitudes feintes, il nous assène que l'esclavage n'était pas le fait exclusif des Européens. Les Africains y ont participé de manière active : « Ce sont des Africains qui ont vendu aux négriers d'autres Africains. » Cette affirmation ressassée par la nouvelle droite française « décomplexée », abreuvée de l'idéologie négrophobe des intellectuels cathodiques, laisse croire que la traite négrière atlantique a été une affaire de troc et d'échange, alors qu'elle reposait essentiellement sur un appareil de coercition, alimenté par des razzias et des conquêtes militaires qui soumettaient par la violence les pouvoirs autochtones. Cette affirmation occulte également tout l'arsenal mobilisé en Occident avec l'implication de l'Église et des politiques, des scientifiques et des philosophes, des ethnologues et des anthropologues, des financiers et des mercenaires, tous européens, qui, dans un élan collectif, ont conceptualisé, élaboré et mis à exécution le crime le plus abominable, le plus violent et le plus barbare par son ampleur, sa durée et son atrocité que l'humanité ait connu. Voir dans la collaboration d'Africains à la barbarie de l'esclavage des circonstances atténuantes au système d'asservissement esclavagiste, c'est volontairement ignorer cet axiome sorti des méandres de l'histoire de l'humanité qui exprime que tout système de domination engendre son système de collaboration. Cette assertion pourrait même se vérifier dans le cadre d'une oppression exercée dans une cellule familiale. Sa probabilité devient certaine à l'échelle d'un pays, encore plus à l'échelle d'un continent. Dans *La Tragédie des soldats juifs de Hitler*, Bryan Rigg évoque le cas des cent cinquante mille soldats juifs enrôlés dans l'armée hitlérienne. Il ne viendrait pourtant pas à l'esprit de nos penseurs idéologues d'évoquer la moindre complicité des Juifs dans la tragédie de la Shoah. Par ailleurs, la collaboration non équivoque du régime de Vichy en France avec le système d'oppression hitlérien n'a pas pour autant altéré la perception qu'on a aujourd'hui de la barbarie nazie.

Alors que l'Afrique et sa diaspora parlent de « mémoire » d'une tragédie dont l'onde de choc continue de peser sur le destin de millions de personnes, la nouvelle droite française entend « repentance », « concurrence des mémoires ». Cette droite trouve en Sarkozy un porte-parole inespéré : « Nul ne peut demander aux générations d'aujourd'hui d'expier ce crime perpétré par les générations passées. Nul ne peut demander aux fils de se repentir des fautes de leurs pères. » Ces propos prononcés à quelques encablures de l'île de Gorée contrastent singulièrement avec les paroles formulées quelques jours plus tôt au Mémorial de la Shoah : « nous ne pouvons pas et nous ne devons pas oublier », il faut « assumer sa part de responsabilité », et à juste titre d'ailleurs, car on n'assume pas l'héritage légué par les « pères » de manière sélective, du moins lorsqu'on est cohérent.

La colonisation, l'autre tragédie subie par les peuples africains, consécutive à l'esclavage, est encore une fois abordée avec mépris par Sarkozy. C'est à peine s'il ne se livra pas à l'apologie de cette forfaiture. Non satisfait de soutenir l'idée d'une colonisation salvatrice qui aurait permis d'introduire les mentalités africaines dans l'universel et l'histoire, il en rajoute : « Il [le colonisateur] a pris mais il a aussi donné. Il a construit des ponts, des routes, des hôpitaux, des dispensaires, des écoles. Il a rendu fécondes des terres vierges, il a donné sa peine, son travail, son savoir. Car tous les colons n'étaient pas des voleurs, tous les colons n'étaient pas des exploiteurs. » Pour esquiver la question essentielle de la responsabilité du colonialisme en tant que système et organisation complexes, Sarkozy ramène, par un tour de magie dont il est familier, la question au niveau des individus. On reste tout de même abasourdi en présence de l'éthique et de la morale qui autorisent la mise en parallèle des crimes physiques et psychologiques, les viols et les agressions, le pillage des ressources et le travail forcé, d'une part, et quelques infrastructures réalisées, de surcroît, dans l'intérêt exclusif du colonisateur : les routes pour l'acheminement des matières premières et des produits d'une agriculture extravertie, tournée vers la satisfaction des besoins de la « métropole », les écoles pour la formation du personnel subalterne de l'administration locale des colonies, les hôpitaux pour les populations des colons expatriés et accessoirement pour le maintien d'un niveau de santé minimal de la main-d'œuvre taillable et corvéable à merci, etc. La moindre des décences, le respect de la mémoire des millions de victimes de ce crime odieux, invite au silence. Et même sur les prétendues réalisations de la colonisation, que de mensonges et de falsifications ! Pour ne prendre que l'exemple de l'éducation, le taux de scolarisation dans l'ex-Afrique Occidentale Française (AOF) était de 3 % en 1930 et de 8 % en 1959. Les jeunes générations de Français qui entendent de tels propos aux antipodes des valeurs humanistes sont entraînées dans une propagande destructrice, relayée par les médias majoritairement convertis à la nouvelle religion.

Une occultation volontaire du système de prédation françafricaine

Au moment où Sarkozy se livre à la stigmatisation des Africains, l'Afrique continue à être sous l'emprise prédatrice de la Françafrique, bâtie sur les survivances des pactes coloniaux toujours en vigueur dans le « pré carré » :

• Quadrillage géostratégique du continent à partir des bases militaires de surveillance qui se sont encore récemment illustrées en Centrafrique et au Tchad au profit de pouvoirs unanimement reconnus comme peu respectueux des libertés individuelles ;

• Mainmise financière et contrôle de la monnaie à travers la tutelle exercée sur le franc CFA et les systèmes bancaires au nom d'un libéralisme imposé ;

• Extorsion systématique des ressources du continent au nom d'accords de coopération surannés. L'exemple du Niger illustre le cynisme et les formes cruelles que peut prendre le système de domination français exercé en Afrique. Alors que ce pays est considéré comme le plus pauvre au monde selon l'Indice du Développement Humain (IDH) élaboré par le Pnud, l'unique richesse du pays – l'uranium qui assure en grande partie l'autonomie énergétique de la France – est pillée par la société française Areva, le numéro 1 mondial du nucléaire, qui refuse de s'aligner sur le prix du marché mondial au prétexte de l'existence d'un pacte signé à l'époque coloniale : au cours mondial de 122 000 francs CFA la livre, le Niger ne recevait que 22 300 francs CFA d'Areva de son uranium. Le Gabon, le Congo, le Cameroun, etc., n'ont aucune emprise sur leur richesse pétrolière et minière. Toute volonté de s'affranchir de ce système de domination est fortement réprimée par des méthodes souvent particulièrement meurtrières.

• Occupation quasi monopolistique de l'espace économique des pays du « champ » par les sociétés françaises : Elf-Total-Fina, Bouygues, Bolloré, France Télécom, Air France, Castel, Areva, etc. Le secteur formel sénégalais, par exemple, est sous contrôle à 80% par des sociétés françaises ;

• Volonté d'imposer des Accords de Partenariat Économiques (APE) déséquilibrés, qui vont fortement obérer les budgets des États et concourir à une recolonisation du continent, car ils participent du démantèlement des systèmes économiques embryonnaires des pays africains en les livrant à la prédation économique des multinationales européennes. Pendant ce temps, le libre-échange imposé est contourné par les mêmes pays européens à travers différents mécanismes subtils de protection visant à restreindre les importations de produits finis d'origine africaine par l'érection de normes diverses insurmontables.

• Tout ce système de prédation et les crimes qui l'accompagnent sont évidemment connus de Sarkozy, qui sait adapter son discours selon la considération qu'il accorde à ses interlocuteurs et les intérêts stratégiques en jeu. Au Maroc, en Algérie ou avec le colonel Kadhafi en visite officielle en France, il a, comme par enchantement, retrouvé le sens de la mesure et de la diplomatie.

L'émergence des forces de progrès en Afrique est à l'évidence fortement retardée par le soutien apporté par la France aux pouvoirs autocratiques en place, au nom des prétendus accords de coopération, appliqués par ailleurs de manière très sélective : avec promptitude au Tchad, avec forte hésitation, voire total reniement en Côte-d'Ivoire.

Un discours révélateur d'une tendance plus profonde

La dimension historique du discours de Sarkozy découle moins de la teneur de ses propos que de ce dont il est le nom, pour paraphraser le philosophe Alain Badiou (*De quoi Sarkozy est-il le nom ?*, Nouvelles Lignes, 2007). Il incarne et symbolise une nouvelle posture dominante de l'élite politique et intellectuelle française, de gauche comme de droite. Cette mutation idéologique apparaît dans un contexte national français morose, marqué par des crises multiformes et un environnement international incertain.

Au plan national, l'incapacité de l'élite française à répondre à la demande sociale d'intégration et de reconnaissance d'une frange considérable de sa population, en particulier celle issue de l'immigration, s'est traduite par une stigmatisation virulente de celle-ci, livrée de surcroît à la vindicte populaire, comme en atteste la place centrale qu'elle occupe comme enjeu dans les échéances électorales présidentielles. La légitimation du discours de l'extrême droite par la droite classique et les accointances et sympathies réelles qu'il suscite à l'aile gauche de l'échiquier politique révèlent une tendance de fond.

Discriminées et ostracisées, parfois de manière institutionnelle, les populations noires en général, françaises ou immigrées, sont les boucs émissaires des crises successives que traverse la France. La récupération et l'instrumentalisation de ce malaise social par les politiques visent en vérité à masquer leur impuissance à procéder aux réformes nécessaires pour la modernisation et le développement de la société française dans le contexte de la mondialisation.

À cela s'ajoutent les inquiétudes que suscite l'aspiration

irrépressible de la jeunesse et de la diaspora africaines à sortir du joug de la domination économique et culturelle française pour le bien-être des populations, meurtries par la prédation économique subie durablement.

Au plan international, l'émergence des nouvelles puissances incarnées par la fulgurance économique des pays du BRIC (Brésil, Russie, Inde et Chine) et la reconfiguration de l'*imago mundi* qu'elle préfigure, suscitent, sans aucun doute, des inquiétudes en France, déstabilisée dans ce qu'elle considère comme son territoire réservé.

La perception de l'altérité africaine développée par Sarkozy et le révisionnisme assumé par une partie importante de l'élite française influente n'augurent rien de bon si ce n'est des relations heurtées avec l'Afrique, que Sarkozy continue de croire figée dans les années soixante. Cette vision néoconservatrice et la propagande médiatique dont elle bénéficie ont fini par gagner une frange considérable de l'opinion publique française, entraînée dans un glissement idéologique pernicieux, qui risque de compromettre durablement tout le travail fructueux de dialogue, de fraternité et de solidarité authentique, entrepris de longue date ici et là pour le rapprochement des peuples.

Le discours de Sarkozy traduit une vaine tentative de revigorer un système de domination déliquescent, fatalement voué à la disparition, car toute aspiration à la liberté est irrépressible.

L'élite africaine en question

L'incapacité de l'élite africaine à faire face aux réalités du continent et l'absence de courage qui l'anime ont longtemps retardé le développement de l'Afrique et favorisé le développement de cette forme de discours.

De nombreux économistes du continent, pourtant bardés de diplômes, occultent volontairement la question fondamentale de l'asservissement monétaire des pays de la zone CFA pour se livrer à des dissertations oiseuses sur un développement économique impossible. Peu courageux, leur cadre de réflexion est tracé par les institutions de Bretton Woods, dont toutes les nations ambitieuses et résolument tournées vers le développement cherchent à s'éloigner, à l'instar des Sud-Américains qui viennent de porter sur les fonts baptismaux la Banque du Sud, qui a pour vocation de se substituer au FMI et à la Banque mondiale. Les perspectives économiques et financières développées par Joseph Tchundjang Pouemi, aujourd'hui reprises par des économistes comme Kako Nubukpo, sont délaissées au profit d'une servitude assumée.

De nombreux historiens africains, formés par leurs maîtres africanistes, ne peuvent penser l'Afrique dans son entièreté, préférant adopter le paradigme d'une Afrique éclatée, morcelée, sans aucune continuité historique alors que la réalité des liens historiques singuliers des peuples du continent est clairement attestées par la linguistique, la toponymie, l'histoire des civilisations, etc. Le retard de l'intégration africaine tient en grande partie de la survivance de la vision ethniciste et tribaliste élaborée par l'ethnologie coloniale et encore aujourd'hui transmise de génération en génération par le canal éducatif.

Les systèmes éducatifs sont viciés à la base par l'usage même des langues étrangères comme uniques médiums d'enseignement dans la plupart des pays africains et également par l'absence d'une vision prospective de développement de l'éducation qui intègre, dans un cadre cohérent, les réalités sociales, historiques et économiques du continent.

La complicité des politiques, dont la survie dépend très souvent des soutiens multiformes dont ils bénéficient en retour, et leur discours elliptique ont favorisé la survivance du système de domination que subissent les pays africains.

Dans tous les domaines, la mentalité d'assistanat est encouragée, parfois avec la complicité de nombreuses organisations et institutions internationales, au détriment d'un développement réel des compétences et des capacités nationales. La novlangue alimentée par des concepts misérabilistes (pays pauvre très endetté, aide, coopération, etc.) et leurs déclinaisons multiples, adoptées par les Africains eux-mêmes, contribuent puissamment à développer et maintenir des mentalités de subordination.

Le peu de considération apparente et fallacieuse, dont pouvait bénéficier toute cette élite docile, s'évapore au fur et à mesure que le dispositif de domination se craquelle, laissant apparaître la vraie nature implacable de tout système d'oppression et d'asservissement : le mépris, exprimé dans une forme exquise par Sarkozy. C'est là une de ses prouesses, celle de faire comprendre à cette élite africaine frappée de surdité et de cécité intellectuelle toute l'importance que le système qu'il représente pouvait accorder à l'Afrique. Malgré cette performance, des voix africaines s'élèvent encore pour acclamer le maître.

Face aux forces de régression, existe heureusement une dynamique de pensée africaine de progrès, animée par une génération d'hommes et de femmes patriotiques, certes minoritaires au sein de l'élite dirigeante, mais dont la puissance des convictions et la justesse des engagements finiront inexorablement par triompher. Elle s'appuie sur les jalons posés par les aînés, à l'image de Cheikh Anta Diop, dont la posture intellectuelle et l'intégrité, le courage et la persévérance, le travail de déconstruction et de démystification méticuleux mais aussi de refondation ont fini par triompher des thèses de l'africanisme raciste définitivement vaincu.

« Les conditions d'un vrai dialogue scientifique n'existent pas encore dans le domaine si délicat des sciences humaines, entre l'Afrique et l'Europe. En attendant, les spécialistes africains doivent prendre des mesures conservatoires. Il s'agit d'être apte à découvrir une vérité scientifique par ses propres moyens en se passant de l'approbation d'autrui, de savoir conserver son autonomie intellectuelle jusqu'à ce que les idéologues qui se couvrent du manteau de la science, se rendent compte que l'ère de la supercherie, de l'escroquerie intellectuelle est définitivement révolue, qu'une page est tournée dans l'histoire des rapports intellectuels entre les peuples et qu'ils sont condamnés à une discussion scientifique sérieuse, non escamotées, dès le départ » (Cheikh Anta Diop).

Ces principes, courageusement incarnés par l'auteur de *Nations nègres et Culture,* inspirent et nourrissent la jeunesse africaine. Ils posent les bases d'une libération des mentalités et préfigurent la libération très proche du continent africain sur les plans économique, politique et culturel. Cette perspective libératrice semble hanter Sarkozy, qui, tout au long de son discours, s'est efforcé de ne pas nommer le savant africain, même lorsqu'il s'agissait de désigner l'université de Dakar qui porte son nom.

Débarrassée de tout conditionnement psychologique et insensible à tout discours de mystification, la nouvelle génération d'Africains saura extirper l'Afrique des dictatures et autocraties nationales, mais aussi combattre les accords bidon de coopération, qui pèsent lourdement sur le développement du continent. Elle a définitivement compris que ce ne sera pas la France ni aucun autre pays, ni aucune organisation internationale qui développeront l'Afrique. Elle choisira souverainement ses partenaires conformément à ses intérêts et envisagera l'avenir selon ses propres paradigmes. Le mythe du développement par procuration, qui a engendré malheur et désolation partout où il a prévalu, est aujourd'hui abandonné par cette jeunesse libérée des scories de la colonisation. La coopération inégale, déclinée sous toutes les coutures, Françafrique, Eurafrique, Mondafrique ou APE, elle n'en veut pas. Elle refuse le principe de la coopération orientée et le mensonge sur l'« aide », en vérité appauvrissante et destructurante, avilissante et asservissante. Elle entrera dans la mondialisation avec ses atouts et ses richesses, avec sa capacité d'innover et d'entreprendre, à l'image des pays émergents du monde. Par la vertu du travail et l'excellence comme ligne de mire, la confiance retrouvée, l'Afrique renaissante se fera par les Africains et pour les Africains, et par-delà pour l'humanité tout entière, sur la terre africaine, berceau de l'humanité.

Les archipels des faux-semblants

E. H. Ibrahima Sall

Diplômé de l'École des HEC de Paris, de la Wharton School of Finance (Philadelphie, USA), et de l'Université Paris IV-Sorbonne, E. H. Ibrahima Sall a occupé plusieurs fonctions dans les institutions internationales (Société Financière Internationale du Groupe de la Banque mondiale, Programme des Nations Unies pour le Développement, consultant auprès de l'OCDE (Paris). Il a été ministre du Plan et de la Coopération de la République du Sénégal, Directeur général de l'IPRES, directeur à la Banque de l'Habitat du Sénégal. Il occupe actuellement les fonctions de président de l'Université Polytechnique de l'Ouest Africain.

Auteur de plusieurs articles, rapports et études dans le domaine économique et social. E. H. Ibrahima Sall a publié *Heidegger, lecteur de Léopold Senghor* et *Le Souci du monde : l'Universel à l'épreuve de la globalisation* (L'Harmattan, 2006). Il est coauteur de plusieurs ouvrages parmi lesquelles *Regards sur la francophonie* (Presses Universitaires de Rennes, 1997) et *Finance for a Better World* (Palgrave Macmillan, Londres, à paraître).

Insolite et inédit, le discours prononcé par le président Nicolas Sarkozy à l'université Cheikh Anta Diop de Dakar est digne d'intérêt à plusieurs égards. Comme un coup de tonnerre dans un ciel serein, il aura eu d'abord le mérite de nous rappeler que, de l'empire colonial à nos jours, des changements notoires se sont produits entre la France et l'Afrique, entre les Français et les Africains. Qui eût, en effet, imaginé un seul instant le général de Gaulle, auréolé de son excellence héroïque, fort d'avoir naguère régné sur cet empire colonial, s'adresser aux Africains comme Nicolas Sarkozy l'a fait dans un amphithéâtre d'une institution aussi symbolique que l'université Cheikh Anta Diop ? Que se s'est-il passé en si peu de temps dans les rapports entre nations, entre peuples, entre autorités politiques pour qu'un empiètement aussi ostensible se produise ?

L'évidence partagée

Parmi les sujets abordés par le président de la France, figure l'idée selon laquelle l'Afrique eut sa part de responsabilité non seulement dans les difficultés actuelles qui la minent, mais plus encore dans ces grands crimes que sont l'esclavage et la colonisation. Concédons-le-lui. C'est une évidence qu'il y eut des Africains, à côté des Européens, pour participer à un commerce dont les victimes *exclusives* furent des Africains. Comment pouvait-il en être autrement ?

Comme tous les autres continents de la planète, l'Afrique doit son sort à des facteurs à la fois internes et externes. Son destin a été travaillé par le jeu subtil de l'intérieur et de l'extérieur, du dehors et du dedans. C'est ainsi qu'à toutes les épreuves qu'elle eut à traverser, il y eut des Africains pour y prendre part active. Ce thème de leur collaboration à l'esclavage et de l'allègement de la responsabilité des Européens qui devrait en résulter, a occupé en France, depuis quelques décennies, le devant de la scène.

Surprenante pour le moins est cette situation. Feint-on de méconnaître cette évidence première qui voudrait que, pour commettre des crimes, asservir les groupes, mater des révoltes et construire un ordre impérial en Afrique, il faille nécessairement s'appuyer sur des Africains ? En Afrique comme ailleurs, le travail en miettes, le travail organisé exige des lieutenants qui tiennent les lieux. Qu'il y ait, en un mot, des intermédiaires, qui, au-delà de leur fonction logistique, devront, comme l'illustre éloquemment le « discours de Dakar », servir de boucs émissaires au sommet de la pyramide, aux maîtres. Tellement commode !

Intermédiaires, ils sont, au-delà de leur fonction subalterne, le nœud même du système, la condition de survie de cet ordre impérial. Entre un maître et une multitude d'esclaves, il faut toujours des intermédiaires. Quel colon serait assez téméraire pour faire face, seul, à ses colonisés ? Quel négrier serait assez fou pour faire face, seul, à ses esclaves ? Quel directeur d'usine serait assez ridicule pour faire face, seul, à ses ouvriers ? Quel chef d'État serait assez naïf pour faire face, dans un total dénuement institutionnel, à son peuple, fût-il composé de concitoyens?

L'intermédiaire, qu'il soit contremaître ou lieutenant, cadre ou collaborateur, noir ou blanc, est la condition par excellence d'un pouvoir qui tient à sa survie. On ne tue pas quelqu'un qu'on ne voit pas. On n'accède pas à un absent. Le maître a raison d'éviter, à tout prix, un face à face qui ne peut qu'être mortel. Il est seul, face à une meute qui lui oppose le nombre, la masse, l'énergie. Le maître n'a ni l'énergie ni la force, mais il doit tout de même les recueillir, les canaliser, les exploiter. Il y va de son pouvoir. Son rôle est d'organiser un espace de pouvoir, de répartir des fonctions, et surtout de déléguer le travail aux intermédiaires. Où les choisir, ces intermédiaires qui tiennent les lieux et servent en cas de besoin de boucs émissaires, sinon dans la population des esclaves ? C'est parmi la foule en révolte qu'il faut recruter le profil idéal du collaborateur, former les contremaîtres qui en ont la vocation et le tempérament, en vue d'ériger l'interface indispensable entre le maître et les esclaves.

Le maître, qu'il fût esclavagiste ou simple colon, recruta tout naturellement parmi les Africains pour asseoir son ordre propre. L'ordre est primitivement son ordre, l'intermédiaire n'est qu'un instrument entre le sujet et l'objet. La marge de l'intermédiaire est plus qu'étroite. Si elle existe, elle sert essentiellement les desseins du maître, et seulement de manière dérisoire et accessoire les intérêts de l'intermédiaire. Que des Français aient collaboré avec le régime de Vichy ne saurait disculper le régime nazi, encore moins avoir valeur d'hypothèque sur la Résistance. Oui, certains Africains ont bel et bien servi d'intermédiaires dans le commerce triangulaire ! Et alors ? Est-ce une raison pour passer en pertes et profits les crimes qui ont été commis ?

Tous les crimes organisés ont besoin d'intermédiaires. Le crime multiséculaire contre des Africains que fut l'esclavage ne saurait faire figure d'exception. Là, comme dans la colonisation, des Africains ont participé activement à un dispositif, conçu, programmé par des maîtres d'Europe pour servir un système destiné, essentiellement et d'abord, à fortifier des intérêts économiques occidentaux. Entre la *Chronique de Guinée* de Zurara (1453) et l'*Esmeraldo de Situ Orbis* de Duarte Pacheco Pereira (1506), tout un système économique organisé se mit en place, autour de l'« intermédiaire », faisant littéralement basculer l'« esclavage de rapt », à l'« esclavage commercial ». Zurara rapporte vers 1445-1448 les propos de l'infant Henri : « Ces razzias ne nous assurent pas un marché régulier. Il faudrait que vous nous trouviez un moyen d'intéresser les Africains à un véritable trafic. Donnez-leur donc un certain nombre de cadeaux appropriés qui les intéresseront à entrer en relations suivies avec nous. »

La colonisation ne sera que le prolongement, dans la douceur, de ce système. Au Sénégal, toutes les grandes villes, de Gorée à Saint-Louis en passant par Rufisque, doivent leur existence à cet ordre économique, au point que Saint-Louis fut vendu par des chefs coutumiers à une compagnie commerciale qui l'a bâtie de toutes pièces, et que la mairie de Rufisque fut dirigée, sur plus d'un siècle, par les patrons des maisons de commerce installés sur place.

Nous voilà donc, en plein système organisé. Mais puisque ici comme ailleurs nul ne se plaît au naufrage, pendant que des Africains collaboraient et tiraient profit de ce système, d'autres, tout aussi Africains, se dressaient pour résister, s'opposer aux exactions du système, parfois au prix de leur vie. Combien d'Africains – et on pourrait en dire de même des Européens, des Asiatiques, que sais-je encore ? – sont tombés sur les champs de bataille, refusant jusqu'au dernier souffle, l'« oppression », la « corruption », les

« gaspillages » et la « prévarication », ces maux que le discours de Dakar présente presque comme des particularités africaines ? Toutes les résistances du monde se ressemblent. Elles sont de même nature, de même inspiration, de même esprit. Hier comme aujourd'hui, à Vichy comme à Dakar, le combat pour les principes et pour la dignité n'a pas de couleur, ni de sang et encore moins de race. Chaque race, chaque continent, chaque nation a ses « collaborateurs » et ses « résistants ».

C'est une loi universelle du pouvoir et des systèmes de s'inventer des intermédiaires. Nulle part, dans l'histoire réelle, le maître fit face aux esclaves. Le prolétaire de Marx – qui fit face, seul, au bourgeois –, l'esclave de Hegel – qui engagea, seul, le combat contre son maître dans une lutte pour la reconnaissance –, ou alors mieux, les esclaves de Spartacus – assez nombreux pour renverser le rapport des forces – ne servent qu'à des dialectiques optimistes.

Autre vérité locale du discours de Nicolas Sarkozy : les bienfaits de la colonisation. Qui peut, en effet, nier la bonne foi ou la bonne volonté des femmes et des hommes qui eurent la noble ambition de contribuer aux progrès de l'humanité en construisant des écoles, des ponts et des routes, en soignant des malades ? Mais encore, cette bonne foi, cette bonne volonté suffisent-elles à exonérer le système, dans ses visées, ses dérives et ses exactions ?

La colonisation est à l'image de toutes les aventures humaines. Elles ont ce paradoxe de satisfaire à une ruse, à un malin génie, qui voudrait que l'action collective soit, au-delà des intentions individuelles qui les animent, toujours et en permanence, une action impure. N'a-t-on pas vu, en pleins génocides planifiés, fleurir des rencontres, naître des amours et germer des espoirs ? N'est-ce pas là le paradoxe de l'action humaine qui voudrait que la violence défaillît, ne serait-ce que le temps d'un battement de cils, pour laisser place à une trêve qui sauve la vie des contradictions ? La nuit n'a jamais succédé à la nuit. Le jour s'impose et s'interpose, intéressé et nécessaire. Il n'y a donc pas d'action collective, politique, historique qui soit totalement mauvaise ou absolument bonne. Loi de l'action historique, l'impureté est aussi la marque de l'initiative humaine.

Il s'agit de constater que la bonne volonté aboutit parfois à des résultats cruels, que la douceur se mue en cruauté. Les actes de ces braves colons de bonne volonté ont contribué à un système qui en altéré le sens, ils ont ouvert des fissures qui ont modifié le sens et le cours des choses. La puissance de l'histoire et les pièges de la politique ne sont compréhensibles qu'à partir de notre historicité. L'histoire n'est faite ni par des idées claires, ni par des intérêts nus et connus comme tels. Idées confuses et intérêts déguisés rendent les individus complices de l'histoire au-delà de ce qu'ils peuvent affirmer avec certitude sur leur volonté. C'est dire que la culpabilité d'un homme est bien possible, au-delà de ses seules convictions et en l'absence d'une intention de nuire.

Concédons, une fois de plus, qu'un libéral puisse avoir des difficultés à voir l'histoire refluer sur un individu. Mais peut-on pardonner à un homme politique comme Nicolas Sarkozy d'ignorer ces caprices de l'histoire qui lui font solliciter les hommes, les tenter, les faire marcher dans un sens, pour soudainement se dérober, les rendre instigateurs d'un crime qu'elle a pourtant inspiré ? Il y a une dimension historique de la politique, à la fois dans le temps et dans l'espace, qui fait que l'action politique au quotidien ne puisse coïncider avec le sens de l'histoire.

Cela nous rappelle au sérieux de la politique et de l'engagement historique, puisqu'on gagne ou périt avec ses choix. Et c'est le lieu de rappeler les méditations de Maurice Merleau-Ponty dans *Humanisme et Terreur* : « La politique est l'art du possible. Cela ne supprime pas notre initiative : puisque nous ne savons pas l'avenir, il nous reste, après avoir tout bien pesé, qu'à pousser dans notre sens. Mais cela nous rappelle au sérieux de la politique, cela nous oblige, au lieu d'affirmer simplement nos volontés, à chercher difficilement dans les choses la figure qu'elles doivent y prendre. »

L'ombre des Lumières

Passé ces vérités locales, allons au fond des choses. Et d'abord, aux mots. Puisqu'ils véhiculent des héritages d'idées. Le discours de Dakar se veut celui d'un « ami », et au nom de cette amitié, fondée à juste titre par l'histoire – et à laquelle j'ajouterais volontiers la géographie –, il se veut « franc » et « sincère ».

Laissons au président Nicolas Sarkozy le privilège de dire qui sont ses amis, en notant que sa préférence va manifestement vers les « jeunes Africains », l'« élite africaine » qu'il met en garde contre leurs « aînés » – certainement aussi contre leurs parents et leurs ancêtres –, qui les auraient endormis dans l'univers coupable des mythes ! Lesquels ? On devine aisément qu'il ne peut s'agir que des mythes d'émancipation, de libération nationale et de combat pour la reconnaissance de la dignité des Africains.

Mais qu'est-ce que l'amitié ? On la trouve, de toute évidence, dans la nature de la relation plus quand dans les amis eux-mêmes, ces fortunés récipiendaires du « discours de

Dakar ». L'amitié met en jeu des termes égaux et efface, en cela, toutes les inégalités. On connaît la formule des *Essais* de Montaigne : « parce que c'était lui, parce que c'était moi ». L'amitié est toujours un désir de fusion, d'où cette sympathie qui finit par se confondre à elle, tant il est question de communauté réelle, vécue dans la chair et dans le sang. C'est dans le cœur – et non dans une antichambre – qu'on garde, reçoit, accueille et conserve l'ami. L'ami de Dakar a-t-il délivré un discours d'ami ?

Cavalière amitié que celle-là qui efface les visages au lieu de les revendiquer. Singulière amitié qui gomme la personne, son vécu, ses souffrances, au lieu de les assumer. Le discours de Dakar est un discours de distance et de recul, un discours de la troisième personne, un discours du lointain et de la disculpation. « Cet homme noir, je veux le dire ici à Dakar, a le visage de tous les hommes. » Ou encore : « Cette souffrance de l'homme noir, c'est la souffrance de tous les hommes. Cette blessure ouverte dans l'âme de l'homme noir, est une blessure ouverte dans l'âme de tous les hommes. » Mieux : « Il y a eu la traite négrière, il y a eu l'esclavage, les hommes, les femmes, les enfants achetés et vendus comme des marchandises. Et ce crime ne fut pas seulement contre les Africains, ce fut un crime contre l'homme, ce fut un crime contre l'humanité tout entière. »

L'argument est à la fois subtil et cynique. Au lieu d'affirmer que l'esclavage est un crime contre l'humanité pour avoir tout simplement été un crime contre les Africains, l'ami nous rappelle que les Africains n'ont aucune légitimité particulière pour s'ériger en victimes d'un crime qui est un crime contre tous. L'universalité invoquée par le « discours de Dakar » efface volontairement les singularités par des mises en perspective qui esthétisent les drames vécus. En lieu et place de la responsabilité qui m'incombe devant la souffrance vécue de mon prochain dont le visage, le nom, la personne – en chair et en os – éveillent la conscience de l'humanité, le « discours de Dakar » évoque une responsabilité diluée dans l'anonymat et dans une humanité sans visage. Quel sens, quelle importance, quel intérêt accorder alors à une souffrance sans visage ?

Il y a une coquette et frivole manière d'affirmer l'universel, en la plaçant, haut, loin des souffrances quotidiennes et singulières. Il y a une manière cavalière de dissoudre les responsabilités dans l'étendue anonyme de la terre ou dans la discontinuité des temps, au nom de ces solidarités rompues entre générations. Oui, c'est cela la logique d'un meurtre de la mémoire : « Nul ne peut demander aux générations d'aujourd'hui d'expier ces crimes perpétrés par les générations passées. Nul ne peut demander aux fils de se repentir des fautes de leurs pères. » Nul Africain, à ce que je sache, ne tient aucun être vivant, aujourd'hui sur terre, responsable des crimes de l'esclavage. Mais est-ce une raison d'interdire un devoir d'inventaire, un devoir de mémoire, et un devoir d'écrire l'Histoire correctement et justement ? Comment demander aux Africains, à l'humanité tout entière, de passer en pertes et profits les crimes les plus odieux de l'Histoire ? Comment refuser ce devoir de mémoire à l'égard de la colonisation et de l'esclavage et consacrer, tous les ans, solennellement, et à juste titre, les lieux de mémoire de la Shoah ? Léopold Sédar Senghor, s'adressant à un ami noir, ne disait-il pas si justement : « Quand on parle du Juif, on parle de toi » ?

N'oublions pas. N'effaçons pas les visages. Ils nous éveillent à notre responsabilité primordiale. Le passé ne peut s'effacer, reconnaît le « discours de Dakar ». Les crimes non plus. Du moins, aussi longtemps qu'ils restent datés, signés. Le discours de Dakar ne peut demander que l'on efface les noms sur ces crimes, dans le même temps qu'il nous exhorte à démasquer les responsables des maux actuels de l'Afrique ! La mise en accusation, l'instruction et la sentence diffèrent apparemment selon l'identité des accusés !

Dans le discours de Dakar, contrairement à une opinion fort répandue, les mots ont été bien pesés. L'esclavage n'est coupable que pour avoir créé un « désenchantement de l'Afrique », pour n'avoir détruit qu'un « imaginaire merveilleux »… Curieuse manière de qualifier des crimes, et surtout de les absoudre au nom d'une morale de l'intention : « les colonisateurs croyaient donner l'amour ». N'est-ce pas vite dit d'un projet pensé, organisé, programmé au nom de l'exploitation des richesses endormies du monde et au nom de la mission civilisatrice qui incombait alors aux peuples les plus avancés de la terre ? Nicolas Sarkozy nous apprend que le compte de la colonisation est soldé : « La colonisation fut une grande faute qui fut payée (?) » par la haine du colonisé, la « haine de soi » et la « haine des autres » (!). Que le compte soit soldé dans le cœur des Africains, rien n'est plus vrai. Mais le pardon, comme le veut l'étymologie, se donne.

Le discours de Dakar est étroit, étouffant. Il est intégralement occupé par le même. On ne sent l'ombre d'une fenêtre ouverte sur l'autre, la silhouette d'un désir de l'autre. Jusque dans la balance des droits et des devoirs. Il s'exonère, il inculpe l'autre. Même l'obligation morale, ici, est attendue de l'autre. Alors qu'en morale, comme en amour, est toute première la responsabilité qui m'incombe. Est toute première aussi ma désignation personnelle comme sujet qui doit accomplir ici et maintenant le bien. L'autre, demain, ailleurs – c'est-à-dire l'arithmétique des comptes – viendront plus tard, s'ils doivent advenir !

C'est peut-être là qu'il faut évoquer la « sincérité » dont parle le discours de Dakar. Le ton, l'esprit et la lettre ont tous les attributs d'une mise au point. Décidé à apparaître comme une sentinelle infatigable de la vertu, Nicolas Sarkozy veut veiller à ce que la vérité soit dite. Être aux antipodes de la langue de bois des politiciens, rompre l'hypocrisie protocolaire, dire les choses telles qu'elles sont, n'est-ce pas la première marque de sincérité ? Le mensonge est d'abord serti, enraciné dans la parole. Il y a une parole non adéquate à la vérité, dont il faut se départir, tout comme il y a une parole vraie, fidèle aux choses. Nicolas Sarkozy a affirmé, en recherchant le suffrage universel, sa volonté de s'inscrire dans cette tradition. En un mot, il s'agit de « dire ce que l'on pense ».

Mais que vaut le « dire ce que l'on pense » devant le « faire ce que l'on dit » ? S'il y a du mérite à déjouer les pièges du discours, à cesser la comédie et le complot mimique du langage, il y a tout aussi intérêt à surveiller une conduite qui a trop souvent mimé Tartuffe. Le faire importe plus que le dire ; et l'être importe plus que le faire. Peut-on alors soupçonner une volonté d'agir de la part de celui qui invite à être ensemble autrement ?

Nicolas Sarkozy fait-il ce qu'il dit ? Croit-il « sincèrement » que la jeunesse africaine doive rester ouverte au souffle de l'Occident, transcender avec les Européens les clivages d'hier, les rancœurs du passé pour résolument construire ensemble l'avenir, et dans le même temps, s'opposer tout simplement, avec une vigueur jamais égalée dans l'histoire, à la mobilité des Africains, à qui plus que jamais l'Hôte-France a fermé ses portes ? Peut-on être à la fois authentique pyromane et sincère pompier ? Il y a une ouverture de façade, tout comme il y a une fidélité du bout des lèvres. Il y a une amitié cérémonielle, tout comme il y a une sincérité opportuniste. Tout est, comme toujours, dans la bonne foi !

Le prochain, le lointain et l'humanité

L'élite africaine dit oui à l'ouverture. Son continent, depuis toujours, et contrairement à ce que laisse transparaître le discours de Dakar, a été ouvert. Brandissant des nos jours les taux de protection douanière les plus bas de la planète, ayant servi à toutes les grandes initiatives de mondialisation en cours, présente dans toutes les grandes guerres, l'Afrique a été, depuis l'Antiquité et le Moyen Âge, ouverte aux échanges économiques et culturels. L'Afrique a toujours été bel et bien dans l'histoire mondiale. Pour y jouer des rôles souvent non conformes à ses intérêts.

La jeunesse africaine sait, depuis longtemps, que c'est mesquin et petit de s'enfermer sur soi-même. Elle sait aussi, depuis longtemps, que les fenêtres ouvertes par l'Histoire doivent servir aussi à sortir de la maison. Mais l'ouverture est une conduite, dont on doit avoir d'abord envie. L'ouverture protocolaire n'est pas l'ouverture qui jaillit d'une inspiration cordiale ou d'une vocation spontanée.

Être ensemble, « regarder ensemble l'avenir » suppose une véritable émulation de bonne foi. Comme dans la spirale amoureuse, comme dans les fidèles fiançailles, la loi d'avalanche est déclenchée par la bonne foi, la volonté de chacune des parties de dissiper autour d'elle une bonne foi contagieuse. Des rapports entre États, tout comme des rapports entre individus, la confiance est le point de départ, le premier mouvement que la fidélité, disposition légale, vient après couronner. Or, l'avalanche des réponses, des « réactions », consécutives au discours de Dakar témoigne de l'échec du nouveau président à fonder avec les Africains un climat de confiance.

Dans ses formes, le discours de Dakar choque. Il ne respecte, en effet, ni les usages ni les règles minimales de la courtoisie internationale. La communauté internationale a, elle aussi, ses règles de politesse. Lorsque la République du Sénégal accueille le président de la République de la France, l'homologie force les formes et impose le langage qu'un État doit tenir à un hôte, le discours qu'une autorité doit tenir à une autre. L'artifice d'une tribune où l'on s'adresserait, directement, à la jeunesse africaine, à son élite, n'y fera rien. De République à République, le rapport ne peut être qu'institutionnel. Et la souveraineté prohibe les « leçons » du discours et le ton magistral, eût-on été accueilli dans l'enceinte d'un amphithéâtre.

« Envisager l'avenir ensemble », c'est d'abord, et avant tout, se respecter. Le mot revient souvent d'ailleurs dans le discours de Dakar. Et le président Nicolas Sarkozy devrait l'exiger plus que de raison comme bréviaire de cohabitation dans les quartiers difficiles des banlieues. Mais se respecter, ce n'est pas seulement se tolérer.

Ne pas faire contre mauvaise fortune bon cœur, éprouver à l'égard de son prochain un sentiment positif, se fréquenter au-delà de « seuils de tolérance », tendre vers la conscience de l'amour. Voilà les attentes de la jeunesse africaine et des jeunes Républiques dans lesquelles elles vivent. Le respect, contrairement à la tolérance qui est une petite vertu, est une disposition authentique. La distance du respect n'est pas la distance de la tolérance. La tolérance se méfie, se rétracte comme le mépris, alors que le respect s'épanche sans oser s'approcher. Ce qui sépare le respect de la tolérance, c'est justement la franchise.

L'allocution du respect, comme celle de la tolérance, reste indirecte. Mais l'une est sincère et droite tandis que l'autre est tortueuse et hypocrite. Le respect est une espérance, pendant que la tolérance est sans intériorité ni intention. La distance du respect est aussi protectrice que son pronom, le « vous » qui tient en respect. C'est le langage naturel des Républiques, des nations et des peuples. Puisque, dans de pareilles circonstances, nos interlocuteurs sont légion, à l'image de ces congrégations que sont les États que nous représentons et qui nous imposent cette distance, cette relation polycéphale. On ne s'adresse pas à un pays, à une République, à un peuple comme on s'adresserait à une personne singulière. Le vouvoiement du respect tient toujours sur un piédestal celui à qui on le voue. C'est la raison du « nous » honorifique que l'on flanque aux institutions, puisqu'on ne traite pas à tu et à toi avec ces « êtres » qui nous transcendent.

Respecte-t-on alors un hôte qui vous ouvre ses portes, vous offre son hospitalité, et qui se voit administrer dans le même temps des leçons sur ses malheurs, ses forfaitures, ses travers ? Il y a là une dette de courtoisie que la simple politesse exige, avant même l'auguste respect, le devoir religieux ou tout simplement l'étiquette de noblesse.

Le *Siracide,* de tradition judaïque, rédigé probablement vers 180 avant notre ère par Ben Sira, codifiait déjà la manière de recevoir l'hospitalité. L'hôte ne doit pas se montrer impatient, doit faire preuve de modération et ne pas attirer l'attention sur soi. Le discours de Dakar a failli aux règles de la bienséance. Il est passé à côté de cette « culture du tabac » dont Molière fit l'éloge, et qui voulut qu'on échangeât entre civilisés des signes contre des signes, des paroles contre des paroles, des politesses contre des politesses. Don Juan sera convié au festin funèbre pour avoir violé ces sacrosaints principes.

Sans aller jusqu'au respect, pourrions-nous envisager la simple réciprocité ? Pour le meilleur et le pire, nous dit Nicolas Sarkozy, l'Africain et l'Européen ont subi une transformation au nom de laquelle l'auteur du discours de Dakar demande mille choses à l'Africain et aucune à l'Européen. C'est aux Africains de s'approprier désormais l'Europe, de s'ouvrir et de quitter l'univers des mythes ancestraux. Sans doute, pourrait-on me rétorquer qu'il s'adressait à la « jeunesse africaine ». Mais combien de fois l'occasion fut donnée à Sarkozy de parler à la jeunesse de son pays, de son continent, sans qu'il ne leur dît mot de la nécessité de sortir de l'européocentrisme et de s'ouvrir aux autres ?

Reconnaissons tout de même que l'Afrique, dans le discours de Dakar, a quelque chose à apporter au monde : « rythme », « beauté », « émotion »... en bref de l'exotisme et du jeu ! Même Renan est plus généreux, dans sa *Réforme intellectuelle et morale*, pour avoir assigné à l'Afrique une vocation moins ludique : « La nature a fait une race d'ouvriers, c'est la race chinoise [...], une race de travailleurs de la terre, c'est le nègre [...] une race de maîtres et de soldats, c'est la race européenne. »

Notons toujours au chapitre de l'exotisme, ces expressions aussi insolites que l'« âme africaine » qui afflue dans le texte, sans que personne sache ce que cela signifie. S'est-il interrogé, un seul instant, sur ce que pouvait signifier l'« âme française » ou l'« âme européenne », une fois sorti des sentiers battus du fascisme et des intégrismes ? L'âme, la race, la biologie, la nature refont surface plus de cinq siècles après avoir inspiré tant de bonnes gens, dont le célèbre Gobineau : « Toute civilisation découle de la race blanche... » Avant de poursuivre dans sa dédicace à George V, roi de Hanovre : « Tout ce qu'il y a de grand, de noble, de fécond sur terre en fait de créations humaines, la science, l'art, la civilisation, ramène l'observateur en un point unique [...] dont les différentes branches ont régné dans les contrées les plus policées de l'Univers. »

Insolite aussi est ce « premier mystère de l'Afrique » qui surgit dès les premières lignes du discours de Nicolas Sarkozy : des Africains « si différents les uns des autres, qui n'ont pas la même langue, qui n'ont pas la même religion, qui n'ont pas les mêmes coutumes, qui n'ont pas la même culture, [...] et qui pourtant se reconnaissent les uns et les autres comme des Africains » !

Quelle surprise qu'un Français soit surpris par cette réalité, faite de cette diversité qui fait la France ! La France est une mosaïque de sols, de sous-sols, de climats et de cultures. Elle n'a ni unité physique, ni unité économique, ni unité sociale. Encore moins unité linguistique. Dans cette France-là, vivre dans le Massif central ou dans les Alpes ne veut rien dire tant que l'on ne précise pas l'endroit, le lieu. En chaque lieu, le climat présente une originalité. Une légère différence d'altitude, une opposition de versants, un différentiel de pluviométrie, le passage à une rampe, et tout change. Et cette variété n'est pas seulement climatique. Elle est sociologique, puisque chaque ville de France, chaque village de France répond à une équation sociale.

Sans compter la culture. La division de la France en langue d'oc et langue d'oïl cache une profusion de langues.

Devant cette multitude, le Directoire de la Corrèze mit en doute, le 1er décembre 1792, l'utilité de traduire la Déclaration des droits de l'homme. Et le révolutionnaire Barrère n'eut point tort de considérer la multiplicité des patois comme une barrière à la diffusion de l'« esprit public ». Le rapport de l'abbé Grégoire à la Convention dénombrait plus d'une trentaine de patois dans la seule France de 1790. En cette France, au Sud, le gascon, qui se distingue parfaitement du languedocien et du provençal, se subdivise de part et d'autre du fleuve. Dans le Nord, passer de Dijon à Beaune, ou à Chalon dans le Morvan, vous fait passer d'un patois bourguignon à un autre.

La diversité en France va au-delà même de la langue. En plein siècle des Lumières, au moment même où elle prenait l'initiative de montrer l'exemple au reste du monde, la France, avec ses Français unis, était encore un pays de particularismes où les coutumes, les folklores, les costumes, les proverbes et les formes d'héritage différaient sur de très courtes distances. Le « mystère de l'Afrique » est ainsi un mystère partagé. Au moins avec la France !

Ensuite les contradictions, le chaud et le froid, en même temps. Entre « je suis venu vous dire que l'homme moderne qui éprouve le besoin de se réconcilier avec la nature a beaucoup à apprendre de l'homme africain, qui vit en symbiose avec la nature depuis des millénaires » et « le problème de l'Afrique, c'est de prendre conscience que l'âge d'or qu'elle ne cesse de regretter ne reviendra pas pour la raison qu'il n'a jamais existé », comment ne pas confondre les dialecticiens les plus sophistiqués ?

Enfin la dérive, l'apothéose : « Le drame de l'Afrique, c'est que l'homme africain n'est pas assez entré dans l'Histoire [...] Jamais l'homme ne s'élance vers l'avenir. Jamais il ne lui vient à l'esprit de sortir de la répétition pour s'inventer un destin. […] Le problème de l'Afrique, c'est de cesser de toujours répéter, de toujours ressasser, de se libérer du mythe de l'éternel retour […] N'écoutez pas, jeunes d'Afrique, ceux qui veulent faire sortir l'Afrique de l'Histoire, au nom de la tradition, parce qu'une Afrique où plus rien ne changerait serait de nouveau condamnée à la servitude. » Ainsi parlait Nicolas Sarkozy !

Hegel, plus emphatique, ne dira pas autre chose dans *La Raison dans l'histoire* : « L'Afrique, aussi loin que remonte l'Histoire, est restée fermée sans lien avec le reste du monde. C'est le pays de l'or, replié sur lui-même, le pays de l'enfance qui, au-delà du jour de l'histoire consciente, est enveloppée dans la couleur noire de la nuit. » Plus lyrique que Nicolas Sarkozy, Hegel sera aussi plus conséquent : « Pour comprendre l'Africain, nous devons abandonner toutes nos façons de voir européennes. Nous ne devons penser ni à Dieu spirituel, ni à une loi morale ; nous devons faire abstraction de tout esprit de respect et de moralité, de tout ce qui s'appelle sentiment, si nous voulons saisir sa nature. Tout cela, en effet, manque à l'homme qui en est au stade de l'immédiateté : on ne peut rien trouver dans son caractère qui s'accorde à l'humain […] En Afrique, tous les hommes sont des magiciens… »

Entre le discours de Dakar et *La Raison de l'histoire*, il y a toute la distance d'une synthèse philosophique. Hegel prononce la damnation de l'Afrique, sur la base de trois coups de force théorique, pour le moins contestables : d'abord qu'il existe une histoire universelle qui résume toutes les trajectoires, toutes les histoires régionales ; ensuite que cette histoire universelle ait pour finalité de révéler un sens, un absolu, un esprit universel ; enfin qu'à l'intérieur de ces histoires régionales, une partition et une graduation existent. Nous étions en pleine laïcisation de la philosophie chrétienne. De ce projet de civilisation universelle autour de l'Europe et de l'Occident général, l'Afrique fit les frais. Elle fut, dans les pages que lui consacrent *La Raison dans l'Histoire*, incapable d'« entrer dans l'Histoire universelle », incapable de mouvements et d'initiatives, incapable de s'ouvrir au monde… Des mots repris à la lettre, des expressions retranscrites dans le discours de Dakar. Tout comme Mircea Eliade fut invité, lui aussi, mais au prix d'une lecture escamotée, mal digérée. Cela fait trop sous la plume du président de la France.

De Hegel justement, on apprendra que l'Histoire est plus convaincante que la philosophie, chouette de Minerve qui ne prend son envol que tardivement. Invitons donc, pour changer de registre, l'un des plus illustres historiens au monde, le professeur Yves Coppens, pour savoir si l'Afrique est entrée dans l'Histoire : « Pour la première fois au monde, l'apparition de la matière pensante, après quatre milliards d'années d'histoire de la matière vivante et presque quinze milliards d'années d'histoire de la matière inerte, cette première irruption de la matière pensante, est africaine. L'Afrique a au moins participé à la création de l'homme moderne, si elle ne l'a pas créé. »

Sur le thème de l'apport de l'Afrique à l'histoire mondiale, j'aurais pu citer aussi les travaux du parrain de l'université qui a offert l'hospitalité et la tribune au président Sarkozy, ce chantre de la Renaissance africaine, curieusement absent – et oublié – du discours de Dakar. À Cheikh Anta Diop, j'ai préféré tout de même Yves Coppens, pour la sympathique histoire d'enfant qu'il nous raconte et qui le mit en scène avec sa maman :

« Que feras-tu, quand tu seras plus grand ?

« – Quand je seras grand, je seras soldat nègre ! répondis-je avec les fautes de mon âge.

« Ma maman répliquait alors :

« – Soldat, tu pourras ; noir, tu ne le pourras pas ! »

Cette histoire nous éclaire sur ce qu'est un contexte, un état d'esprit, ou alors, plus précieusement, une situation herméneutique. Ces merveilleux soldats qui forcent l'admiration de l'enfant Coppens, ces vaillants hommes que l'Afrique a mobilisés, certains du fin fond de ses noblesses de sang pour donner l'exemple, et dont la plupart ne reviendront pas, deviennent subitement dans le discours de Dakar des morts sans sépulture, « des Africains venus mourir dans les guerres européennes », comme ces vagues qui « viennent » échoir sur les plages, comme ces immigrés clandestins qui « viennent mourir » au fond des mers. Quelle manière de remercier ! Pindare ressuscité eût frémi…

L'arc-en-ciel des visages neufs

La conclusion qui s'impose est que le discours de Dakar est un discours du passé. Hegel, certes. Jean-Jacques Rousseau, aussi : « Nous ne connaissons d'hommes qu'européens. » Et François Mauriac : « La race la plus goulue de toutes les idoles »… C'est dire, pour reprendre l'expression chère à Nicolas Sarkozy, que l'Occident n'a cessé de nous « ressasser » ce discours archaïque qui a déjà tympanisé les Africains. Ce sont les mêmes mots, les mêmes idées, les mêmes préjugés et les mêmes arguments que les discours servis à l'Assemblée nationale française, lors de ces fameux débats sur le Tonkin, le 29 juillet 1885 au Parlement :

« M. Jules Ferry, président du Conseil : Messieurs, il faut parler plus haut et plus vrai ! Il faut dire ouvertement qu'en effet, les races supérieures ont un droit vis-à-vis des races inférieures…

« M. Jules Maigne : Oh ! Vous osez dire cela dans le pays où été proclamés les Droits de l'homme.

« M. de Guilloutet : C'est la justification de l'esclavage et de la traite des nègres !

« Si l'honorable M. Maigne a raison, si la Déclaration des droits de l'homme a été écrite pour les Noirs de l'Afrique équatoriale, alors de quel droit allez-vous leur imposer les échanges, les trafics ? Ils ne vous appellent pas… Je répète qu'il y a pour les races supérieures un droit, parce qu'il y a un devoir pour elles. Elles ont le droit de civiliser les races inférieures… »

Ainsi soit-il. Ces discours sont légion à l'époque. Aujourd'hui encore, ils inspirent et alimentent l'arrogance et le paternalisme qui caractérisent tojours les relations de coopération internationale. Le président Nicolas Sarkozy nous rassure : « Ce que veut l'Afrique et ce que veut la France, c'est la coopération, c'est l'association, c'est le partenariat entre des nations égales en droits et en devoir. » Chic ! L'Afrique demeure, hélas et toujours, la seule contrée du monde où les réformes, les politiques sont imposées du dehors, où les nations négocient des accords de partenariat économique le couteau à la gorge. Quoi de plus réconfortant que cette prouesse pour les générations d'Africains que nous sommes et qui se battent depuis des décennies pour délier l'aide, rendre ses procédures transparentes, et conduire en toute responsabilité les politiques et les réformes que nous devons entreprendre ? Combien d'Africains rêvent de retrouver un jour des relations de respect et de confiance avec les institutions internationales ? Oui, Monsieur le Président. L'Afrique sera honorée, dans ce combat, de vous retrouver à ses côtés pendant votre magistrature...

La politique de civilisation est donc restée la même. Comment peut-il en être autrement dès lors que la civilisation suppose toujours une barbarie ? Aux frontières, qu'elles soient à la lisière du pays, de l'océan ou des banlieues. Elle suppose ainsi que l'universel soit en acte chez certains, et en déficit chez d'autres. Elle méconnaît la véritable nature de l'universel qui est d'abord un lien, un rapport, une relation entre des êtres d'égale dignité qui ont tout à gagner dans l'échange.

Le discours de Dakar, discours d'ami fidèle et sincère, pèche par déficit de confiance. Confiance, foi et fidélité ont ce même foyer de provenance qu'est la crédibilité. Le rapport d'amitié, tout comme le modeste rapport de coopération, repose sur le postulat d'une bonne foi générale, où l'ingratitude et le mensonge ne viendront jamais à bout de la confiance et de la crédulité. C'est la fidélité aux principes justes et aux vertus cardinales de l'amitié qui nous épargne de vivre au comptant. N'est-ce pas là l'une des toutes premières conditions de l'invite de Nicolas Sarkozy, « regarder ensemble l'avenir » ?

L'intérêt du discours de Dakar est certain. Il nous rappelle que le combat pour la dignité de l'Afrique n'est pas un vain combat. Qu'il est même plus qu'actuel. Il est impératif et urgent. Tout comme est impérative et urgente la recherche de nouvelles modalités de commercer, de se fréquenter et de s'aimer entre nations et entre peuples.

Il s'agit donc de construire, en lieu et place d'une politique de civilisation, une politique de l'universel-concret qui suppose trois préalables. Premièrement, que l'universel est à acquérir ; qu'il est mouvement, dialectique, et apprentissage. Ensuite, qu'il se conquiert par une remise en question de soi-même et de ses propres présupposés. Enfin, que cet universel est dans le lien, la relation et l'interaction des singularités. Autrement dit, l'universel est une valeur. L'universel n'est pas un : il est dans la relation. Cet universel, ainsi défini, ne peut-être qu'équivoque, en ce sens que chaque singularité en est à la fois porteuse et en peine. Cette politique de l'universel, nul autre que la France n'est mieux placée, par l'Histoire et par son génie, pour l'inspirer, l'animer et la réaliser. Pourvu qu'elle ait le cœur et l'œil grossis à l'échelle du monde !

Violence symbolique d'un discours crépusculaire

Mahamadou Siribié

Doctorant en Sciences Politiques à la Faculté de Droit de Nice (France), Mahamadou Siribié prépare un doctorat sur l'intercommunalité. Français d'origine burkinabé, il mène de front ses activités de chercheur, de consultant en gouvernance territoriale et d'enseignant en sciences humaines et économiques à l'Alliance Française de Grasse.

Dans ses articles, il aborde des questions transversales tant sociétales, politiques qu'économiques. Président de The New Way's Association, il œuvre à faire émerger une nouvelle approche du politique à travers le prisme de nouvelles politiques publiques de développement territorial. Sortir des sentiers battus, édifier une relation franco-africaine plus humaine, plus ouverte et plus démocratique, tel est son vœu le plus ardent. Deux projets sont en cours : un roman, *De l'autre côté de la barrière*, et un essai, *Médias français, racisme et discriminations.*

Nicolas Sarkozy, dans son discours au soir de son élection du 6 mai 2007, avait pour parler de l'Afrique adopté un registre compassionnel, se présentant comme le président qui aiderait l'Afrique à vaincre enfin la « pauvreté, la maladie et la misère ». Les grands médias internationaux étant présents ce soir-là. Le moment et l'endroit étaient bien choisis pour lancer un message aux Africains et au monde, comme si, dans un contexte mondial, marqué par de nouvelles configurations géopolitiques, la France, par la bouche de son tout récent président, voulait réaffirmer sa place en Afrique, face aux jeunes « envahisseurs » comme la Chine, la Russie, les États-Unis…

Mais pourquoi l'Afrique en ce moment précis, temps fort d'une élection présidentielle ? L'Afrique détient-elle le monopole de la « pauvreté, de la maladie et de la misère » ? Alors le Président est passé à un tout autre discours au contenu bien différent, en l'occurrence celui prononcé le 26 juillet 2007 à Dakar, au Sénégal, à teneur mystico-politique cette fois-ci, où Sarkozy proclame que l'Afrique « est devenue un mythe ». Avant la colonisation et les prétendues « missions civilisatrices » de l'Europe, les premiers explorateurs du continent noir, obtus et incultes, à la recherche de « sensations fortes », l'avaient déjà qualifiée de « continent mystérieux ». Comment le Président qui dit être l'homme de la « rupture » avec les pratiques politiques africaines d'un autre âge de ses prédécesseurs, a-t-il pu lire un tel discours, écrit d'ailleurs par son nègre officiel, Henri

Guaino, débordant de clichés ? Quelles étaient ses motivations profondes ? Ces dernières révèlent l'inconstance du discours politique africain du Président, qui s'inscrit dans la continuité des actes de ses prédécesseurs sur fond d'une quête de légitimité politique personnelle en Afrique.

La confusion entre le temps de la campagne présidentielle et le temps politique africain était au centre de ce discours de Dakar. Sarkozy a, en effet, du mal à sortir de sa campagne présidentielle pour véritablement se projeter dans une nouvelle dynamique de relations avec l'Afrique. Pendant toute la campagne électorale, il n'a cessé d'user et d'abuser de la sémantique politique dans le but de « choquer » les Français et d'ouvrir les débats : celui d'une France, traumatisée par la crise européenne, liée à son « non » au référendum du 29 mai 2005 sur le traité constitutionnel européen, celui des délocalisations vers les pays émergents tels que la Chine ou l'Inde, avec en corollaire chômage et crise économique, ou encore celui de la crise des banlieues en octobre et novembre 2005, révélatrice d'une crise identitaire et de l'exclusion d'une partie de la société française. Allant dans le sens de la majorité des Français, il sait, en terme de stratégie politique, leur livrer le discours qu'ils veulent entendre. Ainsi, les thématiques sociétales ont-elles été usées à fond et dans tous les sens : le travail, avec la fameuse maxime « travailler plus pour gagner plus », la relance d'une Europe « bloquée », avec un traité européen simplifié, la surmédiatisation de la politique sécuritaire et la lutte contre l'immigration…

L'ambiguïté des relations franco-africaines : une réalité implacable

Justement en ce qui concerne l'immigration, Nicolas Sarkozy, à l'époque ministre de la Sécurité, avait effectué un séjour dans deux pays subsahariens, le Mali et le Bénin, respectivement les 16 et 19 mai 2006, pour expliquer sa politique dans ce domaine. Mais la jeunesse de ces pays ne lui avait pas réservé un accueil chaleureux, même s'il en avait profité pour donner sa vision des nouvelles relations franco-africaines. Pour lui, il était temps de se défaire des relations ambiguës existant depuis longtemps entre la France et l'Afrique francophone. Cette posture était dictée par la pré-campagne présidentielle. Sinon comment expliquer qu'après avoir martelé une certaine « rupture » dans les relations franco-africaines pour engager une nouvelle démarche dans ce sens, le Président, dans sa première tournée présidentielle subsaharienne, se rende le 27 juillet 2007 au Gabon, pays du dirigeant Odimba Omar Bongo, l'un des monuments vivants de la « Françafrique » au pouvoir pendant une quarantaine d'années ? « Depuis ma prise de fonction, je tente de maintenir un équilibre entre notre volonté réformatrice, qui est notre feuille de route, et la réalité », se justifie en ces termes Jean-Marie Bockel, ancien socialiste passé à droite et secrétaire d'État à la Coopération et la Francophonie, dans l'hebdomadaire *Jeune Afrique* du 5 août 2007.

Quelle est donc cette « réalité » implacable à laquelle aucun président français ne peut échapper, fût-il grand adepte de la « rupture » ? La supposée « réalité » a pris le dessus sur la « rupture ». Cette « réalité », c'est la permanence des rapports ambigus entre la France et l'Afrique francophone dans le temps et dans l'espace, générateurs de toutes les incompréhensions entre Français et Africains, « réalité » liée à des intérêts géostratégiques et économiques.

Mais aujourd'hui, l'Afrique se trouve au cœur d'un nouvel enjeu géopolitique international. Le « pré carré » français en Afrique se trouve ainsi menacé dans cette nouvelle donne mondiale. « L'Afrique de papa m'a dit » au temps du règne de Christophe Mitterrand, « émissaire officieux » de son père François Mitterrand, ne doit pas voler en éclats. Comment, pour Nicolas Sarkozy, maintenir le rythme du discours livré aux Africains lors de son déplacement en Afrique durant la pré-campagne présidentielle ? Comment s'adresser aux dirigeants africains en prenant soin de ne pas les « bousculer » et préserver ainsi le « pré carré » et la « réalité » implacable dans la logique de ceux qui l'ont précédé ?

Voilà tout le dilemme de Nicolas Sarkozy. Face à cela, il a choisi la solution la plus facile. Un discours inspiré de la littérature exotique coloniale sur l'Afrique, qui n'ouvre pas de vrais débats politiques et économiques. Henri Guaino a fait lire au Président un discours qui plonge ses racines dans le sous-sol livresque d'une époque à jamais révolue : la « pensée philosophique » du XIXe siècle, de *La Raison de l'histoire*, du Hegel pour qui l'Afrique, comme le reprend justement le Président dans son discours, est « immobile » à travers l'« homme africain » qui « jamais ne s'élance vers l'avenir » ; la nostalgie de l'enfance africaine de Camara Laye[1] symbolisant une Afrique qui refuse de « lever la tête et regarder avec confiance l'avenir » ; la « négritude » de Léopold Sédar Senghor, objet de vives critiques dans les universités africaines. Voici autant d'auteurs mobilisés pour ce premier discours présidentiel en Afrique subsaharienne, loin des réelles préoccupations des Africains. À Dakar, les étudiants présents dans le grand amphithéâtre de l'université Cheik Anta Diop et non la « jeunesse africaine », auxquels le Président s'est adressé, voulaient, eux, entendre un autre discours, celui qui devait ouvrir les vrais débats politiques et économiques entre l'Afrique et l'Europe d'une part, entre le monde et l'Afrique d'autre part.

Ce premier discours présidentiel politico-mystico-historique ne fait pas avancer la réflexion en termes de rapports économiques entre le Nord et le Sud. Hormis les références philosophiques et historiques d'un autre âge sur l'Afrique, il n'y a point, dans le discours de Dakar, de questions qui induisent les enjeux économiques mondiaux d'aujourd'hui.

« L'immobilisme » des institutions internationales comme frein au développement de l'Afrique

L'Afrique n'est pas « immobile », ce sont les institutions économiques mondiales qui sont « immobiles », au sens propre comme au sens figuré. Face à la mondialisation, l'Afrique, tout comme l'Europe et la France, doit engager de nouvelles réflexions afin de relever de nouveaux défis économiques. Par exemple, pourquoi ne pas avoir proposé qu'à l'avenir on réfléchisse sur cette règle injuste non écrite qui réserve la direction du Fonds Monétaire International (FMI) à un Européen et la présidence de la Banque mondiale à un Américain ?

Le FMI est, en effet, le symbole même de l'« immobilisme » mondial. Les origines de cette structure financière internationale remontent à 1944, lors de la conférence de Bretton Woods. Là, les participants, alors en guerre contre l'Allemagne nazie, se mettent également d'accord sur la création d'une Banque Internationale pour la Reconstruction et le Développement (BIRD), qui deviendra une composante de la Banque mondiale en 1960, traditionnellement gouvernée par un Américain. Depuis ce temps, rien n'a changé dans la gouvernance de ces instances internationales. Voilà plus de soixante ans que le FMI est dirigé par un Européen. Ainsi avec l'élection du Français Dominique Strauss-Kahn à la direction de cette instance, la tradition qui veut que le poste soit occupé par un Européen est respectée. De quel côté se situe donc l'« immobilité » dont parle Nicolas Sarkozy à Dakar ?

Pourquoi ne pas revoir la représentation des pays pauvres du Sud au conseil d'administration, la revalorisation de leur droit de vote et l'adoption d'un mode décisionnel plus équitable au sein de cette structure financière internationale ? Censé œuvrer au développement mondial, le FMI compte actuellement 185 membres parmi lesquels une majorité de pays en voie de développement. « On trouve des administrateurs tout à fait capables dans les pays en voie de développement, il pourrait être logique de placer l'un d'entre eux aux commandes et de commencer à arracher nos institutions économiques mondiales à leur semi-colonialisme actuel[2]. » La France occupe déjà trois postes internationaux très stratégiques avec Pascal Lamy à l'Organisation Mondiale du Commerce (OMC), Jean Lemierre à la Banque Européenne de Développement et de Recherche (BERD), Jean-Claude Trichet à la Banque Centrale Européenne (BCE). De plus, les prêts à forts taux d'intérêts, accordés aux États en voie de développement par ces instances financières internationales, finissent par créer de véritables goulots d'étranglement. Dans ces conditions, l'Afrique ne pouvait que « mal partir[3] ».

Toutefois, cela ne veut pas dire que ces institutions constituent les seules causes du sous-développement des pays africains.

La part de responsabilité des chefs d'État africains et le viol de la souveraineté économique et politique

Les dirigeants africains ont aussi leur part de responsabilité dans ce système postcolonial entretenu par la France. L'Afrique, à travers ses dirigeants, a contribué à asseoir cette situation de rapports ambigus entre la France et les pays africains francophones. Les Africains sont d'autant plus coupables qu'ils ont laissé faire à leur place ce qu'ils devaient faire eux-mêmes. Autre exemple d'« immobilité » : le système monétaire inique du franc CFA, soutenu par la France et dans lequel s'enferment certains pays de l'Afrique de l'Ouest et de l'Afrique centrale depuis 1948. Ce système, né dans un contexte colonial, n'a jamais été remis en cause ni par la France ni par les élites africaines, car chacun y trouvait son compte. Les Africains qui commençaient à douter de son efficacité, se virent accusés d'être « à la solde d'une puissance étrangère », ou tout simplement jetés en prison, pour atteinte « à la sûreté de la nation », par leurs propres gouvernants avec la complicité, bien entendu, de l'ancienne puissance colonisatrice dont il fallait protéger les intérêts à tout prix. Aujourd'hui, cette logique économique postcoloniale « immuable » se perpétue. En effet, en contrepartie de la garantie d'un taux de change fixe entre l'euro et le franc CFA, les pays de la zone franc sont tenus de déposer une partie de leurs devises auprès du Trésor français, à hauteur de 20 % de couverture de l'émission monétaire. En outre, la libre convertibilité de la monnaie de chaque sous-zone, en l'occurrence la Banque des États de l'Afrique centrale, la Banque centrale des États de l'Afrique de l'Ouest et la Banque centrale des Comores, est garantie par l'ouverture d'un compte d'opération auprès du Trésor français où les banques centrales africaines, citées précédemment, doivent déposer 50 % de leurs avoirs extérieurs nets. Si le nouveau président français veut « aider » l'Afrique, comme il l'a laissé entendre au soir de son élection du 6 mai 2007, pourquoi la France continue-t-elle à gérer la monnaie de l'Afrique francophone ?

« Pour s'élancer vers l'avenir », les pays africains doivent disposer d'une totale indépendance économique, impossible à réaliser sans une maîtrise intégrale des instruments de la souveraineté étatique, dont la monnaie est le noyau. Le pouvoir économique ne confère-t-il pas le pouvoir politique ? L'endettement des pays africains, voulu d'une part par les dirigeants eux-mêmes, et entretenu d'autre part par les gouvernants occidentaux, illustre bien la subordination des souverainetés étatiques africaines. L'endettement devient ainsi un instrument de domination, réduisant la plupart des pays africains à des « puits » de matières premières et à des « trous » de produits manufacturés ou d'occasion. Les importations sont certes facilitées car les économies de la zone francophone disposent d'une monnaie rattachée de façon fixe à l'euro, mais avec un euro fort, notamment par rapport au dollar, les exportations de ces pays se trouvent lourdement entravées. Et les répercussions en terme de développement local sont évidemment négatives, car beaucoup de pays africains, surtout ceux de la zone CFA, privilégient les cultures exclusives d'exportation telles que le café, le cacao ou le coton… au détriment d'une stratégie agricole globale. Le « franc CFA colonial » n'a aucune incidence efficace sur le développement des pays africains dit « pauvres » ou « sous-développés ». Il incarne au contraire la monnaie des « Colonies Françaises d'Afrique » (CFA) du XXIe siècle ! Instrument économique et politique d'assujettissent des pays africains francophones !

Les dirigeants africains francophones n'ont pas compris ou font semblant de ne pas comprendre que ce système monétaire, mis en place par la France il y a un demi-siècle, participe au processus permanent de la colonisation. Inévitablement avec ce système monétaire, les produits locaux connaissent régulièrement des chutes vertigineuses. Les citoyens ordinaires africains et français ignorent l'existence de ce système monétaire inique. Au XXIe siècle – qui l'eût cru ? – les colonies françaises d'Afrique sont toujours d'actualité ! La connaissance de l'existence de ce système monétaire colonial appartient aux élites africaines et françaises qui en usent et en abusent. À ce niveau-là, comme tous ses prédécesseurs, le président français a sciemment occulté d'« ouvrir le débat » dans son discours de Dakar, un discours, dit-on, « fondateur » de la nouvelle politique africaine de la France qui, paradoxalement, est très loin des enjeux actuels du développement économique des pays africains.

Le quasi mutisme des médias français face au discours de Dakar

Le paradoxe n'est pas seulement dans le discours de Nicolas Sarkozy, il est aussi dans l'attitude des chefs d'État africains restés silencieux face à ce discours, des médias français qui ont observé une extrême discrétion à l'égard du

Président et dans celle des hommes politiques français, toutes tendances politiques confondues, qui n'ont pas exprimé la moindre indignation. Cela est révélateur de l'opacité des relations entre la France et les pays africains francophones. Pourquoi ce quasi-silence des chefs d'États africains sur le discours de Dakar ? C'est la question que l'on est en droit de se poser car ce discours est censé s'adresser à des peuples dont ils ont la responsabilité. Quelques personnalités politiques africaines, comme Alpha Oumar Konaté, président de la Commission de l'Union africaine, ont réagi. Pour lui, « le discours de Nicolas Sarkozy rappelle des déclarations fort anciennes, d'une autre époque[4] ». C'est ainsi que, sur invitation du Mouvement des entreprises françaises (Medef), à l'occasion de la tenue de son université d'été du 29 au 31 août 2007, le président de la commission africaine, qui s'était rendu en France, n'a pas été reçu par le président français, ni même invité à assister à l'intervention de ce dernier devant les patrons des grandes entreprises françaises. Depuis le discours de Dakar, les deux hommes politiques redoublent d'efforts pour ne pas se rencontrer !

Pourtant, Nelson Mandela, ancien leader de l'ANC et ancien président de l'Afrique du Sud, en tournée européenne pour promouvoir sa fondation de lutte contre le sida, a été accueilli le 3 septembre dernier à l'aéroport d'Orly par Nicolas Sarkozy, selon un protocole traditionnellement réservé aux chefs d'État en fonctions. En fait, on l'aura compris, quelques clichés avec le tombeur du système de l'apartheid ont des retombées médiatiques. Or cet homme qui a libéré son peuple du joug de la domination blanche, et que le président français s'est empressé de rencontrer ce jour-là, n'est-il pas « entré dans l'Histoire » ? Celui qui a passé plus de vingt ans dans les prisons de l'apartheid pour une cause noble, le combat pour la liberté, n'a même pas été cité une seule fois dans le discours de Dakar. L'occasion était donnée au travers de la plume d'Henri Guaino, rédacteur du discours, de rendre hommage à toutes les grandes figures emblématiques de l'histoire collective de l'Afrique, à Almamy Samory Touré de l'Afrique de l'Ouest, opposant farouche à la conquête coloniale, à Kwamé N'krumah, l'homme qui appelait à l'unité de l'Afrique, à Patrice Lumumba qui voulait une vraie indépendance pour son pays, le Congo, ancienne colonie belge, à Thomas Sankara, le révolutionnaire burkinabé, à tous ceux qui étaient animés par un même idéal commun, le développement de l'Afrique par elle-même.

L'ignorance de l'histoire africaine et l'inconscient collectif colonial

Pour Nicolas Sarkozy, ces combattants de la liberté pour l'Afrique, qui font partie de l'histoire collective africaine, n'ont pas existé « car [l'Europe] est l'appel de la liberté, de l'émancipation et de la justice et de l'égalité entre les hommes et les femmes. Car elle est l'appel à la raison et à la conscience universelles ». Henri Guaino est diplômé d'histoire et d'économie. Pour écrire le discours, cet historien a donc pioché dans les œuvres africaines telles que celles de Camara Laye ou de Léopold Sédar Senghor, écrites à l'époque du « soleil des indépendances » sous domination coloniale, et dans celles produites par des Européens en quête d'un certain exotisme en Afrique, sans aucun recul. S'il est vrai que ce discours traduit une méconnaissance de l'histoire africaine de la part d'Henri Guaino, il met aussi en évidence l'ignorance des Français en général. Car l'histoire de l'Afrique avant la pénétration coloniale ne s'enseigne pas dans les collèges et les lycées français, encore moins dans les universités ou les instituts d'études politiques tels que Sciences Po à Paris, d'où est sorti Henri Guaino. Autrement dit, c'est une partie de l'histoire de l'Afrique qui est sciemment occultée par la France, ancienne puissance colonisatrice.

La Troisième République française, de 1871 à 1940, avait poussé le déni de l'histoire africaine jusqu'à écrire que les « Gaulois étaient les ancêtres des Africains ». Demandez à un lycéen français de vous entretenir sur les systèmes d'organisation des royaumes africains avant la conquête coloniale française, il vous prendra pour un extra-terrestre ! Par contre, si vous interrogez un lycéen africain francophone sur la conquête coloniale, il vous livrera les moindres détails de celle-ci. L'histoire des peuples, écrite et instrumentalisée à des fins autres que scientifiques, fait le nid des incompréhensions entre les peuples, crée des exclusions ethniques et alimente le racisme. C'est dans ce réflexe de l'inconscient collectif colonial que le Français de tous les jours ne connaît l'Afrique qu'à travers « les guerres, la famine, la misère, la maladie », et son corollaire, l'aide humanitaire.

L'illusion de l'Aide publique au développement et le poids de l'endettement

Combien de temps va-t-on entretenir l'illusion que l'Aide Publique au Développement (APD) qui, parfois, se confond avec l'aide humanitaire, sortira le continent africain du sous-développement ? Les dirigeants africains n'ont encore pas compris que cette aide, au même titre que les dettes qu'ils contractent depuis les indépendances et qui lient les générations futures, est un instrument de domination politique, économique et idéologique de l'Occident. Il y a vingt ans, Thomas Sankara, le révolutionnaire burkinabé, assassiné en 1987 par ses frères d'armes, faisait le lien entre remboursement et néocolonialisme. « La dette sous sa forme actuelle est une reconquête savamment organisée de l'Afrique, pour que sa croissance et son développement obéissent à des paliers, à des normes qui nous sont totalement étrangers, faisant en sorte que chacun de nous devienne l'esclave financier, c'est-à-dire esclave tout court, de ceux qui ont eu l'opportunité, la ruse, la fourberie de placer les fonds chez nous avec l'obligation de les rembourser », dénonça-t-il dans son discours prononcé lors d'un sommet de la défunte Organisation de l'Unité Africaine (OUA), à Addis-Abeba, en juillet 1987. Le temps semble lui donner raison. Car, en 2002, dans son rapport intitulé « Le développement économique en Afrique. Endettement viable : oasis ou mirage ? », la Conférence des Nations Unies pour le Commerce Et le Développement (CNUCED) présentait des arguments économiques pertinents en faveur d'une annulation totale de la dette de l'Afrique. Selon ce rapport, entre 1970 et 2002, l'Afrique a reçu 540 milliards de dollars environ en prêts, mais, bien qu'elle ait remboursé près de 550 milliards de dollars en principal et intérêts, elle affichait encore un encours de dette de 295 milliards de dollars fin 2002. Le rapport conclut en ces termes : « Pour que l'Afrique puisse réduire la pauvreté de moitié d'ici à 2015, conformément aux objectifs du Millénaire pour le développement, il faut à tout le moins que les niveaux de croissance doublent pour s'établir à environ 7 ou 8 % par an pour la prochaine décennie, ce qui est financièrement incompatible avec les niveaux de service de la dette, actuels ou projetés[5]. » Même le montant des remises de dette, qui s'élèvent à environ 43 milliards de dollars pour les pays pauvres très endettés, parmi lesquels quatorze pays africains, accordées lors du sommet du G8[6] à Gleneagles en Écosse, ne suffit pas à desserrer l'étau de la dette africaine. Comme on peut le constater, ce discours d'un révolutionnaire visionnaire reste toujours d'actualité : il est à l'antipode de celui de Nicolas Sarkozy.

Il faudrait se poser la question de savoir pourquoi « l'Afrique a toujours faim » alors qu'elle est riche. Les causes du « mal de l'Afrique » ne sont pas celles relevées dans le discours de Nicolas Sarkozy. Les causes du mal africain sont profondes, elles sont endogènes et exogènes. La supposée « mission civilisatrice » de l'Occident a inculqué dans le mental de l'Africain la notion de la « différence » avec l'homme blanc. Pour Albert Memmi, « l'utilisation de la différence contre autrui, et afin de trouver profit dans cette stigmatisation, a légitimé la colonisation. Les colonisateurs ont expliqué, légitimé leur présence dans les colonies par les soi-disant carences du colonisé. Cette colonisation fut un système de rapines[7] ». Le président français a valorisé cette « différence » dans son discours de Dakar en affirmant que « la civilisation musulmane, la chrétienté, la colonisation, au-delà des crimes et des fautes qui furent commises en leur nom et qui ne sont pas excusables, ont ouvert les cœurs et les mentalités africaines à l'universel et à l'histoire ». Comme si l'Afrique n'avait pas connu de grandes civilisations[8].

La logique coloniale et postcoloniale des médias français

Les médias français ont été dans l'ensemble les grands absents de l'analyse critique du discours de Dakar, même si quelques-uns ont fait exception en ouvrant les colonnes de leur rédaction à des réactions, diverses certes, mais très limitées. Ce fut une goutte d'eau dans la mer médiatique française. Souvent, sans intervention ni censure des pouvoirs en place, les médias français se verrouillent eux-mêmes, s'autocensurent sur certaines questions de société, notamment celles relatives aux relations franco-africaines comme au temps de la colonisation africaine. La presse était alors l'outil de propagande de la politique coloniale dans la métropole. Les temps ont changé, mais la presse française n'a pas changé. Elle évolue dans la même logique postcoloniale que les élites gouvernantes : la prétendue pensée bienfaitrice de l'œuvre « civilisatrice de la colonisation ».

Excepté quelques journaux ou revues françaises, les hebdomadaires, radios et grandes chaînes de télévision ont occulté le discours de Dakar. Prompts à organiser des débats de société lors des campagnes électorales, sur ce sujet-là ils se sont tus. Dans de telles conditions de mutisme, il semble difficile d'ouvrir des débats de fond sur les relations franco-africaines et d'amener ainsi le citoyen français à en cerner les aspects ambigus. Un exemple illustre cette triste réalité, celui de l'organisation de « trois jours de débats, d'expression, d'échanges » par le quotidien français *Libération* du 13 au 15 septembre 2007, où sur les cinquante thématiques d'échanges ne figurait aucune question ayant trait aux relations franco-africaines, et cela tout juste deux mois après le discours de Dakar. Pourtant y figurait le thème « Accueillir la misère du monde », allusion à cette célèbre phrase de Michel Rocard à une autre époque de lutte contre l'immigration subsaharienne en France. Une fois encore, les pays du Sud, en particulier les pays africains avec leurs populations « pauvres, malades et misérables », seront au cœur des débats du misérabilisme et du compassionnel occidental. Pendant ce temps, les vrais problèmes ne seront pas abordés dans une dynamique de réflexion globale sur les rapports Nord-Sud. C'est la logique de ceux qui veulent penser pour les autres, tel Nicolas Sarkozy qui à travers son discours pense pour les Africains. Les médias français ne parlent de l'Afrique que lors de catastrophes dites « humanitaires » comme la crise du Darfour, lors des guerres civiles ou quand il s'agit de l'immigration clandestine. Mais il n'y a pas un mot dans les médias sur les initiatives locales des populations en terme de développement économique, malgré l'adversité de l'environnement dans lequel elles vivent.

Ils sont nombreux, les Français qui ne savent même pas que des élections législatives sont organisées en Afrique car la « démocratie n'est pas faite pour l'Afrique », selon une certaine élite française. Les médias n'en parlent pas, à part quelques timides incursions de couverture médiatique sur les élections en Afrique du Nord, c'est-à-dire le Maghreb, comme s'il y avait deux Afriques. Aujourd'hui, le Français connaît l'Afrique à travers le prisme des médias ; mais, avant l'ère médiatique, « la traite négrière et l'esclavage », dont parle Nicolas Sarkozy dans son discours, ont forgé l'inconscient collectif colonial de tout un peuple. L'Exposition universelle de 1936 avec son zoo humain d'Africains attira de nombreux visiteurs sans que personne songeât à s'élever contre cette organisation en France, terre de la Déclaration des droits de l'homme.

Une politique française étrangère à géométrie variable

Le discours du président français s'articule aussi en fonction de l'ethnocentrisme européen qui sévit depuis l'époque coloniale. Qu'aurait-on dit si le président américain, George W. Bush, avait dit aux Français : « Vous vous accrochez désespérément à votre esprit de gaullisme dépassé en refusant de faire partie intégrante de l'Otan[9]. Soyez atlantistes, c'est la seule voie pour protéger la France de ce monde qui devient de plus en plus dangereux » ? Évidemment, de tels propos du président américain auraient mis le feu au débat. Mais la classe politique française et les « intellectuels », mis à part quelques-uns, n'ont pas jugé nécessaire de manifester la moindre critique sur le discours de Dakar. Politiquement, le sujet n'est pas porteur sur le plan électoral et la droite comme la gauche mènent la même politique africaine depuis un demi-siècle. Seul le débat sur l'« immigration » intéresse, à cause de son fort enjeu électoral, d'où le système de deux poids, deux mesures en terme de politique extérieure française.

En ce début du quinquennat présidentiel sarkozyen, la France a un double discours en politique étrangère, qui tient compte de la donne du moment. En effet, du général Charles de Gaulle à Jacques Chirac en passant par Valéry Giscard d'Estaing et François Mitterrand, la politique extérieure de la France sous la Cinquième République à l'égard des États-Unis s'est plus ou moins construite sur une logique de non-alignement. Or, depuis son élection, le nouveau président a amorcé un tournant dans les rapports de la France avec les États-Unis, choisissant une politique d'alignement sur ce pays. Il remet en cause la relation franco-américaine en tournant le dos à près de cinquante ans de politique extérieure. Des exemples illustrent ce choix du nouveau président. C'est ainsi que le 19 août Bernard Kouchner, ministre des Affaires étrangères, se rend à Bagdad, en Irak, sans demander le retrait des troupes américaines dont l'intervention a réduit à néant les efforts de la communauté internationale pour contrôler la prolifération d'armes de destruction massive. L'ex-socialiste avait même, lors d'un passage à Bagdad, appelé à la démission du Premier ministre irakien, Nouri al-Maliki, en omettant de désigner les vrais responsables de cette catastrophe géopolitique, tels George Bush ou Donald Rumsfeld. Le 11 septembre, c'est au tour d'Hervé Morin, le ministre de la Défense, de demander à la France d'être le « bon élève de l'Otan » afin d'« en tirer les bénéfices », attitude qui se traduit comme un désaveu de la politique de l'ancien président Jacques Chirac envers l'Irak. Comment le « pays des droits de l'homme » peut-il s'aligner sur la politique étrangère américaine, aux conséquences chaotiques, dans cette partie du Moyen-Orient ?

Si l'attitude du président français, de ses ministres des Affaires étrangères et de la Défense est la preuve d'une certaine « rupture » avec la politique d'indépendance de la France vis-à-vis de la politique étrangère américaine, il n'en va pas de même par rapport aux pays africains francophones. Le discours de Dakar, qui en est la preuve, au lieu d'aborder les vraies questions de la politique africaine française, a plutôt servi à faire l'exégèse des supposés défauts naturels des Africains. Pourquoi tant de fascination pour George W. Bush, celui-là même qui a « menti au monde et au peuple américain », et tant de condescendance et d'arrogance pour les Africains ? Les Africains sont ceux à qui l'on peut se permettre de « tout dire » sans complexe, mais il faut « ménager » les « puissants » de ce monde que sont les États-Unis. L'Africain est ce « damné de la terre » à qui « jamais il ne vient à l'idée de sortir de la répétition pour s'inventer un destin », alors que les « puissants » de ce monde sont ceux qui vont en guerre et occupent des pays comme l'Irak ou l'Afghanistan, en foulant aux pieds les principes de base du droit international. L'Afrique, et plus particulièrement l'Afrique francophone, demeure le lieu de tous les fantasmes géopolitiques et stratégiques. En clair, pour le président français, il n'est pas question de rompre le *statu quo* postcolonial, contrairement à sa nouvelle posture par rapport aux États-Unis.

L'Afrique, nouvel enjeu géopolitique et économique dans le jeu de la mondialisation

Les récents événements qui se sont déroulés dans certains pays africains subsahariens, où la France a joué un rôle de premier rang, témoignent de cette réalité : ne pas perdre la maîtrise d'un certain « pré carré français ». Ce dernier doit rester « immobile » pour protéger les intérêts français face à de nouveaux « prédateurs » aux dents très longues, tels que la Chine ou les États-Unis. Les anciennes colonies françaises demeurent incontournables dans le jeu commercial international. Les entreprises en France et leurs différentes succursales installées en Afrique vendent aux anciennes colonies leurs produits finis de plus en plus cher, en transformant des matières premières achetées à ces mêmes anciennes colonies au même prix depuis des décennies. Ainsi, pour respecter cette logique de dominant-dominé, les transports aériens avec la compagnie Air Afrique ont

« plongé » pour faire place à Air France. Le transport ferroviaire, les productions agricoles et minières, les concessions d'exploitation de l'eau, de l'électricité ou de télécommunications représentent autant de domaines qui ont toujours intéressé l'ancienne métropole. Le contenu du *Rapport pour le président de la République sur la France et la mondialisation* de l'ancien ministre français socialiste des Affaires étrangères de François Mitterrand, Hubert Védrine, illustre bien cette situation. Dans ce rapport remis à Nicolas Sarkozy le 4 septembre 2007, l'ex-ministre ne consacre qu'une page sur soixante à la politique africaine de la France, où il préconise, en substance, de résister aux « tentations d'abandon ». Voilà pourquoi certains chefs d'État africains ne seront pas « abandonnés », malgré un souffle nouveau censé animer la politique française en Afrique. Les exemples sont parlants. Le Tchad, pays pétrolier miné par des rébellions à répétition, suscite la convoitise de « nouveaux prédateurs » comme la Chine, dont le bras armé, en Afrique centrale, est le Soudan. C'est ainsi que, lors de sa visite en France le 21 juillet 2007, le président tchadien Idriss Déby Itno obtient la garantie que l'armée française continuera de surveiller la zone rebelle à la frontière entre le Tchad et le Soudan.

L'organisation non gouvernementale Human Rights (HRW) met en cause l'armée française dans la guerre civile plus ou moins larvée en Centrafrique, qui oppose, depuis 2005, des groupes armés aux forces fidèles au président centrafricain, François Bozizé. Ce dernier a bénéficié d'un appui déterminant dans sa reconquête des villes du Nord, prises par les rebelles en novembre 2006. Depuis plusieurs années, la France maintient en Centrafrique un dispositif militaire, l'opération « Boali », de près de quatre cents hommes, tout comme au Tchad où sont stationnés plus de mille militaires depuis l'opération « Épervier » mise en place par François Mitterrand en 1986. À côté de ces dispositifs aux noms très évocateurs, des bases militaires permanentes ont été installées dans les années 1960 en Côte-d'Ivoire, au Gabon, au Sénégal dans le cadre d'accords de défense, devenus aujourd'hui obsolètes. Ces bases permanentes et ces dispositifs armés participent non seulement de la pérennisation du système « Françafrique », mais cherchent aussi à maintenir l'équilibre géopolitique des anciennes zones françaises et la stabilité des pays producteurs de matières premières exportables. D'ailleurs, au printemps 2006, Michèle Alliot-Marie, alors ministre de la Défense, justifiait une intervention militaire française dans le cadre du conflit du Darfour par la « position centrale du Tchad, point d'ancrage très fort pour la stabilisation du continent dans son ensemble ». Mais que diraient les Français si des forces militaires chinoises étaient stationnées sur le sol français ?

Une vision « balkanisée » et étriquée de l'Afrique

Les contradictions de Nicolas Sarkozy, nées de l'ignorance de son nègre officiel Henri Guaino, sont encore très profondes si l'on observe de près la vision que les deux hommes ont de l'Afrique. Nicolas Sarkozy a en effet une vision assez « balkanisée ». Une balkanisation à sa façon quand il dit : « À ceux qui, en Afrique, regardent avec méfiance ce grand projet de l'Union méditerranéenne que la France a proposé à tous les pays riverains de la Méditerranée, je veux dire que, dans l'esprit de la France, il ne s'agit nullement de mettre à l'écart l'Afrique. » Après le morcellement politique en petits États africains dominés par le chancelier allemand

Bismarck au XIXe siècle, Sarkozy propose une Afrique divisée en deux parties. Au nord, l'Union méditerranéenne regroupant les pays africains du Maghreb ; au sud, l'Afrique subsaharienne. Comme si, dans sa « vision africaine », il y avait « deux Afriques ». C'est ainsi que pour les pays africains au sud du Sahara, il ressort le vieux concept d'« Eurafrique » datant des années 1950, repris dans son discours point par point sans même en citer la source. « Personne, apparemment, ne lui a dit que cette "trouvaille" d'Henri Guaino était en réalité une tarte à la crème des années 1950 et un concept néocolonial présenté à l'époque comme un projet alternatif aux indépendances et une tentative de relégitimation de la présence française en Afrique. L'Eurafrique est depuis tombée aux oubliettes de la petite histoire[10]. »

Nicolas Sarkozy propose le « codéveloppement » pour les pays africains au sud du Sahara et un autre type de « partenariat privilégié » avec ceux situés au nord, c'est-à-dire les pays du Maghreb. Les uns, en l'occurrence certains chefs d'États africains tels qu'Idriss Déby Itno du Tchad, Omar Bongo Ondimba du Gabon ou encore François Bozizé de la Centrafrique, se rendirent à l'Élysée pour être reçus par le tout nouveau président ; les autres, du Nord, comme Bouteflika d'Algérie ou Kadhafi de Libye, restèrent chez eux pour recevoir Nicolas Sarkozy. Le président libyen s'est rendu en France en décembre 2007 pour signer des accords commerciaux et entériner une coopération en matière de nucléaire civil. Quel chef d'État de l'Afrique francophone subsaharienne s'est vu proposer de telles opportunités de coopération ? Mouammar Kadhafi ainsi que d'autres dirigeants de l'Afrique du Nord sont traités en fonction de la consistance de leur portefeuille. Les avions Rafale de l'avionneur français Dassault, après l'échec de leur vente au

Maroc, pourraient intéresser le « Guide » libyen. Ces deux démarches de Nicolas Sarkozy n'ont pas la même valeur symbolique. Et certains dirigeants africains mettront du temps pour le comprendre. Les enseignements de cinquante ans d'histoire ne sont pas encore tirés, comme l'a prouvé le discours de Nicolas Sarkozy à Dakar. Ceux qui rêvaient d'une certaine « rupture » en matière de politique africaine de la France en ont été pour leurs frais.

Pourquoi poser la question de la « bonne gouvernance » à Libreville lors du séjour présidentiel au Gabon et occulter en même temps le système de gouvernance de la Banque mondiale dont l'affaire Paul Wolfowitz se révèle un exemple frappant d'opacité ? Les conséquences furent désastreuses pour cette institution financière internationale. De même, le Français Yves Rolland Billecard, appelé dans les années 2000 pour « sauver » la moribonde compagnie aérienne continentale Air Afrique, s'était donné les moyens de l'« achever ». Nicolas Sarkozy n'a pas pour mission de sauver une compagnie africaine en faillite. Ce que je veux faire remarquer, c'est que les temps changent, mais le comportement de la France à l'égard de l'Afrique reste immuable. Ce comportement s'illustre, avec le discours de Nicolas Sarkozy, dans une logique de continuité du « paternalisme gaulliste ». Comme le « bon samaritain » Yves Rolland Billecard, il faut « sauver » l'Afrique car, dit Sarkozy, « jamais l'homme africain ne s'élance vers l'avenir ». Le Président croit faire le bon diagnostic du « mal africain » et proposer ainsi un remède comme le fit Yves Rolland Billecard avec Air Afrique. Ce fut plutôt du cyanure que cette dernière avala. Comme d'habitude, les Africains ont mis du temps pour comprendre les enjeux de cette intervention française « pour voler au secours d'Air Afrique ». Quand les pays africains francophones « vont mal », il faut proposer des « solutions françaises ». Or ces solutions sont toujours équivoques. La pratique de la politique africaine de la France est un exemple évident de cette ambiguïté des relations franco-africaines.

Les discours crépusculaires sous la Cinquième République

La violence symbolique des mots et les discours crépusculaires ont toujours été une constance de la Cinquième République française dans ses rapports avec une partie de l'Afrique. Y aurait-il donc plusieurs types de discours selon l'interlocuteur que l'on a en face de soi ? S'il faut « choquer » pour « ouvrir le débat » comme au temps de la campagne présidentielle, le Président, dans son discours de Dakar, s'est trompé d'époque, de sujets. Il a versé dans la violence symbolique des mots, en quête d'une légitimité politique en Afrique et dans la continuité du comportement politique de ses prédécesseurs de la Cinquième République. Continuité des discours de 1946 et 1958 du général de Gaulle à Brazzaville au Congo, qui furent les signes annonciateurs du « soleil des indépendances » des anciennes colonies françaises ; ou de celui de François Mitterrand à La Baule en 1990 annonçant le « soleil des démocraties africaines » pour les ex-colonies françaises. Eux aussi se révélèrent en décalage total avec les réalités africaines et furent sans effet. Nicolas Sarkozy a tenu un discours à la fois néoconservateur et néocolonial sur l'Afrique, en phase avec une partie de son électorat qui s'inquiète de l'afflux d'immigrés en France.

Le président français a lui aussi cédé aux « chants du crépuscule » de Victor Hugo, et les Africains continueront à écouter pendant longtemps la longue, la très longue litanie des discours crépusculaires. Comme l'affirme Vincent Hugeux dans *L'Express* : « La rupture peut attendre car le chef de l'État n'a pas tourné le dos à la Françafrique. » Et l'on peut ajouter à la suite de cette remarque que les dirigeants africains francophones, eux non plus, ne veulent pas « tourner le dos » à l'ancienne puissance colonisatrice. Le complexe politico-colonial des dirigeants africains a encore de beaux jours devant lui !

Notes

1. Camara Laye, *L'Enfant noir*, Paris, Plon, 1953.

2. *The Guardian*, Londres, juillet 2007.

3. René Dumont, *L'Afrique noire est mal partie*, Paris, Seuil, 1962.

4. *Jeune Afrique* n° 2430, 5 au 11 août 2007.

5. Rapport de la Cnuced, « Le développement économique en Afrique. Endettement viable : oasis ou mirage ? », 2002.

6. Sommet du G8 comprenant les États-Unis, la Grande-Bretagne, la France, l'Allemagne, l'Italie, le Canada, le Japon et la Russie, qui a eu lieu du 6 au 8 juillet 2005 à Gleneagles, en Écosse.

7. Albert Memmi, *Le Racisme*, Paris, Gallimard, 1982, p. 44-45.

8. Environ 5 000 ans avant J.-C., des civilisations perfectionnées voient le jour en Nubie, dans la vallée du Nil, et s'étendent progressivement aux plateaux éthiopiens et aux pays du Tchad et du Niger.

9. OTAN : Organisation du Traité de l'Atlantique Nord, créée en 1949 sur initiative des États-Unis au temps fort de la guerre froide, pour faire face à toute menace soviétique.

10. François Soudan, *Jeune Afrique*, n° 2430, 5 au 11 août 2007, p. 43.

Consternation

Adama Sow Diéye

Adama Sow Diéye est née le 14 Septembre 1954 à Rufisque, Sénégal.

Elle a suivi des études primaires et secondaires à Thiès et est lauréate du Concours Général Sénégalais en 1971, premier prix de latin, premier prix de grec et premier accessit de français.

Titulaire d'une maitrise ès Lettres à l'université de Dakar (1976) et d'un doctorat du troisième cycle à l'université Paris IV Sorbonne (1980), elle enseigne à l'université Cheikh Anta Diop de Dakar depuis octobre 1981, actuellement en tant que maitre-assistant au département de Lettres modernes.

Laissons aux historiens le soin de placer les propos de M. Sarkozy dans la pleine lumière de la diachronie et de la mémoire. Laissons aux philosophes le soin de montrer ce que ce discours emprunte à la vision hégélienne d'une Afrique an-historique ou radicalement en dehors de la marche du monde.

Je voudrais étudier ce discours simplement comme un texte, c'est-à-dire sur le plan de sa propre cohérence, *sui generis*.

Une première remarque d'ordre général, au plan de la logique d'ensemble du discours : que de difficultés à trouver le ton juste ! Entre la componction du frère civilisé, adoubé par des siècles de rationalité, et le mépris finalement étalé pour ceux qui n'ont pas encore compris qu'ils font partie du monde, difficile de garder l'équilibre ! Nous avons donc, de ce fait, l'alternance toute « coloniale » du compliment et de l'invective, version sarkozyenne du bon vieux procédé de la carotte et du bâton.

Et pourtant, ce n'est pas faute d'avoir révisé les classiques de ce qui ne s'appelait pas encore la communication, mais qui a toujours servi à persuader et à convaincre, donc à vaincre aussi.

« Le secret est d'abord de plaire et de toucher. » Ce n'est pas à M. Sarkozy qu'il faut rappeler ces mots de *L'Art poétique* d'un autre Nicolas, bien plus illustre. Cela explique que dès l'entame de son discours, l'orateur se soit prémuni de ce que la rhétorique classique nommait *captatio benevolentiae*, ou art de s'attirer une écoute favorable. Le malheur est que celle-ci soit particulièrement suspecte, car de quoi se protège-t-on en utilisant cette formule : « Moi, j'aime l'Afrique. J'aime les Africains » ?

Chat échaudé craignant l'eau froide, les auditeurs du président français ont dû, malgré eux, se remémorer la formule qui avait cours il n'y a pas si longtemps et qui préludait aux pires insanités concernant les Noirs. Je renvoie ici aux romans de Ferdinand Oyono, subtil analyste de la duplicité coloniale. Mais il s'agit d'endormir la méfiance pour passer au plat de résistance, véritable tissu d'affirmations gratuites qui vont jusqu'aux pires contre-vérités.

D'abord, l'Afrique et le mystère : zone du monde qui échappe à la rationalité, l'Afrique vue par M. Sarkozy est celle des voyageurs anciens nourris de récits terribles dans lesquels la confusion est faite entre terres inconnues, couleur de peau spécifique et contrées baignées de ténèbres... Autant dire qu'il s'agit d'une Afrique mythique, impénétrable et pleine de périls. Est-ce le frisson de peur qui prend le voyageur intrépide, lui faisant oublier les éléments les plus simples d'une science appelée géographie ? Il y a, d'après M. Sarkozy, un mystère à se reconnaître africain ! Mais que dirait Descartes ? Le simple bon sens – la chose du monde la mieux partagée – montre à un Africain qu'il retrouve les mêmes coutumes, faciès et autres éléments très concrets, en sortant des frontières qui délimitent les États actuels. Il y aurait une « foi mystérieuse » qui nous rattacherait à l'Afrique, c'est-à-dire un lien irrationnel. Faut-il rappeler qu'il y a longtemps que les Africains ont compris qu'ils n'étaient pas seuls au monde, comme le montre de manière ironiquement subversive Ferdinand Oyono dans un livre publié avant l'indépendance, *Le Vieux Nègre et la médaille* (10/18, 1956, 2006) ?

J'ai choisi de ne pas parler de l'Histoire, mais M. Sarkozy ne peut pas faire l'injure à son auditoire de penser qu'il n'a aucune idée ni souvenir des luttes menées par les panafricanistes. Supposons que ces étudiants n'ont qu'une vague idée de leur propre histoire. Mais peut-on se permettre de régler la question de la traite négrière, celle de la colonisation, avec un argument aussi imparable que celui de la bonne foi ? Difficile d'appliquer à ceux qui ont conquis l'Afrique les paroles apaisantes des Écritures : ils ne savaient pas ce qu'ils faisaient. Mais il s'agit d'aller vite et on règle de deux coups de cuiller à pot un contentieux de plusieurs siècles d'exploitation. Selon les moments, il sera fait éloge ou reproche des mêmes qualités, semant le doute et la confusion. Comment en effet concilier les deux termes de cette équation : « Vous n'avez pas à avoir honte des valeurs de civilisation qui sont les vôtres », et : « La part d'Europe en vous est l'appel à la raison et à la conscience universelles » ? Ou bien la part intrinsèque des cultures africaines est tout aussi digne de considération que celle des autres humains et participe donc de ce fait « à la raison et à la conscience universelles » ; ou, à l'inverse, il faut croire qu'il y a lieu de rejeter et d'avoir honte de cette part de nous : CQFD ! L'orateur embrouillé dans sa rhétorique livre le fond de sa pensée. Sans l'Europe donc, l'Afrique n'aurait rien des attributs les plus manifestement universels de l'espèce humaine. Le désir de liberté, la conscience claire que céder à la force ne signifie pas que celle-ci prime le droit, tous les documents sur la traite des esclaves, et même un simple détour par Gorée, auraient suffi à en convaincre M. Sarkozy. Les écrits des administrateurs coloniaux, à eux seuls, suffiraient à montrer l'existence de cette volonté de ne jamais déchoir, même vaincus, même régentés par un nouvel ordre du monde – je pense à la notion de suicide d'honneur en l'occurrence.

Autre affirmation aussi gratuite, qui témoigne d'une erreur frôlant le mépris, celle qui évoque le paysan africain, vivant « depuis des millénaires avec les saisons ». Est-ce que par hasard le paysan de la Beauce ne vivrait pas avec les saisons ? Y a-t-il de la part du paysan africain rejet de la modernité, farouche attachement aux instruments archaïques ou refus de tout confort ? La méprise est totale. Le paysan africain vit son siècle, du moins quand les produits de la technologie sont à sa portée. M. Sarkozy reprend l'erreur commise par l'un de nos politiciens qui, un jour d'inspiration électorale, dessinait pour les paysans sénégalais une image du confort qui fit beaucoup rire dans les chaumières. On pourrait rire si cela ne procédait pas d'une démarche pernicieuse qui consiste d'abord à affirmer l'existence d'une différence essentialiste pour ensuite insister sur le fait qu'il faut en garder à tout prix les marques.

Sur la jeunesse africaine et l'émigration, après avoir dit que cette jeunesse aspire à découvrir le monde, que fait M. Sarkozy ? A-t-il l'honnêteté de dire pourquoi cette jeunesse affronte la mort en toute connaissance de cause ? On aurait compris que le président français, qui prétend inaugurer une rupture bénéfique en parlant le langage de la vérité, reprenne les mots de l'un de ses prédécesseurs sur l'impossibilité pour les pays riches de prendre en charge la « misère du monde ». C'eût été une preuve de sa volonté de parler vrai et de refuser la langue de bois. Les jeunes Africains qui prennent la mer ne partent pas pour découvrir le vaste monde ni pour étudier ; à l'inverse de générations précédentes férues de culture française, ils n'ont rien à faire des trésors des millénaires de civilisation européenne, leur idéal de vie n'est pas de ressembler à M. Sarkozy. Il s'agit pour eux de restaurer l'espoir, pas au seul niveau individuel, mais pour toute une famille qui n'attend plus rien des politiques. Or peut-on parler de la situation actuelle de la plupart des pays africains sans parler du rôle majeur des puissances coloniales, dont la France ? M. Sarkozy accomplit la prouesse d'escamoter la réalité de ce qui a été appelé « Françafrique » et choisit de parler d'une France abstraite, « amie indéfectible », prête à aider au changement. *Quid* du rôle de la France, partie prenante au plan économique, impliquée dans le soutien actif aux dirigeants que M. Sarkozy semble désigner du doigt ?

Nous sommes dans une posture proche de l'imposture : la France n'est pas responsable de vos malheurs, mais le jour où vous voudrez que tout change, elle sera à vos côtés ; souffrez en attendant que la France soit aux côtés de ceux dont, par ailleurs, ont été affirmées toutes les tares.

L'art de l'ambivalence porté à son sommet se manifeste constamment, comme un mode de fonctionnement mental : à vous de faire l'unité de l'Afrique, mais il ne faut pas refuser le monde ! Cela serait cocasse si on n'atteignait pas au tragique : rejetés de partout, les jeunes émigrants et leurs congénères se voient adjurer de se considérer comme citoyens du monde.

Autre lieu commun erroné : le prétendu goût du tragique. Ces aventuriers cherchent-ils autre chose que le bonheur, entendu – et c'est peut-être ce qui peut décontenancer l'orateur – comme le bonheur d'un ensemble dépassant le seul individu qui met en jeu sa vie ? Le bonheur pour chacun des rescapés interrogés, ç'aurait été d'aborder en terre promise, de trouver le moyen de gagner quelque argent pour sortir de la misère toute une famille ; autrement dit tenter de suppléer, par l'initiative individuelle, aux carences des États.

Les références littéraires de M. Sarkozy ne sont pas moins désastreuses. Je tiens en effet l'orateur pour responsable de ses propos, même s'il a dit le discours d'un autre – j'apprends d'ailleurs de manière fortuite qu'il a eu ce texte en mains propres pendant cinq heures.

Deux exemples montrent la légèreté avec laquelle les mots sont utilisés, la volonté de faire un effet : ainsi Rimbaud, « Africain » parce qu'il donne des couleurs aux voyelles ! Afrique rime avec couleurs et donc dénaturons allègrement Rimbaud, le poète qui se proclamait nègre au sens de rebelle, de sauvage rétif à la religion, à la civilisation et à la morale de son milieu. Rimbaud s'est pourtant clairement expliqué sur la question. Mais il s'agit de trouver un lien avec Senghor, figure du panthéon littéraire africain. Par un usage scandaleux du détournement, on pille un poème comme « Prière aux masques » qui devient une sorte de facétie de collégien africain, amateur de couleurs vives – regardez les cartes postales qui représentent les marchés africains ! De ce qui se voulait comme exemple d'un lien cultuel important, d'un espace religieux majeur, l'on fait une saynète ridicule destinée aux touristes.

Enfin, M. Sarkozy n'a pas lu *L'Enfant noir* – ce qui est concevable – mais imaginez, monsieur, que quelque barbare s'avise de citer le beau livre de Vercors, *Le Silence de la mer* et, porté par le titre, de prétendre qu'il s'agit d'un magnifique texte encensant les vertus du bronzage intégral ! La confusion commise par le président français est quasiment du même ordre. Porté par son élan lyrique, l'orateur a besoin d'une chute digne de ses développements antérieurs. Quel plus bel effet que de frapper l'esprit des auditeurs par un titre évocateur ? Malheureusement pour l'amoureux des belles lettres, *L'Enfant noir* présente une vision d'une telle sérénité qu'il y a eu à son sujet une dispute célèbre qui a impliqué Senghor. Or il urge de terminer ce beau discours en mettant M. Sarkozy dans le rôle du chevalier qui va sauver l'Afrique par le biais de son avatar – au sens ou l'utilisent les nouvelles technologies. Ce qui crée l'erreur monumentale, c'est une lecture pour le moins rapide du titre mis en corrélation avec le contexte de parution du roman. Qu'est-ce qui appelle malheur et consternation, sinon le titre ? Nulle part, l'enfant en question ne baisse la tête, accablé par la douleur… d'être noir ? d'avoir été colonisé ? d'être victime du mépris ?

Intéressante confusion, l'enfant noir est heureux et il finit son cursus en allant se perfectionner dans une usine française de renom. Aujourd'hui, probablement devrait-il prendre une pirogue pour tenter l'aventure. L'Afrique n'a pas beaucoup avancé, semble signifier ce constat. Mais son colonisateur ?

Le discours de M. Sarkozy reprend, bien malgré lui, la fameuse question : « Comment peut-on être persan, ou nègre, ou africain ? » Malheureusement, il est impossible d'en faire une lecture au second degré, à quoi nous invite le texte de Montesquieu. Il témoigne en effet d'une impossibilité à comprendre que les Africains ne sont pas une entité particulière, énigmatique et dont les aspirations différeraient de celles des autres composantes de l'humanité. Dans quelle partie du monde les hommes se pensent-ils d'abord autrement que comme « les humains par excellence », même si l'étape suivante consiste à comprendre que les autres ne sont pas moins respectables ?

Méka, le héros du roman de Ferdinand Oyono cité plus haut, *Le Vieux Nègre et la médaille*, répondait au discours fraternel du « chef des Blancs » en l'invitant à venir au village partager le bouc, instaurant l'égalité et le respect mutuel dans un monde colonial où ces qualités n'étaient proclamées que pour être démenties par les faits.

Un texte déjà ancien de Césaire affirme le caractère figé des rapports entre colonisateur et colonisé : « Dans la société coloniale, il n'y a pas seulement une hiérarchie maître et serviteur ; il y a aussi, implicite, une hiérarchie entre créateur et consommateur. Le créateur des valeurs culturelles, en bonne colonisation, c'est le colonisateur. Et le consommateur, c'est le colonisé. Et tout va bien tant que rien ne vient déranger la hiérarchie. » Est-ce un rêve irréalisable si je me prends à imaginer que l'un de nos présidents aille rendre la monnaie de sa pièce à M. Sarkozy et entreprenne de remonter les bretelles à ceux qui se croient encore en pays conquis chez nous ?

Mais celui qui vous prête des yeux a tout loisir de vous indiquer ce qu'il faut regarder. C'est une formule venue de l'Afrique ancienne, qui n'a de toute évidence rien à voir avec une quelconque rationalité… jusqu'au jour où les Africains se donneront les moyens de regarder avec leurs propres yeux.

Le discours de M. Sarkozy est une relecture, biaisée, de trois siècles de violence et de mensonge, et n'inspire que ce mot : consternation.

La vision de l'Afrique chez les présidents de la Cinquième République française

Odile Tobner

Professeur agrégé de lettres, épouse de l'écrivain Mongo Beti, Odile Tobner a créé puis dirigé avec lui, de 1978 à 1991, la revue bimestrielle *Peuples noirs - Peuples africains*. Elle s'occupe, depuis 1993, de la Librairie des peuples Noirs à Yaoundé (Cameroun). Elle est en outre présidente de l'association Survie depuis septembre 2005.

Ses principales publications :

Dictionnaire de la négritude, avec Mongo Beti, L'Harmattan, 1989.

Revue *Peuples noirs - Peuples africains*, consultable sur www.mongobeti.org

Négrophobie, avec Boubacar Boris Diop et François-Xavier Verschave, Les Arènes, 2005.

Du racisme français, Les Arènes, 2007.

Les six présidents qu'a connus la Cinquième République française se sont tous dits amis de l'Afrique. Mais l'examen de leurs propos et de leurs actes nous instruit sur le véritable rapport entretenu par la France avec ceux qu'elle a tenus si longtemps sous le joug de la colonisation. Le moins qu'on puisse dire, c'est que ce rapport est loin d'être clair. Il y a encore du chemin à faire pour parvenir au respect, qui vaut beaucoup mieux dans les relations entre États que l'amitié. N'est-ce pas le plus prestigieux de ces présidents, le général de Gaulle, qui a dit qu'un État digne de ce nom n'a pas d'amis ? Rappelons brièvement quelques propos et attitudes qu'ont eus ces présidents : Charles de Gaulle (1958-1969), Georges Pompidou (1969-1974), Valéry Giscard d'Estaing (1974-1981), François Mitterrand (1981-1995), Jacques Chirac (1995-2007) et enfin Nicolas Sarkozy en 2007.

Charles de Gaulle, avant de devenir le premier président de la Cinquième République, a découvert l'Afrique quand la France métropolitaine a été envahie par les Allemands. Il a en effet fondé la résistance de la France libre sur son empire colonial, lourdement mis à contribution en hommes, en finances, en matières premières, dans l'effort de guerre des Alliés. Le 30 janvier 1944, le général de Gaulle ouvre à Brazzaville une conférence qui groupe les gouverneurs des territoires français d'Afrique autour de M. Pleven, commissaire aux Colonies. Dans son bref discours devenu célèbre sous le nom de « discours de Brazzaville », il esquisse un projet de réforme de l'Empire, qui deviendra l'Union française par la constitution de 1946. Les colonies seront désormais les Territoires d'outre-mer, qui pourront élire des représentants. Ce discours, mythifié, mérite d'être relu.

De Gaulle y dresse un tableau idyllique de la colonisation : « Depuis un demi-siècle, à l'appel d'une vocation civilisatrice vieille de beaucoup de centaines d'années, [...] les Français ont pénétré, pacifié, ouvert au monde une grande partie de cette Afrique noire, que son étendue, les rigueurs du climat, la puissance des obstacles naturels, la misère et la diversité de ses populations avaient maintenue, depuis l'aurore de l'histoire, douloureuse et imperméable. » Le mythe colonial est là, fait de ses mots mensongers : « civilisation », « pacification » pour désigner une des conquêtes les plus cruelles et les plus destructrices. S'y ajoute la vision fantasmatique d'une Afrique croupissante, hors de l'histoire. Imbu du sentiment de supériorité du colonisateur, de Gaulle a l'habileté de sentir que l'administration coloniale, appuyée sur le « Code de l'indigénat », est dépassée. Il faut donc réformer l'administration des Territoires d'outre-mer.

La philosophie de cette réforme est ainsi exposée : « Mais, en Afrique française, comme dans tous les autres territoires où des hommes vivent sous notre drapeau, il n'y aurait aucun progrès qui soit un progrès si les hommes, sur leur terre natale, n'en profitaient pas moralement et matériellement, s'ils ne pouvaient s'élever peu à peu jusqu'au niveau où ils seront capables de participer chez eux à la gestion de leurs propres affaires. » Tous les mots comptent : « s'élèvent », « peu à peu », « participer chez eux à la gestion de leurs propres affaires ». Je ne vois là aucune trace d'une promesse de libération pour des hommes égaux en droits, seulement un aménagement de la domination pour tenter de la rendre tolérable.

De Gaulle n'ira jamais plus loin. En 1958, après deux guerres coloniales sanglantes, et devant la montée des aspirations à la liberté des peuples colonisés, il propose un replâtrage de l'Union française en Communauté française, avec cette fois des exécutifs locaux. Cette construction sera refusée par Sékou Touré, à la grande colère de De Gaulle qui le fera payer cher à la Guinée ; mais l'édifice s'effondre deux ans après avec l'accès des Territoires d'outre-mer à l'indépendance. Ce brusque revirement de la France dissimule l'avènement d'une politique de vassalisation, puisque l'indépendance ne portera ni sur l'armée – les nouveaux États seront défendus par l'armée française – ni sur la monnaie – le franc des colonies devient celui de la communauté financière africaine.

La satellisation souterraine des États africains se traduit par la mise en place de la « cellule africaine de l'Élysée », instrument occulte de la gestion des satellites sous la férule de Jacques Foccart. Le mépris que ce dernier éprouve à l'égard des présidents africains tenus en laisse s'exprime sourdement dans toutes les pages de ses *Mémoires*. Il attribue ce même mépris à de Gaulle – et on a tout lieu de le croire – en rapportant les propos suivants : « Vous savez, cela suffit comme cela avec vos nègres. Vous me gagnez à la main, alors on ne voit plus qu'eux : il y a des nègres à l'Élysée tous les jours, vous me les faites recevoir, vous me les faites inviter à déjeuner. Je suis entouré de nègres, ici. [...] Et puis tout cela n'a aucune espèce d'intérêt ! Foutez-moi la paix avec vos nègres ; je ne veux plus en voir d'ici deux mois, vous entendez ? Plus une audience avant deux mois. Ce n'est pas tellement en raison du temps que cela me prend, bien que ce soit déjà fort ennuyeux, mais cela fait très mauvais effet à l'extérieur : on ne voit que des nègres, tous les jours, à l'Élysée[1]. »

De Gaulle a, sur l'Afrique, le regard d'un héritier d'une colonisation dont il est fier et qu'il justifie totalement. Les colonies africaines de la France lui ont servi de bases pour son organisation de la France libre pendant la Deuxième Guerre mondiale. S'il pense que le pouvoir français doit s'exercer différemment, sa politique a été de le maintenir à tout prix. Il a un regard méprisant sur les Africains. Il a délégué Jacques Foccart au contrôle, par tous les moyens de basse politique, des États africains pour assurer la grandeur de la France dans le monde. Voir en lui un défenseur de l'émancipation de l'Afrique est un énorme contresens.

Georges Pompidou succède à de Gaulle en 1969. Il a peut-être une plus grande considération pour les dirigeants africains du fait qu'il a été le condisciple de Léopold Sédar Senghor à Paris, dans les années 1930. La vision qu'il a de l'Afrique s'exprime dans les discours qu'il prononce lors de ses voyages sur le continent. Le 5 février 1971, devant l'Assemblée nationale du Sénégal, il fait un éloge académique de la représentation démocratique et du travail parlementaire. Il brosse un tableau exact des difficultés du développement et de l'échange inégal entre les pays agricoles et les pays industrialisés. Il préconise que ces derniers fournissent une aide égale à 1 % de leur PNB, non par charité, mais par réalisme politique : « Il serait vain de croire que la paix mondiale peut s'accommoder de l'injustice du sous-développement ; c'est pourquoi l'intérêt strict des États les plus favorisés est d'éviter cet affrontement dramatique entre la richesse et la pauvreté[2]. »

Le 26 janvier 1972, lors d'une conférence de presse à Niamey au Niger, Pompidou évoque la vocation agricole des pays du Sahel, mais il note cependant l'exception de l'exploitation de l'uranium au Niger que la France est en train d'entreprendre, et il fait l'éloge de l'action généreuse de son pays qui accorde au Niger une avance sur les futures recettes de l'exploitation, ajoutant : « Je ne voudrais pas terminer sans dire que cette action n'est jamais complètement désintéressée, l'affaire de l'uranium le montre bien, mais que fondamentalement elle est désintéressée. Elle est conduite par le sentiment, par le sens des responsabilités que l'on a vis-à-vis de populations auxquelles jadis nous avons imposé notre domination et dont nous sentons que, vis-à-vis d'elles, nous gardons des responsabilités morales. »

Le 13 novembre 1973, Georges Pompidou préside à Paris la première conférence des chefs d'État africains francophones, réunion qu'il dit lui avoir été suggérée par le président du Niger, Hamani Diori. Il y précise sa vision de l'inégalité économique qui se développe entre un niveau de vie toujours croissant dans les pays développés et la pauvreté du tiers-monde. Il remet en cause la gestion des organismes monétaires internationaux : « Il serait tout de même souhaitable que les trois quarts de l'humanité n'apprennent pas par la presse la solution des problèmes monétaires, comme c'est à l'heure actuelle le cas. » La conclusion, remarquable en ce sens qu'elle pourrait être reprise mot pour mot aujourd'hui, évoque « les dangers qui menacent notre univers en raison notamment de la détérioration des relations entre pays industrialisés et nations en voie de développement ».

Pompidou, qui s'en tient aux sujets essentiellement économiques avec une certaine lucidité, n'évoque jamais, dans ses discours africains, la réalité politique de la guerre froide qui gouverne la politique française sur le terrain. C'est toujours Foccart qui est aux commandes de la politique africaine de la France, plus encore que sous de Gaulle, en raison du peu d'engagement qu'y met le Président. De 1969 à 1974, la chasse aux Africains progressistes bat son plein avec l'exécution publique le 15 janvier 1971 d'Ernest Ouandié, chef du maquis camerounais, l'assassinat d'Outel Bono, opposant tchadien, à Paris le 26 août 1973. C'est sous Pompidou que le livre de Mongo Beti, *Main basse sur le Cameroun*, est saisi à Paris le 30 juin 1972 à la demande de Foccart, par décret du ministre de l'Intérieur. Il y a donc une parfaite contradiction entre la vision humaniste d'une Afrique qu'il faut aider à se développer, présente dans les discours, et la féroce politique de répression. Même Hamani Diori, pour avoir voulu contrôler le prix de l'uranium du Niger, se voit renverser par un coup d'État le 15 avril 1974, quelques jours après la mort de Pompidou le 2 avril.

Avant d'être élu président de la République en mai 1974, Valéry Giscard d'Estaing, ministre des Finances, avait sympathisé avec le président de la République centrafricaine, Jean-Bedel Bokassa. À partir de 1970, il assouvit sa passion de la chasse lors de fréquents séjours en Centrafrique et son premier déplacement comme président se fait dans ce pays. Des liens existaient entre la famille Giscard d'Estaing et l'ancien Oubangui-Chari, devenu Centrafrique. Le père de Valéry, Edmond Giscard d'Estaing, avait fondé après la Première Guerre mondiale la SFFC (Société Financière Française Coloniale), dont une filiale était la CFSO (Compagnie Forestière Sangha Oubangui). Absorbée en 1929 par la Banque d'Indochine, la SFFC resta sous la direction d'Edmond Giscard d'Estaing et devint en 1953 la SOFFO (Société Financière de France et d'Outre-mer). Pendant tout le XXe siècle, les affaires de ce conglomérat seront tout à fait prospères.

Giscard d'Estaing n'a pas prononcé de discours notable sur la politique africaine. Sous sa présidence, des interventions éclairs, au Tchad, au Zaïre – on se souvient des paras à Kolwezi –, en Centrafrique, en Mauritanie, à Djibouti ont installé ou maintenu au pouvoir des régimes contrôlés par la France. Alors que son ami Bokassa se proclame maréchal, puis empereur, il finit, en raison de ses débordements de violence, par être déposé en 1979 par une opération commando des services français. Peu après éclate le scandale des « diamants de Bokassa », dont Giscard d'Estaing aurait bénéficié et qui pèsera d'un poids non négligeable dans son échec à l'élection présidentielle de 1981. Auparavant, lors d'une visite du président centrafricain David Dacko le 27 mars 1980, l'Élysée publie un communiqué par lequel « la France marque sa solidarité avec un pays ami qui compte parmi les plus pauvres du monde ».

Avec l'arrivée de la gauche au pouvoir en 1981, bien des Africains ont cru que la relation néocoloniale prendrait fin. La déconvenue ne tarda pas. François Mitterrand, dont il n'y avait du reste pas grand-chose à espérer eu égard à son passé et à ses déclarations politiques – « L'Algérie c'est la France », « la seule négociation c'est la guerre » –, ne changea rien au système paternaliste en vigueur depuis les indépendances. Le ministre de la Coopération et du Développement Jean-Pierre Cot, partisan de profonds changements du système, démissionna après un an et demi. Sous son remplaçant Christian Nucci, le ministère de la Coopération fut le théâtre du scandale du Carrefour du développement qui fit émerger la pointe de l'iceberg de la corruption qui présidait à la politique africaine de la France. L'assassinat de Thomas Sankara, président du Burkina Faso, le 15 octobre 1987, montra la continuité de la chasse aux non-conformistes dans l'aire d'influence française.

Après le discours de Brazzaville, le discours de La Baule, prononcé par Mitterrand le 20 juin 1990 en clôture de la 16e conférence des chefs d'État d'Afrique francophone, est auréolé d'une flatteuse réputation de progressisme, réputation passablement surfaite elle aussi. Vingt ans après Pompidou, Mitterrand fait le même constat, qui témoigne de l'échec des politiques promises par les discours de ses prédécesseurs, d'aider l'Afrique à se développer grâce à son attachement à la France : « Il est vrai que l'Afrique est l'oubliée de la croissance, la laissée-pour-compte du progrès. » Cette pérennité de l'échec aurait mérité qu'on en recherche les causes. La question est esquivée : « Nous n'allons pas nous attarder pour tenter de désigner le coupable. Les responsabilités sont partagées. » Pourtant, les centres de décision, eux, ne sont guère partagés et le rapport de force est d'une écrasante inégalité. Mais qu'importe !

La grande nouveauté est que Mitterrand met sur le tapis la question de la démocratie. De mauvais esprits diront qu'en 1990, deux ans après la chute du mur de Berlin, il ne pouvait guère éviter le sujet. Ce faisant, il reste à la remorque de l'Histoire plus qu'il ne l'anticipe, comme de Gaulle à Brazzaville. Les événements nous entraînent, feignons de les commander. En réalité, il s'agit surtout de les freiner : « Comment voulez-vous engendrer la démocratie, un principe de représentation nationale avec la participation de nombreux partis, organiser le choc des idées, les moyens de la presse, tandis que les deux tiers d'un peuple vivraient dans la misère ? » On tombe en effet dans l'aporie. D'une part, il faut être développé pour avoir la démocratie et, d'autre part, c'est la démocratie qui favorise le développement. Le choix de Mitterrand penche vers le plus pur conservatisme. En effet, il tranche : « C'est le chemin de la liberté sur lequel vous avancerez en même temps que vous avancerez sur le chemin du développement. On pourrait d'ailleurs inverser la formule : c'est en prenant la route du développement que vous serez engagés sur la route de la démocratie. » Ce choix a l'avantage de renvoyer cette si souhaitable démocratie aux calendes grecques, à la Saint-Glin-Glin et autre terme aussi vague qu'improbable. Mitterrand ne fait pas de la démocratie une condition politique essentielle. Il se gardera bien de s'ingérer dans les problèmes de politique intérieure des États : « À vous peuples libres, à vous États souverains que je respecte, de choisir votre voie, d'en déterminer les étapes et l'allure. »

Comme Pompidou encore, Mitterrand fait preuve d'une certaine lucidité : « Quand je constate, par exemple, que le flux de capitaux qui va du Sud pauvre vers le Nord riche est plus important que le flux de capitaux qui va du Nord riche au Sud pauvre, je dis qu'il y a quelque chose qui ne va pas. Le colonialisme n'est pas mort. Ce n'est plus le colonialisme des États, c'est le colonialisme des affaires et des circuits parallèles. » Le constat de ce « quelque chose qui ne va pas », et qui interdit évidemment tout espoir de développement, conclut un exposé où le développement était désigné comme le chemin à prendre vers la démocratie. Ce discours n'en aura fait miroiter que le mot.

Jacques Chirac est certainement l'homme politique français qui a tissé les liens les plus importants avec l'Afrique. Sa longue carrière politique, commencée en 1962 auprès de Pompidou sous la présidence de De Gaulle et poursuivie sous Giscard, la cohabitation comme Premier ministre avec Mitterrand, puis ses deux mandats de président lui ont donné toutes les clefs de la politique française, dont la plus importante, celle de l'Afrique. Premier ministre de Mitterrand en 1986, il fait revenir Foccart, écarté par Giscard d'Estaing, comme conseiller et le rappellera encore lorsqu'il sera élu président.

En février 1990, lors d'une interview sur Europe 1, la journaliste Catherine Nay demanda à Jacques Chirac « s'il n'était pas un peu raciste de dénier aux Africains le droit d'avoir plusieurs partis, comme n'importe quel citoyen du monde ». La réponse édifie sur l'image régressive qu'il se fait de l'Afrique : « C'est que les pays d'Afrique ont une caractéristique, c'est d'être divisés, non pas par l'idéologie. Il n'y a pas d'affrontement idéologique entre Africains dans tel ou tel pays, mais des divisions ethniques. Il y a dans ces pays un très grand nombre de tribus qui ont leurs traditions, qui ont leur culture, qui ont leur histoire et qui se sont toujours battues. Le grand effort des dirigeants modernes de ces pays depuis les indépendances, c'est de rassembler ces gens, de les faire s'entendre et de réaliser l'unité nationale et l'effort de redressement. Dès que vous envisagez la création, comme cela, simplement parce que l'Europe considère que c'est bien, d'un certain nombre de partis, ce que je peux comprendre, que se passe-t-il ? Vous avez immédiatement un parti par tribu et, au lieu d'avoir la démocratie, vous avez l'affrontement et un risque d'anarchie. Il faut tout de même réfléchir avant d'imposer à tous ses certitudes. La démocratie peut revêtir un certain nombre de formes. J'entendais tout à l'heure qu'on avait le choix entre un parti et un autre parti. Cela n'a aucun sens en Afrique où il n'y a pas de clivages idéologiques. » Il réitère plus tard, la même année 1990, son éloge du parti unique en Afrique : « On ne peut pas juger la démocratie d'un pays sur le fait qu'il y a ou non multipartisme. [...] Il y a des régimes à parti unique où la démocratie est parfaitement respectée : je pense à la Côte-d'Ivoire. » On sait qu'en Côte-d'Ivoire à cette époque tout opposant était durement frappé d'emprisonnement, voire assassiné.

À quelques semaines de quitter le pouvoir, le 15 février 2007, ouvrant la 24e conférence des chefs d'États d'Afrique et de France, Jacques Chirac a, semble-t-il, passablement évolué, non sans courir lui aussi après l'Histoire. Lui qui a régulièrement, pendant ses douze années de présidence, chaudement félicité tous les vainqueurs d'élections truquées en Afrique, donne un dernier conseil : « Mais l'expérience enseigne que la stabilité des États dépend avant tout du calendrier démocratique et de la régularité des élections. Les crises prennent souvent naissance dans des scrutins discutables, qui entachent la légitimité du nouvel élu. Il faut renforcer l'État de droit. Nous appuyons les fortes convictions de l'Union africaine à cet égard. » Cette lucidité de dernière heure est sans conséquence puisqu'elle n'aura jamais à être mise en œuvre. Autant s'en donner le mérite sans avoir à en payer le prix.

On espérait le pouvoir français enfin parti pour une modernisation définitive de ses relations avec l'Afrique – mais était-ce possible avec une telle tradition de paroles méprisantes ou hypocrites ? Or le dernier discours présidentiel, le troisième qui recevra un nom et la célébrité après ceux de Brazzaville et de La Baule, le discours de Dakar de Nicolas Sarkozy le 26 juillet 2007, a fait scandale par des propos teintés d'un racisme régressif. L'évocation de l'histoire d'une Afrique immobile fait écho à celle de De Gaulle à Brazzaville, elle-même issue de la tradition coloniale. En fait de rupture, terme utilisé par Nicolas Sarkozy pour qualifier la politique africaine qu'il entendait mener par rapport à celle de ses prédécesseurs, ce discours emphatique, prétentieux et aberrant a peut-être rompu enfin l'envoûtement qui avait fait passer les discours de Brazzaville et de La Baule pour des discours de libération, alors qu'ils ne véhiculaient que la conviction de la supériorité française chez de Gaulle et la rouerie paterne chez Mitterrand.

C'est la France qui, à la lumière de ce discours, apparaît engluée dans l'immobilisme et le refus de l'Histoire. On est surpris par l'insistance de la dénégation. Comment peut-on reconnaître que des crimes ont été commis et ne pas présenter le moindre regret ? Qu'est-ce qui obligeait le président français à parler de l'esclavage et de la colonisation ? Il semble finalement qu'il n'ait évoqué ces sujets que pour se délecter de son refus, compulsivement répété de discours en discours, de cette fameuse « repentance » que personne ne lui demande. Parfois la dénégation devient carrément freudienne : « La colonisation n'est pas responsable de toutes les difficultés actuelles de l'Afrique. Elle n'est pas responsable des guerres sanglantes que se font les Africains entre eux. Elle n'est pas responsable des génocides. Elle n'est pas responsable des dictateurs. Elle n'est pas responsable du fanatisme. Elle n'est pas responsable de la corruption et de la prévarication. Elle n'est pas responsable des gaspillages, de la pollution. » À part les routes, l'héritage historique dans son ensemble est oblitéré. Tout cela a été sans conséquences. Pourquoi cette plaidoirie en défense ?

Tout simplement pour mieux accuser. La faute est celle de l'Afrique où les gens se tuent, se vendent, ne font rien. Cet extraordinaire défoulement nous sidère. C'est cela, le nouveau discours politique ? Pompidou parlait au moins de l'échange inégal, Mitterrand de la fuite des capitaux. Chirac a fini par parler des élections truquées. Giscard a même avoué que le pays dont sa famille tirait de confortables dividendes était l'un des plus pauvres de la planète. Mais il est vrai que Nicolas Sarkozy vient après cinquante ans de totale inefficacité, après tant de discours qui ont désigné les maux sans jamais apporter le début d'un commencement de remède. On constate et on s'en va vers d'autres soucis. Le discours s'est usé à force de ne correspondre à rien de concret.

Ces cinquante ans de discours présidentiels mettent en évidence le malentendu tenace qui est la conséquence d'une colonisation jamais objectivement évaluée, jamais assumée. Ce sont des discours qui, tous, tombent de haut, discours sans réplique. Les quelques grandes voix africaines qui se sont élevées n'ont jamais été entendues. Aujourd'hui, les Africains s'autorisent à faire leur histoire et celle de leurs conquérants, de leur propre point de vue, qui n'a jamais été requis, et pour l'instruction de leurs peuples, qui ont besoin de se fonder en dignité. L'histoire n'est qu'un point de vue sur les choses, plus ou moins large, plus ou moins riche, mais jamais total. L'équilibre du monde exige qu'on entende toutes les voix et qu'on mette fin au monologue de la parole et au monopole du pouvoir qui conduisent au délire et à l'horreur.

Notes

1. Jacques Foccart, *Mémoires*, tome 2, *Le Général en mai. Journal de l'Élysée. 1968-1969*, Fayard/Jeune Afrique, entretien du 8 novembre 1968.

2. Georges Pompidou : textes classés par date. Site du CNRS.

Francophonie :
l'alibi et le doute

Lye M. Yoka

Né à Kinshasa (RDC) le 26 mars 1947, Lye Yoka est licencié en philosophie et lettres – option philologie romane –, agrégé de l'enseignement moyen du degré supérieur, et docteur en lettres à l'université Paris III - Sorbonne nouvelle.

Il a assumé les fonctions suivantes : directeur adjoint chargé des affaires académiques à l'Institut national des arts de Kinshasa, directeur des Presses universitaires du Zaïre, directeur de cabinet du ministre de la Culture, conseiller culturel du Premier ministre, directeur de la Société nationale des éditeurs, auteurs et compositeurs, commissaire du projet culturel belgo-congolais « Yambi ».

Aujourd'hui professeur ordinaire à l'Institut national des arts et visiteur aux facultés catholiques de Kinshasa, il est également consultant au bureau Unesco-RDC et président de l'Observatoire des cultures urbaines en RDC.

Écrivain, journaliste – membre du conseil de rédaction de la *Revue de l'Institut africain*, Tervuren, Bruxelles –, il a été récompensé par des prix littéraires nationaux (prix de l'Union des écrivains congolais 2000) et internationaux (Grand Prix RFI de la nouvelle 1976, prix du journal *Le Monde diplomatique* 1991...). Il est en outre auteur d'ouvrages à caractère sociologique – *Kinshasa, signes de vie*, L'Harmattan, 2000 ; *Congo-River* (collectif), Luc Pire, Bruxelles – et coauteur des commentaires des films *Mobutu, roi du Zaïre* et *Congo-River* du cinéaste belge Thierry Michel.

La francophonie, une affaire hors la France

Symptomatique : dans le discours de M. Nicolas Sarkozy à Dakar, aucune allusion directe à la francophonie, pourtant socle présumé de la coopération culturelle internationale de la France, et notamment avec ses anciennes colonies. Comme nous le dirons plus loin, la seule allusion lointaine a été la récupération d'une citation controversée de Léopold Sédar Senghor, à savoir : « Le français nous a fait don de ses mots abstraits si rares dans nos langues maternelles. Chez nous les mots sont naturellement nimbés d'un halo de sève et de sang ; les mots du français, eux, rayonnent de mille feux, comme des diamants. Des fusées qui éclairent notre nuit. » Ce n'est certainement pas la meilleure définition du français par le président-poète…

Une telle omission sur la francophonie est symptomatique parce qu'en réalité la francophonie n'existe qu'en dehors de l'Hexagone. La meilleure preuve, c'est que durant la Cinquième République en France, et particulièrement depuis Pompidou, le ministère chargé de la Francophonie est presque toujours un secrétariat d'État sous-tutelle, ayant surtout en charge la coopération. Or qui dit « coopération » en France, dit relations plus ou moins internationales, « françafricaines » avec les anciennes colonies « du champ » et les autres colonies « hors champ ». La cohabitation intime entre « coopération », autrement dit « Françafrique » et « francophonie » n'est donc que l'expression d'une tutelle qui ne dit pas son nom.

Francophonie : parcours sinueux

D' ailleurs l'historique de la francophonie est en soi un paradoxe, avec des allers et retours conceptuels qui donnent l'impression d'une stratégie constante de justification permanente, et même d'alibi.

Lorsque de bonne foi, les présidents Léopold Sédar Senghor, Diori Hamani et Habib Bourguiba, à la fin des années 1960, lancent l'idée de la francophonie, ils lui confèrent une vocation d'instrument privilégié pour un type innové et innovateur de coopération basée sur la culture francophone (et non française), avec ce que cela apporte de nouvelles richesses de la diversité culturelle et de la rencontre des civilisations, mais aussi avec ce que cela comporte de respect des identités spécifiques. L'unité dans la diversité.

Néanmoins, au départ, cette démarche est à la fois intellectuelle et politique. Intellectuelle parce qu'elle vient consolider en partie les thèses de la négritude construites sur la dualité de l'ouverture à la civilisation universelle et de repersonnalisation de l'« âme africaine authentique ». Intellectuelle aussi parce qu'elle est formulée en référence essentielle à la langue française, héritage en Afrique d'une tradition élitaire et érudite.

La démarche de Senghor, Hamani et Bourguiba est également politique. Politique parce que tous les trois sont des chefs d'État en fonction au moment du lancement de l'idée, et amis proches de la France. Il faut noter en passant que le concept de la francophonie est lancée à un moment critique de la guerre froide, et donc de l'histoire d'une Organisation de l'Unité africaine partagée entre les pays « progressistes » et les « modérés ». Le concept de la francophonie est donc la roue de secours, pour ainsi dire, qui venait renforcer la solidarité du camp des modérés, notamment celui des adeptes de la communauté franco-africaine.

Au demeurant, l'alibi central de la francophonie, c'est la défense et illustration de la langue et de la culture françaises, avec ses dérivations tropicales.

Le 11 décembre 1974, à l'occasion de l'inauguration de la chaire des Études francophones à l'université de Paris-Sorbonne, le président Senghor avait prononcé un discours intitulé : « Pour un humanisme de la francophonie ». L'orateur définissait la « francophonie « comme la communauté des pays ayant en commun l'usage du français. Il définissait par ailleurs la « francité » comme « l'ensemble des qualités exprimées par la langue, et d'une manière générale, par la culture française ». Par conséquent, pour lui, adhérer à la francophonie, c'est adhérer à la culture française en l'enrichissant des apports de sa culture d'origine. Ce à quoi rétorquait en 1978 l'intellectuel congolais Mwatha Ngalasso, dans un article paru dans *Présence francophone* (Sherbrooke, automne 1978, p. 69-78) : « Cette idée [de Senghor] nous paraît dangereuse, car elle semble prêcher l'assimilation d'une ou de plusieurs cultures (ici les cultures "francophones") par une seule, et cela simplement par le prestige de sa langue. Nous ne nions pas les vertus de la langue française ; mais nous ne concevons pas que le simple recours à la langue française comme véhicule d'une culture puisse impliquer la nécessité de l'adoption authentique de la culture française. Une telle idée est, de plus, inquiétante autant par sa fausseté que par l'audience que malheureusement elle peut avoir auprès des responsables des pays francophones. »

Or, autour de cet alibi, se sont progressivement greffés des projets et des programmes de développement ouverts à des domaines liés à la préservation des identités culturelles telles que les langues nationales, à la qualité de la vie telle la conservation de la nature et de l'environnement, la promotion des technologies appliqués et des industries culturelles, etc.

C'est tout naturellement que dès sa création, en 1970, l'Agence de Coopération Culturelle et Technique (ACTT) a fonctionné comme un instrument de concrétisation des projets et programmes de développement. Mais l'imprécision même du champ de développement et la grande différence ainsi que les disparités de la majorité des membres ont fait que constamment la politique de l'ACCT oscillait entre d'une part les options fondamentales de la défense de la langue française contre l'invasion supposée de l'anglais ; et d'autre part, la bienveillance devant les urgences de développement des trois quarts des membres issus du tiers-monde, et principalement d'Afrique.

Ce pari géopolitique et cette sorte de fixation de contrer coûte que coûte l'hégémonie anglo-saxonne a sensiblement incurvé les options fondamentales de la francophonie vers une vocation plus « politique ». C'est ainsi que l'ACCT s'est muée en « Agence intergouvernementale de la francophonie » (avec à la tête un administrateur général) mais sous tutelle d'une instance plus politique : l'Organisation Internationale de la Francophonie (OIF), dirigée par un secrétaire général.

Francophonie : un pari politique périlleux

Dès ce moment-là, le malaise s'est accru parce que l'OIF s'est trouvée de plus en plus impliquée dans les arbitrages compliqués des conflits en Afrique, sans jamais parvenir à trouver des solutions viables ni durables. De plus, étant donné que l'ombre de la France officielle planait derrière l'OIF comme un ange gardien, les prises de position se sont trouvées souvent en délicatesse par rapport aux réalités de terrain et à différents protagonistes engagés dans les conflits.

Nouveau chantre de la démocratie et de la bonne gouvernance, comme toutes les organisations de la nébuleuse « communauté internationale », l'OIF n'a pas su ni pu donner elle-même le bon exemple. La meilleure preuve a été l'éviction de M. Henri Lopes, candidat de l'Afrique centrale proposé officiellement par l'OUA (selon une règle non écrite de la présidence tournante suivant les régions et les sous-régions de l'organisation), mais qui n'a pas été retenu à cause de l'injonction du président Chirac au profit de l'ami Abdou Diouf. L'on sait combien cela a créé des remords en Afrique centrale et plongé dans l'aigreur son candidat malheureux...

L'on pourrait rétorquer que, malgré tout, dans un certain nombre de secteurs (communication et information, culture, sports, éducation), l'Agence a été efficace et présente. Sans doute, encore que même là les priorités ne sont pas toujours bien réparties selon les pays et les continents. Cela a d'ailleurs commencé à se compliquer dès lors que la francophonie a donné un coup de barre résolu vers l'option politique, supprimant l'instance d'exécution technique qu'est l'Agence, et s'ouvrant vers d'autres pays d'Asie et d'Europe centrale et orientale qui, jusqu'à nouvel ordre, ne se reconnaissaient pas dans la communauté traditionnelle des francophones. Des critères plus tolérants ont été alors introduits dans les textes fondamentaux de l'OIF pour ouvrir les portes à une sorte de « fan club » élargi de la francophonie.

RDC : pays francophone ?

La conséquence d'une répartition déséquilibrée des partenariats de l'OIF a fait qu'un pays comme la République Démocratique du Congo (RDC), « deuxième pays francophone » selon les termes de l'OIF, est resté enclavé, malgré sa dimension et sa position géopolitique centrale en Afrique.

Deux précédents historiques semblent avoir joué contre la RDC : d'abord, le pays n'ayant pas été colonisé par la France, celle-ci ne l'a pas toujours favorisé dans les arbitrages ; ensuite, la dictature mobutienne, qui a mis sous coupe réglée les institutions de l'ex-Zaïre, a provoqué un embargo sévère de la part de la « communauté internationale », dont la francophonie. Malheureusement, dans un cas comme dans l'autre, la francophonie est restée pour les Zaïro-Congolais un concept abstrait, accessible à quelques intellectuels initiés. Plus grave : les mesures successives d'embargo décrétées en principe contre le président Mobutu et son régime antidémocratique n'ont finalement eu comme victime que le petit peuple, privé des soins, des privilèges de la scolarité, de l'accès à l'eau potable, aux échanges artistiques, etc. Le cas le plus triste est celui des tergiversations qui ont entouré l'implantation dans l'ex-Zaïre d'un projet comme celui des CLAC (Centres de Lecture et Animation Culturelle en milieu rural), parce que sans doute justement le pays était considéré comme « hors champ » et le régime mis à l'index. Au même moment, des pays comme le Burkina, le Sénégal, le Mali ou même le Congo-Brazzaville jouissaient d'une bienveillance exceptionnelle.

Francophonie : l'« exception culturelle » à rebours

Pour tout dire, le concept et le combat de la francophonie sont en soi une illustration d'une vision du monde propre à l'esprit latin et… français : celle, humaniste et idéaliste, d'un monde régi par les préceptes généreux, généraux mais abstraits et transcendants. Avec toujours la tendance à l'hégémonisme, ainsi que le proclamait déjà en 1964 le rapport de la commission Jeanneney chargée d'étudier un type nouveau de partenariat avec le pays sous-développés. « La France, disait le rapport, désire plus que toute autre nation diffuser au loin sa langue et sa culture. Son besoin de rayonnement intellectuel trouve bon emploi auprès de peuples dont la langue convient mal aux idées et aux techniques modernes ou n'est pas admise dans les relations internationales : elle leur apporte un mode d'expression et une méthode de pensée. » On voit que les choses n'ont pas beaucoup bougé depuis…

C'est pourquoi, à l'époque où il était aux affaires, on n'a pu que s'émouvoir d'entendre souvent le président Jacques Chirac, parlant au nom de la francophonie, plaider pour l'« exception culturelle » par rapport à l'hégémonie marchande des Américains. Curieusement, il n'est jamais passé à l'esprit des ténors de la francophonie que l'exigence de cette « exception culturelle » était un enjeu à l'intérieur de la francophonie même dont les trois quarts des pays sont du tiers-monde, avec une fracture de rapports Nord-Sud énorme, et dont la locomotive est pilotée par une petite minorité de pays riches: la France, le Canada, la Suisse francophone et la Belgique francophone. Le malentendu entre ces pays du Nord et ceux du Sud se complique dès qu'on aborde les questions d'ordre stratégique et politique. Si, pour un pays comme la France, la question de la défense du français se pose, nous l'avons dit, en termes de contre-offensive géopolitique par rapport à l'influence de la culture anglo-saxonne, la Suisse francophone, la Belgique francophone et le Québec utilisent à fond la francophonie comme arme politique de résistance et de contestation interne face aux pressions germanophone, anglophone ou néerlandophone. En réalité, ce que l'opinion publique occidentale nomme avec une belle litote « tensions linguistiques » dans ces pays-là correspond, parfois avec plus de véhémence, à ce qu'elle considère chez nous comme étant des guéguerres « tribalistes »... D'ailleurs pour ne parler que de la Belgique, on pourrait se poser la question de savoir si toutes les querelles ethniques que ses colonies ont connues ne sont pas une sorte d'héritage empoisonné de l'ex-métropole...

Francophonie : instrument de et du pouvoir

En attendant, l'héritage du français et de la culture française que nous avons reçu commence à peser comme un fardeau suspect sur l'épaule des hommes et des femmes qui ont été à l'école occidentale. Au Congo, ceux qui parlent français sont assimilés aux détenteurs du pouvoir et donc suspects. On les surnomme ironiquement les « je-le-connais », autrement dit des gens vaniteux qui croient tout connaître et donc tout régenter parce qu'ils connaissent le français, et croient que le « français est la langue des dieux »...

Au Congo, 5% seulement de la population parle plus ou moins correctement le français. Ce n'est pas suffisant pour que le pays soit décrété « deuxième pays francophone du monde ». Le seul critère et la seule évaluation en la matière ne peuvent être que le nombre de locuteurs, et non la dimension géographique.

L'on comprend pourquoi, en partie, la francophonie n'arrive pas à se populariser et à devenir une idée forte, partagée, démocratisable. Une double suspicion pèse sur le concept. D'abord, parce que, comme c'est le cas habituellement en Afrique, ce qui apparaît comme idéologie ou comme une grande pensée mobilisatrice est une émanation « *en-haut-d'en-haut* », de la part des chefs d'État au pouvoir, souvent pour des raisons de surmédiatisation et de propagande. Il en a été ainsi de la francophonie, du « socialisme africain », de la « personnalité africaine », de l'« authenticité », etc. Autant de principes d'action qui, à défaut d'être des idéologies nourries par une longue tradition de sagesses locomotives et de philosophies galvanisatrices, se sont frelatés en slogans et en incantations tapageuses.

La francophonie a beau appuyer en les multipliant des manifestations festives médiatisées à souhait comme le MASA (Marché des Arts de la Scène Africains) ou les Jeux de la francophonie, elle n'arrive pas à rattraper les promesses de sa générosité annoncée, et à mobiliser les nouvelles générations des écoliers, des universitaires et des professionnels de la culture sur le terrain, dans la proximité. En outre, les tracasseries consulaires liées à la délivrance des visas pour les pays ténors francophones de l'hémisphère nord ont détourné de ces pays bon nombre de jeunes, parmi lesquels des artistes et des jeunes diplômés dans des disciplines de pointe. On est loin des recommandations des sommets de la francophonie théoriquement favorables à la circulation libre des personnes et des biens culturels. Désormais, c'est l'Afrique du Sud, l'Asie et les États-Unis d'Amérique qui attirent de plus en plus ces jeunes. Il n'y a qu'à voir comment poussent des instituts d'apprentissage de l'anglais dans toutes les grandes villes d'Afrique pour comprendre cet engouement pour l'« anglophonie ».

C'est un signe des temps : tant que le sort de la francophonie sera confondu avec les turpitudes de la *Françafrique*, tant que le français lui-même sera considéré comme un instrument de pouvoir au service du pouvoir, aggravant ainsi le clivage entre « *gens-en-haut-d'en-haut* » et « *gens-en-bas-d'en-bas* », la solidarité internationale autour de cette langue des élites restera vœu pieux suspendu sur une tour d'ivoire, à moins que ce ne soit sur une tour de… Babel !

Conclusion : la langue concubine

Et voici ma conclusion. Sous forme de touche personnelle. Il arrive qu'on me demande pourquoi, en tant qu'écrivain et enseignant, je pratique le français. Oui, je pratique le français autant que mes langues nationales, et sans complexes. Parce que j'ai de tout temps considéré la langue française comme une langue « concubine », une langue « deuxième bureau », avec des sensations supplétives par rapport à la langue maternelle… Je n'en suis pas moins fier, ni moins vigilant.

Au demeurant, comme l'argent, la langue est une bonne servante, mais une dangereuse… maîtresse !

Plus sérieusement j'aimerais en clôturant mon propos, m'appuyer sur cette réflexion de Daniel Maximin émise dans les années 1970, dans la tourmente de la controverse sur les identités culturelles, mais qui reste d'actualité : « L'écrivain noir d'aujourd'hui, de langue anglaise ou française, ne se sent plus guère un métis culturel, citoyen de deux mondes s'excluant l'un l'autre tragiquement, destinés à se fondre dans la "civilisation de l'universel". Mais il se déclare seul possesseur d'une Afrique doublement chargée : lourde de traditions qui ont survécu à tous les esclavages et qui, pour le meilleur et le pire, gouvernent encore largement les hommes du continent noir ; lourde aussi de l'imposition arbitraire d'une modernité sur laquelle nul ne peut revenir, et dont les bénéfices et les dangers apparaissent d'autant plus clairement que le maître s'est retiré. » (D. Maximin, « Tigritude et négritude », préface à Wole Soyinka, *La Danse de la forêt*, Oswald, 1971, p. 7.)

Table

Cet ouvrage a été imprimé en France par
CPI Bussière
à Saint-Amand-Montrond (Cher)
en septembre 2009.
N° d'impression : 91414.
Dépôt légal : janvier 2009.
ISBN : 978-2-84876-136-7